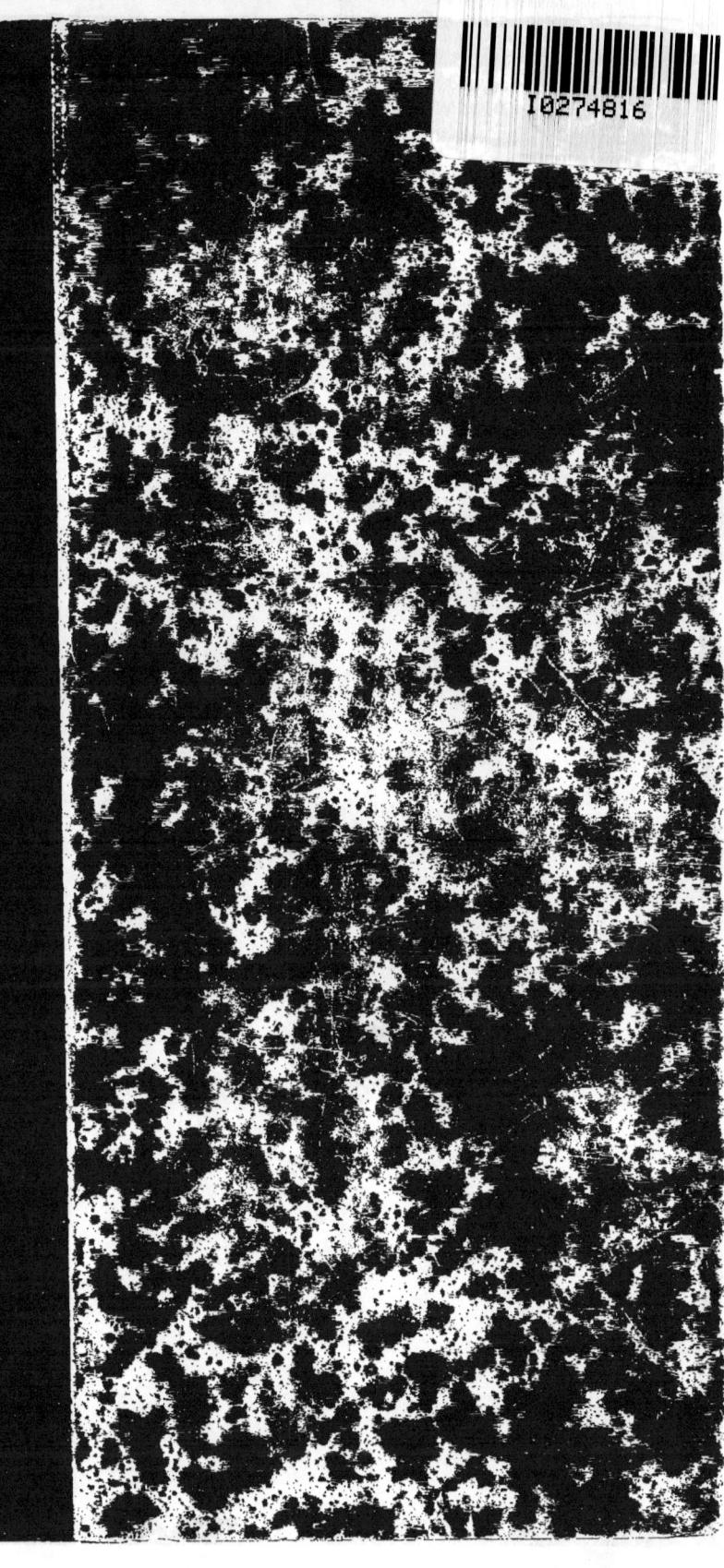

HISTOIRE
DE VENCE.

(1419) SAINT-CLOUD. — IMPRIMERIE DE Mme Ve BELIN.

HISTOIRE
DE VENCE,

CITÉ, ÉVÊCHÉ, BARONNIE,

DE SON CANTON,

ET DE

L'ANCIENNE VIGUERIE DE SAINT-PAUL DU VAR,

PAR

L'ABBÉ E. TISSERAND,

DIRECTEUR DE L'INST. ECCLÉS. DE VENCE, MEMBRE CORRESPONDANT DU COMITÉ HISTORIQUE, ET AUTRES SOCIÉTÉS.

PARIS,
LIBRAIRIE D'EUGÈNE BELIN,
RUE DE VAUGIRARD, 52.

—

1860

AU CONSEIL MUNICIPAL DE VENCE.

A toi, chère petite ville de Vence, dont le bienfaisant climat, et tes saints protecteurs, m'ont rendu la santé, je consacre le fruit de huit ans de travail. Je n'aurais jamais entrepris ton histoire, ni celle de tes alentours, si je n'avais considéré que l'exiguïté de ton enceinte; mais en secouant la poussière de tes archives, en examinant tes titres anciens, tes vieux remparts, tes inscriptions romaines, tes rues tortueuses aux maisons arquées, aux impasses et aux arcades multipliées, tes anciennes dénominations de cité, évêché et baronnie, qui nous montrent dans un si petit lieu comme une image des trois grands corps de la monarchie, avec leurs progrès et leurs rivalités, j'ai cru travailler utilement pour toi; et dans l'intérêt même de l'histoire générale, j'ai tenté la publicité.

Étranger à ton sol, j'essaye par cet ouvrage d'obtenir de toi le droit de cité. — Si je te loue, on me croira plus facilement; je ne puis être ni partial, ni enthousiaste. Je raconterai, tes archives en mains. — Tu verras que comme pays frontière, tu as joué un plus grand rôle qu'on ne se l'imagine. J'entrerai dans des détails qui pourront paraître minutieux; mais comme ces pays sont inexplorés, j'ai pensé aider nos voisins dans leurs recherches, en suivant la marche des compagnies vers la frontière, et en nommant toutes nos vieilles gloires seigneuriales, les de Flotte, les de Malvans, les vingt familles de Villeneuve-Vence, riches d'honneur, les de Grasse du Bar, princes d'Antibes, les Barcillon, les Lascaris, les Vintimille de Tende, les de Panisse, les Lombard, les Rabuys, les de Hondis et les du Port, les Blacas renommés en vaillance, les de Giraud du Broc et de Carros, les Bompar à la blanche colombe, les de Cormis aux deux lions dressés, tenant un cœur d'argent, les Alziari avec l'aigle aux ailes éployées, perché sur une tour crénelée, etc., etc.

Ils trouveront dans ce récit le tableau de nos vieilles libertés, nos progrès et nos joies, nos revers et nos douleurs. Et quel évêché aussi petit que Vence est aussi illustre? Ne saisirait-on enfin dans cette histoire que des points de ressemblance avec les autres cités plus renommées, et non plus anciennes, nous croirions avoir apporté notre contingent au grand travail qui se prépare, et avoir tiré de l'obscurité une ville qui a son tiers-état et son municipe, qui en défendant son indépendance a toujours aimé la France, malgré les invasions de l'étranger, le mauvais exemple du comté de Nice au XIVe siècle, les révoltes des Duras, les empiétements des ducs de Savoie et l'éloignement de tout secours.

Recevez donc cet hommage de mon attachement pour vous, petit-fils des anciens Nérusiens. Recevez-le, en songeant aux rudes travaux de vos frères, qui vous ont acquis le droit de siéger si paisiblement aujourd'hui dans votre conseil municipal. — Recevez-le, peuple de Saint-Véran et de Saint-Lambert, que vos Saints protégent toujours du haut des cieux.

DEO SOLI HONOR ET GLORIA.

AVIS PRÉLIMINAIRE.

Je dois ici remercier le concours amical que m'a prêté M. l'avocat Layet, notaire de la Colle, dans nos recherches sur Saint-Paul. — Tous les faits de l'histoire de Vence que nous racontons sont extraits des registres des communes et des actes des notaires. — Ils sont puisés aux sources les plus authentiques et les plus pures.

Fidèle à la maxime de Quintilien, *historia scribitur ad narrandum, non ad probandum*, je raconterai, heureux si je puis convaincre nos voisins par cet essai, de composer aussi l'histoire de leur pays avec leurs propres archives. — Cannes, Cotignac nous ont précédé, et un savant prêtre des environs édite un travail qui, j'espère, donnera à Antibes et à Grasse la noble ambition de nous transmettre aussi leur histoire. — Je me suis attaché à dire de ces villes, plus considérables que Vence, tout ce que j'ai pu en connaître par les archives de nos communes, mais j'ai

— VIII —

voulu avant tout parler de Vence, de Saint-Paul, du Bar, du Broc, et de tout ce qui forme ou avoisine l'antique peuplade des Nérusiens.

ÉVÊCHÉ DE VENCE et ANCIENNE VIGUERIE de Saint-Paul en 1200.				DOYENNÉ et CANTON DE VENCE (Arrondissement de Grasse) 1860.	
Vence,	affouagée	22 feux 1/2	(Grasse).	Vence,	2755
Saint-Paul,	—	29 —		Saint-Paul,	857
Cagnes,	—	7 —	(St-Paul).	Cagnes,	2500
Le Puget,	—	désertée.	Id.		
Agrimont,	—	—	Id.	Saint-Laurent,	800
Alligause,	—	—	Id.	La Gaude,	626
Gattières,	—	—	(Savoie).	Gattières,	780
Saint-Jeannet,	—	2 feux 1/2	(St-Paul).	Saint-Jeannet,	1200
Carros,	—	1/2 —	Id.	Carros,	800
L'Olive,	—	désertée.	Id.		
Le Broc,	—	12 feux.	Id.	Le Broc,	1200
St-Laurent-de-Vence,	—	5/4 —	Id.		
Le Malvans,	—	1/2 —	Id.	Villeneuve,	700
Villeneuve,	—	1 — 1/2	Id.	La Colle,	1500
				Canton de Coursegoules,	
Coursegoules,	—	2 —	Id.	Coursegoules,	600
Besaudun,	—	2 —	Id.	Besaudun,	220
Boyon,	—	Savoie.		Bouyon,	600
				Cipières,	690
				Consegudes,	500
				Les Ferres,	500
Gréolières (Hautes-)	—	1 feu 1/2.	Id.	Gréolières,	650
Gréolières (Basses-)	—	—	Id.	La Roque,	250
				Canton du Bar.	
Tourrettes,	—	1 feu 1/2	(St-Paul).	Tourrettes-Vence,	1000
La Vallette,	—	désertée.	Id.		
Courmes,	—	—	Id.	Courmes,	200
Courmettes,	—	—	Id.		
Roquefort,	—	—	Id.	Roquefort,	800
Opio,	—	—	Id.	Opio,	460
				Le Bar,	1700
				Le Rouret,	800
				Châteauneuf,	620
				Caussols,	110
				Gourdon,	220
				Valbonne,	1220
				Canton de Saint-Auban.	
Andon,	—	1/2 feu	(Grasse).	Andon,	530
Torenc,	—	—	Id.		
Caille,	—	1/3 feu	Id.	Caille,	245
				Aiglun,	550
				Amirat,	160
				Saint-Auban,	650
				Briançonnet,	600
				Collongues,	200
				Gars,	312
				Le Mas,	450
				Les Mujols,	200
				Salagriffon,	150
				Séranon,	400

HISTOIRE COMMUNALE
DE VENCE
(CITÉ, BARONNIE, ÉVÊCHÉ)
DE LA FRONTIÈRE DU VAR
ET
De l'ancienne viguerie de Saint-Paul.

CHAPITRE PREMIER.
DEPUIS LA FONDATION DE VENCE JUSQU'AUX WISIGOTHS.

L'antiquité de Vence comme cité est incontestable; ce titre est buriné sur ses murs. Il est antérieur à ses seigneurs et à ses évêques eux-mêmes. Disons plus : Vence était déjà le chef-lieu d'une peuplade celto-ligurienne avant la conquête des Gaules par les Romains. — Les peuples émigrants ont toujours choisi pour asseoir leurs premières villes des endroits arrosés et favorables à la culture. Or, le plateau de Vence si bien exposé, abrité par les montagnes qui la défendent des vents du nord, baigné par les eaux de la Lubiane, du Malvans, et d'une autre source autrefois très-abondante, appelée la Font-Vieille, a dû fixer de bonne heure sur son sol quelque tribu ligurienne. Certaines familles nérusiennes s'échelonnèrent ensuite sur tous les mamelons environnants, où elles trouvèrent des sources ; de là l'origine du Malvans, du Broc (antique Oliva), de Carros, de Gattières, du Puget, des Gaudes, et des pays situés entre le Loup, l'Estéron, le Var et la mer. Tous reconnaissaient Vence pour capitale, et prenaient le nom de Nérusiens (habitants des îles ou adorateurs du vieux Nérée). Quand nous voyons sur nos murs et au tombeau de saint Véran, ces ancres de navire, ces conques marines, ces tritons jouant de la trompe, nous pouvons penser que Nérée fut le dieu des Nérusiens, comme Neptune était celui des Antibois. — D'autres émigrations eurent lieu encore dans nos parages : Coursegoules atteste évidemment une origine corse (Corsarum incolæ). — Vence et les Nérusiens furent donc établis entre les Védiantiens à l'est, les Oratelles, les Ectinés et les Verguniens au nord, les Ligaures à l'ouest, et les Décéates au sud avec le Loubet pour capitale. Le Loubet serait l'ancienne Oxybetum, d'autres disent Deceatum. — Pour peu que l'on examine attentivement, ces réunions générales de toute la peuplade, délibérant en plein vent sur leurs affaires, ces mais ou rondeaux qui se font encore pendant le mois de mai aux carrefours, tous ces mariages sous le régime dotal, le mode de fermage et de culture, cet esprit d'indépendance, cette vie rude et agreste des anciens Ligures, ce sont dans la suite des siècles des traces d'un autre âge. — Les Phocéens arrivèrent à leur tour, au commencement du VII° siècle, demander aux Saliens de Marseille le feu et l'eau; leur accroissement porta bientôt ombrage, et de même que Nice fut bâtie par les Phocéens contre les Védiantiens de Cimiez, Antibes se construisit près de nous en 375 avant Jésus-Christ pour contenir les Ligures de nos montagnes : Décéates du Loubet, Ligaures de Grasse, Suétaires d'Égitna (Cannes), etc. — Menacée par cette confédération, Marseille implora aussitôt le secours de Rome, qui, occupée déjà de ses guerres avec Carthage, fut heureuse de fixer son ancre sur nos rivages, en attendant qu'elle y régnât en souveraine. Aussi est-ce à Nice que Publius Cornélius aborde avec sa flotte dans sa première expédition contre Carthage. — L'an 274, Lælius se rendant en Espagne par la voie de terre, tenta pour la première fois avec une légion romaine le passage à travers nos montagnes. Cimiez fit opposition, fut saccagée, et la légion vint camper sur les bords du Var entre Carros et Gattières. — Pendant qu'elle prenait quelque repos, tout à coup, par une nuit bien sombre, Nérusiens et Décéates, aidés de toutes les peuplades voisines, s'étant dirigés sans bruit vers les Romains, s'élancèrent sur leur camp et massacrèrent tout. — Ce qu'ayant su, le sénat envoya vers nous le consul Fulvius Flaccus. Ce ne fut qu'après dix ans de résistance, que nous fûmes vaincus sur les bords du Var en 262. — Les Romains construisirent probablement à cette époque ces postes militaires dont on voit encore les traces à Carros, à la Gaude, au Broc, au Puget-Saint-Laurent, à Saint-Martin de Vence, à Saint-Raphaël et à Tourrettes-les-Vence, lieux presque tous consacrés à Mars, et portant encore le nom de Bastide. — On a trouvé dans tous ces endroits beaucoup de tombeaux romains, voire même des inscriptions et des pièces.

Marseille nous attirait ce redoutable ennemi : c'est sur Marseille que les Celto-Ligures et les Saliens, résolus de venger leur dernière défaite, méditèrent de terribles représailles. Les Massiliotes, informés de cette vaste conspiration, crièrent au secours. Quintus Marcius accourut et passa le Var. Mais nos peuplades aimèrent mieux incendier leurs foyers et faire un désert à l'ennemi que de se soumettre. Beaucoup se laissèrent mourir de faim, contents d'affamer leurs agresseurs. — Écoutons d'ailleurs Florus : « Cette nation des Saliens, dit-il, rude, agreste, légère à la course, cachée dans ses bois et ses buissons, nous donna plus de peine à les trouver qu'à les vaincre. C'est pourquoi, après qu'ils se furent joués de nous pendant près d'un siècle, Bœbius aplanit leurs montagnes, Fulvius Flaccus brûla leurs retraites, et Posthumius les désarma si bien qu'il leur resta à peine du fer pour cultiver leurs champs. — Nous étions vaincus et non soumis (151 avant Jésus-Christ).

Rome nomma sa conquête Provence ou province par excellence, avec Sextus Calvinus pour premier proconsul, le fondateur d'Aquæ Sextiæ (Aix), tandis que Servilius Cœpion, franchissant le Rhône, s'emparait de Toulouse. — La légende de Vence est que trois chefs romains, Vencius, Malvinus et Lubianus, donnèrent leurs noms à Vence, au Malvan et à la Lubiane, de même que Grasse reçut le sien de Crassus; conjectures comme la légende des Gaudes. — En 101, Marius éloigna de nous les Cimbres et les Teutons, avec lesquels nos peuplades auraient peut-être désiré se réunir : car le joug romain pesait à l'âme fière et indépendante des Ligures. Une circonstance va faire éclater ce feu longtemps comprimé. C'était à l'époque de la conjuration de Catilina. Les Allobroges qui, en récompense de leurs révélations, avaient en vain espéré quelque marque de reconnaissance de la part du sénat, s'apercevant que Rome, loin de les favoriser, ne cherchait qu'à étouffer leur liberté et à étendre leur domination, mirent à leur tête le brave Cotugnat, vaillant guerrier. Celui-ci envoya des émissaires de tous côtés pour nous appeler à la révolte, et le vaste incendie gagna en quelques semaines des bords de la Durance et du Rhône jusqu'au delà du Var. Deux fois, le préteur Promptinus fut battu aux environs d'Orange (62-61). Son lieutenant Manlius Lentinus, après avoir laissé garnison à Nice et à Antibes, monta faire le siége de Vence, qui au rapport de Dion Cassius était la plus forte place des Saliens sur les bords du Var. Vence ne se rendit qu'après une vigoureuse résistance ; mais, au bout de deux ou trois jours, les habitants des alentours, ralliés aux nôtres, chassèrent Lentinus qui se vengea par une dévastation complète du territoire. — Cotugnat ayant eu nouvelle de ces succès et du soulèvement des pays Alpins, essaya, en remontant la Durance, d'opérer sa jonction avec nos peuplades, et déjà il s'était mis en marche, quand Promptinus, aidé des troupes fraîches qu'il avait reçues de Rome, lui barra le passage. — La défaite des Allobroges amena la soumission complète de la Provence qui s'affaissa dans ce dernier effort. — Tout fut fini. Rome comprit d'ailleurs que pour régner chez nous, il fallait nous laisser nos libertés et suivre sa politique ordinaire vis-à-vis des vaincus qu'elle redoutait. Vence, chef-lieu des Nérusiens, eut part, comme les grandes villes, aux libéralités et aux égards du sénat, et l'autorité romaine fut si douce qu'on n'entendit plus parler de révolte sur les bords du Var.

César nous trouva tout à fait pacifiés quand il fit la conquête des Gaules (58-48). C'est même en partie sur les bords du

Var qu'il se recruta pour marcher contre Pompée ; et plus d'un Vençois passa le Rubicon (49). Marseille tenait pour Pompée. L'armée de César, en accourant châtier cette ville, campa entre le Var et Antibes au nombre de soixante mille hommes. Fréjus, *Forum Julii*, s'élevait pour être l'arsenal maritime de la Provence, avec une enceinte qui devait contenir quatre-vingt mille habitants. — Pendant les guerres du second triumvirat, les troupes passent et repassent ; et nos pays, prodiguant leurs hommes et leurs subsides, voient de leurs sommets les flottes d'Octave et d'Antoine croiser sur les côtes. — Auribeau (*Horreum Belli*) se construisit sans doute à cette époque près de Grasse. — La bataille d'Actium fixa le sort de l'empire trente ans avant Jésus-Christ. — Auguste, maître du monde, sans s'écarter de la politique de César dans le gouvernement des Gaules, se rendit en personne à l'assemblée générale de Narbonne, et accorda le droit de cité à beaucoup de villes, maintint les anciens priviléges, et commença par diviser la Gaule en quatre régions subdivisées en dix-sept provinces. La Provence prit le nom de Gaule Narbonnaise, et Vence se trouva comprise dans la province des Alpes maritimes avec Chorges pour métropole, et plus tard Embrun. — Nice fut sous la dépendance de Cimiez. Cette dernière ville sortant de ses ruines reprit une nouvelle splendeur, et fut décorée de beaux monuments romains. Antibes, Oxibet, Auribeau eurent part aux libéralités de l'empire. Vence ne fut pas oubliée. Elle grava sur ses édifices le nom de Cité. Un chef à l'image de l'empereur, à la fois militaire, prêtre et magistrat, gouverna la peuplade nérusienne, sous le nom de Décurion. Nous lisons son nom dans l'inscription suivante : L. VELVDIVS VALERIANVS DECVRIO MAG ET SACERDOTIO FVNCTVS SIBI ET VIBIÆ MVCII FIL PATERNÆ VXORI VIVIS FECIT.

Cependant les druides, comprenant qu'avec les nouvelles institutions leur influence périssait, ourdirent une vaste conspiration, qui eût éclaté, si Drusus, fils adoptif d'Auguste, ne l'eût déjouée à temps. Il convoqua au nom de l'empereur une assemblée générale à Lyon, où tous les chefs gaulois, séance tenante, votèrent comme gage de leur attachement à Auguste, un temple en son honneur. Arles, Narbonne et les autres cités suivirent le même exemple que Lyon. Les dieux de la Gaule furent remplacés par les divinités romaines. Vénus eut un sanctuaire à Arluc, Neptune à Antibes, Jupiter Ammon à Grasse. Au lieu d'Œsus et d'Œsa, Vence édifia au centre de ses murs un temple à Mars et à Cybèle, auquel Auguste assigna certains revenus fixes. — Le nom de Vence semblant dériver de *vincere*, donna lieu peut-être à l'adoption de cette *divinité belliqueuse*. — Marseille nous permit de prendre quelques-unes des colonnes de granit qu'elle faisait tailler dans l'Esterel pour soutenir le péristyle du nouveau sanctuaire. — On lit encore sur deux de ces colonnes qui s'expliquent l'une par l'autre :

```
        FINIS AGRI           MASSILIENS
        CVRANTE AC           DEDICANTE
        IVLIO HON
        ORATO                PROCVRANTE
        PP PRAESID           AVG EX
        ALP                  MARITIM
```

Autour de l'entablement : *Donum Massiliensium civitati Vinciensi*. On a trouvé à Vence, en creusant sur la place de la Poissonnerie, les restes d'un forum ; il y avait aussi des aqueducs, comme l'atteste ce fragment d'inscription qui est dans l'église, à gauche en entrant :

```
        IVON                 ISM CL
        FAVENT               IAQVAEDVC
        IVVENISTRI
```

La douceur de nos contrées fut bientôt en si grande vogue que beaucoup de riches familles vinrent y rétablir leur santé usée par le luxe ou les affaires. — En parcourant toutes nos communes on dirait que nous vivons encore au milieu des Romains et que des voix s'échappent de leurs tombeaux. Nous assistons à leurs sacrifices et à leurs fêtes. Alignons sur ces feuilles tous ces souvenirs et ces noms illustres.

Sur les murs extérieurs de la cathédrale et de l'hôtel de ville de Vence :

ENNIA FUSCINA
VIVA SIBI
FECIT

—

D.O.
MAECIA
MACIANI FIL
VALERIA
VIVA SIBI FECIT

—

IVLIO EVGENIO
IVLIVS CLEMENS
ALVMNO PIETIS
SIMO FECIT.

—

D.O.
IVCVNDILLA
MATER FILIO
ONESIPORO
PIENT. VIVA
FEC. V.A.XXV

—

QUINTI FPA
TRI E MATRI
PIISSIMAE
GRAECINNA
E F MARCI
NA EXTR
IDDD

—

IVLIVS MARCIA
NVS AVRELIE SA
BINELLE CONIVGI
MERENTISSIMAE
FEC. ET MAXIMIA
QVINTINA VIVIA
CORNELIES SABIN
ELLES SVE PIEN
TISSIME S... FEC.

—

BLANIAE FRONTINELLAE CARISSIMAE PIEN
TISSIMAE DULCISSIMAEQ AVL.P.ENIVS FRONTINVS
FIL. PARI RIAE LVCILIANVS DECORECTENYS II VIR
FLAMEN ET VALERIA MATERNA FILIA ENIVS AVLINVS
FRATR SORORI AMANTISS ET SIBI POSTERIS ET SVIS VVFF.

M LIVIVS LICOSTRATVS
LIVIO ONESIMO PATRI ET
LIVIA NICE LIVIO ONESIMO
MARITO ET LIVIO BERME
PATRONO VIVI FECERVNT
SIBI POSTERISQ SUIS.

Les Némésis.

PAELIO PAMPHILO CALPVRNIA
PAMPHILE PATRI MERENT
ISSIMO POSVIT. AD QVOD OPVS
CONFEC. IVVENIVS NEMESI
ORVM IMPENDIVM DEDIT.

A la Gaude.

FLAMINIVS MVCILIVS
CREMONIVS SVAE
VXORI BENE ME
RENTI FECIT...

D M
MARTI VINCIO
M RVFINVS I'''' VIR
SALINENSIS ET IN
COLA CEMENEL
EX VOTO

A Carros.

M ENNIO MARCIAN
O ET MANILIAE MA
RCIANAE VIVENTI M
ENNIVS QVADRA
TVS ET ENNIA MARCI
ANA PARENTIBVS CARIS
POSVERVNT TROB.

A Carros.

MITIS SVAE DOMI PIA EX PI
O MVTIO MANILIAE VELL
VSQ VRITVR SOCIAQ SEVERI
NI PATRIMA MATRIMAQVE
BENEMER. FECIT IN MEMORIAM.
ELII   FEC.

Le Tauribole.

IDAEAE MAIAE
VALERIA MARCIANA VALE
RIA CARMOSINE ET CASSIVS
PATERNVS SACERDOS TAV
RIBOLIVM SVO SVMPTV CELEBR.

Au Broc.

L VALERIVS
FRONTINVSIV
VINICIO MARI
NO FR SVO...
. . . .
. . .

A Guttières.

Q VIBIO SECVNDINO Q VIXIT
AN XIIMVID VIIIQ VIBIVSQ VIR
SALIN CAPITO FILIO SVPRA MODVM
AETATIS PIENTISSIMO SIBI
POSTERISQVE SVIS VIVVS FECIT

A Villeneuve.

V F
CALBVCIVS
EVVARISTVS
SIBI
T   FECIT

A Saint-Laurent.

AMAS.   SPES
CIVIOM.................

Au pont du Loup.

C IVLIO FLAVIANO CORNICVLARIO
LEG XXII PPPF STIPENDIORVM
XVII QVI VIXIT AN XXV MENS XIDXXV
COCCIA CHRYSIS CONIVGI
INCOMPARABILIS PIETATIS.

A Coursegoules.

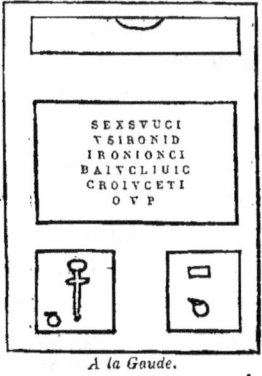

SEXSVUCI
VSIRONID
IRONIONCI
BAIVCLIVIC
CROIVCETI
O V P

A la Gaude.

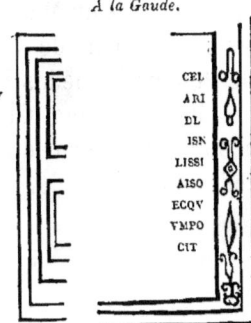

CEL
ARI
DL
ISN
LISSI
AISO
ECQV
VMPO
CIT

A Saint-Jean (Cagnes).

M.M.
VIDIAE MELPOMENES
MATRI DVLCISSIMAE
SEVERINA FECIT
DE SVO SIBI.

Près de là est une pierre sur laquelle est sculptée une hache.

A Opio.

ALEVCOT
OVA ⦙⦙⦙ XX
ALB V ⦙⦙⦙ C

Au Bar.

OVA DCATIAE SEXTINAE
VAL MARCILLA MATR
FILIAE PIENTISSIMAE
OVAE VIXIT AN X
ET SIBI VIVA FECIT

Tandis que sous Néron, Claudius Paternus était préfet de Cimiez, et commandait la 22ᵉ légion, son fils, Cassius Paternus, était décurion de Vence.—Lucius Valérianus aussi décurion de Vence était marié à Vibia Paterna. Les familles Vibius, Paternus, Eunius, Frontinus, Marcianus, Valérius, se montrent également au Broc, à Carros, à Gattières et à Vence.—Que de noms ont conservé, même de nos jours, à Vence un cachet tout romain ! Malivernus, Talatorius, Malamater, Marsius, nous donnent les Maliver, les Taladoyre, les Malamaire et les Mars.— Les empereurs appréciaient si bien la douceur et la salubrité de notre climat, que Néron envoya à Nice la trop célèbre Poppée malade, et plus tard Gallien, sa femme Salonine. Les impératrices connaissaient déjà le chemin de la riante Nicopolis. — Fatiguée du règne infâme de Néron, la Provence s'était associée à la révolte de Vindex et avait accepté Galba pour empereur (68). Celui-ci tomba sous le poignard d'Othon. — Vous eussiez vu alors Maturus Marius, préfet de Cimiez, prendre parti pour Vitellius et armer toute notre contrée. Tandis que les troupes othoniennes victorieuses à Vintimille mettent tout à feu et à sang, et que leur flotte croise près du Var, Classicus accourt du fond des Gaules par ordre de Fabius Valens ; Marius Maturus l'y rejoint, et tous deux préparent par la victoire de l'Estérel celle de Bédriac qui donne le trône à Vitellius. — Les empereurs se succèdent. — L'époque où Vence semble prendre le plus de part au mouvement général, c'est celle des empereurs militaires ou usurpateurs qui mettent tour à tour leur glaive sanglant sous la garde du Mars Vintium. — Nous avons des inscriptions à l'honneur de Caracalla, de Gordien III, de Dèce, de Publius Cornélius Licianus Valérien, petit-fils de Valérien et fils de Gallien. On en a trouvé une à Cagnes (antique Onépia), à l'honneur du petit-fils du divin Constantin. Voyons celles de Vence :

				A Cagnes.
IMP CAESARI DIVI ANTONINI FIL DIVI SEVERI NEPOTI M AVRELIO ANTO NINO PIO FEL AVG TRIB. PONT III COS. III PP.	IMP CAES M ANTONIO GORDIANO PIO FEL AVG PONT MAX TRIB POT II PPCOS CIVITAS VINTOEVO TA NVMINI MA IESTATIQVE EIVS	IMP CAES C MESSIO QVIN TO TRAIANO DEC IO PIO FELINVIC TO AVG PMTPIB POT III COS II PP CIVIT VINT	PVB CORNELIO LICINIO VALE RIANO NOBILIS SIMO CAESARI PRINCIPI IVVEN TVTIS NEPOTI ET FILIO DD NN VALERIA NI ET GALLENI AVGG ORDO VINTIENTIVM	OTI DIVI CO NSTANTI AVG PI — A Vence. IMP CAES — Dallage de la cathédrale en 1858.

Sous des blocs de pierre qu'on a retirés du Peyra, place de Vence, on a trouvé, en 1858, un Philippe et un Gordien III. Il n'est pas rare de rencontrer à Vence et dans les environs, en fouillant les tombeaux, de larges briques blanches, le petit pot funéraire avec des Marc-Aurèle, des Nerva et des Néron, des Domitien, des Trajan, beaucoup de Gordien, des Crispine et des Faustine, impératrices, en grand nombre.

On sent à chaque pas, jusque dans ces bas-reliefs avec des aigles aux ailes déployées, l'action de cette grande et puissante Rome qui enlaçait tout dans ses serres. — Vence, si petite qu'elle soit, se montre avec son corps municipal, *ordo Vintiensium*, votant des statues aux empereurs.

Ni Dioclétien qui gouverna en prince absolu, ni le grand Constantin, ni Théodose lui-même, en modifiant l'œuvre d'Auguste n'ont jamais touché à nos libertés municipales. La cité vote ses subsides énormes, donne son sang, et se contente de sa libre administration; et lorsqu'elle verra plus tard le juge ou le bailli seigneurial essayer d'empiéter sur le conseil, elle rappellera toujours au seigneur que les agents de Rome et les décurions se gardaient bien de s'ingérer dans les affaires de la cité. — L'Église même, en dominant les cœurs, loin d'altérer, ne fera que fortifier l'ancienne constitution de la cité nérusienne. Reconnaissons-le: qui plus que le christianisme appela les hommes à la véritable liberté? — qui plus que lui a brisé d'horribles chaînes? — Rome avait anéanti les terribles dieux des Celtes : nous avions un Mars pacifique. — Au culte mythologique de Mars et de Cybèle, l'Église substitua celui de Marie et du vrai Dieu de la paix.

Dès que le sang de la divine victime eut coulé sur le Calvaire, la Provence n'avait pas tardé à recevoir la bonne nouvelle de l'Évangile. Outre la miraculeuse colonie qui aborda sur ses côtes, saint Barnabé, dont le culte est resté par ici en honneur dans un hameau de Coursegoules, parcourut le premier nos pays sous Néron. — Saint Nazaire son disciple prêcha l'Evangile à Cimiez et donna son nom à une petite ville des environs de Toulon. Le préfet de Cimiez, Dinoratus, irrité des progrès que faisait le christianisme, fit arrêter saint Nazaire, Celse et Marianella sa mère, de noble famille, ses disciples; Dinomède, femme du préfet, obtint à force de prières leur élargissement, mais à la condition expresse qu'ils prendraient la fuite. — Ce qu'ayant fait, ils furent saisis par Cornélius, gouverneur de Vintimille, qui les envoya subir le martyre à Milan en 65. Le sang des martyrs est une semence de chrétiens. — On pense que saint Trophime d'Arles, dont Boyon fit son patron, établit à Vence son premier évêque (161-180). — Sous Dèce (249-251), saint Dalmas nomma saint Bassus pour évêque de Cimiez. Celui-ci eut la tête tranchée. — Saint Pons subit le même sort, 11 mai 260. Marius Claudius rendit la sentence sous Valérien. —Toulon, Aix, Marseille, Embrun, Colmar, Castellane, Fréjus, Riez, Digne, Barême, Glandevès, Grasse, Vence, Coursegoules, s'empressèrent avec Nice et Cimiez d'honorer l'illustre pontife. — La persécution de Dioclétien valut encore la palme du martyre aux deux frères Vincent et Orose de Cimiez qui furent mis à mort à Embrun, alors que la vague apportait de Corse à Monaco le corps de sainte Dévote. — L'ère des martyrs est terminée, et la croix brille d'un plus vif éclat. — Les idoles ébranlées croulent. Les Vençois convertis ensevelissent sous chaque pilier de la nouvelle cathédrale une statue des faux dieux, symbole du Christ vainqueur de Satan ; Jésus-Christ et sa divine Mère habitent dans ce lieu purifié, et les colonnes des Marseillais soutiennent le péristyle du sanctuaire du vrai Dieu. A la date de Jovien (363), nous avons le nom d'un évêque de Vence, saint Andinus. — Le gouvernement régulier de l'Église était établi, et sans doute Vence avait commencé le catalogue de ses évêques avec le concile de Nicée. — Saint Eusèbe lui succéda en 374, sous le pape saint Damase, un an après que saint Honorat eut fondé la célèbre abbaye de Lérins. Eusèbe, qui sortait peut-être de ce monastère, assista au premier concile de Valence. — La terrible invasion de Radagaise, qui ravagea toute la Provence, date de son épiscopat. — Nice fut réduite durant trente ans à quelques cabanes de pêcheurs, et Vence ne dut qu'à ses montagnes d'être épargnée.

Voici venir des temps bien malheureux pour la Provence. Rome énervée ne peut plus nous défendre; mais Vence est chrétienne et ses évêques vont la soutenir au milieu de ces cruelles épreuves.

CHAPITRE II.

DEPUIS LES WISIGOTHS JUSQU'A L'EXPULSION DES MAURES (403-976).

Un laboureur de Carros trouva dernièrement en bêchant la terre un pot d'argile rempli de pièces d'argent à l'effigie des rois wisigoths. En 412 la Provence appartenait aux Wisigoths. Juvinius était évêque de Vence à l'époque des invasions d'Alaric en Italie. Il eut pour successeur Arcadius, qui sans doute proclama dans son diocèse le dogme de la maternité divine de la très-sainte Vierge. Aussi de temps immémorial la cathédrale de Vence est-elle sous le vocable de la Nativité de la sainte Vierge. A son exemple, Villeneuve, Carros, Saint-Laurent, le Malvans, Boyon, le Broc ont eu Marie pour patronne, et partout des sanctuaires ont été érigés en son honneur. Avec la très-sainte Vierge, d'autres pays adoptèrent un patron spécial. Le Broc eut sainte Madeleine; la Gaude et Gréolières, saint Pierre ; Caille, saint Etienne. — Arcadius assista au concile de Riez en 439. Il mourut en 446.

Vivait à Lyon au commencement de ce siècle le savant sénateur Eucher; saint lui-même, il eut de sainte Galles son épouse deux fils, saint Saloine et saint Véran, et deux filles, sainte Tulle et sainte Consorce. Cette famille allait souvent passer une partie de l'année soit au château de Viturme près de Vienne, soit à Beaumont près de Mont-Mars, en face de Saint-Paul-la-Durance. C'est à Viturme que Saloine et Véran se lièrent d'une amitié indissoluble avec le savant Sidoine Apollinaire qui sera plus tard le gendre de l'empereur Avitus. — A peine nos jeunes saints eurent-ils atteint leur douzième année qu'Eucher et sainte Galles, renonçant au monde, se retirèrent l'un au monastère de Saint-Honorat avec ses fils, l'autre à Beaumont ou à Téoule avec ses deux filles. — Eucher après avoir édifié les religieux par sa pénitence et par son génie fut obligé d'accepter le siége de Lyon. Il pressa ses deux enfants sur son cœur et partit.

Saloine et Véran crûrent, comme de blancs lis, dans cette terre vierge encore. Une si noble émulation s'était établie entre eux pour la vertu, que saint Honorat écrivait à saint Eucher que les ayant eus pour élèves, il souhaitait de les avoir pour disciples. Leur père tout heureux de leurs progrès composa exprès pour eux deux ouvrages appropriés à la trempe de leur caractère. Il dédia à Véran, plus adonné à la vie contemplative, les *Formules de l'intelligence spirituelle*, et à Saloine, qui s'occupait d'études ecclésiastiques, les *Questions du Vieux et du Nouveau Testament*. — Quels noms fameux à Lérins !... Salvien, saint Vincent de Lérins, saint Loup, saint Apollinaire se trouvaient alors à la célèbre abbaye dont saint Hilaire venait de prendre la direction

depuis que saint Honorat avait été appelé à l'archevêché d'Arles
(426). L'année même où saint Augustin rendait son âme à
Dieu (430), Saloine et Véran prirent l'habit de bénédictin des
mains de saint Maxime, saint Hilaire ayant succédé à son
tour en 428 à saint Honorat, comme archevêque d'Arles. —
Lérins était vraiment la pépinière des saints et des évêques.
Salvien était devenu évêque de Marseille, saint Loup de
Troyes et Saloine de Gênes. Le peuple et le clergé de Vence
élurent à leur tour saint Véran que saint Maxime consacra le
10 octobre 446. — O jour heureux pour Vence que celui où
le nouveau pasteur pénétra dans ses murs ! — Que nous
voudrions retracer cet âge d'or de notre Eglise naissante ! —
Un des premiers actes de saint Véran fut de répondre avec
Saloine et Cérétius, en 451, au pape saint Léon le Grand qui
avait demandé aux évêques un acte d'adhésion aux décrets
du saint-siége contre l'eutychianisme. Saint Véran n'ayant
pu se rendre au concile d'Arles, rédigea la lettre suivante qui
est un monument de la suprématie du siége de Rome au
ve siècle. La voici : « Deprecor ut opus et præsentibus et futuris temporibus profuturum quod nos asservandi studio fo-
liis mandare curavimus sanctitas vestra percurratis, et si quid
librarii errore defuerit, emendare dignetur ; vel si salutarem
lecturis omnibus paginam aliquo studio vestri accumulatis
argumento, idipsum addi libello huic sollicita pietate jubeatis,
ut non solum plures sancti episcopi nostri per Gallias, ve-
rum etiam multi ex laïcis, filii vestri, qui epistolam istam
magnopere pro veritatis manifestatione desiderant remissum
ad nos et sancta manu vestra emendatum transcribere, le-
gere et tenere mereantur. — Veranus cultor vestri aposto-
latus Beatitudinem vestram saluto et ut pro me oretis peto. »
— Saloine et Cérétius font la même profession de foi au
saint-siége. — Cette lettre apprend quel respect on avait,
dès les premiers siècles, pour la Chaire de saint Pierre, quel
soin pour la conservation du dépôt de la foi, et pour les lettres encycliques du Saint-Père. Fidèles et prêtres étaient

avides de ces saintes pages, comme émanant de la bouche même de Jésus-Christ. — Saint Véran, ami avant tout de la retraite, continua de mener à Vence, au milieu de son clergé, la vie de Lérins. « La charge que vous avez prise, écrivait Sidoine Apollinaire à Saloine et à Véran, vous lie au sol ; tâchez du moins de choisir un moment favorable pour venir me voir à Viturme, de telle sorte que si vous ne le pouvez tous deux ensemble, l'un vienne après l'autre. L'amitié qui nous unit et les mêmes sentiments que nous professons me font souhaiter toutes les fois que je vais à Viturme que vous y fussiez tous deux comme autrefois. »

Mais Véran devait plus que jamais veiller sur son troupeau. Pendant qu'Attila et Genséric remplissaient d'effroi la mer et les terres, que les Wisigoths soutenaient l'arianisme, que l'empire d'Occident croulait, les vices les plus hideux se glissaient parmi le peuple et le clergé, et Salvien, le Jérémie de son siècle, criait en douloureux accents, en écrivant encore à Saloine et à Véran : « Les barbares sont moins vicieux que nous, et nous sommes surpris qu'étant si corrompus nous ne soyons pas encore plus misérables !... Hélas ! qu'est devenue notre beauté d'autrefois ? » Il aperçoit le flot qui gronde et qui va tout engloutir. — Cependant Véran redoublait de zèle et de pénitence pour écarter de son peuple les maux qui désolaient le monde, et qui avaient déjà pénétré jusque dans le sanctuaire où tout devenait vénal.

Une douloureuse circonstance l'appela à Lyon en 456 pour y recevoir le dernier soupir de son père. — Peut-être saint Véran administra-t-il quelque temps l'évêché de Lyon, puisque son nom figure sur le catalogue des évêques de ce siége après saint Eucher. Quoi qu'il en soit, notre saint revint à Vence qui suffit à sa gloire. — Dieu se plaît à élever les humbles. La renommée de Véran s'étendit jusqu'à Rome même, si bien que le souverain Pontife le choisit en ce temps pour arbitre dans certaines affaires importantes de l'Eglise des Gaules. Arles avait été désignée par le pape Zosime, comme par l'empereur, pour la métropole principale des sept provinces du midi. Une contestation s'éleva entre saint Léonce d'Arles, successeur de saint Hilaire, et saint Mamers de Vienne. Celui-ci avait consacré l'évêque de Die. Saint Léonce réclama, et le pape désigna saint Véran pour arbitre. Notre évêque s'appuyant sur le concile de Nicée décida que le droit de l'archevêque d'Arles n'avait pas aboli celui de chaque métropolitain dans sa province spéciale.

Quelque temps après (466) l'évêque de Nice, voulant se faire métropolitain, avait obtenu subrepticement du saint-siége le droit de nommer un évêque à Cimiez. — L'archevêque d'Embrun en écrivit au pape, qui désigna saint Véran, saint Victorin d'Antibes et saint Léonce de Fréjus pour régler cette affaire. « Mon intention, dit-il, est qu'on ne déroge en rien aux anciens priviléges ; la grandeur du saint ministère ne consiste pas dans une grande étendue de terre, mais dans une grande acquisition d'âmes. » Auxane de Nice fit valoir la lettre d'Innocent Ier, mais Véran lui démontra clairement que Nice, plus nouvelle et n'ayant que le titre de *castrum*, ne pouvait être métropole de Cimiez, et que d'ailleurs Cimiez avait toujours ressorti d'Embrun. — Telle était l'autorité de saint Véran qu'il jugeait les évêques eux-mêmes. — D'autres événements vont mettre encore plus en relief sa puissance et son courage apostolique.

Euric, arien furieux, venait de monter sur le trône ensanglanté par le meurtre de son frère Théodoric II. Le sang appelle le sang ; comme il trouvait dans les orthodoxes les plus terribles censeurs de ses crimes et de ses désordres, il se fit persécuteur, et pour en finir plus vite il appela Genséric à son aide. Il mit à mort ou exila les évêques ; les églises, dit Sidoine Apollinaire, tombaient en ruine ; on en avait arraché les portes, ou bouché l'entrée avec des épines. — Les deux rois s'avancèrent bientôt de notre côté. Saint Gratien de Toulon, saint Léonce de Fréjus, saint Valère d'Antibes, saint Deuthère de Nice subirent le martyre. Les moines de

Lérins avaient pris la fuite. Saint Véran plein d'une force surhumaine, et à l'exemple de saint Aignan et de saint Exupère, descendit de sa montagne et alla au-devant de ces deux tigres altérés de sang. — C'était sans doute au pont du Loup, là même où fut bâti depuis le monastère de Saint-Véran. — La douce majesté du vénérable prélat frappa tellement Euric et Genséric d'un saint respect, que leur colère s'écoula à leurs pieds, et l'église de Vence fut sauvée. — Mille ans plus tard les restes du saint placés sur la tour délivreront encore la petite cité. — Euric s'arrêta là. Il retourna dans sa capitale, où nous le voyons recevoir quelque temps après avec honneur saint Epiphane évêque de Pavie, et lui accorder tout ce qu'il demande pour l'empereur Julius Népos. — Saint Epiphane s'arrêta à Lérins en revenant en Italie. — En 475 saint Véran assista au concile d'Arles, assemblé contre les semi-pélagiens. L'année suivante, il vit s'accomplir les prédictions de Salvien sur l'empire d'Occident. — Euric mourut en 480. Saint Véran prolongea sa vie jusqu'en 492, et son corps fut déposé dans le sarcophage de marbre qui est l'autel même de la chapelle. Son culte se répandit bientôt jusqu'à Marseille.

Prosper, moine de Lérins, qui recueillit le fruit des travaux de saint Lambert (492-529), parut au milieu des déchirements de l'Occident par les barbares. — Théodoric le Grand, maître de Rome en 493, couvrit de ses troupes les bords du Var, pour venir venger sur Clovis la défaite et la mort d'Alaric II. Quelques années de tranquillité suivirent, pendant lesquelles *Prosper* assista au concile d'Arles en 527. *Firmin,* son successeur (529-541), siégea aux conciles d'Orange et de Vaison. — *Deuthère*, après Firmin, eut un épiscopat très-long. Sans imiter le zèle belliqueux des évêques d'Embrun et de Gap, il survécut aux ravages des Lombards, et plaça son peuple sous le patronage de saint Laurent.

En effet, après la mort d'Alboin (573), trente chefs lombards s'étaient partagé les dépouilles du conquérant, et l'un d'eux, nommé aussi Alboin, convoitait au royaume des Francs la Provence, comme partie intégrante de l'Italie. — « Les Lombards sont venus, s'écriait saint Hospice dans son ermitage d'Olivette (Villefranche). Faites pénitence... Ils détruiront vos villes et ravageront vos champs, parce que le peuple est ignorant, prompt à l'homicide, adonné au vol, violateur des serments, inhospitalier, sans foi et sans charité.. Les Lombards vont venir. »

Ce fut en 575 que ces dévasteurs commencèrent à passer les monts. Trois années de suite, Amatus et Mummolus les repoussèrent du côté d'Embrun. En 578, Alboin aidé des Saxons forma deux corps d'armée, et tandis que ceux-ci s'avançaient par Briançon jusqu'à Avignon, il descendit en personne le col de Tende. Cimiez ne se releva plus. Saint Hospice fut livré aux plus cruels supplices. Monaco, Olivette et Nice s'abimèrent dans les flammes. — On était au mois de juin. Ces barbares moissonnaient les blés à demi mûrs et les donnaient à manger à leurs animaux. Les Vençois avaient fui la ville pour se retirer sur le rocher qui domine Vence et où ils s'étaient retranchés dans une vaste forteresse appelée Saint-Laurent-de-la-Bastide. Tout ce qui rappelait le nom romain fut saccagé à Vence comme partout. — La ruine du monastère de Saint-Véran au pont du Loup, la destruction du pont du Var, et de nombre de pays qui aujourd'hui ne sont plus connus que de nom, dans nos parages, datent de l'invasion lombarde. — Ces hordes cruelles s'avancèrent jusqu'à Marseille, mais ayant appris que l'autre bande avait été anéantie à Valence et à Grenoble, et que Mummolus se dirigeait sur Marseille, elles rebroussèrent chemin sur le Var, en semant partout leurs malades et leur butin. — Deuthère notre évêque nous encouragea dans la reconstruction de notre ville, qui conserva depuis quelque chose de l'architecture lombarde. A dater de cette époque, on alla chaque année en procession, le jour de l'Ascension, sur le rocher de Saint-Laurent ; on y chante encore aujourd'hui les Litanies du saint en faisant trois fois le tour des ruines et de l'ancien cimetière.

Deuthère assista au concile de Macon en 585. L'abbaye de Lérins ne put à sa mort nous fournir un évêque ; c'est pourquoi le clergé s'adressa au roi Childebert II, qui nous donna un pieux confesseur de la foi, Fronyme de Bourges. Il s'était réfugié chez les Francs de son évêché d'Agde, parce que le roi wisigoth Léovigild en voulait à sa vie pour avoir engagé la princesse Ingonde à ne pas embrasser l'arianisme. Fronyme devint évêque de Vence en 590.

Aurélien, son successeur, assista au concile de Châlons en 650. C'est sous lui qu'eut lieu à Lérins le martyre de saint Ayoul et de ses trente-sept religieux par les moines Arcade et Columbus. Il semblait que depuis les crimes de Frédégonde et de Brunehaut, l'ambition ne connût plus de bornes : nous sommes d'ailleurs au temps de la lutte entre Ébroin et saint Léger. — Les religieux repoussent la discipline et les réformes ; l'autorité de l'Église est méconnue ; l'épiscopat est avili, la royauté mérovingienne énervée et corrompue, la simonie et la spoliation s'exercent effrontément. Aussi la verge de Dieu veille-t-elle encore. Les Sarrasins font trembler nos contrées, et Vence va rester 150 ans sous l'occupation musulmane. Plus d'évêques.

La première descente des Sarrasins sur notre littoral date de l'an 700. La conquête de l'Espagne les enhardit, et revendiquant tout ce qu'avaient autrefois possédé les Wisigoths, ils considérèrent à leur tour la Provence comme une partie de leur nouvel empire. C'en était fait de nous, d'autant que nous n'avions personne pour nous défendre. — Isolés dans notre bassin, nous ne pouvions rien espérer d'Eudes d'Aquitaine, qui lui-même implorait le secours de Charles Martel. — Celui-ci envoya le moine Ebbon pour appeler la Provence à la guerre sainte. Le saint prêtre par sa parole apaisa les discordes intestines, ranima la foi languissante, et entraîna à sa suite une foule de braves guerriers qui allèrent se réunir à

Eudes. Ce que voyant, les Sarrasins se jetèrent sur Lérins et massacrèrent cinq cents religieux avec leur abbé saint Porcaire. La terreur était dans la contrée... mais où fuir ? —Abdérame s'était avancé jusqu'à Sens (octobre 732). Charles Martel l'en débusqua, et le poursuivant avec ses valeureux Francs, lui présenta la bataille à Poitiers où Eudes arriva assez à temps pour achever la victoire. Trois cent soixante-quinze mille musulmans jonchèrent la plaine.

Les Maures ne cherchaient qu'une occasion de se venger, et nos pays étaient d'autant plus exposés que certains de nos seigneurs, soit qu'ils eussent usurpé les biens de l'Église, soit qu'il fussent ennemis de Charles Martel, pactisèrent avec les Sarrasins. De ce nombre fut le patrice Mauronte, Byzantin d'origine. Quoique comblé des faveurs de Charles Martel, comte d'Avignon et de Marseille, et gouverneur de tout le pays compris entre le Rhône, la Durance et les Alpes, traître à Dieu et à ses serments, il ouvrit Avignon au croissant et nous livra aux Sarrasins. Il vint se poster à Fraxinet, où il somma tous nos pays de se soumettre aux musulmans, et la Provence entière fut envahie comme par un torrent. Églises, abbayes, monuments furent ruinés. Tout ce qui résistait fut impitoyablement massacré. De Toulon à Fréjus et de Fréjus à Nice, le cimeterre courba tous les fronts. —Ligué avec Luitprand, roi des Lombards, le héros franc enveloppa Mauronte qui était à Marseille. Celui-ci gagna l'Estérel, passa le Var, et s'enfuit dans les montagnes de Tende (739). Nous ne fûmes pas pourtant délivrés. Le littoral fut plus heureux. — Pepin le Bref (741-768) donna un comte à Nice, et établit, du Var à la Siagne, Thibaud, neveu de Charles Martel, et fils de Grimoald, avec le titre de comte d'Antibes. — Telle est l'origine de l'illustre famille des Grimaldi. — Antibes recouvra ses évêques, grâce à ce vaillant libérateur ; mais Vence pleurait sur ses ruines, et Nice était veuve comme nous de ses ministres de Dieu. — Enfin Charlemagne parut (768-814). Deux fois il suivit la voie Aurélienne pour se rendre en Italie.

Dans son premier voyage il confirma Hugues de Grimaldi, fils de Thibaud, dans la possession d'Antibes (778). Les Maures avaient fui. Il nomma saint Syagrius, son propre neveu, comte de Cimiez, évêque de Nice et abbé du monastère restauré de Saint-Pons ; il nous donna Lieutaud pour évêque et rétablit à sa prière le monastère de Saint-Véran, avec une église richement dotée sous le nom de Notre-Dame la Dorée ou la Dorade, obligea les séculiers à rendre les biens usurpés au clergé, nomma don Guerra duc de Vintimille et Odon, duc du château de Nice. De l'Estérel à Vintimille, la côte se trouva vaillamment défendue. Fréjus sortit de ses cendres : Lérins releva ses ruines, Antibes eut Aribert pour évêque. — Pourtant les Sarrasins ne purent être entièrement expulsés des Alpes maritimes, où ils continuèrent de posséder Senez, Glandevez et Embrun.

A la désastreuse retraite de Roncevaux nous retrouvons le duc de Nice. Cette défaite réveilla les Maures ; mais nous fûmes si bien défendus par Hugues de Grimaldi et don Guerra, que Charlemagne, lors de son second voyage en Italie (800), félicita ces seigneurs et leur accorda de nouveaux priviléges. Le démembrement de l'empire de Charlemagne renversa l'œuvre restaurée du grand empereur d'Occident. — Encore les Sarrasins. Ils arrivent des montagnes, ils arrivent de la mer, et se vengent sur nous de cent années de tranquillité.

La succession de nos évêques s'était continuée depuis Lieutaud. Valdine lui avait succédé (848-878). A sa mort l'archevêque d'Embrun ayant nommé Vitfride sans prendre, selon l'antique usage, le consentement du peuple et du clergé, la cité de Vence, qui avait reconquis ses anciennes libertés, refusa l'élu d'Aribert. On en référa au pape Jean VIII, qui cita les deux partis à comparaître au concile de Troyes. Vence y gagna son procès. Élie remplaça Vitfride. Cet évêque se trouva au couronnement de Boson Ier, roi d'Arles et comte de Provence, beau-frère de Charles le Chauve et gendre de l'empereur Louis II.

Ce nouveau prince essaya de recouvrer tous les fiefs qui lui appartenaient en Provence. On pense même que Boyon (*Castrum de Bosisone*) et Besaudun (*Bosanis dunum*) lui doivent leur nom. Il avait confié la défense du littoral à Passano de Grimaldi, quand les Sarrasins se jetèrent sur nos contrées. Les actes de vengeance les plus terribles signalèrent cette nouvelle irruption. Olivette fut complétement rasée ; les couvents de Nice, la Dorade, Saint-Honorat furent renversés ; Fréjus ruinée de fond en comble, et de Toulon à Monaco ils dictèrent des lois à la Provence. — Leurs principales forteresses étaient la Garde-Freinet ou Fraxinet, et Saint-Hospice, Petit-Fraxinet. Près d'Antibes, ils élevèrent la tour de Villeneuve, se retranchèrent fortement à Tourrettes qu'ils construisirent, à Gordon, à Carros, à Gattières, au château des Gaudes et au Broc. — Nice, Antibes, Digne, Fréjus, Senez, Glandevez, Toulon, Vence furent privés de leur évêque.

Pour peu que l'on examine tous ces tombeaux tournés vers l'orient, ces bois et ces quartiers appelés Maures, à Courmettes, à Cabris, à la Garde-Freinet, le hameau de la Maure à la Gaude, des commencements d'exploitation de mines à Tende et à Carros, ces remparts et ces maisons en petites pierres carrées, beaucoup de mots arabes introduits dans notre idiome, certains types de figure, les noms de Morel, Moreau, la danse appelée mauresque ou farandole, quelques autres danses en usage encore dans la montagne de Nice, voilà autant de traces de la longue occupation sarrasine.

Hugues de Provence, qui échangea en 926 pour l'Italie le comté de Provence avec Boson II, essaya bien de s'emparer de Fraxinet. Déjà il était au pied de la forteresse, quand après un brusque regard vers l'Italie, ce roi fantasque, fils de Boson II, traita avec les Maures et licencia ses troupes (948). Boson III fut comte de Provence, mais il ne put rien contre les Sarrasins. Hugues, chassé de l'Italie, viendra mourir malheureux en Provence. L'empereur Othon le Grand forma le projet d'expulser de chez nous les ennemis du nom chrétien ; il donna même au fils de Passano Grimaldi d'Antibes, Grimaldi Ier, la principauté de Monaco, à cause des grands services qu'il en avait reçus.—Il était réservé à Guillaume Ier, comte de Provence, successeur de Boson III, de mériter notre éternelle reconnaissance.

Tout ce qu'il y avait d'hommes vaillants courut sous sa bannière. Guide et Gibelin, seigneurs d'Antibes et fils de Grimaldi Ier, de Monaco, furent des premiers à nous appeler aux armes. L'assaut se donna contre Fraxinet avec cet élan admirable qui caractérise les Français, et tous, en invoquant le Christ et Marie, débusquèrent les Sarrasins. Pas un seul des défenseurs de Fraxinet n'échappa au carnage. Ce qui restait dans les autres forteresses se hâta de fuir (972). Gibelin, qui s'était signalé dans l'action, reçut en récompense le golfe de Simbracie, auquel il donna le nom de Grimaud. Guide garda Monaco, Rodoard fut nommé prince d'Antibes, seigneur de Grasse, de Cannes, et devint chef de la famille de Grasse du Bar. Conrad, quatrième fils de Bérenger, roi d'Italie, fut confirmé dans la possession de son duché de Vintimille. — Un certain Laugier Ruffi, de nos pays, reçut Odille, fille du comte de Provence, en mariage, avec Cagnes et Vence pour dot, et le titre de comte. Odille était mariée en secondes noces. Elle avait eu de Miro, son premier mari, grand seigneur de nos contrées, Pons, évêque de Nice, Brémond et Miro II, dont Laugier Ruffi fut le tuteur. C'est de cette époque que datent Fouques Odon, prince de Callian et d'Esparron, les de Flotte, seigneurs d'Andon, nos Aymonet de Malvans, nos Raymond de Villeneuve, riches d'honneur, nos Blacas de Carros, tige des Blacas de Blacas d'Aups, renommés en vaillance. Les premiers Villeneuve eurent pour armoiries une ville d'azur entourée d'un fleuve d'argent. — On institua une grande fête commémorative pour l'expulsion des Sarrasins. — Par les soins de Guillaume Ier l'Eglise recouvra une partie de ses terres usurpées, les cités reconquirent leurs priviléges, les seigneurs feudataires furent soumis à l'hommage. Lérins se reconstruisit ; Toulon et Fréjus sortirent de leurs ruines ; mais cette dernière ville fut une ombre d'elle-même. Les évêques reparurent, et nous vîmes Arnoül sur le siége de Vence, Bernard 1er à Antibes, Frodonius à Nice. — Les attributions des vicomtes de Marseille et de Fréjus furent réglées. Tout rentra dans un ordre nouveau. Comme toutes les anciennes archives et les titres avaient été anéantis, on dut, au moyen de la tradition, rétablir le cadastre, déterminer les territoires, et fixer les limites des biens ecclésiastiques, seigneuriaux ou particuliers.

Sans doute le manque de bras fit appeler sur nos terres des colons, qui donnèrent naissance à la propriété que les seigneurs de Vence et les évêques eurent sur certains hommes. — Les églises se réparèrent. Vence releva la sienne. De nouveaux centres de populations remplacèrent les villages désertés. Saint-Paul apparut sur son mamelon, la Gaude à la Condamine et à Trigance, Saint-Laurent du Var réunit les anciens pays d'Agremont et du Puget ; Tourrettes succéda au Malvans, le Broc à l'Olive, Villeneuve au Loubet ; Cagnes s'étendit le long de sa colline jusqu'à la voie Aurélienne. La vie renaissait, quoiqu'il restât la peur de l'an mille. Guillaume 1er mourut plein de gloire en 992, abandonnant son héritage à Berthold Ier, son frère, tuteur de Guillaume II, sous la suzeraineté de Conrad le Pacifique, empereur d'Allemagne (992).

CHAPITRE III.

DEPUIS L'EXPULSION DES SARRASINS JUSQU'A LA REINE JEANNE (992-1346).

L'époque de l'expulsion des Sarrasins est une véritable renaissance pour la Provence. — Les libertés communales furent cependant anéanties par l'introduction du régime éodal en Provence, et comme l'autorité ne se trouva plus dans une main vigoureuse qui protégeât les communes, sous les successeurs de Guillaume 1er, certains seigneurs en profitèrent pour se rendre souverains absolus dans leurs domaines. Vence ne courut pas le même danger, grâce à ses évêques et à ses comtes qui étaient animés de la plus grande piété. Voulez-vous opprimer un peuple, laissez-le dans la misère et l'ignorance. — Ceux qui ont accusé l'Eglise d'étouffer les lumières, devraient considérer le rôle qu'elle joue au moyen âge. Sa mission est d'instruire. Obligée de se perpétuer et de former un corps enseignant, elle a toujours eu près du palais épiscopal des écoles ou des collèges. C'est ce que nous fait toucher comme du doigt notre petite cité épiscopale; et la commune de Vence serait bien ingrate envers l'Eglise, si elle ne reconnaissait pas que, grâce à elle, elle a reconquis ses lumières et ses libertés; rien d'oppressif dans son pouvoir. Instruits par le clergé, nombre de Vençois se firent notaires, légistes, avocats. — Leur évêque était là aussi pour contrebalancer le pouvoir des comtes.

L'an mille passé, chacun rivalisa de zèle pour consolider l'édifice de la société. — Comme le champ du Seigneur manquait d'ouvriers, l'évêque de Vence demanda au monastère de Saint-Eusèbe d'Apt quelques saints religieux. Pons, homme de Dieu, lui fut envoyé, mais il trouva les Vençois *rudes et totius boni ignaros ac religionis*, et il comprit que, malgré son zèle, le bien ne se ferait pas, s'il ne créait dans le diocèse une pépinière d'ouvriers évangéliques. Pons, de concert avec l'évêque, résolut de fonder dans le diocèse de Vence un monastère eusébiste. — On jeta les yeux sur les ruines de la Dorade, mais elles appartenaient au comte de Vence et de Cagnes. Pons alla le trouver. Laugier Ruffi, Odille sa femme, et leurs trois enfants, Raimbaud, Lambert, Rostan, et Pierre, évêque de Sisteron, favorisèrent le projet du pieux moine, et lui donnèrent plein pouvoir de faire restaurer l'abbaye de Saint-Véran. — Pons se rendit donc au pont du Loup, une hache à la main. Un bois touffu couvrait les ruines. Il abattit les arbres et les broussailles et mit à nu les restes de la Dorade ; les chapelles de Saint-Pierre, de Saint-Jean-Baptiste et de Saint-Véran, étaient encore debout. Vis-à-vis, et de l'autre côté du chemin, s'élevait le château de Cassine avec la chapelle Saint-André. On se mit à l'œuvre. Le comte Laugier rendit à l'abbaye ses terres et ses priviléges, et l'abbé de Saint-Eusèbe, Durand, plus tard évêque de Vence, établit pour premier abbé de la Dorade don Constantin. En 1012 (août), Pierre et sa femme, Hermangade, donnèrent le Canadel à la nouvelle abbaye, dont on fit un prieuré sous le titre de Notre-Dame de la Visitation, et don Clari Aldebert en fut pourvu. — Arnoux, notre pieux prélat, était tout heureux de cet élan religieux. Nous le voyons en 1020 prêter le serment d'obédience à l'archevêque d'Arles, au grand mécontentement de l'archevêque d'Embrun qui ne recouvra Vence et Antibes qu'en 1055. — En 1032, le comte de Vence et sa femme laissèrent, par leur dernier testament, tout ce qu'ils possédaient, soit à Vence, soit à Cagnes, à l'église de Vence et à la Dorade. Les seigneurs voisins, Amict, Séranam et Bonafante, les deux frères Obert et Guillaume firent aussi différents legs à la Dorade.

A la mort d'Arnoul, Durand, l'abbé de Saint-Eusèbe, fut nommé évêque de Vence. Il assiste, en 1040, à la consécration solennelle de l'église de Saint-Victor à Marseille. Ce monastère s'enrichissait aussi des libéralités des fidèles. En 1041 le seigneur Amict donne l'abbaye de Notre-Dame des Crottons, située au Malvans. Lérins recouvrait à la même époque la moitié du diocèse d'Antibes, des enfants de Rodoard, prince d'Antibes. On donnait alors à l'Eglise comme à Dieu même, et nos pères plus croyants se ménageaient des prières après cette vie. Comment voulait-on que l'on oubliât les couvents et le clergé où l'on plaçait des membres de sa famille ? Autre temps, autres mœurs, et pour bien juger de cette époque il faut s'inspirer de son esprit. —

On ne sera plus étonné de ces nombreuses chapelles, titres de bénéfices fondés par nos pères, asiles du voyageur sur le chemin. La terre vivait plus près du ciel, et les hommes rivalisaient de reconnaissance envers le clergé qui avait relevé tant de ruines. Citons un de ces actes qui nous en dira plus qu'une longue dissertation : c'est celui de la donation de Notre-Dame des Crottons ou des Grottes à Saint-Victor de Marseille. « Ceux qui jouissent de la vie présente et de ses félicités, dit le donateur, doivent réfléchir pour quelle fin ils possèdent les biens périssables. Puisque nous devons les abandonner, il vaut mieux, plutôt que de les laisser intacts après nous, les employer à acquérir les biens célestes, et à entretenir la vie de ceux qui dispensent les grâces divines. Comme le Dieu tout-puissant nous accorde tout ce qui nous est nécessaire, il est juste que nous lui marquions notre reconnaissance en le servant de ce qu'il nous a donné. C'est pourquoi moi Lambert, et Astrude ma femme, et mes enfants, Guillaume, Fouques, Guillaume et Ugue, pensant aux biens promis aux justes, et aux maux qui menacent les méchants, pour être agréable à Dieu, nous donnons de notre alleu au Seigneur Dieu qui nous a donné ce que nous semblons posséder, l'église de la sainte Mère de Dieu, Vierge Marie, qui est appelée Notre-Dame des Grottes, au monastère de Saint-Victor et ses compagnons, lequel est situé dans le comté et territoire de Marseille, sous le seigneur abbé Isnard, servant le Seigneur avec ses moines, au soin de qui est dû cet enrôlement de serviteurs de Dieu, et parce que le Seigneur a dit : *Date et dabitur vobis, et eadem mensura mensurabitur vobis qua mensurabitis alios.* — Amict a signé, Pierre et Ugue ont signé, Amatus prêtre a signé, Pons et Ruffin, Adalard, Adalbert, Antoine et Jean ont signé. — Les moines de la Dorade avaient ravivé chez nous la foi, et fourni de prêtres le diocèse. L'abbé Constantin alla en 1050 recevoir le prix de ses travaux ; son corps fut enseveli dans un tombeau de marbre, et l'abbé Pons prit la direction du monastère, qu'il légua, du consentement de l'évêque, à l'abbaye de Lérins. — Il mourut à son tour en 1055.

L'évêché de Vence ne garda que le Canadel : il conserva bien encore certains droits sur la Dorade jusqu'en 1094, que Pierre Ier abandonna entièrement à l'abbaye de Lérins toutes les chapelles et fondations.

Durand, après avoir assisté en 1056 au concile de Saint-Gilles-lès-Arles, finit ses jours à Vence en 1060, et eut pour successeur Pierre Ier, qui sera le prédécesseur de notre glorieux saint Lambert (1060-1114). On pense qu'il était le fils de Laugier Ruffi, comte de Vence. Lérins va nous procurer un second saint Véran.

Lambert naquit en 1084 à Bauduen, diocèse de Riez, de la noble famille des Pelloquin. Sa mère mourut en le mettant au monde. Dès que notre jeune saint eut atteint sa douzième année, son vertueux père le plaça à Lérins. Cette abbaye, sous la direction d'Adalbert, était encore appelée une académie d'honneur, de piété et de vertu. Là, comme autrefois Véran, Lambert épanouit son cœur aux rayons vivifiants de ce bienfaisant soleil; sa santé délicate et son esprit s'y fortifièrent, et dans cette pure atmosphère il crût merveilleusement en sagesse et en science. Ce qu'on remarquait surtout en lui, c'était une rare délicatesse de conscience. A force de scruter tous les replis de son cœur, il alla un jour jusqu'à se persuader qu'il était la cause de la mort de sa mère. On eut toutes les peines du monde à le consoler. Humble, mortifié, ami de la vie cachée, il voulait enfouir ses trésors à Lérins, quand le peuple et le clergé de Vence, après la mort de Pierre Ier, allèrent le tirer de sa retraite pour le faire leur évêque. C'était la voix de Dieu. Lambert, obéissant, accepta le redoutable ministère de l'épiscopat. — Sa présence, dit le chanoine Jacques Barcillon qui a écrit sa vie, fut pour Vence ce qu'est le printemps aux fleurs et aux fruits. Il fut sacré par Guillaume, archevêque d'Embrun, assisté de Mainfroy d'Antibes et de Pierre de Nice.

Le territoire de Vence appartenait en ce temps à trois familles et au chapitre : celle de Vence qui avait pour représentant le fils de Raimbaud et de dame Accillani ; celle des

Monnet ou Aymonet de Malvans, et des de Flotte. Le chapitre possédait le quart de la juridiction temporelle, et le comte de Provence conservait la haute juridiction. — Comme tous les chanoines vivaient avec l'évêque, saint Lambert put continuer de mener à Vence la vie de Lérins, au milieu de son clergé dont il était le supérieur, puisque tous logeaient chez lui et mangeaient à sa table. Mettant en pratique ce texte de l'Écriture, *Omnis gloria filiæ regis ab intus*, il mérita l'éloge de ce prince dont Pline a dit : « Heureux les princes dont on n'a rien à raconter. » Que les croisades agitent le monde et aillent chercher chez eux à leur tour les terribles Maures, que les évêques mêmes se rendent à Saint-Gilles, près du pape Gélase; que Bérenger Ier, comte de Provence, arrive à Nice escorté d'une foule de seigneurs et des évêques de Fréjus, d'Antibes et de Nice, saint Lambert ne se montre dans aucune de ces grandes réunions. Il visite son petit diocèse, le garantit des erreurs de Pierre de Bruys; prie, jeûne presque tous les jours, mortifie sa chair, et ne prend d'aliments qu'après avoir récité à genoux les cent cinquante psaumes de David. Très-austère pour lui-même, il est d'une admirable douceur pour les autres, et sa bonté est encore proverbiale à Vence. — Dieu se chargea pourtant de l'avertir qu'il modérât ses abstinences. C'était un vendredi saint. Saint Lambert, épuisé du carême, ne voulut prendre en ce jour sacré qu'un peu de pain et d'eau. Comme vers, quatre heures du soir, il se trouvait à table au milieu de tous ses chanoines, et que selon l'usage des Bénédictins, qui font le signe de la croix sur la coupe avant de boire, saint Lambert bénissait l'eau qu'on lui présentait, tous les historiens de sa vie rapportent que, tout à coup, l'eau fut changée en vin. Trois fois il envoya chercher de l'eau, trois fois le prodige se renouvela. Convaincu lui-même : « Voyez, dit-il, quelle est la puissance du signe de la croix, » et il parut étranger au miracle dont il était l'auteur. — Beaucoup de personnes ont bu de ce vin, dit un contemporain, et l'ont trouvé excellent : on en a conservé longtemps à Vence. La tradition désigne le puits de saint Lambert et la salle où s'est opéré ce miracle... On venait de tous côtés se recommander au saint thaumaturge. Une femme de Nice, aveugle, rapporte son historien, ayant pu arriver jusqu'à lui, prit la main du saint prélat, et au lieu de la baiser, la porta à ses yeux et recouvra la vue. — Il avait lui-même une grande dévotion à saint Véran, dont il envoya des reliques à sa ville natale. — Il siégeait depuis quarante ans, quand il fut pris d'une fièvre ardente qui l'obligea à garder le lit. Le mal ne laissant plus d'espoir, les chanoines qui le vénéraient déjà avant sa mort, ordonnèrent aussitôt qu'on lui construisît dans sa cathédrale un tombeau digne de lui. L'illustre malade entendit, de la tourelle où il se trouvait, le bruit des marteaux, et après avoir appris ce que c'était, il voulut descendre bénir son tombeau. Après ce dernier acte, qui eut lieu au milieu de l'attendrissement général, il mit ordre à ses affaires, donna le peu qu'il avait à son église, légua une aumône aux pauvres et ne s'occupa plus que de son éternité. Les évêques de Nice et d'Antibes l'assistèrent à ses derniers moments. Comme il baissait de plus en plus, l'un des prélats lui ayant demandé comment il se trouvait : *Bene me habeo,* je me trouve bien, dit-il, et j'espère bientôt voir mon Dieu dans la terre des vivants. » Puis il expira doucement. — O saint Lambert, moi qui écris ces quelques lignes, et qui repose dans la chambre où vous avez rendu votre âme à Dieu, bénissez votre indigne serviteur. — A peine le saint eut-il quitté cette terre, que tout le peuple accourut pour le contempler et l'invoquer. Il fallut empêcher le trouble et la confusion à ses obsèques (28 mai 1154). Le septième jour, les prêtres offrirent le saint sacrifice sur son tombeau. Un grand nombre de miracles s'opérèrent, tellement qu'on était obligé de fermer les portes le soir, à cause de l'affluence des pèlerins. L'année suivante, il sortit, le jour du service anniversaire, une source miraculeuse du pied de son autel. On raconte qu'un gentilhomme

se mouilla les yeux de cette eau et vit en présence de tous.
— Une femme nommée Suzanne conserva de cette eau miraculeuse dont beaucoup ressentirent les effets salutaires. — La fête de saint Lambert s'est célébrée de siècle en siècle, et la confiance qu'on a envers lui est toujours aussi vivace que le premier jour. — Nice éleva une chapelle à saint Lambert du côté du Paillon. — Les Vençois ne l'ont jamais invoqué en vain au milieu de leurs calamités. — Saint Lambert avait soixante-dix ans quand il mourut; il était grand, d'un visage agréable et plein d'une majestueuse douceur. Voici son épitaphe qui date de 1154 :

DISCAT : Q : NESCT : ' Qᴅ EPS HIC : REQESCIT :
DOᴛE : LAMBERTUS : MVLTA BONTAE REFERTᵥS
OVQ : QVAᴇRDENIS HVIC SEDI PREFVITANNIS :
NON EREXIT RES BLANDA NEC ASPAFEXIT :
PARCAT PECCATIS ILLIVS FONS PILTATIS :
ET LVCESCAT ET LVX PPETVAE REQVIEI :

On trouve à Sens des inscriptions à peu près orthographiées comme celle-ci.

La Provence seule semblait distraite de la sainte agitation qu'imprimaient les croisades à l'univers par des discordes intérieures. Bertrand II, comte de Provence (1063-1093), étant mort sans enfant, sa sœur Gerberge avait marié ses autres sœurs, l'une, Douce, avec Raimond Bérenger, comte de Barcelone, qui s'empara de la Provence; et l'autre avec le puissant seigneur des Baux, comte de Marseille, prince d'Orange et maître de soixante-dix-neuf terres. Le fils du comte de Barcelone, après la mort de son père, encore jeune, resta auprès du roi Alphonse d'Aragon, son oncle. — C'est alors que les vieilles cités de Provence, animées des sentiments républicains de l'ancienne Rome, se proclamèrent indépendantes et traitèrent sur le pied d'égalité avec les républiques italiennes. — D'autres villes, à l'exemple des communes du nord, chassèrent leurs seigneurs. — Raimond Bérenger accourut, et appelant à lui ceux de ses sujets qui lui étaient encore fidèles, commença à lutter contre le seigneur des Baux, son plus terrible adversaire. Nos seigneurs Pierre Aymonet de Malvans, Arnaud de Flotte, Blacas de Carros suivirent le comte Bérenger, qui fut obligé de reconquérir une à une toutes ses possessions (1093-1144). Raimond Bérenger II, son fils (1144-1166), ayant obtenu de l'empereur Conrad II l'investiture de la Provence, déploya une fermeté qui en imposa à ses ennemis. Son mariage avec Richilde (1153), fille de l'empereur Frédéric Ier, l'amena dans nos pays avec une suite princière, en se rendant à Turin. — Les évêques et les seigneurs se hâtèrent de se mettre sous sa protection, eux et leurs diocèses. — Arles fut démantelée ainsi que plusieurs châteaux appartenant au seigneur Hugues des Baux, et Raimond Bérenger put, dès lors, au milieu d'une cour brillante, partager son temps entre les affaires et les plaisirs du *gué saber*.

Notre petite cité de Vence, tout embaumée des vertus de saint Lambert, vivait paisiblement sous l'administration de son vieux comte qui n'avait qu'une fille, Béatrix de Vence, mariée au seigneur d'Esparron, et sous celle du coseigneur évêque, le pieux Raynaud, prélat d'une grande sainteté. C'est durant son épiscopat que le comte de Provence, de concert avec l'empereur et le saint-siège, tant pour garder nos pays des Maures que des autres ennemis, établit sur nos coteaux les braves chevaliers du Temple, et leur donna des terres que ceux-ci défrichèrent et qu'ils couvrirent de nombreux troupeaux. La commanderie de Nice, avec Arnaud pour premier commandeur en 1155, nous fournit la date des autres commanderies établies au Broc, à la Gaude, à Saint-Martin de Vence, au Castellas de Roquefort, à Tourrettes-lès-Vence, et à Grasse. Elles occupaient tous les anciens postes romains, et avaient pour patron saint Martin, qui semblait succéder au Mars antique. Du faîte de leurs montagnes, ces chevaliers s'avertissaient par des feux les uns les autres, toujours prêts à descendre au premier signal. L'hôpital du Var, ou d'Agremont, desservi par douze moines augustins dont le chef avait aussi le nom de commandeur, fut fondé à peu près en ce temps. Cet ordre de Saint-Augustin avait sa maison-mère dans la vallée de Suse, sous le titre de Saint-Laurent.

Raynaud, notre évêque de Vence, sembla se hâter de rejoindre au ciel saint Lambert, et eut pour successeur Raymond Ier (1158-1174), qui figure dans l'acte d'acquisition de la terre de Drap par l'évêque de Nice (5 février 1164).

Le monde se trouve dans un bouleversement général et est travaillé d'une fièvre brûlante d'indépendance. Les Guelfes et les Gibelins apparaissent; Milan révolté contre l'empereur Frédéric; le saint-siége en lutte avec les empereurs; Alexandre II réfugié auprès de Louis VII; saint Thomas martyrisé par le roi d'Angleterre; les communes favorisées dans leur mouvement de liberté par les chartes royales; les républiques italiennes appelant la Provence à la révolte: tels sont les événements, résultats des croisades.

Nice elle-même, divisée en Caÿs, tenait pour l'évêque et pour les comtes de Provence, et en Badats ou indépendants, favorisés d'abord par Gênes. Depuis que l'évêque de Nice s'était mis sous la protection de Bérenger, en 1153, les républicains de Nice n'osaient plus remuer; mais bientôt la révolte dressa de nouveau la tête, et en 1166 le comté de Nice fut en pleine insurrection. Bérenger II étant accouru, campa à Mouans, en attendant qu'il pût passer le Var et qu'il eût réuni son armée. Il confia son avant-garde au seigneur Grimaldi III, souverain de Grimaud et de Monaco. Cette famille Grimaldi était très-nombreuse. Des frères de Grimaldi III, Luc et Guide étaient cardinaux; Umbert, évêque de Fréjus; Mainfroi, d'Antibes; Boso, abbé de Lérins.

Quand le comte de Provence se sentit en force, il s'avança contre Nice, mais un coup de flèche parti des murailles le renversa mort (1166). Alphonse Ier d'Aragon, son frère, ne différa la vengeance que pour la rendre plus terrible. Il traversa à son tour le Var le 5 juin 1176. Les habitants effrayés n'obtinrent la paix, le 8 juin, qu'aux conditions les plus dures. Là se trouvèrent deux autres frères d'Alphonse; Raymond de Grasse; Blacas, seigneur de Dalvis; le sire de Malaussène; Georges d'OEse; Hugues Gaufredy, commandeur de Nice. — Alphonse nomma son frère Bérenger III pour gouverneur de Provence, et lui donna ensuite pour successeur son dernier frère, Sanche III, qu'il déposséda en 1185, en faveur d'Alphonse II, son propre fils. — Alphonse épousa Garsende de Sabran, petite-fille et héritière de Guillaume, comte de Forcalquier. Se méfiant des dispositions de son beau-père, maître de la Baume et des pays de la rive gauche de la Durance, il attira dans son parti la ville de Sisteron. Mais Guillaume, aidé du dauphin du Viennois, gagna sur Alphonse la bataille de Servoules. Ce ne fut qu'avec l'aide de son frère, Pierre d'Aragon, que le comte de Provence put soutenir la lutte jusqu'en 1094, époque à laquelle Guillaume mourut et céda sa haine à la maison d'Urgel, héritière du comté de Forcalquier. — Le comte de Provence cherchait de tous côtés des alliés. Il eut pour lui les seigneurs de Grasse et les Grimaldi. — Grimaldi III, dont nous avons parlé plus haut, avait eu quatre fils: Obert, qui lui succéda, et suivit le parti des empereurs ou des Gibelins; Raymond, successeur de son oncle comme évêque d'Antibes (1190); Passano, sénéchal de Normandie, et Pierre, qui en 1193 devint évêque de Vence. — Les Grimaldi, tantôt Guelfes, tantôt Gibelins, étaient les rois de nos pays.

Pierre de Grimaldi succédait chez nous à Guillaume Ier, Girardi, qui avait siégé de 1176 à 1193. Guillaume Girardi avait assisté au concile de Latran, en 1179, et signé à son retour du concile une donation du prévôt de Fréjus à l'église de Calas avec les évêques d'Antibes, de Digne et de Fréjus. — Le fief de Vence appartenait au comte de Provence qui l'avait racheté ou recouvré en 1189. — Aussi, en 1193, dans le dénombrement fait par les maîtres rationnaux, de tous les pays des États de Provence, lisons-nous : Civitas Vintiensis distans a mari per diuas leucas..... est sub dominio comitis Provinciæ cum suo toto Episcopatu.

Le château de Villeneuve-Loubet, qui en 1140 appartenait encore à Raymond de Villeneuve, lui avait été sans doute confisqué, parce que ce seigneur avait pactisé avec les seigneurs des Baux et de Forcalquier (1144). — Les Villeneuve, revenus au parti d'Ildefonse en 1174, ne recouvrèrent pas leur château. Le comte de Provence devait fortifier et s'assurer la rive droite du Var avec d'autant plus d'attention que les Niçois n'étaient pas soumis, et que l'empereur Henri IV, se considérant comme le suzerain de la Provence, avait donné aux Génois la principauté de Monaco (1191). Les Grimaldi, effrayés, abandonnèrent le parti guelfe et se jetèrent dans les bras de l'empereur et de Gênes. Obert de Grimaldi, habile marin, fut placé, comme autrefois son père, à la tête de la flotte génoise qui menaçait Nice, Antibes, et tout notre littoral. — Le seigneur de Grasse appela nos pays aux armes. — Le comte de Provence trouva aussi un valeureux défenseur dans Giraud de Villeneuve, fils de Raymond, revenu à son parti, et il lui donna en récompense Trans et les Arcs. — Notre ville de Vence, se méfiant des Grimaldi, se détacha de son évêque, et le chapitre exigeant que Pierre de Grimaldi remît tous les biens de l'Eglise aux mains du chapitre, cessa de vivre en communauté avec lui (1194). — Un autre embarras pour la Provence, c'étaient les Albigeois dont les doctrines incendiaires avaient pris faveur jusque dans nos montagnes. Condamnés au concile de Latran, en 1204, ils furent traqués en Provence de tous côtés, et la Gaude, un de leurs repaires, fut même brûlé et ruiné de fond en comble. Ce village ne renaîtra plus de ses cendres que plus tard sous le nom d'Alleganza (autre pays).

La mer, comme le continent, tout retentissait du bruit des armes, et le glaive brillait aussi bien aux mains des croisés contre les mahométans, qu'à celles des chrétiens contre leurs frères. La religion, si ennemie du sang, avait pris des allures toutes militaires, et près des chevaliers, les moines de Saint-Honorat dans leur forteresse nouvellement construite, ainsi que les hospitaliers du Var, oubliaient les douces habitudes et les exercices spirituels de leur ordre. Le pape, chef des Guelfes, luttant contre l'empereur, paraissait autoriser par son exemple l'Église à guerroyer. — Innocent aurait bien désiré pourtant arrêter cette fougue militaire et avait commandé à l'archevêque d'Arles une réforme dans nos abbayes. — Inutiles tentatives. Le comte Alphonse mourut dans ces circonstances difficiles, laissant, malgré ses constants efforts, la Provence en proie aux révoltes d'Arles et de Marseille, aux factions des Guelfes et des Gibelins qui s'étendaient jusqu'à Grasse et Draguignan, aux tergiversations des Grimaldi, aux incursions de Gênes, et aux séditions continuelles de Nice (1208).

Son fils, Raymond Bérenger IV, fut comte de Provence avec des finances délabrées et une confusion des plus grandes dans toutes ses affaires. — « En ce temps, dit la chronique, un pauvre pèlerin ou Romieu passant par la Provence pour s'en aller visiter l'église de Saint-Jacques de Gallice s'arresta en la court de Raymond Bérenguier, lequel trouva dans Romieu beaucoup de dextérité, d'esprit et de rare prudence, et lui donna le gouvernement de sa maison et l'intendance de ses finances. En quoi le dit Romieu s'employa si virtueusement qu'en peu de temps il fit son maître hors de dettes et usures dont il estait auparavant rongé, et icelui fust si bien advancé en finances qu'il y eust moyen de colloquer en mariage ses quatre filles aux quatre plus grands monarques de l'Europe. Est vray que le dit Romieu estant ennuyé par les plus grands de la court du dit comte, fust contraint à rendre compte de son administration, fut trouvé innocent, et quoique pressé par son maître, quitta son service et dit en s'en allant : Pauvre je suis venu, pauvre je m'en retourne, et oncques ne sut ni quel il estait, ni où il s'en alla. »

On s'est toujours plu à environner les grands hommes du merveilleux. — Romée de Villeneuve était le deuxième fils de Giraud Ier de Villeneuve, seigneur des Arcs et de Trans, et de dame Astruge, et le frère de Giraud II, qui en 1208 succédera à Giraud Ier. Raymond-Bérenger l'adopta en effet pour son grand sénéchal ou bailli, et lui donna une confiance méritée, puisque le sénéchal en prenant le nom de Grand l'a donné aussi à son maître, et a mérité à sa famille la devise de *riche d'honneur*. Son testament prouvera en effet qu'il ne s'enrichit pas pendant sa brillante administration.

Profitant de la minorité de Raymond Bérenger IV qui commença à régner sous la tutelle de sa mère, Garsende, Nice se déclara indépendante, et fut amenée à un nouveau traité (22 août 1210) avec le comte de Provence en présence du commandeur du Var, Raimond, de Laugier et de Blacas de Carros, de Pons Fabri, commandeur des Templiers, de François de Pontevez, etc. Le parti indépendant ayant à sa tête Miron Badat repoussa la flotte génoise avec tant d'énergie, qu'il lui fit prendre le large. Cette victoire enhardit les Badats, et ne voulant plus ni de l'empire, ni de la Provence, ils se liguèrent avec Pise et entraînèrent avec eux les vigueries de Grasse et Draguignan. Vence ne fut donc pas étrangère à ce mouvement. — Elle avait, depuis Pierre de Grimaldi, un autre évêque nommé Raymond II, que nous voyons en 1216 terminer un différend entre les habitants de Cagnes et de Saint-Laurent du Var et les hospitaliers d'Agrémont. Raymond trempa sans doute dans la révolte, avec les de Flotte, les de Malvans et autres seigneurs et ecclésiastiques, puisqu'il abandonna son siége en 1229. — Raymond Bérenger ayant donc avec lui son noble sénéchal suivi d'une grande armée, s'avança vers nos pays. Draguignan se soumit, et Romée commença à y construire une forteresse à laquelle il préposa un gouverneur de son choix. — Grasse s'étant rendu, vit ses libertés et son commerce de beaucoup diminués. — Les évêques de Vence et d'Antibes furent remplacés, d'après l'agrément du saint-siége qui nomma Pons II à Antibes, et Guillaume Ier, Ribotti, à Vence, prélats tout dévoués au comte Bérenger.

Le 9 de novembre 1229, Miron Badat, 1er consul de Nice, se jeta dans une galère de Pise, et s'enfuit; Nice ouvrit ses portes. Raymond Bérenger ne sachant comment témoigner sa reconnaissance à son cher sénéchal, aussi habile administrateur que vaillant guerrier, lui donna les titres de gouverneur de Nice et de Grasse, de seigneur de Villeneuve-Loubet et de Vence, avec le nom de baron. Les autres seigneurs turbulents, qui avaient pactisé avec Grasse, perdirent chez nous ce qu'ils avaient à Malvans, à Andon, à Vence, à Gréolières, à Seillans, Allegansa, Saint-Jeannet, Cagnes, le Puget du Var, Coursegoules, Saint-Laurent de Vence, Thorenc, Cipières, et tout fut donné à Romée de Villeneuve. — Saint-Paul et le Broc furent en revanche comblés des faveurs du comte de Provence pour leur fidélité.

Le 7 février 1230, Raymond Bérenger reçut le serment et l'hommage-lige de Romée de Villeneuve chez Raymond Bagarris, en présence de Robert Icard de Barri, de Pierre Gaufredi, Isnard Mars et Bertrand de Comps. — On ne parla plus de révolte à Nice sous la ferme administration de Romée, qui y bâtit le château. — Raymond Bérenger n'oublia pas notre nouvel évêque, à qui il fit cette année même une donation, à la condition que les prêtres venant au saint synode prieraient pour lui. — Vence n'eut plus de consuls. Un bailli seigneurial la gouverna avec un clavaire, et cette ville forma avec Villeneuve et Saint-Paul trois bailliages, qui renfermaient toute la circonscription du diocèse, avec Villeneuve-Loubet pour siége principal. — Le nom de Romée brille sur tous les actes du gouverneur de Raymond le Grand. Il chasse les Albigeois qui fuient dans les collines du Tende, et établit à Nice, pour garantir nos pays de leurs doctrines subversives, les Franciscains et les Dominicains. Il préside à l'acte qui autorise en 1232 la fondation de Barcelonnette, vend, au nom du comte, à l'évêque d'Antibes cette ville pour 35 mille sols raymondis, fait marier royalement les quatre filles de Raymond Bérenger, échange pour le comte avec Raimbaud de Grasse, au prix de 15 mille sols raymondis, Ampus avec le Bar et Gordon. — Isnard, fils de Raimbaud, prendra le premier le titre de seigneur de Grasse-du-Bar, avec les droits exorbitants qu'avaient à cette époque les comtes de Provence sur les fiefs. En 1237, Romée fera encore un échange avec l'évêque de Sénez pour le quartier de Saint-Pons de Barême, soumettra les Marseillais, amènera la collégiale de Barjols à rendre son château au comte de Provence, présidera à une transaction pour les pâturages entre Cannes et Grasse. En 1238, Raymond Bérenger, chez les Cordeliers de Sisteron, nommera Romée gadiateur de son testament. Celui-ci fera confirmer en 1239 Arnaud de Villeneuve, son neveu, dans la possession de Traus et des Arcs, fera rentrer Arles dans le devoir, dictera des lois aux ambassadeurs de Gênes (1239), aplanira en 1242 certaines discussions entre le prévôt d'Antibes et le chapitre, et choisira Vence pour y vider un différend juridictionnel, entre un commandeur des Templiers et l'archevêque d'Embrun. — Les évêques de Vence, de Glandèves et de Sénez seront les arbitres. — Enfin, obtenant du saint-siége tout ce qu'il demandait, il fera transférer l'évêché d'Antibes à Grasse, à cause, dit la lettre pontificale, de l'insalubrité de l'air et des incursions des pirates, mais plutôt des Grimaldi et des Génois. — Les Antibois auraient, dit-on, chassé leur dernier évêque; d'où, jouant sur le mot *negare*, on a dit *nega*, noyé. — Le mot noyer signifiait simplement que les Antibois n'avaient plus leur évêché. (Comme nous disons chez nous : ce projet est tombé à l'eau.) Quoi qu'il en soit, Bertrand, dernier évêque d'Antibes, eut pour successeur à Grasse, Raymond le dominicain. Cet ordre était tout dévoué à Romée qui confia même à leur couvent de Nice, Pierre, son second fils, à instruire. Le grand sénéchal affectionnait beaucoup sa résidence de Villeneuve-Loubet, et il en soigna singulièrement la culture. — Saint-Paul tout auprès attira ses faveurs ; il fit agrandir ce pays de tout le territoire de Roquefort (12 mai 1241), qu'il l'autorisa à acquérir ; tandis que lui-même étendait au delà du Loup le domaine de Villeneuve par l'acquisition du Loubet et de la Garde, qui depuis ressortiront toujours de la viguerie de Saint-Paul, quoique appartenant à l'évêché de Grasse ou d'Antibes.

Raymond Bérenger, à la fin d'un règne aussi glorieux, reçut des mains du pape au concile de Lyon la rose d'or, comme étant l'un des princes les plus méritants de la chrétienté. — L'année suivante, Romée voulant obtenir aussi une récompense pour l'évêque de Vence, lui fit céder par le comte de Provence les fiefs de l'Olive du Broc et de Bézaudun ; puis, après avoir reçu le dernier soupir de son prince, réglé ses affaires, fait prêter serment à Béatrix, et l'avoir mariée à Charles d'Anjou, frère de saint Louis, après avoir vendu à la ville de Nice le château qu'il avait fait bâtir, cédé ses droits à l'évêque sur la terre de Drap, il se retira dans ses domaines, laissant sa charge à Amalric de Tiercero.

La famille d'Anjou commençait son règne, mais où étaient nos libertés ? — Les pays qui furent cédés en toute souveraineté aux seigneurs avant les comtes d'Anjou, sentirent peser sur eux tout le poids de la féodalité ; par exemple, les Barois qui échurent à la famille de Grasse, comme nous l'avons vu, en 1235, devaient à leurs seigneurs la corvée, l'hommage ; ils ne pouvaient ni contracter, ni aller s'établir ailleurs. Les taxes étaient exorbitantes. Nous voyons qu'ils devaient encore au seigneur l'épaule des cerfs et des chevreuils, la hure des sangliers... etc. Défense de chasser à la perdrix. — Le seigneur nommait leurs acteurs ou administrateurs communaux. Leur conseil se tenait en plein vent. Le seigneur condamnait à l'amende, au carcan, à la potence, confisquait les biens, jouissait des héritages délaissés, imposait à son gré. C'était un maître absolu.

Plus un Etat est petit, plus il est opprimé. Un chef si petit qu'il soit, se sentant investi de tous les pouvoirs, tient à marcher à l'égal des plus grands princes, il veut soutenir son rang, établir ses enfants, briller aux Etats, à la cour, rivaliser de luxe et d'éclat. Le château est-il plus vaste, le jardin et le territoire plus étendu? On ne se demande pas : le peuple est-il plus heureux? — Aussi en parcourant tous nos villages du midi, le château féodal domine tout, même le temple de Dieu. Ce sont de véritables forteresses que les châteaux de Carros, de Gattières, du Bar et de Cagnes. — Là au contraire où continue de régner le comte de Provence, le régime est moins oppressif. — Tourrettes, qui ne sera soumis que plus tard à une branche de Villeneuve-Vence, aura déjà obtenu des priviléges, comme le droit de s'assembler et d'avoir des consuls, et autres, qu'ils revendiqueront contre leurs seigneurs. — Les fiefs de nos contrées soumis aux évêques, tels que l'Olive et Besaudun, ne se sont jamais plaints autant du régime ecclésiastique. — Les droits étaient, il est vrai, les mêmes; mais la religion tempérait tout, et les besoins n'étaient pas aussi grands. — Il n'y eut pas les mêmes discussions entre les évêques et leurs vassaux qu'entre les seigneurs et les Barrois. — Quant à Saint-Paul, qui fut toujours aux comtes de Provence, elle n'en obtint que des faveurs.

La commune de Vence, avec ses créneaux et son vieux titre de cité, se trouvait dans une position exceptionnelle. — On pouvait un instant attenter à ses libertés, mais elle finissait toujours par protester. Le clergé, qui avait un droit sur un quart de la temporelle, contre-balançait le pouvoir seigneurial et s'appuyait sur les citoyens. La plupart des chanoines, enfants de la cité et du peuple, soutenaient les leurs. — Le régime de Romée de Villeneuve fut d'ailleurs très-doux pour les Vençois.

Guillaume Ribotti, notre évêque, s'inspirant sans doute des conseils de Romée, faisait tous ses efforts pour limiter au Var les pays dépendants de son évêché. Obert de Grimaldi, frère du prince de Monaco, prenait en 1230 le titre de seigneur de Châteauneuf au comte de Nice et de Gattières. — Romée voulait éloigner les Grimaldi de nos côtes ; car la Provence n'avait besoin ni des Grimaldi, ni de Gênes, ni de l'Empire, qui étaient unis ensemble. — En effet, noble Guillaume Moustiers d'Entrevènes, seigneur de Gattières, par devant Pierre Arnaud, notaire de Vence, vendit à l'évêque de Vence, 5 décembre 1247, avec tous ses droits féodaux, maisons, édifices, arcs, casals, hommes, femmes, justices, droits banaux, trezains, lods, achats, etc... hommages, servitudes, chasses... etc., le château de Gattières en entier. Le vendeur jura sur les saints Évangiles de Dieu, et l'évêque posa la main sur son cœur. — Parmi les clauses, les habitants de Gattières devaient au seigneur un cheval sans cavalier. — Là était Amblar, évêque de Digne, et grand nombre de chanoines et d'autres personnages. — Tel est le fief que convoiteront toujours les Grimaldi, et sur lequel la Savoie posera si souvent le pied en France jusqu'en 1761.

L'illustre Romée, avec Douce sa femme, allait de château en château. Près de lui on voyait Paul, son fils aîné, marié à Eicarde de Castellane, Béatrix sa fille, qui épousa le seigneur des Baux, et dont Astrude formait le cœur, son familier Raymond de Cagnes, et ses écuyers Raymond de Saint-Alban et Bertrand de la Garde.

Romée visitait souvent aux Arcs sa mère Astrude, et Arnaud de Villeneuve son neveu, seigneur des Arcs et de Trans, fils de Giraud II. — Hugues Raymond, frère d'Arnaud, avait commencé la lignée des Villeneuve-Tourrettes-Fayence, distincte des Tourrettes-Vence. — Le noble sénéchal étant en 1250 au château des Arcs, fut pris d'un grand accès de fièvre qui le conduisit aux portes du tombeau. Comme il était couvert de dettes, il se hâta d'appeler son notaire, Hugues Mercadier, le prieur des Dominicains de Nice, frère Raymond, qui était chargé d'élever Pierre de Villeneuve ; il manda encore l'évêque de Riez et Raymond de Fayence, un de ses chanoines, Bertrand de Besaudun, chanoine de Fréjus, Raymond de Saint-Alban, son écuyer, et fit devant eux son dernier et valable testament, 15 décembre 1250, *In nomine Dei*. — Il institue Paul son fils aîné son héritier universel : « qu'il se contente pour tout héritage d'Alleganza (la Gaude), Saint-Jeannet et le Castellet, avec la co-seigneurie de Vence. » — Il désire que Pierre se fasse religieux. — Il recommande à sa mère d'avoir soin de sa fille, et de la faire élever dans un monastère. Il ordonne qu'on vende pour payer ses dettes, Villeneuve, Cagnes, et toutes les autres terres, qu'on vende ses esclaves sarrasins, ou qu'on les laisse libres. — Il recommande d'affranchir G. Jean, Sarrasin, qu'il affectionnait beaucoup et qui, sans doute, s'était converti. — Il veut qu'on restitue au chapitre et à l'évêque de Vence tous leurs droits sur Vence, Coursegoules, Cipières et le Malvans; il fait des legs aux églises du Toronnet, de Fréjus, de Meyronai, de Saint-Dalmas, de Pignans, de Sainte-Marie à Nice et des Dominicains. Il n'oublie pas l'église de Villeneuve, dont il dote richement la vicairerie. Raymond, évêque de Grasse, et Pierre de Cuméraco, chanoine de Fréjus, sont ses exécuteurs testamentaires. Il recommande qu'on conserve avec soin tous ses titres et papiers de Villeneuve. — C'est dans l'église des Dominicains qu'il désire être enterré. — Chaque chanoine de Vence aura 200 livres tournois, ainsi que l'évêque de Vence. — Ses neveux, ses fidèles écuyers ne sont pas oubliés. Les deux sœurs d'Hugues Raymond son neveu, mariées à Hugolin de Signa et à Guillaume de Vidauban, ont part à ses libéralités.

Roméé vécut encore quelques années, puisqu'il assista en 1255 à l'hommage de l'archevêque d'Arles, et mourut vers 1256 ou 1257. Il ne devait pas être bien âgé, car sa mère lui survécut. Deux ans après, Guillaume Ribotti se retira à l'abbaye de Saint-Victor de Marseille, où l'on voyait encore son tombeau avant 1789.

Il eut pour successeur Pierre III, aumônier de Charles

d'Anjou, qui en 1263 abandonna son siége à Guillaume III de Sisteron. C'est sous Pierre III qu'eut lieu la révolte de Marseille. Elle valut à Boniface de Castellane d'avoir la tête tranchée, comme traître et félon, et ses biens furent confisqués.

Guillaume III de Sisteron devint évêque de Vence la même année que Dévote de Grimaldi occupa le siége de Grasse. Celui-ci était fils de Guillaume IV, prince de Monaco, tout dévoué pour le moment au parti des comtes de Provence. Charles d'Anjou avait racheté Villeneuve, Cipières et Cagnes aux héritiers de Romée pour les donner en partie aux Grimaldi. Ce prince, peu aimé en Provence comme à Naples, ne dut qu'aux évêques de Nice, de Fréjus, de Grasse et de Vence, tout dévoués à sa cause, d'empêcher nos seigneurs de pactiser avec le mécontentement général causé par l'exécution de Boniface de Castellane. — On sait que Paul de Villeneuve, fils aîné de Romée, avait épousé une demoiselle de Castellane. — Le régime de Charles II le Boiteux (1285-1309) fut plus doux. Comme il était prisonnier pour son père, les États assemblés à Sisteron en 1286 votèrent sa rançon ; mais il n'obtint sa liberté qu'en 1289. Il n'y a rien d'étonnant que dans la seigneurie de Vence, Paul de Villeneuve et sa femme Aicarde de Castellane restent dans l'oubli le plus profond, depuis l'exécution de Bertrand de Castellane. Ils n'eurent qu'un fils, mort sans postérité, appelé aussi Boniface de Castellane. — On ne connaît de Paul de Villeneuve qu'une transaction en 1288 avec les habitants de Saint-Jeannet et d'Alligansa pour le grand bois. — Pierre, au contraire, profitant de la disgrâce de son frère, sortit du couvent des Dominicains, et hérita de tous les titres seigneuriaux de Romée de Villeneuve, après la vente de la plus grande partie de ses biens. — Il fut l'un des cent chevaliers témoins au duel entre Charles d'Anjou et le roi de Navarre, accompagna son roi dans toutes ses expéditions, le suivit à la deuxième croisade de saint Louis, et mérita le surnom de jurisconsulte de Tarascon, à cause d'un jugement plein de sagesse qu'il rendit entre la commune de Tarascon et ses seigneurs. Il épousa successivement Alasie d'Aigune, dont il eut Bertrand d'Aigune et Béatrix d'Esclapon, qui lui donna Truand, Paul le chanoine et François de Gréolières.

Guillaume de Sisteron, évêque de Vence, s'étant fait confirmer par lettres patentes de Charles d'Anjou (1278) dans ses possessions, fit prêter le serment de fidélité à ses sujets dans l'église Saint-Nicolas de Gattières. Hommes et femmes s'avancèrent *unus post alium*, les mains jointes et fléchissant le genou devant l'autel, pour prêter le serment sur les saints Évangiles. Raymond Martin, prêtre, et les chanoines Raymond de Saint-Paul et Pierre Radegonde représentaient l'évêque; et le notaire de Vence Jacques Radegonde dressa l'acte.

C'est en ce temps que le noble évêque commença sa lutte avec Pierre de Villeneuve pour le recouvrement de sa temporelle de Vence dont celui-ci, malgré le testament de Romée, était l'injuste détenteur. Il le menaça même des foudres de l'Église, et mourut en 1290 sans avoir rien gagné. Pierre IV d'Aragon, le dominicain, son successeur, fit une nouvelle tentative. Après avoir assisté cette année même à la translation des reliques de saint Maximin, et au concile d'Embrun, où il dut porter son affaire, il renouvela les peines et censures lancées par son prédécesseur (1291). Il se fit remettre (20 août 1293) par Raymond Étienne, notaire de Charles d'Anjou, une copie du testament de Romée, qu'authentiqua Thomas Jallacte de Salerne, maître ès droit civil, et poursuivit son affaire devant la cour. Enfin le 15 novembre, Pierre de Villeneuve, effrayé de la sentence d'excommunication, fit ses soumissions. Il reconnut en présence de trois chanoines que les peines portées contre lui étaient justes, et le 19 novembre il accorda par acte passé devant Raymond Acard, notaire de Vence, à titre perpétuel et irrévocable, le quart de toutes les juridictions et droits temporels qu'il tenait à Vence, à Coursegoules, Courmes, Torenc, Saint-Laurent-de-la-Bastide, soit de son aïeule Astruge, soit de Romée, ou que tenait de lui Bertrand d'Aigune, son fils. « Je le fais, dit-il, tant pour mon âme que pour la réparation des injustices faites à l'Église de Vence par moi, mes prédécesseurs et les régisseurs de mes domaines. — Je le fais pour les services que j'ai reçus, moi, ainsi que mon père, des évêques de Vence. — Étaient témoins les chanoines Giraud Cucurbite, Guillaume de Sault et Pierre Dalmas. » — Ainsi fut terminée cette longue querelle. L'évêque devint coseigneur de Vence pour un quart et le chapitre pour un autre.

Les Communes voulaient revivre aussi, et reconquérir leurs libertés. Le Broc et Saint-Paul s'enrichissaient des privilèges accordés par Charles d'Anjou. — En 1300, par lettres patentes octroyées à Nice le 1er février, *in platea capituli*, et en présence de François Badat, Guillaume de Soliès et Pierre Pelloni, notaires, auguste prince, Robert d'Anjou, fils aîné de Charles II, et son vicaire général au royaume de Sicile et aux comtés de Provence et Folcalquier, nous exempta des contributions exigées par les statuts de Fréjus. Hugues Vayrac, notre procureur, reçut les lettres des mains de Bertrand Moroconeri, gouverneur de Nice, et de Guillaume de Marculfe. — Saint-Paul, Gattières, le Broc et l'Olive s'étaient associés à notre demande. Les notaires Rudi Foulques et Foulques Clari avaient rédigé la procuration. — On sent déjà, au milieu de tous ces actes notariés, la société qui reprend son existence légale ; on sent dans la famille d'Anjou les fils de ces rois défenseurs nés des Communes. — Les populations enhardies osent même murmurer contre les droits des seigneurs, et non loin de nous les habitants de Bueil, dans une révolte, vont jusqu'à mettre à mort leur seigneur qui voulait exiger des nouveaux mariés un prétendu droit immoral appelé *cuissart*. — Andaro de Grimaldi, l'un des fils de Raynier Ier ou René de Monaco, épousa la fille du seigneur assassiné et commença en 1300 la série des Grimaldi du Bueil. — Près d'eux vivaient les Lascaris de Vintimille. En 1285, Jean de Lascaris de Vintimille de Tende, ainsi que Guillaume et Pierre Balbs, seigneurs de Vintimille, avaient prêté le serment d'hommage au comte d'Anjou entre les mains d'Isnard d'Entrevènes, grand sénéchal. — Sur la rive droite du Var, les Giraud étaient seigneurs du Broc, et à Carros les Blacas, qui avaient formé la branche des Blacas de Blacas d'Aups, étalaient dans leurs pittoresques armoiries un chêne surmonté d'une comète. — Pierre IV jouissait en paix à Vence de la victoire qu'il avait remportée sur le seigneur de Villeneuve, quand soudain un coup terrible vint s'abattre sur nos coteaux. En un instant, sans qu'on eût laissé transpirer le moindre bruit, tous les Templiers furent pris comme dans un coup de filet. — Laissons ce grand procès à l'histoire. — François Hugolin et François Rostang furent les derniers commandeurs de Vence et du Castellas (13 janvier 1307). Tous les Templiers, depuis Port-Maurice jusqu'à Grasse, furent incarcérés à Perthuis et à Meiragues, et à dater de ce jour leurs bâtiments étalent sur nos montagnes leurs ruines désolées, comme si la malédiction fût tombée sur elles. — Foulques, évêque de Vence, succéda à Pierre V en 1312. Il semble que nous ayons un changement d'évêque après tous les grands événements. — Pierre V, qui vint après Foulques (1312-1319), amena son chapitre à lui céder le quart de la juridiction temporelle de Vence. — On avait alors jusqu'à sept seigneurs de Vence. — C'était Boniface de Villeneuve-Castellane, fils de Paul, Bertrand d'Aigune, fils de Pierre, et les autres enfants du second lit, Truand avec son fils unique Romieu, Paul II et François de Gréolières, tous coseigneurs de Vence, avec l'évêque et le chapitre. — Or, pour le bien de ladite église, il fut stipulé le 21 septembre 1315, dans l'acte rédigé par le notaire Pierre Charmieu, *publica imperiali auctoritate*, que tout le domaine seigneurial appartenant au chapitre, juridictions, biens, hommes, maisons, servitudes, droits, revenus, droits banaux, pâturages, défrichements, justices, condamnations, *au Malvans, Bastide-Saint-Laurent* (Noves), *Tourrettes* (Saint-Martin-de-la-Pelote), *Vence*, appartiendraient, à titre perpétuel et inaliénable, à l'évêque et à ses successeurs, à condition que ledit évêque maintiendrait les libertés, franchises, priviléges et immunités de ladite église de Vence et dudit chapitre, qu'il recevrait l'hommage des hommes de sa seigneurie en présence du chapitre, qu'il ne céderait jamais cette temporelle ni à un seigneur séculier, ni à un seigneur ecclésiastique, soit en tout, soit en partie, pour quelque motif que ce soit ; qu'enfin il garderait à ses tenanciers les libertés, franchises et priviléges, aussi bien que les servitudes qu'ils avaient. — Suit une quarantaine de noms. — Sont présents : Jean de Gattières prévôt, François de Sisteron, en son nom et au nom de Raymond son frère, Bertrand et Raymond de Laudun, et Jean Dalmas, chanoines assemblés en chapitre général.

Sous Pierre V était mort le célèbre Arnaud, théologien, astronome et médecin, né à Villeneuve-Loubet (1238-1314). — Un Arnaud, peut-être Arnaud Barcillon, grand vicaire de Pierre V, représenta l'évêque de Vence au concile d'Aix en 1317. L'illustre prélat mourut le 16 septembre 1319.

Raymond II, évêque de Vence (1319-1324), au milieu du calme dont jouissait la Provence, sous Robert le Sage, l'ami de Pétrarque (1309-1346), assigna en 1321 des prébendes à chaque chanoine pour vivre dès lors à leur à-part. — Il nomma dignitaires le prévôt Jean Dalmas et le chanoine sacristain, Paul II de Villeneuve. Celui-ci frappé dans ses affections, et n'ayant de sa femme qu'un enfant posthume, était entré dans les ordres. — La même année Raymond II acheta des coseigneurs de Gattières, Isnard Cornillon et Clericus Conjugatus, le droit de calcature sur le blé et de quarton sur le vin.

Le seigneur de Vence, Truand de Villeneuve, pour contrebalancer la juridiction seigneuriale de l'évêque, qui avait la moitié de toute l'autorité temporelle, avait essayé de capter les habitants de Vence, en leur promettant des libertés,

comme celle d'élire eux-mêmes leurs consuls et conseillers.
— Le moment venu de mettre sa promesse à exécution, Truand de Villeneuve ne donna plus que des paroles évasives. Le 11 mai 1323, Pierre Isnard, Hugues Bona, Hugues Laugier, Pierre Talatoyre, Guillaume Angèle, Guillaume Rudi, en présence de Hugues d'Andon, bailli de Vence, et de Guillaume Bertrand, bailli de la temporelle de l'évêque, adressèrent des représentations à Truand de Villeneuve, qui se trouvait en personne au conseil. Celui-ci, bien loin d'obtempérer au désir de la commune, prétendit qu'il était seul seigneur de Vence, qu'il pouvait reprendre tous ses droits seigneuriaux ; et il commença par exiger les deux parts, la sienne et celle de l'évêque. Le 6 août, les habitants réunis en assemblée générale sur le Peyra adressèrent une requête à la cour suprême et au roi Robert : « *Quod vult exigere duas partes, quum tantum dimidia debetur; item quod dicta universitas caret legitimo defensore. — Propterea requirit dicta universitas ut ipsamet eligat legitimos defensores sive sindicos, et valeat ordinare eos qui ipsis contestationibus dictam universitatem, et homines possit defensare.* » — L'affaire traîna encore seize années. — L'évêque de Vence vint à mourir dans ces circonstances.

Pierre Malirati, successeur de Raymond II au siége de Vence (1324-1326), essaya, par son désintéressement et sa sage administration, d'améliorer le sort de ses chanoines. Ce digne conseiller du roi Robert donna des statuts synodaux à son Eglise, bâtit la chapelle Sainte-Croix (aujourd'hui Saint-Crépin), et laissa cent pistoles pour en fonder une autre aux Noves, quand la mort l'enleva rapidement à son siége, pour être remplacé par Foulques II le Dominicain.

L'Italie était en feu. Robert d'Anjou soutenait les Guelfes et le saint-siége, contre Louis de Bavière, empereur d'Allemagne ; il avait même reçu, pendant un temps, du pape, le titre de vicaire de l'empire. — Près de lui brillaient parmi les seigneurs de nos pays Truand de Villeneuve, seigneur de Vence,

Honoré Rostan de Cormis ou de Courmes, famille venue de Naples avec Charles d'Anjou, et qui s'était distinguée contre les Sarrasins pendant la croisade de 1270 ; noble Monet Pierre de Malvans, Raymond de Flotte, seigneur de Cuébris, Cros, Saint-Antonin et coseigneur de Saint-Paul-les-Vence; Bertrand de Grasse du Bar, chambellan du roi.

Tout préoccupés de la vie extérieure, beaucoup de religieux ne vivaient plus que pour les sens ; et le seul monastère que possédait le diocèse de Vence, l'hôpital d'Agremont ou du Var, était tombé dans un tel relâchement que par ordre du pape Jean XXII il fut fermé et réuni à la manse épiscopale. Un commandeur et neuf chanoines y résidaient à cette époque. Cette maison avait été pourtant comblée de faveurs par Innocent IV en 1244, et visitée par lui à l'époque du concile de Lyon. Charles d'Anjou avait confirmé aux hospitaliers du Var leurs droits et franchises en 1301. — L'évêque de Vence y laissa encore un commandeur (1328), et reçut l'hommage-lige de tous les habitants. Il ajouta à ses titres celui de seigneur d'Agrémont.

La même année il régla les dîmes de Saint-Paul au quatorzième, et fonda la vicairerie perpétuelle de cette paroisse, puis passa à l'évêché de Toulon en 1328. — Il laissa comme souvenir à son évêché une mitre enrichie de pierreries. L'évêque de Vintimille, Raimond III, pénitencier de Jean XXII, accepta le siége de Vence ; mais les luttes qu'il eut à soutenir tant avec les seigneurs qu'avec la commune au sujet des dîmes et des juridictions, l'abreuvèrent de chagrins. — Il transigea en 1330 pour 200 florins au sujet des dîmes, fixa en 1334 à douze les prébendes du chapitre; et renonça à son siége en 1335.

Vence avait besoin, pour tout pacifier, d'un homme influent : c'est pourquoi Robert d'Anjou nous fit accepter l'un de ses plus chers confidents. — Quand ce prince était détenu comme otage à Barcelone pour Charles, son père, il y reçut des services importants d'Arnaud, religieux, fils de noble Thomas Barcillon et de noble Marie de Marquet.—Arnaud suivit Robert en Provence; et lorsque l'évêché de Vence vint à vaquer, il en fut investi, 13 juillet 1335. — Il amena avec lui Jacques Barcillon son frère, qui, par son mariage avec Jacquette de Roubion, fille unique de Geoffroy de Roubion de Nice, et coseigneur de Saint-Paul, donna l'origine à cette illustre famille des Barcillon de Saint-Paul, dont les rameaux fleurirent dans le clergé, la magistrature et l'armée.

Arnaud Barcillon, homme puissant en crédit et en sagesse, aidé de Jean Isnard Guillaume, son grand vicaire, commença à rédiger les lois et coutumes de sa nouvelle église, et les publia, 29 octobre 1336, en présence de son chapitre assemblé capitulairement dans le palais épiscopal et à son de cloches.— On voyait là révérend Père en Dieu, Arnaud, évêque de Vence par la grâce de Dieu; vénérables hommes, messires Jean Dalmas, prévôt; Paul de Villeneuve, sacristain; Raibaud de Laudun, Guillaume Falcosinus, Raymond de l'Isle, Florent et Lambert de Saint-Paul, Arnaud Bernard de Alcusatis. — Il est dit que Notre-Seigneur Jésus-Christ étant le Dieu de paix, et voulant que les siens soient pudiques, modestes, et exempts de cette cupidité effrénée qui exile la justice au delà des confins du monde, considérant que l'expérience apprend combien la nature humaine, peu portée à l'obéissance, secoue, en haine des chefs spirituels, le joug de l'Eglise, et combien la sensualité, à mesure que l'on avance en âge, cherche toujours ses aises, lesdits congrégés approuvent les statuts suivants :

1° Jean Marie, clerc bénéficier, est élu préchantre avec la vicarerie de Coursegoules pour prébende. Il prendra rang après deux chanoines, sans avoir voix au chapitre.

2° Le chapitre nommera au remplacement d'une prébende vacante, mais le sujet sera présenté à l'acceptation de l'évêque.

3° Chaque année le saint synode se célébrera le lendemain de la Nativité de la sainte Vierge, fête patronale de la cathédrale et de l'église de Vence. En l'absence de l'évêque, son vicaire général y présidera avec tous ses pouvoirs.

4° Quand on élira un évêque ou un chanoine, on donnera trois jours aux chanoines pour être réunis. Après quoi on procédera à l'élection.

5° Il y aura quatre clercs bénéficiers qui devront se faire ordonner dans l'année de leur admission.

6° Il y aura deux curés pour la cité de Vence, un diacre, un sous-diacre, deux clercs et un campanier.

7° Pour les frais du culte, on affectera *ad hoc* les fruits du bénéfice vacant, la première année qui suivra le décès.

8° Nul chanoine ou bénéficier ne pourra avoir qu'un bénéfice.

9° On écrira sur un tableau les messes conventuelles, offices, obits, semainiers, etc.

10° Tout bénéficier manquant à la résidence sera privé de sa pension au profit du chapitre.

11° Tout chanoine s'absentant devra pourvoir à son remplacement sous peine, au bout d'un mois, de payer 6 deniers reforçats.

12° Chaque chanoine recevra par mois 6 livres reforçats, et le prévôt 12. — Le bénéficier 3. — Les vicaires des chanoines 3.

13° Quiconque manquera à matine, à la messe, ou aux vêpres, sera à l'amende de 2 deniers par chaque heure, et chaque fois. — Le prévôt pointera ou fera pointer les absents.

14° La paye sera faite le samedi par l'administrateur capitulaire.

15° Les fondations des dimanche, lundi, vendredi et samedi seront acquittées exactement sous peine de 6 deniers d'amende.

16° Le chanoine sacristain veillera à l'entretien de la lampe perpétuelle, fournira le baume et l'huile pour le saint chrême, les cordes pour l'église, les cierges, deux brandons pour le temps pascal, et aura pour cela les deux tiers des legs spirituels faits à l'Eglise.

17° L'évêque et le prévôt auront deux parts des anniversaires.

18° Le petit office se dira au chœur comme dans les églises voisines.

19° L'évêque pourra porter ou faire porter sa crosse et ses insignes dans la ville et dans tout le diocèse.

20° Les chanoines devront faire deux mois de résidence, afin de connaître leurs obligations, sous peine de perdre la moitié de leurs revenus.

21° Les chanoines et les bénéficiers jureront entre les mains de l'évêque d'observer lesdits statuts avant d'être admis.

22° Ces statuts annulent les précédents. — Signèrent comme témoins Bertrand Bonnet, moine de Lérins, que nous reverrons en 1336; frère Pierre Guigou de Cucuron, dominicain; Bernard Gilli, secrétaire de l'évêque. Le notaire royal de Vence, Jean-Marie, rédigea l'acte. Le 27 octobre suivant, Raymond de Lauduno, chanoine prébendé de Villeneuve-Loubet, régla les dîmes de sa riche vicarerie avec son vicaire, Jean de Guillaume, en présence des religieux nommés plus haut, et de Pierre Dalmas de Climaque; les moines que nous voyons à Vence y prêchaient sans doute au synode et dans les grandes solennités.

Paul de Villeneuve, chanoine sacristain, avec sa prébende de Tourrettes, y fonda la chapelle de Saint-Pierre et de Saint-Paul, où son fils Guichard le fit ensevelir.

Arnaud de Barcillon, après avoir ramené l'ordre parmi son clergé, se rendit avec Guillaume de Nice au concile de Saint-Ruf, près Avignon (1337). Des affaires plus difficiles l'attendaient à son retour.

La commune de Vence, qui avait gagné en richesse, en force et en intelligence, sous le règne glorieux de Robert d'Anjou, ne se lassait plus de demander, tantôt à Raymond d'Agoult ou à Philippe de Sanguineto, tantôt au roi lui-même, le recouvrement ou la conservation de ses libertés, jouissances et priviléges. Elle obtint en 1333 une déclaration de la cour par laquelle noble Pierre Fulconeto, conseiller de la cour des comptes, déclara à Saint-Paul, au seigneur évêque de Vence, que les tours et les remparts ne relevaient que du roi et appartenaient à la communauté de Vence, et lui fit payer le denier royal. — Le 23 octobre, les maîtres rationaux autorisèrent les habitants à ouvrir des fenêtres sur les remparts, pourvu qu'elles fussent grillées de fer. — En 1339 (11 août et 11 juillet 1441), le roi Robert nous délivra des lettres patentes par lesquelles les habitants de Vence pouvaient élire des syndics, et s'assembler par devant le bailli de l'évêque. — *Licet hominibus dictæ civitatis Venciæ se congregare pro tenendo consilio solito more.* — Les dissensions les plus grandes avaient éclaté entre la commune et le chapitre. Hommes et femmes s'en mêlaient, et ne voulaient plus payer la dîme, parce que l'on exigeait une redevance pour le chanvre et le lin qu'ils prétendaient francs. Le 17 juin 1340 les habitants réunis tumultueusement sur le Peyra adressèrent une requête au saint-siége et à la cour. — L'archevêque d'Embrun, choisi pour arbitre par une transaction que rédigea Pierre Medici, notaire de Grasse, entre Jean Dalmas et Guillaume d'Alconati d'une part, et les *décimaires* d'une autre, n'arrêta pas l'effervescence. — La guerre se continua.

Cependant mourut Robert d'Anjou (1443), laissant le trône à Jeanne (1343). — Hugues des Baux, grand sénéchal, imposa la Provence pour la dot de Marie, sœur de Jeanne, mariée avec Charles de Duras. — Vence, comme chef-lieu de bailliage, fit sa répartition. — Raymond Bertrand et Pierre Béroard reçurent la procuration du conseil de Vence, par acte passé devant Jean-Marie, pour recueillir l'affouagement. Les habitants de Gréolières, excités sans doute par les seigneurs de Vence, qui voyaient avec peine notre commune avec ses nouveaux dignitaires presque indépendants, refusèrent l'affouagement. — En effet, comme nous l'avons vu, Vence formait le troisième chef-lieu des vigueries ou bailliages du diocèse de Vence. — Hugues des Baux, le grand sénéchal, résidait alors à Villeneuve appartenant au roi Robert, et il y avait là une véritable cour. — Tant que Vence fut soumise au bailli seigneurial, les impositions de la commune se répartissaient au gré des coseigneurs. Aujourd'hui les baillis seigneuriaux ne sont plus rien, et le conseil s'administre par ses syndics, comme dans l'ancien municipe romain. — Anfocius Spençay et Jean Argent, procureurs de la commune de Gréolières, fief des seigneurs de Vence, se rendirent à Villeneuve-Loubet pour réclamer. Déboutés de leur demande ils furent condamnés à payer (3 juin 1344).— L'acte se fit à Villeneuve *in aulá* dans la cour de maître Niger, Milanais, en présence de Jean Cantalupi d'Aveline, chirurgien, de Ricard de Salerne, camérier du connétable ou sénéchal, et de Louis-Etienne d'Aix.

L'année suivante, Guillaume Palmerii et Guillaume Maurel, munis des pleins pouvoirs du conseil pour la cité et bailliage de Vence, transigèrent, au sujet des dîmes, avec le chapitre. Guillaume Béroard, notaire ou greffier de l'évêque de Vence, et son procureur, Jean Dalmas, prévôt, et Guillaume Augier, official, agissant au nom du chapitre, prirent pour arbitres l'évêque de Glandevez et Bertrand Bonnet, devenu docteur en droit et en théologie, et prieur du Puget-Téniers. — L'hôpital de Var, dont Bertrand Féraud était le commandeur, fut le lieu de l'entrevue. On voyait Guillaume Berra de la Roque-Estéron, Pierre Boyne, moine de Lérins, Antoine Hugolin de Nice, et Guillaume Giraud, notaire du Broc. — Hugues, évêque de Glandevez, et Bertrand Bonnet, après avoir invoqué le Tout-Puissant, et traitant cette affaire à l'amiable, comme les dîmes, d'après le Lévitique, sont dues au clergé, *« considerantes discordiam et scandala quæ hinc inde oriri poterant, volentes pacem reformare... quia nisi in pacis tempore non bene colitur autor pacis, sacrosanctis Evangeliis præpositis coram nobis, ut de vultu nostro rec-*

tum prodeat judicium et oculi nostri videant æquitatem... dicimus, cognoscimus, » etc. décident que le lin et le chanvre, objets de la querelle, seront dîmés au 25ᵉ, — le vin et les grains au 13ᵉ; les figues, pommes, olives, noix, aulx, au 14ᵉ; poirées au 20ᵉ; chevreaux au 15ᵉ; fromages, œufs, bois, sarments, foins, poulets, veaux, chevaux, mulets, laine, au 14ᵉ. — Un porc sur deux. — Tels sont les premiers actes où la commune traite sur le pied d'égalité avec ses seigneurs... Elle est à la hauteur de son mandat.

Arnaud de Barcillon mourut en 1346 et eut pour successeur Guillaume de Digne. — Paul de Villeneuve, chanoine sacristain, était remplacé par Boniface Muratori. — François de Villeneuve était seigneur de Vence depuis 1341.

CHAPITRE IV.

DEPUIS LA REINE JEANNE JUSQU'AU BON ROI RENÉ.

Charles II le Boiteux avait eu onze fils et cinq filles, de Marie de Salerne, fille d'Étienne de Hongrie. L'aîné, Charles, eut la succession au trône de Hongrie; le second fut saint Louis, évêque de Toulouse; le troisième, notre bon roi Robert; le quatrième, Philippe de Tarente, empereur de Constantinople; les autres, Raimond, Jean et Louis de Duras, Pierre de Gravine. — Robert de Provence, après la mort de son fils unique, Charles de Calabre, laissa, contre la loi salique, ses États à Jeanne et à Marie, ses petites-filles. Il crut empêcher toute rivalité en fiançant à Jeanne, André de Hongrie, son cousin germain, second fils du roi de Hongrie; et à Marie, Charles de Duras, fils de Jean. — La reine Jeanne, aussi ambitieuse que jalouse, consentit, dit-on, à l'assassinat d'André, qu'elle n'aimait pas, pour épouser le meurtrier, Louis de Tarente, fils de Philippe, aussi son cousin germain. Jeanne, à l'arrivée de Louis le Grand, roi de Hongrie, vengeur de son frère, se réfugia en Provence, où l'y suivirent bientôt son nouvel époux et sa sœur Marie, déguisée en cordelier. A l'approche du roi de Hongrie, tous ses cousins, Robert et Philippe de Tarente, frère de Louis, Charles de Duras et ses deux frères, Louis et Robert, allèrent implorer sa pitié à Averse. Le roi parut l'écouter, et ayant fait venir Charles de Duras, le plus fortement inculpé, il le fit mettre à mort sous ses yeux dans la chambre même de la victime; il enferma les quatre autres princes, et continua sa marche vers Naples, en se faisant précéder d'un drapeau noir, sur lequel était l'image d'André de Hongrie.

Cependant, la reine Jeanne était à Nice le 21 janvier, et aux consuls qui lui offraient les clefs elle disait avec une grâce charmante : « Je n'ai besoin que de vos cœurs. » Le pape Clément VI lui-même la déclara innocente, tant elle réussit à jeter tout l'odieux sur Charles de Duras. — La Provence lui vota tout ce qu'elle demanda en hommes et en subsides; le pape lui acheta pour 80,000 florins le comtat Venaissin. — Les communes lui donnèrent des soldats et fortifièrent tous les châteaux qui lui appartenaient. Il n'y eut que la peste de Florence, dite peste noire, la plus horrible qu'on vit jamais en Italie et en France, qui retarda les hostilités (1348-1350).

Enfin, quand le mal eut cessé, l'armée de Provence se mit sous les drapeaux de Louis de Tarente et de Jeanne, et commença au mois de mai à franchir le Var.

On voyait près de Jeanne, Foulques d'Agout, son sénéchal, et Louis de Flotte, son lieutenant; René II de Monaco, nos seigneurs de Vence, Giraud et Paul de Villeneuve, fils de François et de Jaïssa de Simiane d'Esclapon-Saint-Césaire, Guichard de Villeneuve-Tourrettes-Vence, fils du chanoine Paul, tous arrière-petits-fils de Romée le Grand; Guillaume et Pierre Lascaris de Tende, noble et égrége François Barcillon, écuyer de Saint-Paul, mari de Jeanne de Lascaris;

Rosso Rostan de Courmes ou Cormis, et son fils Rostan Arthur sieur de Romolles; Honoré, seigneur de Malvans; les Giraud et les Blacas de Carros; le brave seigneur du Bar. Ils faisaient de cette expédition une guerre chevaleresque et pleine de courtoisie. — Naples elle-même redemandait la reine Jeanne.

Un traité eut lieu entre le roi de Hongrie et la reine d'Anjou; mais, au grand mécontentement du frère de Charles de Duras, Robert, qui se jeta sur nos pays, les rançonna, traversa l'Estérel, et après avoir saccagé Brignolles, occupa le château des Baux. Philippe de Tarente, frère de Louis, gouverneur de la Provence, tandis que Louis et Jeanne demeuraient à Naples, appela à lui tous les fidèles défenseurs de la Provence et mit à leur tête le grand sénéchal Foulques d'Agout, vicomte de Reillanne, qui reprit le château des Baux.

Aucune époque n'est plus calamiteuse dans l'histoire ni plus extraordinaire. — C'est Marie enlevée par l'amiral de Duras, Renaud des Baux, dans le château de l'Œuf, et donnée à son fils Robert en mariage. Louis de Tarente délivre sa belle-sœur, et tue Renaud; Marie, à son tour, fait mettre à mort, sous ses yeux, dans le château de l'Œuf, Robert des Baux, pour se marier avec Philippe de Tarente, frère de Louis. — Ces événements coïncident avec le désastre de Poitiers, les Navarins, les Jacques et les guerres des Anglais. Le midi était le reflet du nord de la France. Chez nous, nous avions encore les bandes du terrible chef Arnaud de Cervoules, nommé l'archiprêtre, qui avait rallié autour de lui tous les gens perdus de vice et d'honneur. Depuis les bords du Var jusqu'à Aix ce n'était que pillage... Il rançonnait, dévastait, s'irritant de ce qu'on lui donnait, disait-il, du fer au lieu d'argent. — Et Vence, qui contribuait déjà si largement en seigneurs au noble cœur, fournit encore en cette circonstance une gloire de plus à la Provence. Jean Siméon, jurisconsulte de Vence, se chargea de délivrer le pays de ces brigands ; ce à quoi ayant réussi, il obtint, en récompense, une charge de premier président à la chambre rigoureuse (1358). La famille des Siméon tire sans doute de lui son origine. — Ce n'était qu'agitation.

A nos côtés, Amédée VI, comte de Savoie, ligué avec le duc de Milan, détachait le Piémont de la reine Jeanne, et René de Grimaldi, sénéchal du Piémont au nom de la maison d'Anjou, avait perdu dans la guerre du Piémont presque tous ses États avec 12,000 florins d'or. Jeanne n'avait plus d'argent, et comme la guerre s'engageait de nouveau, elle écrivit à son sénéchal Foulques d'Agout, de continuer, malgré les derniers conseils de son père et la défense du saint-siège, la vente des domaines qu'elle possédait encore en Provence. — C'est en ces circonstances que le grand sénéchal céda, le 19 juillet 1358, à Giraud et à Paul de Villeneuve, coseigneurs de Vence, la juridiction-mère de la cité de Vence et de leurs autres seigneuries, au prix de 1,200 florins, et à l'évêque de Vence de 200.

La reine Jeanne qui ignorait ces aliénations, désirant s'acquitter envers Grimaldi, lui céda, de son côté, ce que ce prince ambitionnait depuis si longtemps, pour se former depuis le golfe Grimaud jusqu'à Menton un petit empire, en s'étendant vers nos montagnes ; il reçut, en 1363, Vence, Tourrettes, Gattières et Bouyon, et il prit aussitôt le titre de baron de Vence qu'il joignit à ceux de prince de Monaco, de seigneur de Vintimille, Cagnes, Villeneuve-Loubet, Menton, Roquebrune et Castillon, tandis que ses oncles étaient seigneurs de Villefranche, Antibes, Cagnes, Corbons, et du Bueil. — Nous étions envahis par cette famille.

A peine la commune de Vence, l'évêque et les seigneurs de Villeneuve en furent-ils informés, qu'ils jetèrent les hauts cris. Foulques d'Agout aimait beaucoup les Villeneuve de Vence, puisque six ans plus tard il mariera sa fille Bourguette d'Agout à Giraud de Villeneuve, baron de Vence. — Le sénéchal fit comprendre à la reine Jeanne qu'elle s'était méprise, et le 20 juin 1363, annulant l'acte fait avec René, elle ratifia celui de Foulques, en se réservant, toutefois, les régales, l'hommage et les droits de la cour royale sur ces fiefs.

Guillaume de Digne, notre évêque, qui était mort à Nice en 1360, avait pour successeur son neveu Etienne de Digne, lequel fut confirmé dans ses fiefs et juridiction haute, moyenne et basse, et fit, le 30 mai 1365, prêter serment à ses vassaux, selon la forme accoutumée. Il donna des statuts synodaux (1362), assista en 1365 au concile d'Apt, et fut évêque jusqu'en 1375.

La commune de Vence qui avait plaidé la cause de ses seigneurs en fut bien mal récompensée. Dès que ceux-ci eurent acquis toutes les juridictions, ils abolirent encore une fois consuls et conseillers municipaux, et nommèrent leurs baillis. Vence devint une fois de plus chef-lieu d'un bailliage, dont ressortissaient tous les fiefs de Giraud de Villeneuve et de l'évêque. Force fut de se résigner pour le moment, en attendant des jours meilleurs. — Qu'aurait-on gagné à réclamer ?

La confusion devenait générale en Europe.

Jeanne, après la mort de Louis de Tarente (1362), avait donné sa main à Jacques III, roi de Majorque; et comme elle n'en eut pas d'enfants, elle adopta Charles de Duras, dit le prince de la Paix, fils de Robert, en lui faisant épouser Marguerite, fille de sa sœur Marie d'Anjou. — On croit que Jeanne en agit envers Jacques de Majorque comme envers André de Hongrie. Quoi qu'il en soit, elle se maria une quatrième fois avec Othon de Brunswick. — Charles de Duras, furieux, n'attendit plus que le moment de se venger. — Les circonstances lui vinrent en aide. — Nous sommes au grand schisme (1378).

La déposition d'Urbain VI à Fondi sur les terres mêmes de la reine Jeanne, et l'élection de Robert de Genève, sous le nom de Clément VII, donnent le signal. Urbain VI excommunie Jeanne, et offre la couronne de Naples à Charles de Duras, qui accourt du fond de la Hongrie avec une armée.

Jeanne et le pape Clément VII fuient du château de l'Œuf vers la Provence. — Nice et les Grimaldi de Monaco restent attachés au pape Urbain VI. — Nous avions pour évêque depuis 1375 Boniface du Puits (*de Puteo*). Il nous avait donné ses statuts synodaux. Quand éclata le schisme, il crut de sa religion qu'il ne devait pas se rattacher au pape Clément, et pour arracher son peuple au schisme, ainsi que pour avoir des défenseurs, il se donna lui, ses juridictions de Vence, et tous ses fiefs, son palais même épiscopal au comté et à la ville de Nice. — Une partie des habitants de la droite du Var suivirent son impulsion. — Les Villeneuve-Vence, le chapitre, la commune reconnurent le pape d'Avignon, et protestèrent de leur dévouement envers la reine Jeanne.

Du Puy se hâta de fuir à Gattières, où il apprit que le pape d'Avignon l'avait excommunié et interdit comme schismatique et intrus, et que la reine Jeanne avait ordonné de mettre le séquestre sur les biens de tous ceux qui s'étaient rangés du côté des Duras. Le pape Clément VII nous donna en même temps pour évêque Jean Abrahardi, dominicain, appelé pour cette raison l'évêque Blanc, lequel resta à Vence. — Il y eut donc deux évêques dans notre petit diocèse, comme il y avait deux papes dans l'Église. La reine Jeanne cherchait partout des alliés. — Elle proposa la ville d'Antibes au duc de Gênes, qui la refusa pour rester au parti romain; mais Luc et Marc de Grimaldi, seigneurs d'Antibes et de Cagnes, l'achetèrent au prix de 9,000 florins d'or. Clément VII, pour s'attacher cette ville, la déclara indépendante de l'évêché de Grasse; elle eut un vicaire ne relevant que du saint-siége, et à la nomination des évêques de Vence, de Fréjus et de Riez. Sa collégiale fut comblée de priviléges, à la condition qu'elle demeurerait soumise à Clément VII et à ses successeurs. Les habitants de Saint-Paul et du Broc, le seigneur du Bar, Bertrand de Grasse, protestèrent de leur dévouement à la reine

Jeanne et au pape d'Avignon, et reçurent en échange des faveurs multipliées.

Le gouverneur de Nice avait cependant envoyé des troupes pour se mettre en possession des fiefs que l'évêque de Vence, Boniface, avait cédés. — Giraud de Villeneuve, seigneur de Vence, se posta à Gréolières et à Coursegoules, Paul son frère se tint au château des Gaudes, non loin de Gattières ; l'armée d'invasion arriva du côté de Gattières ; Vence était si bien gardée que l'ennemi se dirigea vers Tourrettes, où Guichard de Villeneuve défendit avec un courage héroïque le lieu qui renfermait les cendres de son père. Les Niçois battirent en retraite.

Ce qu'ayant su, Jeanne, qui se tenait à son château d'Armont, donna Tourrettes-lès-Vence à Guichard, avec le titre de gouverneur de la frontière du Var (1378). Lorsque cette reine malheureuse comprit qu'elle avait encore pour elle sa chère Provence, et que la frontière du Var était vaillamment défendue, elle choisit Louis d'Anjou, frère du roi de France, pour fils adoptif et gouverneur de la Provence, d'après le conseil du pape Clément VII, et se jetant dans un navire, elle se rendit à Naples, d'où elle demanda en toute hâte le secours de Louis d'Anjou (1380). — Charles de Duras s'empara de la reine et la fit étrangler (1382). — En vain Louis d'Anjou assiégea Naples. Il mourut lui-même au pied des murs de cette ville, laissant à Angers un jeune enfant, Louis II, pour lui succéder, sous la tutelle de Marie de Bretagne.

Charles de Duras, se regardant comme le légitime successeur de la Provence, y lança aussitôt les bandes du comte de Spinola, son grand sénéchal, qui saccagea tout du Var à Draguignan, et fut reçu à Aix. Foulques d'Agout dépêcha un message vers Marie de Bretagne, en la suppliant d'accourir en Provence. — Celle-ci se trouva arrêtée aux environs de Tarascon par Raymond Bérenger, vicomte de Turenne, ennemi personnel de Louis d'Anjou. Ce seigneur avait rassemblé sous ses drapeaux les célèbres Tuchins, ramas de tout ce qui errait en France depuis la défaite de Poitiers. — Tous les vaillants défenseurs de la maison d'Anjou, ayant à leur tête Foulques d'Agout, à force de courage et de bravoure, délivrèrent Arles, où Marie vint d'Avignon faire son entrée et recevoir l'hommage de ses fidèles sujets. — Parmi la foule des seigneurs, nous voyons les Villeneuve-Vence, si aimés du sénéchal Foulques d'Agout, marquis de Corfou, et leur parent, les de Cormis, les Raimondi du Bueil, Luc et Marc de Grimaldi, Bertrand de Grasse, les de Blacas, les Pontévez, les Simiane, les Castellane, les Glandevez, les Vintimille, les d'Oraison, les d'Esparron, les Jarente, les de Loubières, les de Giraud du Broc.

Ce que voyant, le comte de Spinola abandonna Aix et s'enfuit en Italie. — Toutes les Communes s'empressèrent d'envoyer des présents et des députations à leur reine, qui les recevait avec une grâce charmante, en leur montrant ses deux enfants. « Il faut faire, disait-elle, un pont d'or à tous les curieux de la gloire d'Anjou. » Elle accorda des priviléges à Saint-Paul, au Broc, à Vence, etc. (1385). Charles de Duras mourut l'année suivante (1386), et pour héritier il n'avait aussi qu'un jeune enfant, nommé Ladislas, dont Raymond Turenne se déclara le défenseur en Provence. — Aix finit pourtant par ouvrir ses portes. — Dès que la soumission de la Provence fut complète, Foulques d'Agout s'avança vers Nice. — Cette ville fut certainement assiégée en 1386; car nous lisons dans les registres de nos délibérations : *Item pro pane misso extra Varum in obsidio Niciæ a Domino senechallo,* — *et pro gentibus missis Domino senechallo apud Grassam.* — Nos deux baillis seigneuriaux et le trésorier se rendirent en même temps à Tourrettes pour avertir Guichard de Villeneuve. « *De congregatione facta in Castronovo ultra Varum.* » — Et le parti d'Anjou fut victorieux 28 décembre 1386, puisque Jean Abrahardi recouvra toutes ses juridictions aliénées à la ville de Nice par Boniface du Puy. — L'année suivante, Vence, Saint-Paul et le Broc reçurent les lettres patentes que la reine Marie leur avait promises, par lesquelles toutes nos libertés, jouissances, immunités nous étaient confirmées. Saint-Paul obtint en outre la juridiction seigneuriale de Roquefort, et Guichard la possession pleine et entière de Tourrettes-lès-Vence. — Nice vaincue et non soumise fit demander à Ladislas ce qu'elle devait faire dans la nécessité présente, où elle se trouvait, ne pouvant recevoir aucun secours de lui. — Ladislas l'engagea à se choisir un protecteur capable de la défendre, en attendant qu'elle revînt à lui, s'il reconquérait la Provence. — La séparation fut consommée. Les Niçois ouvrirent leurs portes au comte de Savoie. — Aussitôt que Georges de la Marle, successeur de Foulques d'Agout, en eut été informé, il leva une nombreuse armée. — Raymond Turenne promenait le fer et la flamme du côté de Sisteron et d'Embrun ; mais il n'osait descendre vers nos pays, à cause de notre dévouement à la cause d'Anjou. — Georges de la Marle étant à Grasse (11 novembre 1388), accorda au Broc foire, le jour de saint Luc, et marché tous les samedis, — et rémission de toutes les dettes que les fidèles broquins avaient contractées envers les révoltés, juifs ou chrétiens.

Amédée VI, pour avoir le pied sur la rive droite du Var, reprit Gattières, en remboursa le prix à la ville de Nice, et s'empressa d'en faire présent à Jean Napoléon de Grimaldi, seigneur du Bueil et de Roquefort. — Notre ancien évêque du Puy, tout triomphant, se hâta de revenir résider à Gattières, où le 9 septembre 1389, Antoine Giraud, chapelain de Villeneuve-Loubet, lui présenta les ordonnances d'Arnaud de Barcillon. Il ordonne à son notaire Marini Rufini de les transcrire de nouveau. Là étaient Louis de Gattières, Manuel Péruccia et Antoine Farino d'Alexandrie. — Vence, gardée par Guichard de Villeneuve, qui en avait le titre de gouverneur, redoublait d'attention. — Nous avons encore son ordre du jour du 26 février 1390, tout en patois. — En voici quelques passages : « Premiarement que lon deya restallar lo barri del senthiar entro lo maison de Pierre Vayrac en toutenet et puistot entory al environ — et que la torre del Pont-Levadis si deya restallar tot entory. — *Et* que sobre la rota del ditch senthiar si deya murrar de argiret e espinassar en tal maniera que non sya pusta estobir. — Et que de bech homes que fassan le reyre guach e quatre en vagan de fore, par la barbacana e quatre sur lo barri... et que cascun fore estoyan tres hommes pour la gardia del portail e ben armade e uno home estogua sur la torre e uno sur la cloquier en gardia por descubre... que los gardias non si deyan moouré de la pesta entro lo matin quavant si sonora la campana della costa. »

Hommes et femmes, est-il dit dans une autre délibération, travailleront aux murs — *in vallatas, arquas, turres, muros, et alia barbacana.* — La garde doit être faite *per homines et non per pueros.* Pierre Maurel a l'intendance des travaux ; Jean Cayron, Raymond Mayffred, Étienne Pons, sont estimateurs ou édiles. Jean Leblanc (Albus), et Barthélemy Pons, réparent le portail Saint-Paul, par acte passé par devant Guillaume Talatoyre, notaire. Les dizainiers recueillent les impôts en espèce ou en nature ; les regardeurs veillent à ce qu'il y ait *vinum, annonam, farinas et omnes alias res sive fructus*. Maître Alsias est chargé de faire la ronde deux fois le jour et deux fois la nuit pour voir si chacun est à son poste. Défense, sous peine de quatre livres d'amende, de découcher sans la permission des baillis Jean Garcin et Barthélemy Pons. — Saint-Paul faisait une garde non moins active. Le Broc pour sa fidélité recevait, le 3 juin 1390, confirmation de tous les priviléges précédents, par lettres patentes de Louis d'Anjou, signées de noble Guigoni d'Aréna, et enregistrées le 28 mars 1391, par noble Boël Cani, bailli et clavaire de la cour royale de *Villeneuve, Saint-Paul* et *Vence*. — Il y est dit que tous les priviléges accordés au Broc par Raymond Bérenger, ou les autres comtes de Provence, par les princes, rois, reines, gouverneurs, jusqu'au roi Louis II, lui sont confirmés par les présentes lettres ; et entre autres droit de tenir une boucherie pour l'utilité des habitants, droit d'avoir moulins, fours, paroirs appartenant à ladite communauté sans aucun droit seigneurial, droit de pêche et de flottage sur le Var, depuis Bonson jusqu'à l'embouchure dudit Var, foires et marchés, etc.... — Saint-Paul obtint aussi foires et marchés, et autres priviléges pour les fours, moulins, paroirs, gabelle, etc., etc...

Cependant Louis d'Anjou avec sa mère allait d'Aix à Naples, et de Naples à Paris, pour demander secours et protection. — Mais que pouvait le roi de France ? — Marie ordonna de Paris au sénéchal de convoquer les États à Aix, le 15 août 1390. — Georges de la Marle n'avait pu reprendre Nice, défendue par Odon de Villars, et par les Grimaldi du Bueil et de Monaco. — Jean de Grimaldi avait confié le château de Gattières au capitaine Malaussène et à Galbardoni de Bloys. — Le sénéchal de Provence, que rappelait la révolte de Raymond Turenne, n'eut rien de mieux à faire que de contracter une trêve de douze années avec le comté de Nice et alla tenir les États. — Là se montrent Hélion de Villeneuve, seigneur de Trans, grand maître de Saint-Jean de Jérusalem, Guichard de Villeneuve pour le Malvans, et ses hommes, Antoine Barcillon, Luc et Marc de Grimaldi, Bertrand de Grasse. — L'année suivante, Marie d'Anjou et Louis II, y présidant eux-mêmes, formèrent deux corps d'armée, dont l'un fut commandé par le sénéchal, et l'autre par Hélion de Villeneuve.

C'est après ces États de Marseille que le 17 décembre 1391 Vence tint aussi les siens, et forma une véritable ligue. — Voici cette délibération qui est l'un de nos plus curieux monuments historiques : « In Christi nomine anno nativitatis Domini millesimo trecentesimo nono primo die septimo mensis decembris notum sit tam præsentibus quam futuris quod ad honorem S. S. et individue Trinitatis et ad honorem, laudem et conservationem jurium et libertatum serenissime Domine nostre Regine et serenissimi Domini nostri Ludovici filii sui fuit facta *Unio* per augustum et potentem virum Giraudum de Villanova, Dominum civitatis Vinciensis et homines suos, reverendum in Christo Patrem Dominum Dominum Johannem, Dominumque Petrum Giraudi et homines Castri de Broco et Stephanum Andræam ac Stephanum Chabry et alios probos homines dicti Castri Trigansas, nobilem Baudinati de Ysiis (Æse), et Hugonem Rolandi de Carrosio, nobilem Guichardum de Villanova, Dominum Castri de Turretis, nobilem Honoratum Monnetum de Malvinis, condominum dicti loci postmodum infra scripti, consilio quo dicti Domini Giraudus et Episcopus Vinciensis homines habeant ac teneantur habere dum et quando locus fuerit et necesse ac cunctas res necessarias usque Varum, et alia loca necessaria infra juridictionem. Dict. D. D. *Vinc.* et Dom de Broco et de Carrocio per modum similem ire ac tenere dictas res dare in suis territoriis sive confiniis, sive aliis locis necessariis. » — Les seigneurs s'engagent encore à donner autant d'hommes bien équipés qu'il sera besoin. — Suit le nombre des miliciens levés au Broc, à Carros, à Besaudun, au Malvans et à Vence. *Actum et promulgatum Venciæ intra Curiam D. D. Vincensium.* — L'année suivante (5 février 1392), Laurent Bauxy, clavaire, fait la répartition des 3 écus d'or par feu, pour lesquels Vence a été affouagée aux États de Marseille. Il laisse huit jours pour réclamer. — On compte plus de 150 chefs de famille, hommes et femmes.

Nice, infidèle à la trêve, se donna sans retour en 1391 à la Savoie, et prêta serment au comte. Louis II avait trop à faire avec Raymond Turenne, pour envoyer vers les rebelles d'au delà du Var. Ce ne fut qu'après la soumission d'Eléonore, femme de Raymond Turenne, en 1395, et la mort malheureuse du comte noyé dans le Rhône que Georges de la Marle apparut devant Nice. Louis du Bueil, à cause de certaines mésintelligences entre lui et Odon de Villars, s'était formé un puissant parti. — Amédée VIII envoya aussitôt Boniface de Challant pour apaiser la révolte (1399), et nomma Jean de Conflans pour gouverneur de la ville. — L'ancien évêque de Vence, Boniface du Puy, était mort cette année même à Gattières. Jean Abrahardi, sans se décourager, alla réclamer Gattières à Boniface de Challant, qui en écrivit au comte de Savoie. — Ce prince, mécontent d'ailleurs de Ludovic de Grimaldi, écrivit à l'évêque de Vence, que pour l'acquit de sa conscience, et reconnaissant l'acte de du Puy, comme d'un schismatique, il lui rendait le fief de Gattières. — Peut-être était-ce un leurre pour l'attirer à son parti? — L'acte fut rédigé par maître Matthieu Béroard, notaire de Vence, en présence de Boniface de Challant, comte de Venise, et de Jean de Conflans. — Louis de Grimaldi s'en vengea en ouvrant à Georges de la Marle, favorisé par la révolte du seigneur du Bueil, les portes de Nice; cependant Boniface de Challant fit comprendre sa faute au seigneur rebelle, écouta ses griefs et parvint à le ramener à l'obéissance. — On négocia, et Amédée VIII proposa lui-même la paix à Louis d'Anjou, qui l'accepta (12 juillet 1400). — Il fut convenu que l'on évacuerait Nice de part et d'autre, et qu'au sujet de la possession de ce comté on prendrait des arbitres. — En vain Louis d'Anjou attendit à Paris le comte de Savoie au jour fixé; Amédée garda Nice.

L'évêque de Vence, par différents actes, 27 avril et 20 mai 1403, et 20 juillet 1404, fit remise à Gattières et à Nice de ce qui lui était encore dû pour frais de guerre. — Nous voyons à ces différentes transactions les honorables chanoines de Vence, Romée Sanucchi, sacristain, Antoine Malamaire, Hugues Gélius. — Le grand chantre Jacques André, Antoine Euzière, curé de Vence, Ugo Ardéti, chapelain, Boniface Talatoyre, prieur de Saint-Jeannet et de la Gaude, Pierre Maingran de Saint-Paul, Jérôme de Monaco, Jacques Jausseran, Passeron, etc… La guerre n'était pas éteinte.

Les Génois, avec leur flotte au service du pape de Rome, croisaient encore sur les côtes, quand, le 10 mai 1400, ils parurent en plus grand nombre sous la conduite de Salagère de Negro. — Soudain le tocsin retentit dans toutes les communes, et de proche en proche l'alarme fut donnée jusqu'à Draguignan. — Bertrand de Grasse du Bar, dont la famille avait reçu le glorieux mandat du saint-siége, de défendre l'abbaye de Lérins, appela à lui tous les hommes courageux. Antoine de Villeneuve, seigneur de Flayose et de la Napoule, Antoine de Villeneuve-Tourrettes, fils de Guichard, lequel venait en 1399 de prêter hommage à Louis d'Anjou, les communes de Saint-Paul, de Cagnes, du Broc, de Saint-Jeannet et de Vence, allèrent se réunir à celles de Mouans, de Grasse et autres. — Mais Saint-Honorat était occupé. Ce ne fut que l'année suivante, avec l'aide des galères de Toulon, qu'on débusqua l'ennemi.

Louis d'Anjou comprenait ce qu'il devait aux communes, et celles-ci ce qu'elles avaient à attendre de leur prince. Il n'est donc pas étonnant qu'elles s'enhardissent à demander encore de nouvelles libertés, ou plutôt leurs anciens droits, ravis par les aliénations de la reine Jeanne, ou compromis par la domination des seigneurs. Vence en était là. Plus de consuls. Le conseil s'il était réuni n'était plus convoqué, que *cum mandato, voluntate et auctoritate potentis viri et magnifici domini de Villanova*. — Tout est à la nomination des seigneurs. Nous avons bien encore quelques vestiges des anciennes libertés et dignités : « Regardeurs pour la police, cognaisseurs ou estimateurs pour le cadastre, disainiers, auditeurs des comptes, exacteurs, calculateurs. » — On lit dans les plus anciens registres (1370) les sages règlements pour l'arrentement de la porcherie, de la cabraira, de la pannaterie, de la boucherie, de la poissonnerie, des pâturages et des fours publics. — On surprend bien dans ces vieilles archives quelque chose de cette organisation municipale que Vence semblait nous dérober depuis des siècles, et pour peu qu'on examine attentivement, on y sent, malgré la féodalité, les traces de l'ancienne peuplade nérusienne dans ces assemblées tumultueuses, dans ces actes en plein vent, *in aula, in platea vulgo dicta lo Peyra, coram Oliveto ante portam*

Ecclesiæ. Chaque commune se défendait elle-même comme une petite république, se gardait nuit et jour, nommait ses chefs, équipait ses hommes, payait ses redevances en corps.

Assurément notre ville était plus libre que le Bar, moins opprimée que Tourrettes, pas aussi privilégiée que Saint-Paul. — Les baillis seigneuriaux, qui eussent été pour tout autre pays qu'une cité les meilleurs magistrats, à la fois notaires, baillis et juges, étaient comme notaires les plus sûrs garants des transactions entre le maître et les sujets, les plus sages interprètes et confidents de la pensée du peuple; enfants de la cité, issus du peuple, alliés au clergé par le sang et par le devoir religieux, ils étaient les défenseurs de la commune, de l'Eglise et des seigneurs. Juges, ils protégeaient le faible contre le fort, et appliquaient la loi égale pour tous. Au nom de Dieu, ils étaient les intermédiaires et les cautions de ce qu'eux-mêmes transcrivaient, signaient et juraient sur les saints Evangiles.

Mais Vence était une cité. Elle montrait ses créneaux. Elle avait droit à ses consuls, qui lui avaient été autrefois rendus par le roi Robert, et elle les redemandait. Des consuls ou syndics, c'étaient des hommes élus par elle, et non soumis au caprice des seigneurs. — Pleine de ces pensées, elle fera si bien qu'elle arrivera par des efforts constants à obtenir peu à peu ce qu'elle demandera; elle recouvrera tout. Son consul ne siégera plus bientôt que *cum mandato domini de Villanova*, et enfin simplement *in præsentia bajuli*.

Le 29 septembre 1400, l'Université de Vence donne sa procuration à Georges Blacas pour défendre ses droits, priviléges et libertés devant la cour royale. Afin de rester plus unis, les citoyens les plus intrépides se sont formés, à l'exemple des Marseillais, en assemblée du Saint-Esprit. Ils ont placé leur hôtel de ville, leur chapelle et leurs personnes sous le patronage du Saint-Esprit. — A leur tête se montrent Michel Béroard, notaire, Georges Broc, Laurent et Véran Baussi, Georges Blacas lequel assume sur lui la responsabilité.

— Les congrégations au moyen âge ont eu jusque dans les plus petites localités une influence extraordinaire. Sorties du peuple, elles devinrent des ligues d'autant plus fortes qu'elles étaient doublement liées par la religion et par le serment. C'était au pied des autels, et munis des sacrements, après les grandes fêtes de famille, que ces hommes formaient leur conseil et juraient de défendre leurs libertés jusqu'à la mort. Il y avait pour eux toute la solennité d'un vœu dans ce serment, dont la violation eût été une flétrissure et un sacrilége.

Le grand schisme d'Occident désolait l'Eglise. Chaque pape se croyait des droits. Clément VII avait été remplacé en 1294 par le célèbre Pierre de Lune, sous le nom de Benoît XIII. Harcelé de près par le maréchal de Boucicaut, il avait fui à Château-Renard, d'où après avoir écrit à Charles VI qu'il désirait conclure la paix, il était venu à Nice (1403) pour y attendre l'effet de la députation envoyée par lui au pape romain, Benoît XI, successeur d'Urbain. Celui-ci reçut la députation avec mépris, et sa mort produisit un nouveau pape, Innocent VII. Louis d'Anjou et le roi de Sicile vinrent trouver Benoît XIII à Nice, au couvent des Franciscains, pour ménager l'entrevue inutile de Savoie (1406). Le concile de Pise au lieu de deux papes en élut un troisième, Alexandre V.

Raphaël Monso, évêque de Vence depuis 1404, se trouvait à la source même des grâces pontificales. Nos populations allaient et venaient à Nice, où se donnaient les plus belles fêtes à l'hôte illustre qui semblait avoir fait oublier aux Niçois le pape de Rome. Gattières n'était plus même un objet de contestation. — Notre évêque mourut l'année du concile de Pise, où son grand vicaire le représentait. Jean II lui succéda jusqu'en 1415, qu'il fut remplacé par Paul Ier de Carrio.

Le concile de Constance (1414-1418), malgré l'élection de Martin V, ne ramena pas l'unité. La France se débattait avec les Anglais et les Bourguignons ; Louis d'Anjou (1417) laissait son trône à son jeune enfant sous la tutelle d'Yolande d'Anjou.

A peine la reine-mère eut-elle pris la direction des affaires, qu'Amédée de Savoie lui demanda 167 mille florins d'or pour frais de guerre. C'était un piége ; Yolande y tomba, et pour cette somme abandonna ses prétentions au comte de Nice et de Barcelonnette.

Le duc de Savoie se rendit deux années de suite à Nice au milieu de ses sujets, en compagnie du prince de Monaco et d'une foule de seigneurs (1419-1420).

Paul Ier de Cario, évêque de Vence, permuta de siége, cette année 1420, avec noble personnage Louis de Glandevez, de l'illustre famille des Faucon, lequel possédait des biens au comté de Nice. — Son père avait nom Hélion de Glandevez, seigneur de Saint-Maurice et Faucon, et sa mère, Philippe de Glandevez-Châteauneuf. Louis jouit de Gattières jusqu'en 1422, époque à laquelle le duc de Savoie usurpa ce fief pour le donner de nouveau aux Grimaldi du Bueil. — En vain l'évêque de Vence protesta et en écrivit au saint-siége. — De plus grands événements préoccupaient les princes. Martin V tâchait de pacifier les partis en Italie ; et Alphonse d'Aragon dévastait Marseille (1420), alors que dans le nord Charles VI n'était plus que le roi de Bourges. Notre évêque n'attendant tout que de lui-même, et renonçant à la Savoie, forma de tout ce qu'il avait encore au delà du Var, à Saint-Martin de Lantosca, à la Tinée et dans la rue de la Peirolière, une nouvelle dignité dans son chapitre, celle d'archidiacre, dont il investit Michel de Bellegarde, son secrétaire. — Jean de Valle, chanoine-sacristain, Guillaume Bernard, Antoine Malamaire, chanoines, assistèrent à cet acte, l'évêque de Nice et le jurisconsulte Garnier étant choisis pour arbitres. — Pour donner aussi plus d'importance à son siége et le mettre à même de se défendre contre la Savoie et les seigneurs, notre évêque passa un compromis avec l'évêque de Sénez, Jean de Sillons, Angevin, comme quoi l'évêque survivant aurait les deux évêchés. Eugène IV accorda la bulle d'annexion, le 16 des calendes de juillet 1432. Mais il y eut une telle opposition que cette affaire tomba d'elle-même. — Tout est conflit et agitation, et par un travail incessant nous touchons à la renaissance. — Amédée VII vit retiré dans son délicieux couvent de Ripaille, avec ses chevaliers de Saint-Maurice (1434). — Louis III meurt en laissant une fille unique qui passe comme une ombre. — Le second fils de Louis II, René de Lorraine, succède à sa mère Jeannette; mais prisonnier des Bourguignons, il ne prendra possession de ses Etats qu'en 1437, année glorieuse pour la couronne de France. — La France est délivrée. — Avec René va commencer pour nous l'histoire des temps modernes.

CHAPITRE V.

DEPUIS LE BON ROI RENÉ JUSQU'AUX GUERRES DE LA RIVALITÉ
(1437-1519).

Louis de Glandevez occupait le siège épiscopal de Vence, et, par sa noblesse comme par ses talents, contre-balançait le pouvoir de François II de Villeneuve, fils de Girard de Villeneuve et de Bourguette d'Agout. Antoine Ier de Villeneuve, seigneur de Tourrettes, pendant qu'il bâtissait son château seigneurial, habitait encore à Vence, près du Peyra, à l'emplacement où se trouve aujourd'hui le portail de la tour. — Dans les environs, on voyait au Broc noble Urbain Giraud, fils de Guillaume; à Carros Barnabé de Rouciglione, marié à demoiselle Barthélemy de Berra, et noble Urbain Blacas, fils d'Antoine, et Pierre Blacas, fils de Louis, alliés aux seigneurs d'OEse et de Malvans, et coseigneurs de Thoranc. — Les Barcillon de Saint-Paul poussaient de vigoureux rameaux dans Pierre le Majeur et Pierre le Mineur. — Jean de Ferre était juge de Saint-Paul. Urbain du Port se montrait aussi à

Saint-Paul dans la transaction que cette commune venait de faire avec Vence et Tourrettes pour l'acquisition des eaux du Malvans, par autorisation de Pierre de Beauveau ou de Bellavalle, grand sénéchal. — Guillaume de Malvans, fils d'Honoré, perpétuait la famille des Aymonet. Antoine de Villeneuve Flayosc avait reçu de la comtesse de Provence Yolande d'Aragon le fief de Villeneuve-Loubet, 1422, qu'il cédait en 1437 à Pierre de Vintimille Lascaris, comte de Tende, lequel prit dès lors les titres de seigneur de Villeneuve, Cipières, Gaudelet, et de coseigneur de Cagnes, Antibes, la Garde-Roquefort et Loubet. — Il avait aussi des biens à Saint-Paul. Charles de Grasse du Bar ajoutait à ses 20 et 30 fiefs les titres de coseigneur de Saint-Paul-lès-Vence et de Courmettes. — Habitait à Vence, noble Roux Etienne, seigneur de Courmes et de Romolles, avec ses brillantes armoiries qu'avaient obtenues ses ancêtres en défendant un pont contre les Sarrasins dans la croisade de 1270. C'étaient deux lions dressés tenant un cœur d'argent. — Roux Etienne de Cormis se mariait en 1438 à noble Luce de Lascaris, de laquelle il eut en 1439 pour fils aîné le vaillant Raphaël. — Etienne était tout dévoué à la cité de Vence et à ses vieilles libertés, et ses descendants, comme lui-même, en exercèrent constamment les charges municipales. — Un frère de notre seigneur de Vence commençait la branche de Villeneuve - Gréolières - Toranc et Coursegoules. Il se nommait Raymond de Villeneuve. — Près de Roux de Cormis apparaissaient au conseil de Vence noble et égrége homme Georges Mars, jurisconsulte et coseigneur de Malvans, noble Nicolas de Thomassin de Fréjus, noble homme Pierre de Courmettes, noble Bermond, aussi coseigneur de Malvans. C'était la nouvelle bourgeoisie qui menaçait déjà l'ancienne aristocratie. — Pour s'en dédommager, François de Villeneuve allongeait ses titres *nobilis vir et dominus potentissimus et magnificus.*

La commune, mieux administrée par ces puissants conseillers, entrait dans une voie nouvelle qui va inaugurer la renaissance. — Combien n'est-il pas curieux d'étudier le progrès social chez un aussi petit peuple et dans une aussi petite ville, où vivent côte à côte les trois pouvoirs, évêques, seigneurs et bourgeois ?

Lorsque, profitant des ravages des Maures, les plus entreprenants eurent accaparé les terres et les juridictions, et que le peuple endetté, dispersé, misérable, ignorant et affamé, eut accepté pour avoir le droit de vivre la loi du plus fort et se fut fait colon ou manant, la féodalité courba tous les fronts. Il fallut servir ou cultiver les terres d'autrui. Le peuple tomba en tutelle et redevint enfant. Il ne pouvait ni vendre, ni contracter, ni acquérir. — S'il y avait des propriétaires c'était le petit nombre. Mais à Vence ce peuple alla aux écoles du clergé, apprit et travailla dans l'ombre. Ces roturiers et ces manants, pareils au germe qui se féconde ou à l'abeille dans sa ruche, forcèrent bientôt leur clôture, et à force de persévérance devinrent prêtres, notaires, lettrés, jurisconsultes, avocats, médecins ; d'autres continuèrent à défricher, à planter, à commercer. Il y avait déjà à Vence, en 1386, jusqu'à cinq ou six notaires. Saint-Paul et le Broc en avaient aussi un certain nombre. — Or, ces légistes les plus dévoués à la commune se mirent à dire à leurs concitoyens : « Notre commune est une cité : nos pères avaient des droits et des libertés antérieurs aux Villeneuve et aux évêques. — Quand Rome nous eut conquis elle nous laissa nos assemblées et nos consuls. Les barbares, eux-mêmes, les ont respectés. Aujourd'hui qu'est devenu notre antique municipe ? Nous ne pouvons plus ni nous administrer, ni nous défendre. On veut nous ravir jusqu'à nos murailles pour lesquelles nous répandons notre sang et sacrifions nos fils. Nos seigneurs gardent les clefs de nos portes, ébrèchent nos remparts et veulent nous soumettre à l'hommage et à mille servitudes. » Ainsi parlaient nos légistes. — Les droits revendiqués par les fils des Nérusiens, leur furent, il est vrai, plus d'une fois onéreux; mais la liberté était pour eux au-dessus de tout bien. Les Vençois, secs, nerveux, frugaux, mal logés, mal vêtus, mal nourris, vivant, comme leurs ancêtres, dans un terrain pierreux et de difficile culture, étaient heureux et fiers au milieu de leurs montagnes et de leurs rochers, pourvu qu'ils fussent indépendants. — Or, ces réflexions judicieuses enflammèrent nos aïeux au quinzième siècle; et lorsque les guerres extérieures furent terminées, la commune, pareille à un feu longtemps comprimé, éclata au dedans. Elle ressuscita en s'écriant : « On a besoin de nos bras pour repousser l'ennemi, ou pour nourrir les armées : nous sommes donc quelque chose. — Vence, d'ailleurs, est cité : nous le voyons à nos créneaux et sur nos murs. Si nos terres sont aux seigneurs, nos personnes sont inviolables. — Nos seigneurs ont évidemment usurpé nos droits. »

La commune parlait ainsi en 1439. — Elle avait recouvré ses syndics, puisqu'en 1434, Raymond Julian et Mathieu Isnard, consuls de Vence, se trouvaient à la convention de Saint-Paul, avec Antoine Salvagni, prieur de Moustiers et futur évêque de Vence, Raymond Rostang, licencié en droit. — François de Villeneuve venait de faire reconnaître comme fief seigneurial, la terre de Saint-Laurent de la Bastide, et exigeait l'hommage des consuls et des habitants de Vence. La commune s'adressa au roi René, et le 4 août 1439 elle obtint des lettres patentes par lesquelles elle eut la permission, selon ses anciens priviléges, de tenir conseil à la manière accoutumée. Ses consuls, Michel Béroard et Etienne Bermond, reçurent en même temps l'autorisation de porter le chaperon comme le maire d'Aix, et la robe longue de soie mi-partie rouge et noire, comme les échevins de Marseille, et d'avoir pour conseil cinq conseillers, un trésorier et un greffier, choisis par ladite université et cité de Vence, en présence du bailli seigneurial et en forme de corps et d'université. C'est après ce dernier triomphe, dû, sans doute, à l'appui de notre évêque Louis de Glandevez, que celui-ci accepta l'évêché de Marseille (décembre). Le 30 décembre 1439, le conseil réuni, usant de son droit antique, proposa comme successeur au siége vacant Antoine Salvagni, prieur du monastère de Lérins, fils de Hugues Salvagni, bourgeois de Grasse ou de Saint-Paul. Pierre Froment était bailli de François de Villeneuve, et Michel Béroard de l'évêque. Les nouveaux consuls venaient d'être nommés selon l'antique usage, 26 décembre ; c'était Mathieu Isnard et Michel Maliver avec Georges Baussy pour clavaire ou trésorier. Raymond de Villeneuve-Gréolières qui possédait aussi des terres à Saint-Laurent de la Bastide, avec François de Villeneuve, et Antoine de Villeneuve, se liguèrent pour abattre ce qu'ils appelaient l'*insolence* des manants de Vence. — Toute l'année 1440 se passa en discussions. On envoya inutilement en parlementaires, pour le bien et pacification de ladite cité, maître Julian et Honoré Mayffred, vers les nobles seigneurs de Vence et de Gréolières. — Cependant, l'ordre étant venu, le 10 juin 1440, de la reine Isabelle, aux consuls de Vence, de se garder jour et nuit, et de fournir des hommes pour la défense du littoral, on pria Antoine de Villeneuve, qui prétendait avoir succédé aux titres de Guichard, de remettre les clefs des tours et des portes. — On éprouva un refus formel. — Les Villeneuve essayèrent en même temps de gagner les officiers du fisc royal pour qu'ils exigeassent des habitants les impôts par capitation, et non par corps, comme il s'était toujours pratiqué à Vence. La révolte fut complète : les troubles allèrent si loin, que les consuls s'emportèrent contre leurs seigneurs. — Il fallut que la cour s'en mêlât, et pour l'exemple, cassât le conseil, et condamnât les consuls à faire amende honorable à leurs seigneurs en plein conseil, à genoux et un brandon allumé à la main. — Jean Suche et Etienne Bermond furent nommés syndics. — Cette humiliation subie ne rendit les Vençois que plus hardis. Pour avoir dépassé les bornes du respect, ils n'avaient pas moins des droits. — Le roi René, informé des justes réclamations de la cité de Vence, lui confirma ses priviléges en 1441, et défendit en outre aux officiers de justice d'empêcher la communauté de prélever les tailles comme elle avait coutume de le faire depuis un temps immémorial. — Les seigneurs, le chapitre, transigèrent aussi avec la commune, au sujet de Coursegoules et de Saint-Laurent de la Bastide, par l'intermédiaire de Christophe Rabuys, notaire de Grasse, et de Jean Fillols, prévôt de Grasse, pris pour arbitres. Nicolas et Georges de Grimaldi, seigneurs d'Antibes, Salvator Massabon, Urbain Talatoire et Barthélemy Julian, prêtres, étaient témoins.

Les communes voisines ne restaient pas en arrière. Le Broc avait obtenu (25 octobre 1427) un arrêt de la cour royale contre son seigneur Guillaume de Giraud, par lequel la boucherie était déclarée bien communal. — Pierre Fabri et Bertrand Gaufredi étaient consuls. Les Tourrétins (26 avril 1443 et 30 avril 1450), réunis sur la place, *in Olivario ante Ecclesiam Beati Gregorii*, avec notre notaire Jean Suche, chargeaient leurs consuls Bernard Beysson et Charles Baliste, de demander à leur seigneur Honoré Ier, fils d'Antoine de Villeneuve, une nouvelle constitution, et donnaient aux dits syndics plein pouvoir pour défendre et conserver leurs priviléges, statuts, capitules et conventions, pour protéger ladite université et les personnes de certaines innovations faites ou à faire, pour défendre les coutumes, franchises, mœurs et libertés de ladite université, pour faire et ordonner les tailles, impositions, cavalcades, *ad habendum jus contrahendi, se defendendi, litigandi... libellum, libellas, ac simplices procurationes dandi et defendendi, testes producendi, proponendi, reprobandi, jus interrogandi et respondendi, procurandi et appellandi... jus regendi bona, res jura dictæ universitatis.*
— Cette requête amena le fils d'Honoré, Giraud de Villeneuve-Tourrettes, à transiger avec ses sujets. Ceux-ci en firent un grand pensionnaire, et, moyennant certaines concessions, ils lui donnèrent 1700 livres de pension annuelle.

Le Bar, inféodé antérieurement, fut moins heureux. Ayant

voulu suivre le mouvement général, il fit une tentative inutile en 1401 ; et en 1486, le grand sénéchal Accurse fit condamner les habitants comme *dolosos, illicitos et temerarios spoliatores*.

Notre nouvel évêque ne souffrait pas non plus que les seigneurs empiétassent sur son autorité : tout préoccupé de créer des moyens d'existence pour son clergé, il acquérait en 1444 de l'abbaye Saint-Victor de Marseille, le prieuré de Notre-Dame des Crottons; le 11 février 1444, il protestait devant un notaire à Grasse contre l'usurpation de Gattières, se faisait restituer par le seigneur de Tourrettes la juridiction qu'avait l'église de Vence sur Saint-Martin de la Pelote. — Ce noble seigneur de Tourrettes ne fut pas plus heureux avec Vence au sujet de l'affaire des remparts. La cour royale décida, le 7 mai 1450, que les tours et les murailles appartenaient à la commune de préférence aux seigneurs. — L'Europe, occupée de cicatriser ses blessures, laissait les mahométans abattre le dernier empire romain et s'y établir. — René, veuf de sa chère Isabelle, envoyait en ce temps son fils aîné aux Lorrains, et, le 3 août, il faisait voile d'Antibes avec la flotte génoise, vers le royaume de Naples. — L'entreprise échoua comme l'injonction qu'il fit au duc de Savoie de lui rendre Nice et Barcelonnette. La Savoie se drapa dans sa dignité et sembla dire comme Léonidas : « Viens les prendre. » — Rien ne remua en Provence. Jean de Grimaldi, prince de Monaco, renonça même à Gênes, pour se donner à Louis de Savoie, et comme gage de sa fidélité, il lui céda entre-vifs, le 19 décembre 1448, la moitié de Menton et de Roquebrune pour lesquels son fils lui prêta hommage en 1452. — La commune de Vence, dans cette période de calme, se tenait aux aguets de toute tentative contre ses libertés. — François II de Villeneuve, de son côté, pour mieux surveiller le conseil y envoyait ses propres fils, comme baillis; c'était tantôt Hugues, son fils aîné, tantôt Jean de Villeneuve, seigneur de Sillon, marié à noble demoiselle Delphine d'Agout, ou bien Arnaud de Villeneuve, le chevalier. — Hugues succéda à François II, vers 1452. Il était marié depuis 1433 à Élide de Brancas, et avait pour enfants Renaud, tige de la famille de Villeneuve-Vence-Saint-Césaire, Barthélemy et Nicolas.

Hugues voulut renouveler la querelle des remparts : mais les conseillers ligués comme un seul homme jurèrent de défendre leurs libertés (15 mai 1455). — L'ordre exprès fut donné, sous peine d'amende, à chaque conseiller de venir au conseil, *pulsata campana.* — *Tribus tactibus per longas distantias pulsetur campana ad congregandum consiliarios.* — Hugues mourut rapidement, et fut suivi dans la tombe de Raynaud, son frère, lequel eut après lui, en 1458, puissant et magnifique Nicolas de Villeneuve, époux de noble demoiselle de Soliès-Pont, Marguerite, fille de haut personnage Palancède, le grand de Forbin-Janson, et allié lui-même à la famille du bon roi René. *Louis,* son fils, épousa Catherine d'Anjou, dame de Saint-Remy et fille de Jean d'Anjou. — Notre nouveau seigneur commença à parler haut, et se déclara encore une fois le maître des clefs de la ville. — Malgré son crédit, il dut céder; René, par lettres patentes (1459), adjugea définitivement les clefs de la ville aux consuls de Vence.

Une autre contestation survint entre l'évêque de Vence et le saint-siége. Antoine Salvagni, pour améliorer les revenus de l'évêché, voulut supprimer l'archidiaconat, après le décès de Michel de Bellegarde. L'abbé de Lérins et les chanoines de Grasse, Louis Granon et Pierre Gilli, nommés pour arbitres par le saint-siége, maintinrent cette dignité comme ayant été créée des biens de Louis de Glandevez et non de ceux du chapitre. — Gabrielle de la Motte fut élu archidiacre. L'évêque de Vence étant mort en 1459, eut pour lui succéder Aymare Ier, abbé de Lérins et chambrier de Montemajor. On voyait à son chapitre, outre l'archidiacre nommé plus haut, les honorables hommes, messires Antoine

Guigou, Louis Mars, Jean Salvagni et Jean de Aymonetis. — Après Aymare Ier, le bon roi René plein d'affection pour la ville de Vence, lui fit accepter Raphaël II, Mouso de Barcelone, moine augustin, son confesseur, digne et vertueux prélat. — Où la tendre charité de Raphaël se déploiera surtout, ce sera au milieu des terribles épidémies qui décimèrent son diocèse pendant son épiscopat de vingt-huit années.

La lèpre, cette horrible maladie, sévissait encore à cette époque. Un certain Julian Antoine en ayant été atteint en 1462, il n'y eut pas de précautions qu'on ne prit pour s'en garantir. Marguerite de Villeneuve-Vence, dame de Tourrettes, les baillis des seigneurs et les consuls des deux pays, s'assemblèrent pour délibérer à ce sujet et se pourvoir d'un médecin. Les secours étaient loin d'être aussi multipliés que de nos jours, et il fallait souvent aller chercher chirurgien ou apothicaire à Nice ou à Grasse. — Pourtant des hôpitaux se fondaient de tous côtés. Vence avait deux maisons pour les étrangers à l'entrée de la ville ; et à l'intérieur, en face de l'hôtel de ville, était l'hôpital Saint-Julien avec sa chapelle. Cagnes et Saint-Paul avaient aussi leur hôpital. Celui du Broc avait été fondé en 1411, par Jeanne Olivier et son frère Laurent Olivier.—La peste éclate en 1463 pour se continuer pendant près de soixante-dix ans.—*Considerantes quod morbus est in proximis locis, claudantur portæ nocte et die* (29 juillet 1463). — La guerre survenue entre le prince de Monaco et la Savoie fut suspendue. — Vence qui depuis quelques années demandait dans la nouvelle circonscription de ressortir de la viguerie de Grasse, plutôt que de rester soumise à Saint-Paul, sa jeune rivale, avait eu pendant cette guerre quelques discussions avec cette dernière ville. — En effet, par lettres patentes *Domini Generalis* (juin 1462), Vence non contente de garder ses murs, reçut l'ordre de tenir des hommes tout prêts : *pro defendenda patria, et sint parati toties quoties fecerit opus ire monachum vel Antipolim vel alibi.* Saint-Paul demanda aussitôt des hommes pour le Malvans et Saint-Laurent de la Bastide, qui dépendant de Vence, étaient néanmoins de la viguerie de Saint-Paul. — De là les querelles. — La peste arrêta tout. Elle devint si terrible en 1466, que Nice y perdit jusqu'à huit mille habitants. Villeneuve, Cagnes, Saint-Paul, Tourrettes, suffisaient à peine à ensevelir leurs morts. Saint-Laurent du Var fut tout à fait déserté, et les habitants de la Gaude gagnèrent Saint-Jeannet, laissant leur pays abandonné pendant plus de cent ans. — Saint-Jeannet obtint dès lors le titre et les priviléges communaux. — L'évêque de Vence, Raphaël Monso, dont le zèle était admirable, profitant d'un moment de répit en 1468, obtint de l'évêque d'Albenga trente-six familles d'Oneglia, qui furent installées à Saint-Laurent à la condition d'avoir une barque pour le passage du Var (16 mai 1468). — Vence avait été épargnée. Le chanoine Christophe Malamaire, plein de reconnaissance envers saint Lambert, lui offrit une châsse en cuivre, et l'évêque en commanda une autre en argent pour Saint-Véran, à l'orfèvre Laurent de Pardis. — La translation des reliques de saint Lambert fit l'objet d'une grande solennité. Après avoir ouvert le tombeau vénéré, on mit la tête dans le reliquaire et le reste du corps dans une boîte de cyprès, puis la procession se mit en marche au milieu des fidèles attendris. La châsse fut placée au-dessus de l'arc du sanctuaire. — La peste reparut, venant tantôt de Cannes, tantôt de Villefranche ou de Marseille. — En 1470, comme on se réfugiait en foule sur le territoire de Vence, les consuls Thomas Mayffred et Pierre Garbier eurent l'ordre d'employer la force pour repousser les étrangers. Grasse fut surtout ravagée cette année-là. « Comme le seigneur de Gattières a fui de Nice avec sa famille, est-il dit (*propter morbum pestiferum*), le conseil défend de passer le Var sous peine de bastonnade; même défense le 11 juin pour ceux qui iraient au delà du Loup, parce que la contagion sévit à Grasse, Antibes, Mougins, Châteauneuf et

Villeneuve-Loubet. » Plusieurs chanoines, loin d'imiter le courageux dévouement de leur évêque, avaient abandonné la ville : c'est pourquoi le conseil adressa une supplique à Raphaël Monso, dans laquelle il exposait que c'était un grand scandale et un grave préjudice pour l'Église, l'université et toute la *République*, que l'office canonial, les messes d'obit et de fondation ne se célébrassent plus et qu'il ne fût plus possible même d'assister aux anniversaires; que Mgr l'évêque voulût bien rappeler à ce sujet les anciennes constitutions de l'Église, et qu'il en référât, s'il était nécessaire, au saint-siége. — La peste reprenait en 1474 : *Nullus audeat ire Albarnum, Ciperias, Broquum, nec in aliquem locum morbo suspectum*, 13 mars 1474. Quiconque viendra de Cagnes ou d'Antibes sera chassé de la ville. — Les années suivantes se passent en discussions continuelles entre la commune et le chapitre au sujet des dîmes. Noble Jacques Bompar et Pierre Olivier défendaient la commune. L'évêque était désolé de tous ces scandales : mais il avait pour grand vicaire un habile jurisconsulte dans Gaspard More de Grasse, qui l'aida beaucoup à tout pacifier. — Il fit avec lui une nouvelle rédaction des lois et coutumes de l'église de Vence. Combien il est difficile de diriger les hommes !

Des rixes encore plus dramatiques mettaient en feu les bords du Var. Carros avait pour coseigneurs avec Pierre de Blacas, fils de Louis, nobles Urbain et Jean de Ronciglione ou Ronquiglione de Viterbe, fils de Barnabé, et de noble demoiselle Barthélemy de Berra. — Au Broc, c'était Urbain Giraud et François Giraud son fils. — Or, les Ronquilhone et les Giraud s'étaient voué une guerre à mort. Nobles hommes François Gaufredi, François d'Astruge, Urbain de Berra, Barthélemy et Antoine de Soliès, leurs parents, s'entremirent pour les amener à une réconciliation, et ils crurent y parvenir en faisant marier la fille d'Urbain Ronquilhone, nommée Barthélemy, avec François Giraud, fils d'Urbain Giraud : ce nom de Barthélemy était fréquent depuis la fondation du célèbre monastère de ce nom à Aix. Quand l'entrevue eut lieu, François Giraud refusa. Urbain de Ronquilhone, furieux de l'outrage fait à sa fille, perça François Giraud de son épée. Le père de la victime immola à son tour la jeune fille sous les yeux d'Urbain Ronquilhone qui prit la fuite. — C'était en 1470. Le fisc royal mit le séquestre sur tous les biens du fugitif. En 1479, la paix se fit entre les deux familles, le 9 mai, dans l'église Saint-François à Nice, et le 23 juin 1489, Dominique de Rouquilhone, fils de Jean et neveu du meurtrier, passa un compromis avec Urbain Giraud. Le premier cédait à Giraud sa coseigneurie de Carros, et Urbain Giraud s'engageait : 1° à colloquer à Aix dans le couvent de Nazareth (Saint-Barthélemy), les filles de Jean, Bartholomette et Etiennette, et à leur donner 335 florins pour dot ; 2° à payer les dettes de Jean de Ronquilhone et à acquitter les legs faits par ledit Jean à ses deux fils Pierre et Barthélemy ; 3° à nourrir noble dame Linode, veuve de Jean. Parmi les témoins on voyait Jean et Denis *de Tactis*, Honoré de Grimaldi, seigneur du Bueil. — Jeannette de Grimaldi, la sœur d'Honoré, était mariée à Urbain de Giraud ; de leurs deux fils, Guillaume Giraud sera coseigneur du Broc, et Honoré Giraud, coseigneur de Carros avec les Blacas.

L'évêque de Vence avait ramené l'ordre au sein de son chapitre par ses nouveaux statuts dont il fit la lecture le 15 septembre 1479. — Là étaient présents *Raphaël Falconi*, fils d'un notaire du Broc, *Jean d'Aymonet*, prévôt, deuxième fils de Louis de Malvans, et frère de Jacques, marié à Catherine d'Agout ; — Raphaël de Hondis, fils de noble Thomas de Hondis, Napolitain, lequel s'était marié, en 1461, à noble demoiselle Anne-Marie de Lascaris, et habitait à Saint-Paul ; — *Jean Bremond*, dont la sœur Bourguette avait épousé Honoré de Hondis, frère du chanoine de Vence ; — *Louis Mars* qui avait pour frère, noble Georges Mars, coseigneur du Malvans ; — *Antoine de Guiramande* qui deviendra évêque de Digne ; — Clément d'Albertas, archidiacre. — Cet illustre chapitre était réuni dans la chambre du palais épiscopal. — Jean d'Oches, diacre familier de l'évêque, y signe comme témoin, et Jean Suche, notaire, rédige l'acte.

L'Église s'enrichissait par les pieuses libéralités de ces nobles familles et de ces chanoines. — Grand nombre de chapellenies se fondaient : c'est à Raphaël de Hondis que Saint-Paul doit la chapelle de Saint-Michel; et celle des dix mille martyrs ou de la légion thébaine, au seigneur de Malvans. Etienne de Villeneuve-Gréolières était le surpatron de Notre-Dame de Verdhelaye à Gréolières, et les Lascaris d'une riche chapelle à Villeneuve. L'esprit était d'autant plus religieux que la peste tournait tous les cœurs vers une patrie meilleure. Chaque pays érigeait des autels aux saints en qui il avait le plus de confiance, Tourrettes à saint Fauste, Vence à saint Roch. — Le conseil lui-même délibérait en demandant le secours du Très-Haut et de très-glorieuse et très-pure Vierge Marie, *ut sint in auxilium consilii*.

Le bon roi René faisait couler à la Provence des jours de calme et de bonheur, si ce n'eût été la peste. Ses guerres de Naples, ses velléités de reconquérir Nice n'avaient presque pas troublé notre tranquillité. Louis XI n'était pas homme à seconder René dans ses guerres; car après lui avoir confisqué l'Anjou, il guettait son héritage de Provence, et convoitait non-seulement Nice, mais le Piémont tout entier, comme gendre du duc de Savoie, Louis Ier, et beau-frère d'Amédée, fils de Louis. — René se consolait à Aix au milieu de sa cour d'amour et de la culture des arts. Il mourut le 10 juillet 1480. Nous avons encore la lettre en français adressée aux consuls de Vence, 11 juillet 1480 : « Nos amés et féaulx, est-il dit, il a plû à Dieu prendre de ce monde nostre cher et débonnaire sire, père, et oncle monsieur le Roi que Dieu absolve, et pour ce que nous désirons le faire mettre en sépulture, et pour nous enquérir de son âme, comme la raison et sa dignité le portent, et aussi que nous entendons à l'aide de Dieu gouverner et entretenir cestuy même pays de Provence et terres adjacentes en paix, tranquillité et justice, et en leurs libertés et priviléges, et pour ce faire usons de toute clémence, ayant remis et pardonné toutes offenses et forfaitures qui nous pourraient avoir été faictes par le passé, nous avons bien voulu escerper et advertir affin que incontinent vous élisies deulx d'entre vous, lesquels envoyiez incontinent devers nous tant pour faire honneur et assistance à l'obsect que pour faire comme autrefois vous avez fait, et de ce faire leur donniez plain pouvoir et puissance et que au cas est requis si n'y veuillez faire faulte... Nos amis et feaulx ayez l'œil qu'on ne fait point d'oultrage aux Juifs, car vous savez qu'ils sont haïs de plusieurs gens et ils sont en notre sauvegarde et protection. »

Les syndics, ayant pris connaissance de cette lettre, *perlecto tenore ejusdem in lacrymis et dolore*, réunirent le conseil, firent demander une messe au chapitre, et envoyèrent à Aix Dosol Baussy, premier syndic, avec un autre conseiller. — Charles du Maine régnait.

La Provence s'était mise aussitôt en armes par l'ordre de Charles du Maine, neveu et successeur du bon roi René, pour revendiquer l'Aragon. Il envoya aussi l'évêque de Digne, Antoine de Guiramande, avec Louis de Jarente son chancelier, pour obtenir du pape Sixte IV l'investiture du royaume de Naples. Jean de Villeneuve, frère du seigneur de Tourrettes-Vence, fut chargé dans nos contrées des gens-d'armes ou gardes-côtes. — Il passe de fréquentes revues, tandis que nos consuls portaient des vivres aux soldats de Castellane. Thomas Mayffred avait sous lui quatre capitaines et quatre autres chefs appelés connétables pour la défense de Vence. La mort déjoua les projets de Charles du Maine. Ailleurs, René de Lorraine, petit-fils du roi défunt, irrité de n'avoir pas été choisi pour héritier, cherchait à soulever la Provence (1480-1481). Aussitôt que Charles du Maine eut rendu le dernier soupir, Palamède de Forbin-Janson, son grand chambellan, ayant écrit aussitôt à Louis XI, fit prêter serment de fidélité au roi de France, fils de Charles VIII et de Marie d'Anjou, sœur du bon roi René. Le noble seigneur reçut de Louis XI la charge de gouverneur de Provence, avec Raymond de Glandevès, sieur de Faucon, son gendre, pour grand sénéchal, et Louis de Forbin, son propre fils, pour juge-mage. Nous avons vu que Nicolas de Villeneuve, seigneur de Vence, était marié avec la fille de Palamède le Grand. Louis XI mourut le 30 août 1483. Charles VIII, peu reconnaissant envers le seigneur de Forbin-Janson, et cédant à la jalousie des autres seigneurs, donna le gouvernement de la Provence à François de Luxembourg, et à Aimar de Poitiers, sieur de Saint-Valier, grand sénéchal. — René le jeune, fils du duc de Lorraine, et Yolande de Lorraine, fille de Charles, profitèrent de la mort de Louis XI pour essayer de reconquérir la Provence, et déjà ils réussissaient à soulever en leur faveur une foule de seigneurs à la tête desquels était le seigneur d'Agout.—Le seigneur de Revest, viguier de Grasse, manda les consuls de Vence au conseil royal de Toulon. Jacques de Pujet, consul d'Aix, nous écrivit aussi de rester fidèles et de contribuer pour la guerre; et le seigneur de Séranon, gouverneur de la frontière, se tenant à Antibes, dirigea les compagnies des capitaines noble du Port, Raymond et Bompar sur Vence, Cipières, Cagnes et Gattières. Le seigneur du Bar leva à lui seul plusieurs compagnies, Charles VIII se hâta de convoquer les Etats à Aix, où Gaspard More, grand vicaire de Vence, représenta notre évêque : Giraud de Villeneuve-Vence-Gréolières y assista au nom des seigneurs de Vence et de Tourrettes, Nicolas et Antoine II de Villeneuve. — Là se trouvèrent Foulques II d'Agout, baron de Sault, qui avait fait ses soumissions, Palamède de Forbin-Janson et Louis son fils, Jean Baptiste de Pontevez, baron de Cotignac, Honoré de Pontevez, seigneur de Bargème, Louis de Pontevez du Muy, Durand de Pontevez de Flassans; Alexis de Villeneuve-Flayose, Hélion de Villeneuve-Revest, Pons de Villeneuve-Barême, pour lui et pour son père Louis de Villeneuve-Vaucluse, Louis Puget, sieur du Puget, Georges de

Castellane, baron de Ceireste et de Forcalquier, Geoffroy de Castellane, seigneur de Ville-Vieille, Jacques de Grasse du Bar, Pierre de Grasse de Bormes, Pons de Flotte, seigneur de Meoulx, Th. Garcin, notaire de Saint-Paul, pour le marquis de Sèves, coseigneur d'Antibes, Jean Barcillon et Jean Civate pour Saint-Paul ; Pierre Aynesi et Aulban Bénédicte pour la viguerie de Grasse. On n'y voit pas les Grimaldi. Vence mit les armes du roi à ses portes et à ses fontaines, à l'hôtel de ville, et au banc de la cathédrale. Saint-Paul prit le nom de ville royale. Un des premiers actes du roi de France, ce fut d'ordonner à toutes les communes de refaire le grand livre ou cadastre, d'après lequel se prélevaient les tailles municipales. De là naquirent des discussions entre les seigneurs et les conseillers pour les biens francs de taille et les biens roturiers. Certains habitants se prétendirent taxés trop haut, et refusèrent le payement. Les seigneurs ne recevaient plus leurs redevances ; les receveurs ou exacteurs étaient en butte à mille vexations. — Tout fut remis en question : — Droits banaux, droits communaux. — Fours et moulins. — Nicolas de Villeneuve se mit même en tête de construire un four public, ce à quoi s'opposa la commune ayant toujours eu l'intendance des vivres et des fours, et parmi ses privilèges, celui de s'imposer sur tous les objets de consommation. — La révolte alla si loin, que la cour envoya des officiers de justice et un commissaire royal pour mettre les armes en séquestre (février 1491). Les exacteurs des tailles étant venus pour recevoir les impôts, trouvèrent les portes fermées. Nicolas de Villeneuve fit d'autorité enlever les ferrements des portes de la ville ; le conseil protesta en assemblée générale, 16 avril 1491. Les viguiers de Grasse et de Saint-Paul lancèrent leurs arrêts, quand le procureur de la Cour des comptes à Aix, informé de toutes ces querelles, ordonna d'arrêter les récalcitrants et de les amener à Aix. Jean de Pontevez, avocat de la commune, nous engagea à transiger : ce qui eut lieu cette année même. On convint que chaque particulier ferait ses déclarations à la commune pour l'estimation de ses biens ; que ces réclamations seraient soumises à l'arbitrage d'experts choisis dans le conseil. — Ce travail du cadastre ne se terminera qu'en 1556, époque à laquelle on séparera les biens nobles des biens roturiers. — Les querelles que Nicolas de Villeneuve suscita ensuite au chapitre pour les dîmes semblèrent légitimer l'opposition de la commune : car le noble seigneur prétendit, comme il l'avait fait pour la commune, ne devoir rien à l'Eglise pour les biens qu'il possédait. Tout ce qu'il avait était, selon lui, franc de taille. — Raphaël Monso était mort, 2 octobre 1491, laissant à son église la châsse de saint Véran, et une somme pour les orgues, à condition qu'on prierait pour lui chaque année. On lui fit de magnifiques obsèques. La commune paya au peintre Jacques de Canamsi les armoiries que l'on mit aux flambeaux, et marqua les regrets les plus vifs qu'elle éprouvait de la mort d'un si digne prélat. — Il fallait à Vence un évêque capable de lutter contre les prétentions du seigneur. — Le roi de France, tant pour ses projets en Italie, que pour sa frontière, tint toujours à placer à Vence des évêques tout dévoués à ses intérêts. Il nous fit donc accepter en 1491 Jean de Vesc, fils d'un de ses valets de chambre, et chantre de la sainte chapelle. Celui-ci amena auprès de lui Aymare de Vesc, son frère, et Pierre de Vesc, son neveu, qu'il nomma prieur de Saint-Martin de la Pelote à Tourrettes. — Après avoir réglé les dispositions testamentaires de son prédécesseur et commandé les orgues, il inaugura le 10 octobre, dans une grande solennité, le buste en argent de saint Véran. — 10 octobre 1495. Les luttes de Nicolas de Villeneuve avec le chapitre hâtèrent ses jours, et il mourut en 1496, désignant pour lui succéder son frère Aymar de Vesc.

Le nouveau prélat, selon le mandat du saint-siége, fit la visite de l'église collégiale d'Antibes, 20 mai 1496, en présence de Nicolas de Grimaldi, seigneur du lieu ; il ordonna prêtre, la même année, Nicolas de Sénas, fils de Louis, et Louis de Sénas, son cousin, fils de Jean de Sénas ; il s'occupa ensuite de régler les affaires de son église. Ce n'étaient que délimitations de territoire, depuis la confection du cadastre. Lorsqu'il eut fait transiger son chapitre avec Cagnes, Villeneuve, Gréolières et Torenc, et réglé toutes les chapellenies, il attaqua le seigneur de Vence, et le menaça même de l'excommunication, s'il ne consentait pas à payer les dîmes. — Son chapitre se composait de Jean Bermond, prévôt, Jean de Hondis, sacristain, Clément d'Albertas, archidiacre, Honoré de Grasse, Pierre Guigon, Barthélemy Vital, Antoine André, préchantre. — Le noble seigneur se soumit, et en présence du chapitre il s'engagea à payer à l'Eglise le quart de tous ses biens. Noble Pascal Guigon, son notaire, coseigneur de Malvans, Antoine de Hondis, et Honoré du Port, notaires de Saint-Paul, rédigèrent la transaction.

Cependant le bruit des armes retentissait en Italie. Blanche de Montferrat, régente de Savoie, alliée fidèle de Charles VIII, laissa les troupes françaises traverser ses Etats. Aussi tout se borna-t-il chez nous à des revues que passa à Vence, 20 juin 1490, Nicolas de Grimaldi d'Antibes, et à des passages de troupes, 1494. En 1495 nous voyons les bandes des seigneurs de Séranon et de Villeneuve-Trans, qui vont combattre à Naples et à Fornoue. — Charles VIII mourut sans enfants, la même année que notre vieux seigneur de Vence, Nicolas et Marguerite de Forbin-Janson, sa femme, firent leur testament. — Nicolas de Villeneuve finit ses jours en 1499. Sa femme eut la tutelle, et Louis de Forbin, premier président d'Aix, seigneur du Luc et de Soliès, l'administration de Louis et de Pierre de Villeneuve, encore mineurs. La commune trouva devant elle un terrible adversaire dans l'oncle des coseigneurs de Vence, Louis de Forbin, qui se proposa, en soutenant sa sœur et les jeunes orphelins, de mettre les Vençois à la raison, ou de régler au moins tout ce qui pourrait donner lieu à de nouvelles contestations.

Les moulins étaient, depuis un certain temps surtout, le sujet de graves démêlés. Le chapitre avait fini par vendre

son moulin de la Lubiane à la commune. 10 octobre 1495.
— Les seigneurs de Villeneuve ne voulaient rien céder, ni leurs moulins à blé, ni leurs moulins à huile. — Ces derniers moulins étaient affermés à des étrangers, qui appelaient chaque année d'autres étrangers pour moulinistes. La commune leur imposait, en arrivant à Vence, mille servitudes. En temps de peste elle les forçait d'ôter leurs habits avant d'entrer en ville, et d'en acheter d'autres qu'elle leur vendait. — Il y avait eu en 1497 des rixes entre les habitants de Gattières, si bien que le conseil défendit, sous peine de bastonnade, aux Vençois d'aller à la Saint-Blaise, en 1498. — Pascal de Guigon eut fort à faire, après la mort de Nicolas, de défendre les intérêts des jeunes seigneurs ; car ceux-ci étaient presque toujours auprès de leur mère, et de leur oncle, à leur château du Luc. Louis de Forbin-Janson crut pacifier les habitants, en cédant en 1501 les moulins à blé à la commune ; mais restaient les deux moulins à huile.

Lorsque nos coteaux commencèrent, au xive siècle, à se couvrir d'oliviers, les seigneurs de Vence, qui ne possédaient à Vence que peu de biens, laissèrent les habitants défricher et planter au milieu de leurs rocs auparavant stériles. Ces jeunes plants, symbole de la commune, qui se montrait pleine de jeunesse et de vigueur, répandirent bientôt l'aisance et la richesse dans les familles. Les seigneurs se contentèrent d'élever deux moulins à huile du côté du Portail-Lévis, sur un terrain qui leur appartenait, et c'est là que les habitants allèrent forcément faire pressurer leurs olives moyennant un prix exorbitant, et mille rapines dont ils étaient les victimes. Le conseil, las de faire des remontrances, déclara que, comme maître des eaux de la Lubiane, il allait construire des moulins à ses frais, et une partie des habitants commença par ne plus aller aux moulins seigneuriaux. Et pour prouver qu'elle était libre, la commune se fit autoriser par les maîtres rationaux à conduire un canal le long des remparts, et permit aux habitants d'avoir des paroirs à draps et des tanneries.

Louis de Forbin irrité prétendit mettre ces manants à la raison, et parla d'hommage et de soumission. — Mais il oubliait quels défenseurs avait la bourgeoisie de Vence dans Étienne de Cormis et Raphaël son fils, parents des Lascaris; dans noble Pierre Garbier, marié à Elide de Latil, fille de Guillaume Latil et sœur de Catherine de Latil, — dans Urbain Brémond, époux de Françoise du Port, et dans Jean Bonnet, marié avec une fille d'Étienne de Cormis et de Luce de Lascaris. — Étienne de Cormis, consul de Vence en 1484 avec Louis Ruffy, avait soutenu la lutte contre Nicolas de Villeneuve, et c'est à lui, ainsi qu'à son fils, qu'on devait le nouveau cadastre. — Les avocats de Vence firent bien comprendre que Vence, comme cité, se trouvait dans des conditions exceptionnelles; qu'en Provence les fonds et les héritages étaient libres et allodiaux, parce que les Gaulois les possédaient sans sujétions ni servitudes; que le comte de Provence n'avait cédé ce fief qu'avec les droits possédés par lui, et qu'il n'avait jamais eu sur la cité de Vence les prétentions revendiquées par le premier président en faveur des coseigneurs; que s'il était parlé d'hommage dans certains actes, c'était relativement à certaines personnes, et non à l'ensemble des citoyens. — Louis de Forbin comprit si bien sa position qu'il transigea pour sauver son honneur. Nos consuls Jean Ruffi et Thomas Arnaud, et Pierre Maliver, le trésorier, furent heureux de traiter sur le pied d'égalité avec un aussi grand personnage. La convention eut lieu le 23 avril 1501. Il fut stipulé que ni les consuls, ni les habitants de la cité de Vence n'étaient pas et ne pouvaient être soumis à l'hommage, ni à d'autres servitudes personnelles; que depuis l'inféodation de la terre de Vence aux Villeneuve, il n'y avait jamais eu ni servitude, ni hommage, ni soumissions *tam reales quam personales pro dicta universitate*. La question était tranchée sans retour. — En second lieu, que le fief était soumis à certaines redevances payables en argent ou en nature; que la communauté donnerait annuellement au seigneur 387 livres de pension féodale, et 12 livres pour droits d'albergue et de cavalcade. En troisième lieu, que les moulins étaient, il est vrai, de la mouvance seigneuriale, mais que les habitants n'étaient pas obligés d'y moudre leurs olives. En quatrième lieu, qu'ils iraient pourtant, mais au prix de 3 liards par mouture, pendant un bail de dix-neuf ans, à la condition que les moulinistes y auraient le nombre de meules suffisant, qu'ils moudraient la première fois sans eau, et les deux autres fois avec de l'eau bouillante. En cinquième lieu, que l'eau appartenant à la commune, les seigneurs ne pourraient la retenir dans des bachas ou enfers, et qu'ils la laisseraient couler. En sixième lieu, que les seigneurs s'engageaient à ne pas élever d'autre moulin.

Les autres articles ont trait aux eaux d'arrosage et à la libre pâture.

Tout semblait pacifié; mais les gens des moulins violèrent la convention. En 1505, 20 septembre, le conseil fit injonction aux gardiens des moulins de ne pas retenir l'eau sous peine d'une amende de six grosses. Cette délibération ayant été déférée à noble Louis de Forbin, par Pascal Guigon, bailli seigneurial, le conseil fut suspendu pour le reste de l'année, et le 26 décembre 1505 on se rendit à Grasse devant le viguier pour former le nouvel Etat. — Le bailli, au milieu des murmures de la population, ne savait plus auquel entendre. Il se chargea toutefois d'aller au Luc, 2 juin 1506, pour prier le président qu'il voulût bien, Louis et Pierre étant majeurs, leur faire ratifier la transaction de 1501, que les consuls et conseillers de Vence ne désiraient rien tant que de vivre en bon accord avec lui. — En effet, on dressa un inventaire des biens seigneuriaux, et après leur avoir fait prêter serment au roi, *interveniente oris osculo ad sancta Evangelia, ambabus manibus per eos sanctis Scripturis, corporaliter tactis,* on les ramena à Vence, où on leur fit un accueil solennel avec bravade, présents et autres fêtes d'usage.

Tout fût allé bien, si un certain nombre de particuliers n'eussent pas continué de moudre leurs olives ailleurs. Le conseil menaçait les opposants *pœnis formidabilibus*. C'était inutile. Les élections de 1507 et de 1508 furent très-orageuses. Pascal Guigon, las de lutter, finit par se retirer à Saint-Paul, et par céder sa place à Honoré Curti, notaire de Vence, puis celui-ci à noble Pierre Mundin. Noble Roux Raphaël de Cormis, trésorier en 1508, ne reparut plus au conseil pendant plusieurs années.

Parmi les serviteurs les plus dévoués des coseigneurs était un certain Georges Laugier, homme prêt à tout oser. Or, dans la nuit du 20 décembre 1510, après avoir reçu des ordres et s'être concerté avec quelques affidés, Laugier voulut arrêter ceux contre lesquels les coseigneurs avaient le plus à se plaindre. Il alla surprendre les uns jusque dans le lit, les autres à la porte de leur domicile. Il y eut dans la lutte du sang répandu, on accourut aux cris, et les agresseurs n'eurent rien de mieux à faire que de fuir du côté du Var. Quand le lendemain cette affaire fut portée au consul, les syndics et surtout l'un d'eux, Lambert Aubanel, qui avait son frère compromis, représentèrent qu'il ne fallait pas exciter le peuple (29 décembre). On disait tout bas que Louis et Pierre de Villeneuve attendaient, pendant cette attaque, sur le Peyra, que Laugier n'avait agi que d'après eux, que celui-ci en portant la main sur Bernard avait hésité longtemps à le saisir, à cause des bonnes manières qu'il en recevait. — On passa outre. Les agresseurs enhardis arrivèrent de nouveau; Laugier amenait avec lui du renfort. Louis et Pierre de Villeneuve n'eurent pas vergogne de paraître au milieu des émeutiers. — Domestiques, moulinistes et étrangers, armés d'épées, de brigandines, hallègres, piques, javelines, bâtons ferrés, promenèrent pendant trois jours la terreur dans la cité. Personne n'osait plus sortir. L'office canonial fut interrompu, et certaines gens poursuivis se réfugièrent jusque dans la cathédrale, pour y trouver l'antique droit d'asile. Le tumulte n'eût point cessé, si les consuls n'eussent dépêché des exprès à Grasse et à Antibes. Nicolas de Grimaldi envoya la force armée, et le conseil général put se réunir pour son nouvel Etat. Jean Raymond et Michel Talatoyre furent syndics. Séance tenante, on adressa une supplique au roi, pour obtenir une sauvegarde de Sa Majesté. Le seigneur d'Antibes, ainsi que Guillaume de Racas, et le sieur de Revest, premier consul d'Aix, amis des de Cormis, nous appuyèrent dans ces circonstances critiques, et envoyèrent l'ordre d'arrêter les coupables, voire même les seigneurs. Les syndics allèrent à Saint-Laurent pour demander l'extradition de Laugier. Les partisans des seigneurs tentèrent, le 6 janvier, une nouvelle insurrection vers le soir, *venientes cum balestis et escopetis modo hostili*, menaçant de tuer et occir consuls et conseillers. — Les plus déterminés défenseurs de la cité envoyèrent acheter de la poudre à Nice, *pro artilharia*, montèrent les bombardes et la couleuvrine, et fermèrent leurs portes. — L'ordre de Louis de Forbin-Janson arriva en même temps de relâcher immédiatement les coseigneurs.

Aussitôt que Louis XII eut été informé des troubles de Vence, il se hâta, le 11 janvier 1511, à Blois, de publier les lettres de sauvegarde suivantes. « Comme la connaissance de telles matières nous appartient, dit-il, nous commandons et enjoignons expressément que si par l'information faite de l'affaire, il appert qu'il soit fait quelque chose contre la *commune*, ou qu'il n'ait pas été fait prompte justice des délinquants, nous rejetterons de notre conseil les *magistrats suspects*, et nous en tirerons un exemple qui serve à tous, faisant bonne et briève expédition et justice aux pauvres habitants, en façon et manière qu'ils n'aient plus cause de retourner plaintifs, et en outre prenons et mettons yceux manants et habitants dudit Vence, tant gens d'église que aultres, sous notre garde spéciale. Quant auxdits Louis et Pierre de Villeneuve, et aultres malfaiteurs alliés ou complices, qu'il leur soit signifié à son de trompe et cris publics.

Signé : Louis. »

Ainsi nos rois protégeaient les communes. — Il paraît que nous dûmes cet appui aux de Cormis, et que nous obtînmes les lettres royales par l'entremise du marquis de Trans, à qui les Forbin-Janson portaient ombrage. Jacques de Cormis, curé de Vence, et frère d'Etienne de Cormis, remboursa au marquis de Trans les frais d'expédition. Le juge de Grasse publia la sauvegarde. La procédure amena une transaction et une espèce de réconciliation en avril 1511. Le 11 juin 1512, les partisans du seigneur firent amende honorable au conseil *genibus flexis;* mais le 24 juin, le sieur de Soliès, noble Forbin-Janson, essaya de se disculper dans une supplique qu'il adressa au duc de Longueville, Louis d'Orléans : « Les consuls de Vence et les habitants, disait-il, ont indignement pallié la vérité. Il est faux que les seigneurs de Vence aient attaqué leurs sujets et commis des meurtres, qu'il ait lui-même élargi les nobles seigneurs, et menacé de mort quiconque oserait remuer ou réclamer la justice. Il demandait vengeance et réparation. — Le grand sénéchal, consentant à rappeler la cause, fit citer devant la Cour les habitants de Vence, Jean-André, Claude Maliver, Louis Bonnet, Jean Raymond, Michel Talatoyre, Napolin Ayès, Honoré Bonnet, prévôt du chapitre, Jean Julian. Bernard de Mundin, bailli des coseigneurs, eut la procuration. Les preuves étaient si accablantes pour les seigneurs, que la commune gagna une seconde fois. L'argent que reçut la commune de Vence fut employé à réparer l'hôtel de ville. — Les partisans des coseigneurs concentraient leur colère, lorsque le 26 décembre, jour des élections, ils se jetèrent sur le fils de Maliver, et le tuèrent. — Nous avons encore la lettre du pauvre père désolé au conseil (15 janvier 1513). — Raphaël de Cormis, qui s'était déjà signalé dans les batailles, avait accepté cette année la charge de syndic avec Georges Isnard. Le conseil promit à Pierre Maliver secours (*auxilium, consilium, et favorem honestum*), et l'affaire se poursuivit. Raphaël était un homme plein d'énergie, chéri des Lascaris et de René de Savoie, comte de Tende, et seigneur de Villeneuve-Loubet; il était marié, depuis 1488, à noble Astruge de Reillanne, fille de Fouques, seigneur de Reillanne, et de Catherine Balbi. Les seigneurs de Vence et de Tourrettes, Nicolas et Antoine de Villeneuve, Bertrand II de Grasse et Yolande de Villeneuve sa femme, Pierre de Blacas et Urbain de Giraud, coseigneurs de Carros, avaient assisté au contrat par devant maître Honoré Curti, dans la cour d'Etienne de Cormis à Vence. Il destinera son fils aîné Pierre de Cormis au barreau, dont il deviendra une des célébrités. Cet aperçu sur cette famille met au jour la faveur dont elle jouissait auprès des Bompar, des Lombard et des Rabuy de Grasse, des Barcillon, des du Port et des de Hondis de Saint-Paul; des de Brandis, des de Rascas, de François Villeneuve, des Pontevez, tous noms fameux au Parlement d'Aix. Raphaël profita de son crédit pour rétablir l'ordre; c'est en présence d'Etienne Anselme de Rascas, de Pierre Vassalas de Tende, du notaire Jean-Baptiste Risse de Saint-Paul, de Sauveur Lombard, que le 26 décembre 1513, il céda sa charge à deux autres bourgeois non moins dévoués à la commune, Jean-André et Barthélemy Boyon.— Les nouveaux consuls et les anciens, après le festin que se donnaient aux frais de la commune l'ancien et le nouveau conseil, le jour de la messe du Saint-Esprit, 27 décembre, prêtèrent serment et entrèrent en charge. — Ils juraient de gouverner loyalement la république, de défendre et de maintenir les transactions, statuts, louables coutumes, droits, biens, priviléges, capitules, libertés de la présente université, de les faire observer aux regardateurs, arbitres, auditeurs, recteurs; de surveiller les moulins, farines, paroirs, cabrayra, casals, maisons, etc.; de recueillir et répartir tailles, contributions, cavalcades, don royal, pensions, etc., de payer les dettes d'après les réformateurs du *grand-livre*. — Louis de Villeneuve pensa à une vie meilleure et fit son testament le 15 avril 1514. Il mourra sans enfants en 1518, laissant sa succession à Pierre de Villeneuve, dont les rapports seront des meilleurs avec la commune.

La branche aînée Giraud de Villeneuve allait s'éteindre.

Il était beau pourtant de voir cette nombreuse famille en 1440, avec François II et ses trois fils, Hugues, marié avec Elide de Brancas, Jean avec Delphine d'Agout, dame de Sillon, et Arnaud le chevalier, puis Nicolas, fils de Hugues, ayant pour épouse Marguerite de Forbin-Janson. Les seigneurs de Villeneuve-Tourrettes, de Gréolières, du Bar, et les Grimaldi vivaient avec ceux de Vence en intimité, et rivalisaient de luxe et d'élégance. Le clergé ne restait pas en arrière du mouvement général imprimé aux lettres et aux arts dans ce siècle, dit de la renaissance.

Pour peu que l'on considère, depuis 1430, les travaux qui s'exécutent à Vence, on voit le progrès. Tandis que François II bâtit son château *extra-muros*, que ceux de Cagnes, de Tourrettes et du Bar se reconstruisent, Vence élève aussi en 1431 la place Vieille, plante d'arbres le faubourg de la Calade, aligne ses trois rues des Arcs, obtient par lettres patentes du roi René (1441) l'autorisation de construire la place Neuve, d'ouvrir le portail de la tour; cette tour, elle-même, est taillée en diamant comme celle de Saint-Honorat. — Tanneguy du Châtel, en 1450, c'était l'oncle du célèbre prévôt de Paris, autorise Vence, par lettres patentes, à s'imposer sur le pain, sur le vin, et sur les vivres, pour accroître ses revenus. La commune amène alors les eaux de la Lubiane dans la ville, et en outre de la Font-Vieille, *extra-muros*, elle a une nouvelle fontaine, place du Peyra. La chapelle de l'hôtel de ville montre sur son retable les douze apôtres sculptés. — Jean Mars et Etienne de Cormis fondent en 1480 la chapelle de l'Annonciade, en 1491 Raymond de Villeneuve-Gréolières demande le concours des habitants de Vence pour bâtir une chapelle. Barthélemy Bursa, en 1493, construit la première église de Saint-Jeannet; quelques années après, Jacques Bellot de Grasse, sculpteur, passait marché à Vence, par devant maître Honoré Curti, notaire, pour nos belles stalles de la cathédrale, 15 janvier 1499. — Tous ces artistes et ces architectes, comme les bâtisseurs d'églises au moyen âge, ayant la modestie unie au talent, semblaient ne travailler que pour Dieu, et nous dérober leur nom. — C'est à peine si nous avons pu les exhumer du sein des vieilles archives où ils étaient enfouis. — La même main qui sculpta les stalles de Vence fit sans doute la porte de la Prévôté de Vence, et celle de l'église du Bar. — On fournissait le bois, les vivres, et la main-d'œuvre était à peine payée. Qui croira que le marché des stalles de Vence est de cinquante pistoles, le pain, six outres de vin, une saumone d'annone, et le bois nécessaire?

L'inventaire de la cathédrale de 1507 nous découvre les richesses qu'elle possédait. Outre le buste de saint Véran, œuvre de Léon de Pardis, on voyait dans le trésor une grande croix, une statue de la Vierge Marie, une crosse et quatre bourdons, burettes, calices, tout cela en or massif, plus de trente ornements complets, chasubles avec floquets, tout en velours, en satin, en soie, en damas ; mitre avec cascaveoux enrichie de diamants. Ce qui devait être le plus curieux, c'étaient les parements d'autel ou *paintes ystoriées*, œuvres des nobles dames de Vence, représentant, l'une l'histoire de sainte Madeleine, une autre dite *duarum sororum*, une autre saint Grégoire, celle-ci les trois rois, celle-là certaines armoiries. Jean de Vesc, venu de la sainte Chapelle, devait avoir le goût des embellissements ; et son frère qui inaugura les orgues, et créa la prébende du maître de musique en 1505, chargé des enfants de chœurs ou de la maîtrise, et des orgues, Aymar de Vesc dut être heureux quand, au milieu de son clergé magnifiquement paré, ayant lui-même sa mitre garnie de pierreries, sa crosse dorée, ses ornements brochés d'or, il s'avança au chant des orgues et des voix des enfants, parmi les fidèles émerveillés de cette musique sacrée. — Nous saluons la renaissance à Vence. — Les artistes et les ouvriers sont fiers de leurs noms de maître Faber, depuis que François Ier et Léon X leur ont dit que le talent est une véritable noblesse. Nous lisons à Vence, maître Jacques Canamsi ou Cams, *pictor*, peintre, qui succède en 1491 à Barthélemy Clérici, peintre de Vintimille. Jacques Canamsy aura pour fils Antoine, pour petit-fils François, Frédéric, Antoine, chanoine de Vence, Laurent, père de Sébastien, chanoine de Saint-Paul; famille de véritables artistes italiens, à qui le Bar, Vence, le Broc, Saint-Paul, Tourrettes doivent leurs meilleurs tableaux au seizième siècle, tels que saint Antoine de Vence et du Broc, les Quatre évangélistes, la Conversion de saint Paul, Sainte Catherine, le tableau de la chapelle de la Vierge au Bar, Notre-Dame de la Gardette, et la Descente de croix à Saint-Paul, etc.

Les architectes étaient Jean de Brunetta, *lapidista* (1480), à qui succédèrent maître Luc et Clément de Ruppibus. Tous vivaient à Vence et étaient honorés des charges municipales. A l'exemple de François Ier, nos seigneurs se glorifiaient de tenir leurs enfants sur les fonts baptismaux, et nous voyons Luc de Ruppibus parrain lui-même avec la fille d'Antoine de Villeneuve, baron de Vence.

C'était, en 1516, maître Jean de Trigance, qui réparait les paroirs à drap; maître Jean Montanari de Biot, fontainier, qui posait les tuyaux du canal de Vence, et maître Rebellini la fontaine (1539). Nos pays, si éloignés qu'ils soient de Blois et de Fontainebleau, n'en ont pas moins une succession d'habiles artistes depuis le xve siècle jusqu'au grand siècle de Louis XIV. Le goût était aux grandes choses : les cérémonies elles-mêmes, les obsèques, les pèlerinages se faisaient avec une pompe inaccoutumée. Nous lisons dans le registre des délibérations, que consuls et habitants de Vence, en grand nombre, vont en 1491 à Notre-Dame de Pitié, à Bagnols, pour invoquer la Vierge de ce sanctuaire. La peste sévit dans la Provence. Augustin Geoffroy et Urbain Mayffred portent en présents des torches ou brandons, ornés d'écussons aux armes de la ville, peintes par Jacques Canamsi. — En 1493, les habitants se rendent en grand appareil à Gréolières, aux obsèques de Giraud de Villeneuve, 1ᵉʳ septembre. Nous voyons encore, en février 1523, une autre procession à Notre-Dame de Grâce de Cotignac. La piété et la foi étaient la vie des peuples. — La religion présidait à tout. — En 1541, Jean Étienne, sculpteur de Grasse, s'engage à représenter sur le retable de la chapelle du Saint-Esprit (hôtel de ville de Vence) la sainte Trinité au milieu, *sedens in cathedra*, à droite saint Jean Baptiste, et à gauche saint Étienne. Sur le plan de la sainte Trinité, les quatre grands prophètes. Les côtés étaient terminés par deux piliers de forme carrée, et les encadrements formés par quatre colonnes rondes à l'antique. Au-dessus du retable, il sculpta deux sibylles avec deux écussons à chaque bout, où étaient entrelacées les armes de la ville, c'est-à-dire une tour crénelée. Un soleil dominait tout. Antoine Canamsi se porta pour caution et fut chargé de *daurer et pinter* le retable, ainsi que celui de la chapelle Saint-Roch (1546-1547), au prix de cent écus d'or soleil.

Saint-Paul ne restait pas en arrière avec ses belles chapelles, ses statuettes ou reliquaires en argent massif, qu'on y voit encore, sa jolie église, ses remparts, œuvre de l'ingénieur Mandons, dont on voit le tombeau à Arles, ses beaux tableaux, et entre autres celui de saint Matthieu, par Daret, ses ornements aux armes des Guises, sa belle chapelle de Saint-Clément, fondée par le sieur Bernard, de Saint-Paul, camérier du pape au xviiᵉ siècle.

Tourrettes reconstruisait aussi son église au xviᵉ siècle, ainsi que le Broc. Le comte de Tende élevait celle de Villeneuve.

Vence avec ses retables, ses chapelles, aux magnifiques entablements, aux colonnes torses, chargées de grappes de raisin ; avec son grand jardin, pendant que Henri IV en fera de magnifiques à Fontainebleau ; avec son canal, alors que Louis XIV construira ses pièces d'eau ; avec ses tapisseries des Gobelins, dont les lambeaux ornaient encore, il y a quelques années, les murs de l'hôtel de ville ; avec ses trois bibliothèques de l'évêché, du château et du séminaire, où l'on voyait les plus rares éditions aujourd'hui dispersées ; Vence, avec ses peintres, depuis Clerici et Canamsi jusqu'à Sébastien Bagni, que l'illustre Godeau logera dans son palais, jusqu'à maître François Baraguy, de Toulon, qui fondra les cloches de Saint-Paul (1611), les architectes qui bâtiront les églises de la Colle et de Saint-Jeannet, au XVIIe siècle, jusqu'à Antóine Juliani, qui ajoutera aux orgues de Vence, en 1672, les jeux de rossignol, tremblant, flûte douce, cymbales, nasard et cornet ; Vence, avec toute cette suite de maîtres de musique qui, depuis celui de 1505 jusqu'à maître Sigalès, en 1600, Pierre Toussaint, dont le corps de musique, en 1634, jouera les airs les plus doux à la procession, maître Astrand, le chanoine Honoré Niel, qui en 1654 créera deux bénéfices pour un joueur d'orgue et un organiste, distincts du chef de la maîtrise ; voilà qui nous montre assez la part que cette cité lointaine a prise au développement des arts en France.

Les lettres ne furent pas en arrière. En 1514 succédait à Jean de Ferrare maître Pini de Draguignan, qui, en présence de Jean Julian, jurisconsulte de Vence, avait bien expliqué les œuvres de Virgile, et avait été accepté pour maître des écoles à Vence, à la condition qu'il exercerait les élèves à l'art oratoire, qu'il leur donnerait des thèmes et des compositions en prose. — *Facies scolarios loqui latine, et facere disputationes de vespere.* — On avait à cœur l'éloquence, d'autant plus qu'un bon prédicateur, Étienne Maurel, Vençois, de l'ordre des Frères mineurs, prêchait habilement à Vence en ce temps. Il mourut en 1516 à la suite d'un carême, et la commune lui vota des regrets et des éloges. — Comme beaucoup se faisaient avocats, on tenait singulièrement à l'art de la parole, ce dont les communes avaient besoin pour défendre leurs intérêts.

La religion était la vie et l'élément des cœurs pour nos ancêtres. Les consuls, sous peine d'amende, devaient assister aux offices, dans leur banc en vue du peuple, et revêtus de leurs insignes. — Ils suivaient les processions ; le conseil votait pour les brandons de la Chandeleur, nommait à certaines chapellenies, recueillait et nourrissait les enfants délaissés, élisait les recteurs de l'hôpital, payait un chanoine pour catéchiser les enfants et les prédicateurs, se chargeait des frais pour maître Antoine Canamsi, *pictore et aliis qui repræsentaverunt historiam Passionis Domini nostri J. Christi die Veneris sancto.*

La commune avait établi, à l'exemple des villes voisines, un mont-de-piété ou grenier d'abondance où elle prêtait du blé à ceux qui en manquaient. Les pauvres n'étaient pas oubliés : outre l'hôpital, la Miséricorde formait une confrérie, puisqu'en 1523 elle obtient, à cause de la peste, de tenir ses assemblées dans la ville. C'est de la Miséricorde que sortira, en 1567, la confrérie des Pénitents blancs à Vence, sous le patronage de saint Bernardin. — Les conseillers, que nous voyons encore en 1516 affiliés aux Rose-Croix, renoncèrent à ce titre, d'après le conseil des évêques, et appelèrent leur aumône, aumône du Saint-Esprit, et *annone* ou blé du *Corpus Domini;* au moyen de quoi on nourrissait vingt et un pauvres pendant les trois jours consécutifs des fêtes de Noël, Pâques et la Pentecôte. Les dons se quêtaient à domicile et consistaient en fèves, blé, vin, huile et argent. Plus tard on établira l'aumône de la Lampe perpétuelle du *Corpus Domini.* — La commune réclamait le concours du clergé; elle priait l'évêque de recommander en chaire qu'on mît au cou de l'enfant exposé une attestation de baptême; ces pauvres enfants se trouvaient le matin tantôt sous le porche d'une chapelle, tantôt à la porte même du consul ou de l'hôtel de ville. — La commune demandait au chapitre une autre fois qu'il menaçât des peines de l'Eglise les détenteurs des biens communaux. — Médecins, apothicaires, sages-femmes, vétérinaires étaient, au xvi⁶ et au xvii⁶ siècle, rétribués par la ville. Le régent des écoles était quelquefois même docteur en médecine.

Il eût été heureux que tous les ecclésiastiques eussent donné constamment l'exemple de toutes les vertus ; mais il faut l'avouer, un certain nombre, poussé au saint ministère par leurs parents, étaient loin souvent d'en avoir la vocation. La prêtrise était posée comme une condition du deuxième ou du troisième enfant de la maison. — Ces prêtres forcés et ces religieux portaient leurs règles comme un joug pénible, et de là le relâchement le plus grand s'introduisait jusque dans les asiles les plus saints. Les couvents de Draguignan et de Lérins étaient dans le trouble, à cause de la réforme qu'y avait ordonnée le saint-siége. —A Vence, le conseil municipal se plaignait, comme autrefois, de ce que les chanoines manquaient à la résidence, et il fallut que l'évêque, 10 septembre 1502, remît en vigueur toutes les anciennes ordonnances. Il établit de plus le droit de chappe pour l'entretien de la sacristie, et exigea que chaque bénéficier déposât d'avance une somme pour son anniversaire. Le 17 septembre 1506, des discussions scandaleuses entre les chanoines sacristains et le chapitre obligèrent Jean Bermond à se démettre de sa charge en faveur de Jean de Hondis. Aymare de Vesc mourut en 1507.

Louis XII avait contracté avec Jules II la ligue de Blois, renouvelée à Cambrai en 1508. Il y avait eu un concordat pour la nomination aux bénéfices, puisque le successeur d'Aymare de Vesc, au siége de Vence, fut Alexandre Farnèse, cardinal-diacre de Saint-Eustache, plus tard pape sous le nom de Paul III. Il avait alors quarante ans. L'évêque de Verceil envoya, 11 mai 1508, son chanoine-sacristain, Honoré Bellandi, proposer au clergé et au conseil communal pour évêque de Vence, révérendissime père en Dieu, Alexandre, diacre-cardinal de Saint-Eustache, au nom du pape Jules II et du roi qui avait délivré au postulant des lettres patentes. Le 15 mai, l'évêque de Verceil prit possession en son nom. Lambert Arbaud gouverna Vence pour lui avec Villeneuve-Loubet pour prébende. Le chapitre députa en même temps à Farnèse, Honoré Bonnet, grand vicaire et official, et un autre chanoine, qui furent accueillis par le cardinal avec affabilité. — Celui-ci ayant demandé ce qui pouvait être le plus agréable à l'église de Vence, le chanoine demanda des reliques, dont il reçut une riche collection et le titre de chanoine de Sainte-Agathe.

Le 8 novembre, Claude de Fabrici, prieur de Carros et official de Vence, rédige au nom du révérendissime évêque les délimitations établies entre Courme et Coursegoules. Le 10 octobre 1511, Farnèse abandonne son siége en faveur de Jean-Baptiste Bonjean, Romain. Le conseil de Vence dit encore une fois *amen* au bref apostolique et aux lettres royales. Il autorisa noble Pierre, frère de l'évêque, à habiter l'évêché fermé depuis 1507. Lambert Arbaud renonça aussi à sa prébende en 1512, chez Antoine de Lascaris et René de Savoie, au château de Villeneuve, en présence du curé de Villeneuve, Philippe Barcillon. Bernardin Furillo avait sa procuration.

Le nouvel évêque prit pour grand vicaire le savant jurisconsulte Pierre de Brandis, qui sera archidiacre de Vence en 1516, après la mort de Michel de Bellegarde. Louis de Bellegarde était gouverneur de Nice. Jean-Baptiste Bonjean arriva de Bologne au Canadel en 1512, où les consuls lui portèrent des présents. Il fit son entrée à Vence quelques jours après. Un de ses premiers actes fut une transaction avec son chapitre, par laquelle il était convenu qu'aucun bénéfice ne se conférerait plus à des ecclésiastiques étrangers et non résidents. Il se rendit ensuite au concile de Latran, où le rejoignit, en 1514, son grand vicaire, chargé par les États d'Aix de protester au nom de toute l'Assemblée contre certaines inculpations dont le Parlement avait été noirci auprès du saint-siége. — Jean-Baptiste Bonjean, de retour à Vence, y siégea jusqu'en 1523. Il mourut à Cagnes' où est son tombeau.

Louis XII occupait le trône depuis 1498, et en 1501 il se jetait sur l'Italie. Comme la Savoie ne nous fut pas encore ouvertement hostile, tout se borna chez nous à des levées de troupes et à la garde des côtes contre les galères de France. Nous avions d'ailleurs sur les rives du Var un parti tout français dont René de Savoie était l'âme.

René, fils naturel de Philippe II, n'ayant pu obtenir sa légitimation, avait épousé Marie de Lascaris, fille d'Antoine, comte de Tende, et était devenu comte de Villars et de Somerville, coseigneur de Tende, Villeneuve-Loubet, etc. Il attira à lui tous les seigneurs du Col de Tende et se fit chérir de toutes nos communes. C'était à qui prendrait le nom d'Antoine, en l'honneur d'Antoine Lascaris, ou de René et de Claude, en l'honneur de Claude de Tende, fils de René de Savoie. Les Lascaris fournissaient nombre d'évêques à Riez. Une Lascaris était mariée, Jeannette, à Urbain de Giraud, coseigneur de Carros ; Honoré de Blacas marié à une demoiselle de Cèves était aussi seigneur de Carros. Sa veuve épousa Honoré de Durand, seigneur de Sartoux, dont le fils prit le nom et les armes de Blacas. Laurent et Guillaume d'Œse avaient des biens dans ces parages ; le 3 avril 1453, ils avaient prêté hommage au seigneur de Vence. Les Capel, riches négociants de Nice, étaient unis aux de Hondis de Saint-Paul, dont une branche portait le nom de seigneur de Saint-Michel, et l'autre de coseigneurs de Châteauneuf, au delà du Var. Antoine de Hondis avait épousé Doulce du Port, aussi de Saint-Paul. Le Malvans avait pour seigneurs les anciens Aymonet avec Grégoire de Malvans, fils de Jean de Malvans et de Catherine d'Agout, et lui-même était père des trois frères Malvans, Jean, Antoine et Raphaël.
— Les Guigon et les Mars étaient aussi coseigneurs de

Malvans. Guillaume de Latil, encore coseigneur de Malvans, maria ses deux filles, Catherine au frère du seigneur de Tourrettes, Honoré de Villeneuve, puis à noble Jean de Bertatis, et Elide à noble Garbier de Vence. — Les Villeneuve formaient plus de douze rameaux à la fin du xve siècle, Villeneuve-Trans, Villeneuve-Flayose, Villeneuve-Tourrettes-Fayence ; en 1500, Honoré de Villeneuve-Fayence eut trois fils, Jean son successeur, Antoine de Villeneuve-la-Berlière, et Gaspard de Villeneuve-Mons.

On voyait encore les Villeneuve-Tourrettes-Vence formant deux branches, celle d'Antoine II et de Jean, marié à Yolande Bertatis avec ses cinq enfants : Branquin époux, en 1520, d'Antoinette de Lascaris, fille de Barthélemy, seigneur de Châteauneuf ; Pascal, le chanoine de Vence ; Raphaël, le chevalier ; Jeannette, épouse de Michel Baussy, et Béatrix de Geoffroy Mayffred, fils d'Urbain. — Antoine de Villeneuve-Tourrettes sera marié avec Jeanne de Grasse du Bar, dont Françoise sa sœur aura pour époux Antoine baron de Vence, fils d'Antoine Ier de nom et de Madeleine de Castellane. — Honoré Richieu, dont les deux fils joueront un si triste rôle, était coseigneur de Malvans. — Un frère d'Antoine Ier de Villeneuve, Jean de Villeneuve, sera la tige de la célèbre famille de Villeneuve-Torenc. — Les seigneurs du Bar avec leurs trente fiefs s'étendaient entre le Var et l'Estéron. Jacques de Grasse, à la sollicitation de Jean de Grasse de Briançon, son frère, avait fini par accorder quelques libertés aux habitants. Les Draguy de Boyon et des Ferres, les Bérard de Sainte-Marguerite, les Barral, coseigneurs de Châteauneuf-lès-Nice, les Matéron de Levenze, les Chabaud de Tourrettes-Revest, avaient l'âme presque aussi française que les Ferrier et les Séguran d'Auribeau. Un Bompar d'Auribeau maria, en 1512, sa fille à noble Guillaume de Séguran, et André Lombard, fils de François, seigneur de Gordon, de Saint-Benoît et de Magnan, était marié avec Jeanne de Lascaris, fille du seigneur de Dos-Fraires. Le baron de Vence unit aussi ses nombreuses filles aux Aymonet de Malvans, aux Rascas du Muy, aux Russan de Pignan, aux Barcillon et aux Garnier. Ajoutez à ces noms les Aynési d'Antibes, les Portanier de Cagnes. — Telle était notre imposante noblesse, en y ajoutant les Grimaldi intimement liés avec les Lascaris. Les Grimaldi du Bueil leur donnaient la main par leurs propriétés limitrophes de Tende, et les Grimaldi d'Antibes étaient avec les Lascaris et René de Savoie coseigneurs d'Antibes et de Cagnes. — Ajoutez à ce mélange des familles, que les limites entre les deux pays de Nice et de Provence étaient encore assez mal définies. — Certaines paroisses dépendaient pour le spirituel de la France et pour le temporel de la Savoie, comme chez nous Boyon, Gattières, partie du Broc et de Besaudun, Dos-Fraires; Allos était de l'évêché de Senez et autres pays.

Il fut donc facile à Louis XII, aussitôt que la Savoie lui tourna le dos, de se faire des alliés sur la frontière du Var, et de mettre à profit le ressentiment de René de Savoie. Ce prince s'entendit avec Nicolas de Grimaldi, seigneur d'Antibes, et gouverneur de la frontière, et Georges de Grimaldi du Bueil, gouverneur de Nice, pour rendre le comté de Nice à la Provence. C'étaient de continuelles revues de nos troupes.— Tout était prêt en 1507, lorsque le secret transpira. Georges de Grimaldi fut pendu comme traître aux fenêtres de son château de Tourrettes-Revest, et René eut tous ses biens d'au delà du Var confisqués. L'agitation était si grande en ce temps du côté du Broc, que l'évêque de Vence défendit aux Broquins, sous peine de prison et d'amende, de s'attrouper, de murmurer et de porter des armes.

Le prince de Monaco, grand chambellan de Louis XII, fut exaspéré de l'exécution de Georges du Bueil. Menacé par les Pisans et les Génois, il trouva dans le seigneur d'Antibes, dans Jacques de Grasse du Bar, son parent, et dans Jean André de Grimaldi, évêque de Grasse, de vaillants défenseurs qui pouvaient lui porter secours. C'est ainsi qu'en 1509 trois mille hommes de nos vigueries allèrent, sous la conduite d'Yves d'Allégré, délivrer Monaco, assiégée par la flotte génoise. — René de Savoie servait dans l'armée française. En 1512 il passe de fréquentes revues à Cagnes, à Saint-Paul, à Villeneuve, avec Barthélemy de Lascaris, seigneur de Châteauneuf, Nicolas de Grimaldi d'Antibes, Pierre de Brandis, lieutenant du grand sénéchal, et François de Grimaldi, seigneur de Gattières. — En 1512, nous le voyons fêté aussi à Vence, où il vient avec sa femme et son enfant, Claude de Tende. Sa femme, comme nous l'avons dit, était la nièce de Luce de Lascaris, mère de notre célèbre Raphaël de Cormis, demeurant à Vence. C'était le jour de saint Lambert. Le conseil offrit à René une collation. Les 75 ou 80 hommes que Vence tenait toujours équipés pour la garde-côtes faisaient tous les honneurs de ces réceptions. Nous étions à l'époque de la bataille de Ravenne qui fut malheureusement suivie de la révolte de Gênes. La commune, craignant quelque invasion, reçut l'ordre de se retrancher... Elle achète *podram pro colubrinis et artilhariâ*. Arrivent les troupes venant du châtelet de Gênes, dont une partie loge à Vence, puis 6,000 hommes retournant encore de Gênes. — Vence a les lansquenets; puis deux bandes du capitaine de Duras. Antoine de Russan, seigneur de Pignans et de Torenc, gendre du baron de Vence, a l'ordre de lever des troupes, quand, en 1513, les défaites de Novarre et de Guinegatte achèvent de détruire toutes les espérances de Louis XII. Raphaël de Cormis, notre consul, se multiplia en cette année, pour venir en aide à sa patrie, d'autant plus que la sécheresse avait amené la disette. Il défendit de sortir les vins et les grains, taxa les vivres, préposa à la surveillance des subsistances Jacques Boyon, Raphaël Maurel, Michel Talatoyre, et alla trouver à Saint-Laurent le sieur de Dapoli, pour qu'il épargnât nos pays. Cent hommes seulement, sur les deux mille de la frontière du Var, logèrent à Vence et à Saint-Jeannet. Il imposa à ces soldats qui se mutinaient, et se fit rembourser tous les dommages qu'ils avaient causés au pays. — Louis XII offrit la paix, et ordonna d'évacuer l'Italie. Charles de Duras, qui était à Sisteron, venait encore à Vence le 13 juin 1514. — Nos consuls allèrent trouver à Nice Mgr de Prié (Dominum de Prià, virum regium), afin de se le rendre favorable. Tout le mois d'août nous eûmes le passage des troupes, et le 21 décembre le conseil vota 68 florins en présent à Pierre de Lascaris pour les bons offices que la commune en avait reçus (1514). Louis XII, aussitôt après la paix, s'empressa d'opposer la Savoie à la Savoie, en nommant René de Savoie grand sénéchal de Provence, à la place de Jean de Poitiers de Saint-Valier.

François Ier, neveu, par sa mère-Louise de Savoie, du comte de Tende, le fera, à son tour, 26 janvier 1515, gouverneur de Provence, grand maître de France, et grand amiral. — Cette élection fit la fortune des de Cormis et celle de la commune de Vence. Dès que nos consuls eurent appris que René de Savoie était à son château, ils lui portèrent, 8 mars 1515, *unum vas boni vini usque ad quinque saumatas*, en lui recommandant ladite université et cité de Vence.

Arnaud de Prie traversa librement le comté de Nice pour aller rejoindre le roi à *Marignan* avec 6,000 hommes. Vence logea de la cavalerie. Cette belle victoire amena le concordat de Léon X, la paix perpétuelle de Dijon, avec les Suisses et la possession du Milanais, 1515. Nous vîmes en 1516 les bandes du bâtard de Béarn, que Louis de Bellegarde, gouverneur de Nice, éloigna de Nice et du Var. Elles remontèrent par Vence et par Saint-Paul, en novembre, pour gagner Entrevaux. Nicolas de Grimaldi, seigneur d'Antibes, venait de mourir. Les consuls de Vence, avec les 80 hommes tout équipés, avaient assisté aux obsèques en grand appareil, ainsi que toutes les communes environnantes. Antoine de Villeneuve-Tourrettes y conduisit les gardes-côtes de la viguerie, et Henri de Grasse du Mas, lieutenant du roi, au nom de Nicolas II de Grimaldi, fils du défunt, complimenta notre consul Arnoul pour la belle tenue de la commune de Vence. Antoine Canamsi avait peint les écussons aux armes de la ville.

On était sans cesse sur le qui-vive. Quelques semaines après il fallait aller à Antibes *ad videndum de fustis infidelium qui erant in mari Antipolis;* puis aider le seigneur de Vence *ad repellendos latrones per territorium Venciæ* (1518).

1518. De tristes événements se passaient à Vence. La même année voyait descendre dans la tombe de famille Antoine I*er* de Gréolières, et Louis de Villeneuve-Vence. Nicolas II de Grimaldi assista au convoi qui fut solennel. Le conseil ordonna 10 écussons, et paya 22 torches, 6 pour la messe d'Antoine de Villeneuve, et les 16 autres pour le seigneur de Vence. Pierre de Villeneuve, seigneur de Vence, épousa en 1519 Marguerite de Grasse, invita aux noces le consul Raphaël de Cormis, et reçut en présent un veau, 2 douzaines de moutons, 12 chapons, 12 perdrix et 12 tourtoureaux (12 mars 1519). L'harmonie la plus parfaite existait donc maintenant entre la commune et le seigneur. — Combien eussions-nous été heureux, si la guerre n'eût de nouveau désolé nos pays, — guerre terrible qui sera suivie d'une autre encore plus longue et plus lamentable !

CHAPITRE VI.

DEPUIS LES GUERRES DE LA RIVALITÉ JUSQU'AU MASSACRE DE VASSY (1519-1560).

Le seigneur François de Scallis, celui d'Andon, lèvent des hommes; Pierre de Navarre demande des marins à Marseille pour sa flotte. Tout est à la guerre, et les habitants sont tellement aux exercices militaires, que la procession de la Fête-Dieu, en 1520, se fait au bruit des coulevrines et de la bombarde. Le sieur de Laval est avec sa troupe à Saint-Laurent où nos consuls vont lui porter des présents. René de Savoie, par son intendant Pierre Chapeléty, nous ordonna de réparer nos chemins de la Sine, pour aller y chercher des pierres, et nous convoqua au nombre de 150 pour passer la revue à Villeneuve le jour de saint Blaise. Cent devaient avoir des piques, 25 des balistes et 25 des coulevrines. Annibal de Grasse du Bar, Henri de Grasse du Mas, Barthélemy de Lascaris, Antoine de Villeneuve-Vence-Gréolières, Antoine de Russan, les seigneurs d'Allemagne et de Romolle, Nicolas de Grimaldi rivalisèrent tous de zèle dans notre circonscription. Heureux si le succès eût répondu à la bravoure de nos guerriers! — De 1521 à 1523 une peste horrible ravagea le pays, et Vence, ordinairement épargnée, eut des morts jusqu'à ses portes, à Vaugelade et au Malvans. Dans leur château de Saint-Raphaël, Jean et Raphaël de Malvans furent atteints de la contagion et faillirent en mourir (juin 1523). Saint-Paul et le Broc y perdirent beaucoup de monde.

Ajoutez à la peste un procès avec les Saint-Paulins, au sujet des eaux du Malvans, les embarras du trésor communal, les terres incultes, le commerce anéanti, le Broc nous refusant les contributions de troupes, Saint-Paul en demandant pour les siennes, Louis de Pontevez, au nom du seigneur de Romolle à Draguignan, et le seigneur d'Allemagne pour son compte, imposant aux Vençois des hommes et de l'argent. Voilà le triste état de Vence en 1520. Le notaire Flotte de Marseille, et notre avocat, noble Pierre de Cormis, fils de Raphaël, examinèrent notre affaire avec les Saint-Paulins qui transigèrent avec nous par l'intermédiaire de leurs procureurs, Antoine et Louis Barcillon (1524). — Cependant les hostilités étaient terribles.

Le duc de Savoie se déclarait notre ennemi. Les Grimaldi de Monaco, en haine de la France, qui avait André Doria pour amiral, s'étaient donné à Charles-Quint, dans l'espoir aussi que l'empereur vengerait le meurtre du prince Lucien, assassiné par Barthélemy Doria. Pour comble de malheur, Augustin de Grimaldi, oncle et tuteur du jeune prince Honoré, était évêque de Grasse et abbé de Lérins. — Charles-Quint prit donc possession des îles de Lérins (1520). L'évêque de Grasse s'enfuit à Monaco devant l'attitude menaçante de René et de toutes nos communes. — Qui redira la malheureuse défaite de Lautrec à la Bicoque (1522), et la trahison de Bourbon! — A peine ce dernier événement fut-il connu, que toute la Provence s'en émut. Pierre de Villeneuve, notre seigneur de Vence, d'un âge avancé, manda à Vence son futur héritier Antoine de Villeneuve-Gréolières, lequel fit jurer aux Vençois de défendre jusqu'à la mort la frontière menacée (mai 1524), compléta sa compagnie, enjoignit de ne pas aller à Nice, et quand il eut tout disposé, partit de Vence avec le seigneur de Tourrettes qui l'y avait rejoint pour Villeneuve-Loubet. C'était à l'époque de la retraite de Bonnivet et de la mort de Bayard. Pierre de Castellane nous adressa aussitôt l'ordre d'équiper deux hommes par feu, *sine morâ propter discrimen præsens patriæ;* et le 10 juin 1524 : *omnis persona apta ad portanda arma sit parata.* — Les consuls de Vence, sur la nouvelle que l'ennemi menaçait la Provence, dépêchèrent à Saint-Laurent et à Antibes *pour savoir* ce que *faisaient* les galères espagnoles. — Bourbon avait abordé à Monaco et débarquait à Nice le 3 juin. Notre flotte, avec André Doria et la Fayette, croisait vers l'embouchure du Var, quand le 7 juillet l'armée ennemie se mit en marche sur Saint-Laurent. Les sieurs de Jonas et de Saint-Vallier, cantonnés à Saint-Laurent, se retirèrent par Vence sur Grasse. Noble Etienne Garbier, capitaine de Vence, sortit avec sa compagnie, et il ne resta à Vence qu'une partie des habitants à la merci de l'envahisseur. Pendant que Bourbon suivit la route de Saint-Laurent, un corps d'armée traversa le Var entre Carros et Gattières, et occupa nos pays. — Du château de Villeneuve, après le siége opiniâtre des vaillants Antibois, le connétable, qui avait pris le titre de comte de Pro-

vence, marcha en avant. Le 26 juillet il était à Draguignan.
Les traîtres trouvent toujours des hommes à leurs ordres.
— Barthélemy de Grimaldi, installé au château de Villeneuve, s'appelait gouverneur pour monseigneur Charles de Bourbon, en les cités et villes de Grasse, Saint-Paul, Draguignan et Guillaume. Etant venu à Vence au commencement, *petebat mirabilia*, dit la délibération. Le sieur del Finis garda le Bar; le sieur de Buisson, Saint-Laurent; Louis de la Valle, Vence avec de la cavalerie, et son frère, Gattières. — Le 5 août, Barthélemy de Grimaldi convoqua à Villeneuve tous les députés des communes conquises, pour leur dicter ses ordres, et nous fit porter des vivres jusqu'à Castellane. — Envoyez-moi, écrit-il aussi le 10 août, votre contingent d'hommes pour ma garde, afin d'évacuer les mauvais garçons, agresseurs et violateurs. — Bourbon s'épuisait en vains efforts autour de Marseille depuis le 7. Lui qui avait espéré que trois ou quatre coups de canon réduiraient cette ville, accourut un jour vers le marquis de Pascaire où un boulet avait tué quelques-uns des siens : D'où vient ce bruit? lui dit-il. — Ce sont, repartit Pascaire, les consuls de Marseille qui nous apportent les clefs. » Le 8 octobre, il repassait le Var en désordre. — Le 9, les consuls du Bar et de Tourrettes nous avertirent de nous garder de la bande qui était à Saint-Paul, et qui sortit la dernière. Le 10, Montmorency, avec l'armée française, poursuivait les fuyards, et faisait son entrée le 14 à Nice, pour aller de là se rallier à François Ier.
— Le 28 on assiégeait Pavie, et le 24 février 1525, la fortune trahissant notre valeur, tombaient près de François Ier prisonnier, la Trémouille, Bonnivet, et notre cher gouverneur, René de Savoie, qui légua sa charge et son épée à Claude, son fils. — Au mois de mai les troupes couvrent nos frontières. C'est M. de Saint-Gilles à Vence, M. de Cassel à Saint-Laurent, le capitaine Girardini à Beaumont, et M. de Trois-Châteaux, commandant en ces quartiers. Villeneuve et Saint-Paul sont occupés. Vence envoie des courriers du côté de

Castellane pour savoir où se dirigent les Italiens, et d'autres à Antibes pour s'informer des galères espagnoles. — Nous pûmes voir de nos hauteurs, 23 juin, la flottille espagnole emmenant notre roi en Espagne. Le mauvais temps le fît aborder à Lérins. Cette terrible catastrophe de Pavie jeta la consternation et non le découragement dans l'esprit des Français, et Louise de Savoie, dans son cœur de mère, trouva assez de force d'âme pour tenir tête à l'Europe liguée et aux affaires d'un grand peuple. Chacun se fit soldat, chaque commune paya *pro redemptione regis nostri*. Les évêques, non moins dévoués, se rendirent à Lyon auprès de la reine-mère. Vence avait pour évêque depuis le 24 décembre 1524 le savant Robert Cénalis, Parisien, auparavant trésorier de la Sainte-Chapelle. C'est à Lyon que, le 10 janvier 1526, son vicaire général va le trouver, et lui demander secours pour son peuple, *tam propter calamitates quas habuimus a pluribus annis, quàm pestis causâ et armigerorum*. — En effet la peste sévissait encore. On se gardait nuit et jour contre le double fléau. Se procurer du blé, emprunter de l'argent, équiper les hommes demandés par Nicolas de Grimaldi, gouverneur d'Antibes, par Antoine de Russan, commissaire d'armée, par éminentissime monseigneur de Saint-Egidius, et Barthélemy de Lascaris, lutter contre le prévôt du chapitre à qui Georges Curti avait refusé l'entrée de la ville, voir l'interdit sur la ville pour certaines affaires survenues entre Antoine de Villeneuve et le chapitre, tel est le spectacle navrant qui se déroule sous nos yeux en cette année 1526. Au mois de septembre les compagnies des sieurs Béqui, Mondragon, Machassabon, Sambla obèrent la pauvre cité, qui ne dut d'être allégée qu'à l'arrivée de Nicolas de Grimaldi à Antibes et du nouveau sénéchal, Claude de Tende, à Villeneuve-Loubet. Le roi lui-même était rentré dans son royaume avec l'espoir de venger son affront. La flotte espagnole appareillait, et de son poste de Lérins nous était une continuelle alarme. Grimaldi d'Antibes, loin d'imiter le prince de Monaco, montrait un courage à toute épreuve et nous donnait l'ordre de venir en aide, au premier signal, à nos voisins contre les galères ennemies (octobre 1526). Quoique Bourbon (le 6 mai 1527) reçût au pied des murs de Rome le prix de sa trahison, il semblait que les revers s'attachaient à nos armes, et quand le fer ne moissonnait plus, la peste frappait. Lautrec en mourut devant Naples (16 août 1528). Pour comble de malheur, André Doria passa, la même année, au parti de Charles-Quint. — Il fallait des soldats; M. de Fayence fait des enrôlements, et le seigneur d'Antibes nous écrit que nous ayons à nous tenir équipés pour nous secourir les uns les autres; « comme il est entendu, dit-il, et ce faisant serez au Roi très-agréables, et à moi ferez plaisir » (1er octobre 1528). — Le 3 décembre, ordre, sous peine de cent marcs d'argent, d'une levée de 200 hommes dans la viguerie de Grasse, pour le service du Roi. C'était la seconde levée. — Le 13, les nouveaux conscrits se dirigeaient, les uns vers Saint-Laurent, les autres vers Antibes. Force fut à François Ier au milieu de la nécessité présente de signer en toute hâte la Paix des Dames, qui, en nous donnant quelques années de répit, abandonna nos alliés à la vengeance de Charles-Quint (1528). C'est à cette époque que les Grimaldi du Bueil n'ayant pas oublié l'exécution de Georges, René et Jean Baptiste, ses fils, n'attendant que le moment favorable pour se venger, se liguèrent avec le comte de Tende pour l'aider à recouvrer ses domaines, et à rendre le comté de Nice à la France. — Le seigneur de Gillettes-des-Fores dénonça les Grimaldi; ce qu'ayant su les seigneurs du Bueil se jetèrent sur son château, d'où le dénonciateur ne se sauva que sous l'habit d'un mendiant. — Pendant plus de deux mois René et Jean tinrent en échec les troupes de Savoie. La famine seule les força à fuir pendant la nuit, René à Cagnes, chez son cousin Louis de Grimaldi, et Jean à la cour de François Ier, qu'il servit avec honneur. René était marié à noble demoiselle Thomassine de Lascaris, dont il eut

Louis, l'évêque de Vence, et Honoré, qui sera plus tard réhabilité et gouverneur de Nice.

La commune de Vence, par l'entremise de Roux Raphaël de Cormis, favori du comte de Tende, et consul de Vence, profita de ces quelques années de calme pour réparer ses affaires. — Elle avait déjà obtenu de René de Savoie (9 août 1521) marché le samedi, et deux foires de 9 jours (saint Michel et saint Matthieu); elle aura en 1530 grenier à sel, secours d'argent et liquidation de ses dettes. — C'est alors que Raphaël fait chez Honoré Bonnet, son notaire (13 décembre 1530), son testament, ainsi que sa femme Astruge de Reillanne et Pierre de Cormis, *miles* et *jurisconsultus*, marié à Hélione de Juliani.

Dans ces trois testaments, pages admirables, nous lisons que noble Raphaël de Cormis, surnommé Comarque Bonnet, était préfet d'une cohorte de mille fantassins; qu'il était âgé de 79 ans, et illustrait les armoiries brillantes transmises par ses ancêtres Raymond et Pierre; que Pierre de Cormis, son aîné, avait reçu une épée d'honneur de Claude de Tende, et deux anneaux montés sur diamant; il les lègue à son vieux père, à sa vénérée mère et à sa très-douce femme. On y voit que Raphaël avait pour frère Jacques le chanoine et pour fils Jean le chanoine, Louis Arthur, et Pierre l'aîné; que celui-ci avait déjà quatre enfants, Antoine, Claude, Pierre et Nicolas, — et qu'il demeurait à Aix, où était le tombeau de famille, fondé dans la chapelle de l'Annonciade par Raymond.—Ils avaient deux autres tombeaux fondés dans l'église de Courmes par Honoré et dans la cathédrale par Raphaël. — Quoique cette noble famille eût pris domicile à Aix, notre cher Raphaël reste toujours à Vence, puisqu'en 1581 il est au conseil malgré ses quatre-vingt-un ans, en attendant qu'il marche encore à la tête des armées, comme nous l'y verrons bientôt. — Quel dévouement et quelle abnégation dans ce vénérable vieillard ! Intègres et pleins de cœur, les de Cormis sont heureux de répandre sur nos pays les bienfaits qu'ils obtiennent sans chercher à s'enrichir eux-mêmes, puisque Raphaël mourra pauvre. Lorsque la peste de 1530, qui frappa à Grets, près Nemours, la reine-mère, jeta l'épouvante dans nos parages, on vit encore Raphaël se multiplier pour en préserver sa chère cité : « *Nemo propter pestem recipiatur veniens de locis longinquis, nisi habeat bulletium Antipolis, vel de Cagnis, de Grassa, de Groleriis, de Broco, de Nicia, veniens recta via* (juin 1530). — Aussi actif contre l'ennemi, il tient prêts à marcher tous les hommes valides *contra infideles qui veniunt jam contra christianam fidem*. Noble capitaine Etienne Garbier est sous ses ordres. — S'agit-il dans ces infidèles des Sarrasins ou des Albigeois? La réforme de Luther soulevait les Vaudois des montagnes. Nice recevra, le 20 juin 1534, ce moine fougueux qui célébrera la messe chez les Augustins. — La troisième guerre de la rivalité va éclater, et l'orage gronde. En vain le pape Clément VII avait interposé sa médiation. — Le 4 janvier 1535 notre nouvel évêque, l'illustre président de la cour des comptes, Balthasar de Jarente, qui occupait le siège de Vence depuis 1530, est à l'assemblée de Fréjus, où l'on confère des affaires de la guerre. Le 24 août des bandes passent la frontière. Nous avons le capitaine Basco Gentil qui ne veut pas payer ses dépenses, et finit par céder devant l'énergie du conseil. — François Ier soumet le Piémont, mais Charles-Quint médite une terrible revanche pour 1536, — année appelée calamiteuse par la Provence. — Il part vers le Var. Le danger va prouver que les jurisconsultes et les membres du parlement manient aussi bien l'épée que la parole : Jean de Pontevès, Louis de Grasse du Mas, lieutenant du gouverneur, Honoré de Grasse Briançon, François de Rascas du Muy, François de Scallis, Laurent Ruffi, Claude Remusat, Pierre de Cormis, Raphaël de Cormis, avec ses légionnaires de Provence, et gouverneur de Saint-Paul, Antoine de Villeneuve, baron de Vence, gouverneur et viguier de Grasse,

Antoine de Grasse, coseigneur de Torenc, Jean de Villeneuve-Torenc, Gaspard de Grimaldi d'Antibes, Jean de Rosset, commissaire d'armée pour la viguerie de Grasse, Honoré de Grasse, comte du Bar, le seigneur de Callian, tels sont les principaux chefs que le comte de Tende a réunis vers nos frontières. Le fils du seigneur de Vence, Claude de Villeneuve, commence lui-même à prendre du service, et s'avance jusqu'à Cigale du côté de l'Estéron. Le seigneur de Russan se tenait à Saint-Laurent, le seigneur du Broc à Saint-Paul, le baron de Vence à Séranon. — Les habitants de Vence, sous la conduite d'Etienne Garbier, courent aux provisions de bouche et aux munitions de guerre, *adoubent* le pont Livadis, les *barres*, la *barbacane*, les *contrapes* et l'*entory* avant que les *Spagnols Vingussan*, murent à chaux et à ciment les deux autres portes pour ne garder que celle du portail-levis, réparent les châteaux du Malvans et de Saint-Laurent de la Bastide, creusent des citernes dans l'intérieur des murs pour avoir de l'eau pendant le siége. — A la nouvelle que Charles-Quint et le duc de Savoie, Charles le Bon, traversaient les monts avec une grande armée, et que André Doria croisait en vue de nos côtes, Etienne Colonne accourut d'Aix à la tête de sa division pour faire sa jonction à Grasse avec le comte de Tende, Claude de Savoie, et le seigneur de Grasse du Bar, son lieutenant. Le 20 juillet les Impériaux entrèrent à Nice au nombre de 60 mille. Nos consuls, Philippe Mars et Bernardin Mayffred, et le trésorier Raphaël Isnard redoublèrent d'activité. Ils envoyèrent à Séranon prier le baron de Vence de leur venir en aide; firent avertir Claude de Villeneuve de retourner de Cigale, parce que les galères d'Espagne croisaient devant Antibes. Jean de Pontevez, sieur de Carcès, accourut aussitôt à Vence où le rejoignit Claude de Villeneuve. — Un messager envoyé à Saint-Laurent en toute hâte, étant revenu chez nous, annonça que l'ennemi approchait; on fit conjurer encore une fois le baron de Vence de nous secourir. Il était alors à Callian.

Le 25, l'armée impériale commença à passer le Var, pendant qu'Érasme de Galéas traversa à Gattières : mais celui-ci n'osa pas avancer plus loin et retourna vers la voie Aurélienne. Charles-Quint, établi au château de Villeneuve, se félicitait de la facilité avec laquelle il avançait en France, et disait au duc de Savoie : Poco a poco rey de France. — Claude de Tende et Colonne voyant que Grasse ne pouvait soutenir un siége, firent mettre le feu aux quatre coins de la ville, et d'après l'ordre qu'ils en avaient reçu de François Ier, ne laissèrent comme les anciens Liguriens qu'un désert à l'ennemi, et opérèrent leur retraite sur Marseille. Le comte de Fustemberg en faisait autant du côté de Barcelonnette. Honoré de Grasse, seigneur du Bar, avec un corps de deux mille hommes, et Antoine de Villeneuve-Vence protégeaient la retraite et couvraient tous nos pays. Aussi Fernand de Gonzague et Alphonse de Salerne essayèrent-ils en vain de se frayer un chemin du côté de la montagne. — C'est dans une de ces rencontres que notre cher Raphaël de Cormis, portant encore le cœur d'un héros dans un corps de quatre-vingt-quatre ans, tomba les armes à la main au milieu des siens (28 juillet). — Antibes attaquée par mer et par terre finit par ouvrir ses portes. — Saint-Paul et Vence furent libres, malgré l'invasion. Ce que voyant enfin, les habitants en furent dans l'enthousiasme : le conseil réuni demanda aussitôt une messe d'actions de grâces et termina sa fête dans un banquet.

Les consuls de Nice se contentèrent de nous demander quelques contributions : les nôtres représentèrent aux Niçois que Vence n'avait plus rien et ne pouvait rien donner ; qu'on voulût bien seulement défendre au capitaine Figheira de ravager notre territoire. — Charles-Quint avait besoin de toute son armée. Il fut arrêté par quinze braves devant la tour du Muy, et arriva le 9 août à Aix, où il s'indigna de ne pas trouver au-devant de lui le parlement. Jérôme d'Asargues, évêque de Nice, le couronna roi d'Arles et de Provence; puis commencèrent les opérations du siége célèbre de Marseille. Là, après avoir perdu la moitié de son armée, il dut faire comme Bourbon et repasser le Var, le 25 septembre, en laissant une gloire de plus à la Provence. Charles-Quint se fit porter sur une galère à Monaco et de là à Gênes par André Doria. Le duc de Savoie tout honteux se renferma dans le château de Nice avec sa mère malade, pour n'en partir que le 14 décembre 1537. Jean Vasquez resta à la tête de deux mille hommes. — La duchesse de Savoie mourut à Nice l'année suivante (8 janvier 1538). On vient de retrouver son tombeau dans l'église du château.

Dès que l'ennemi eut rebroussé chemin, il fut suivi de près par nos vaillants seigneurs. Jean de Pontevez reparaît à Antibes, noble de Russan à Grasse. — Pierre de Cormis ne revint plus à Vence; après y avoir vendu tout ce que son père y possédait encore, pour payer ses dettes, il vécut à Aix où il achètera en 1543 la terre de Beaurecueil et une charge de conseiller d'État. — Louis de Cormis continuera d'exercer à Vence les charges municipales. Jacques de Cormis et Jean y vivront chanoines. Aix ne fut pas plutôt délivré que les États réunis chargèrent notre évêque de Vence, Balthasar de Jarente, et le sieur de Rogiers d'aller trouver le roi à Lyon pour lui exposer les malheurs de la Provence. Sa Majesté reçut les députés avec bonté, et leur promit aide et secours. — La guerre se continua dans le Nord : elle était interminable. La réforme gagnait dans l'Europe. L'Angleterre avait rompu avec l'Église. Au milieu de ces calamités, Paul III, notre ancien évêque de Vence, plus heureux que Clément VII, amena Charles-Quint et François Ier, en présence des malheurs de l'Église, à accepter sa médiation, et Nice fut choisie pour le lieu de l'entrevue.

En février tout est déjà en grand mouvement chez nous, *quod rex in proximum venturus est in istas partes.* C'est au château de Claude de Tende, à Villeneuve, diocèse de Vence, qu'il vient résider et négocier une paix tant désirée. — Tous nos pays sont dans la joie. Noble Étienne Garbier a l'intendance des travaux et fait réparer les chemins : il commande à Antoine Canamsi de peindre les armes du roi aux portes de la ville, aux fontaines et à l'hôtel de ville, dirige au Var nos terrassiers pour y construire un pont de bateaux, destiné au passage de Sa Majesté. Les lanskenets du roi logent à Vence en avril sous la conduite de M. d'Aiguières, jusqu'au 15 juin que le sieur Raymond d'Eoulx à Grasse, nous en accorde le délogement. Le comte Guillaume occupait Saint-Laurent avec ses chevau-légers italiens. — Ce ne sont bientôt plus que présents au roi à Villeneuve et au connétable à Antibes. — On porte à Mme la connétable *uno corbello de grosses agriotes et de prunes;* — un bédal est offert en présent *al Rey,* un autre à Mgr l'évêque qui est à Antibes auprès du connétable, *uno corbello pleno de grosses frayses de May por far ung présent al Rey.* — *Uno rupo de vino de Vença portado al Rey.* — Ce sont des banquets reçus par le maréchal des logis, et rendus par les consuls Bernardin Mayffred, chez le chanoine Ruffi. On trouve des lièvres à envoyer encore au connétable. Le pape, arrivé le 13 juin à Nice, logeait au couvent de Sainte-Croix ; Charles-Quint à Villefranche. Après avoir eu à Nice deux entrevues séparées avec le roi et l'empereur, Paul III fit accepter une trêve de dix ans, appelée trêve de Nice, que François Ier signa à Villeneuve le 21 juin 1538. — Sa Majesté partit ensuite pour Aigues-Mortes où elle se vit avec l'empereur.

Sans doute que Vence eut part aux munificences royales, puisqu'après le départ de François Ier, elle fait, sous l'administration des consuls Louis de Cormis et Raphaël Maurel, mille embellissements et réparations : canal, nouvelle fontaine du Peyra, reconstruction des chapelles Saint-Roch et du Saint-Esprit avec leurs beaux retables. Toujours influente, la commune gagne ses procès contre Antoine de Villeneuve qui veut empêcher la construction du canal et de la fontaine du Peyra, près de la tour ; elle gagne aussi contre Saint-

Jeannet qui veut agrandir le domaine *inhabité* de la Gaude en empiétant sur le territoire de Vence (1538-1541).

Balthasar de Jarente, évêque de Vence, à qui ses chanoines avaient fait prendre l'engagement de ne plus prêcher, parce qu'il était trop long, fut appelé en 1541 à l'évêché de Saint-Flour. Il fit nommer pour lui succéder son cousin et son grand vicaire, Nicolas de Jarente de Montclarc, dont le frère, Antoine de Jarente, avait épousé Françoise de Villeneuve, sœur du baron de Vence. A peine nommé, il reçut une députation des conseillers de Vence pour qu'il obtînt pour eux du gouverneur la conservation de leur grenier à sel. — Les consuls munis des lettres du nouvel évêque se rendirent à Villeneuve. Claude de Tende leur accorda d'abord d'aller à Nice, malgré la défense, s'approvisionner de blé, mais il déclara ne pouvoir rien faire au sujet de la gabelle. — Noble Antoine Portanier de Cagnes, docteur en droit, qui avait la même faveur à demander pour Cagnes, se chargea d'adresser au roi une supplique collective, 29 août 1541. — La France ne désarmait pas. La compagnie de M. de Brouteyron, que de Gattières la commune de Vence avait fait aller à Saint-Paul, nous gardera rancune. En 1540, 12 janvier, le comte de Tende nous avait demandé des terrassiers pour travailler aux fortifications d'Antibes, où était M. de Fayence, comte d'Esparron. M. de la Molle commandait Saint-Paul, et Vence logeait un détachement des gens d'armes du comte de Tende. Le roi ayant nommé gouverneur, en 1542, Louis de Monteil, baron de Grignan, le seigneur de Brouteyron en profita pour réclamer à la commune de Vence, des contributions qu'il prétendait lui être dues depuis l'étape de Gattières. Sur le refus du conseil, le seigneur de Grimaldi fit emprisonner le premier consul, dont le baron eut beaucoup de peine à obtenir l'élargissement. — Un détachement du régiment écossais tint garnison à Vence sous le commandement du comte de Lennox, du 22 octobre 1542 au 3 janvier 1543. — La guerre éclatait une quatrième fois. —

Les communes prennent leurs mesures de défense et se gardent nuit et jour. Notre capitaine Garbier est toujours là, faisant réparer les murs, garnir les créneaux d'épines, approvisionnant la ville, envoyant des vivres aux garnisons du Broc, de Carros, de Gattières. En février, ordre d'aller décharger l'artillerie au Cros de Cagnes pour la traîner au siége de Nice. — Il faut porter 2,000 écus à la garnison d'Antibes. — André Doria venait de faire éprouver un rude échec à notre capitaine Magdalon qui avait sauvé à grand'peine le gouverneur de Provence, Mgr de Grignan. Nice se préparait à une héroïque défense, et ne voulant que des hommes dévoués, forçait le prince de Monaco à gagner à la nage la flotte française pour échapper à la mort (16 juin). — Le 25 juin, on nous demande encore quarante-cinq hommes tout équipés; enfin le 5 juillet, la flotte de Barberousse commence à poindre à l'horizon. — André Doria s'éloigna du côté de Gênes. Ce que voyant, les Niçois perdant courage offrirent de se soumettre. Mais Barberousse leur fit répondre qu'ils n'avaient qu'à se rendre à la France sans condition. Sur leur refus, d'Enghien franchit le Var, Barberousse commença le bombardement par mer. Ludovic de Castellar était à la tête des assiégés qui se défendirent avec bravoure. — C'est le 15 août, qu'une simple femme, Cégurana, sauva la citadelle. De notre côté, on voyait le brave Raymond d'Eoulx qui fit des prodiges de valeur; — l'évêque de Riez, Antoine de Lascaris, armé de pied en cap; — le capitaine Claude de Villeneuve-Vence, le sieur de Cros, le sieur de Fayence d'Esparron, le sieur Rosset de la Galinière, le sieur de Vaucluse, noble Antoine Portanier de Cagnes, sieur de la Fouret, le capitaine Vilhier, beau-frère de Claude de Tende. — Comme les munitions manquaient, on envoya chercher à Vence huit rubs de poudre qui s'y trouvaient encore. Nice se rendit le 22 août; Raymond d'Eoulx en eut le gouvernement, mais le château tint bon. — Vence prenait ses mesures dès le 19 août pour recevoir les troupes. On guerroya encore jusqu'au 6 septembre, qu'on évacua la place faute de poudre. Les Impériaux rentrèrent dans Nice le 9 septembre. — En vain d'Enghien fit-il une nouvelle tentative le 25 septembre. Les pluies, le découragement, l'épuisement du trésor, tout contribua à nous faire renoncer, et nous eûmes à nous garder à notre tour des ennemis de terre et de mer. Pierre d'Amirat garda Gattières; le capitaine de Vilhier, Saint-Laurent et Vence où il envoya le sieur de Luçay, son lieutenant; Hugolin de Grimaldi, Saint-Paul; le sieur de Rosset de la Galinière, Grasse, et le seigneur Villeneuve-Vaucluse, colonel des gendarmes du roi, tint garnison au Broc. — Depuis le 16 février, les Impériaux méditaient de nous envahir de nouveau : la flotte espagnole et génoise voulait en même temps opérer une descente à la Napoule ou au golfe de la Crau, mais le camp de la Napoule (19 avril) avec ses cinq mille hommes les en empêcha bien. — Le 5 octobre, nouvelle tentative. — Le baron de Vence écrivit aussitôt au sieur de Vaucluse de venir du Broc en toute hâte et de prendre avec lui les garde-côtes, parce que la flotte ennemie débarquait hommes et artillerie à Antiboul. Tous nos pays firent une telle démonstration que les ennemis prirent la fuite. Enfin, d'Enghien par la victoire de Cérisolles décida Charles-Quint à accepter le traité de Crespy, par lequel celui-ci renonçait à la Bourgogne, François Ier à Naples, et le duc d'Orléans était investi du Milanais. Le 16 décembre, nos troupes évacuèrent Dos-Fraires, Gattières, Gillettes, Tourrettes-Revest. — Malheureusement la peste de 1455 enleva le duc d'Orléans au Milanais, le Milanais à la France, et à François Ier toute joie et toute espérance. Les travaux de l'enceinte continue de Saint-Paul firent quelque diversion à cette peste de trois années consécutives. — Vence y contribua d'hommes et de vivres. — M. de Seguyer commence les travaux dès le 22 février 1546. — Henri Mandons, sieur de Saint-Remy, en fut l'ingénieur; et le sieur de Saint-Étienne vint aider Henri Maudons à tout terminer en 1547. Une inscription latine rappela l'érection de ces remparts commencés en 1536, repris en 1546 ; Saint-Paul eut pour premier gouverneur Hugolin de Grimaldi. Bernardin Roussel était viguier de Saint-Paul. Plus de mille habitants privés de leurs habitations allèrent créer les villages de Roquefort et de la Colle, aujourd'hui plus considérables que leur métropole. — François Ier était mort cette même année à Rambouillet, 31 mars 1547. Son fils Henri II continua la lutte. Profitant de la trahison du marquis de Saluces, il s'empara de cette clef de l'Italie ; d'autre part, Octave Farnèse demanda notre secours contre l'empereur, et la lutte ne discontinua pas. Cossé-Brissac fut nommé gouverneur du Piémont, Strozzi eut le commandement de l'armée du Midi, et Claude de Tende reprit son gouvernement. Pour ne pas être au dépourvu de poudre, comme au siège de Nice, Henri II obligea les villes de lui livrer certaine quantité de salpêtre : Vence fut du nombre, par lettres patentes datées de Fontainebleau, 17 octobre 1547, et de Saint-Germain, 15 octobre 1557. — Le sieur de Tende de son château de Villeneuve, où nos consuls allaient souvent lui porter des présents, lançait ordonnances sur ordonnances ; en 1549, il nous enjoint de réparer les chemins royaux, d'accourir à Antibes ou à Saint-Paul au premier coup de canon, tout en armes et le plus nombreux possible, d'envoyer des vivres à la troupe du capitaine Guevarre-Salomon logée à Cagnes et à Saint-Laurent, de porter des vivres au camp et au fort d'Antibes, dont M. de Sausse avait le commandement, — 6 et 7 juin 1549 (pain, vin et légumes pour les jours maigres) ; ordre d'amener des charpentiers pour réparer les fortifications d'Antibes, dont le roi lui-même visita les travaux en 1550, à son retour du marquisat de Saluces et du Piémont. La défaite navale de Strozzi par André Doria valut au comte de Carcès son élévation. — Celui-ci, le 14 mai 1552, engagea une action en vue de Villefranche. Doria portait avec lui le roi de Bavière ; le prince de Savoie se tenait au château de Nice, d'où il pointait ses canons contre la flotte française. — Cependant Claude de Tende pour opérer une diversion envoya une partie de ses troupes du côté de Tende, faisant mine de vouloir reprendre ses fiefs confisqués. L'armée de Savoie ne se libéra que par une forte somme d'argent. Les Français devaient revenir à la frontière et vers le littoral qui avaient besoin de tous nos hommes. — Le 11 août, on nous mande de Vence pour aller débarquer l'artillerie au Cros de Cagnes. Les 22 août, 13 septembre, 14 octobre, ce sont ordres sur ordres du comte de Tende par ses commissaires, M. de Sausses, gouverneur de Saint-Paul, François de Villiers de Villeneuve-Loubet, le sieur de Saint-Tropez, commandant la frontière et gouverneur d'Antibes; à Grasse se trouvait Louis du Mas, et à Vence, Hugolin de Grimaldi. Chaque homme de vingt-cinq à quarante-cinq ans est appelé sous les drapeaux. — Levée sur levée, contributions en nature ou en argent; — Nice était remplie des troupes ennemies et le danger ne cessait pas; au mois de janvier 1553, les consuls de Vence allèrent à Antibes et à Villeneuve conjurer MM. de Saint-Tropez et de Villiers de les soulager en quelque chose. Nous étions pressurés de tous côtés d'Antibes pour les lieux maritimes, de Saint-Paul et de Grasse, pour la viguerie, voire même de Marseille pour la flotte. — En mai, nous portons des vivres au Fort-Carré; le 8 juillet, nous allons au Cros de Cagnes chercher nos munitions de guerre pour Saint-Paul; le 4 août, comme le territoire est envahi ou menacé, nous nous retranchons derrière les murailles sous le commandement de noble Etienne Garbier, notre vieux capitaine; le 10 août, on double les postes, vu que Nice est remplie de troupes, et on *met la ville selon l'ordre de guerre.* — Jusqu'au 10 décembre, l'alarme ne cesse point. — Les parties belligérantes reprennent les armes au mois de février 1554. Nous voyons le comte de Tende campé à Mougins, le sieur de Saint-Tropez à Mouans, et M. de Saint-Florent à Valaury, et chez nous le capitaine de Luçay. Jacques de Villeneuve, seigneur de Tourrettes-Vence, commande une compagnie qui stationne à Grasse. — Emmanuel Philibert avait succédé depuis 1553 au trône de Savoie, et était pour nous un terrible adversaire.

Le 6 juin 1554, nous portons 8,000 pains au camp d'Antibes. Les réquisitions continuent 26 juin, 1er juillet, 6 et 8 du même mois. — La victoire de Renti, qui amena l'abdication de Charles-Quint, 25 octobre, engagea les consuls de Grasse, de Vence, de Broc et de Châteauneuf, à envoyer des députés au comte de Villiers, à Toulon, pour obtenir le délogement des gens de guerre. Pierre Suche, notre consul, procureur au nom de Vence, obtint pleine réussite.

Les armes ne retentirent plus dans le midi jusqu'en 1557, époque à laquelle Emmanuel Philibert gagna, le 10 août, la bataille de Saint-Quentin. — Aussitôt Jacques de Villeneuve reparaît à Grasse, Antoine de Carbonelli, lieutenant du comte de Tende, à Antibes, le capitaine Fabri et le capitaine Morin à Saint-Paul, le capitaine Admirat à Gattières. Le danger ramène sur la frontière M. de Saint-Tropez, pendant que Claude de Tende était dans le nord. — Les sieurs de Saint-Remi et de Bona arrivent eux-mêmes à Antibes; le duc de Guise, qui combattait en Italie, y laissa Cossé-Brissac pour venir sauver la France. Le 27 mai 1558, nous craignions l'invasion. M. de Saint-Tropez nous ordonne de nous bien garder. — Le 2 juillet nous allions aux provisions de poudre et de plomb. Un camp était établi le 22 août à Saint-Laurent, et nous voyions passer à Vence les capitaines Jacques de Villeneuve, de Faucon, de Cabris, qui avec les autres en imposèrent à l'ennemi. On s'en garda jusqu'à la paix de Cateau-Cambrésis. En vain le roi de France redemanda le comté de Nice : Charles-Emmanuel traita en vainqueur, et pour se rendre Nice plus fidèle, il y vint avec Marguerite de Valois, sœur de Henri II, en 1560 et en 1561, accorda le port franc, fortifia cette ville et la combla de priviléges.

Reposons-nous un instant de tout ce bruit de guerres pour

nous occuper de notre histoire intérieure. Dans le mois même de l'abdication de Charles-Quint, Nicolas de Jarente, notre évêque de Vence, mourut chez son frère, Antoine de Monclarc. Il avait pour chanoines Messires Pierre du Port, prévôt, Pascal de Villeneuve, sacristain, Pierre de Brandis, archidiacre, Antoine de Lascaris, Jean et Jacques de Cormis, Etienne de Grasse, Jean-Pierre de Pierrelate et Honoré de Hondis. Un des actes les plus remarquables de son pontificat fut la transaction qu'il fit à Aix chez Balthasar de Jarente, son prédécesseur, avec le baron de Vence, Antoine de Villeneuve (8 février 1544). Celui-ci, après de longues discussions, finit par reconnaître que l'évêque avait aussi sa juridiction temporelle et ses droits sur Vence, qu'il n'était pas soumis à l'hommage; il lui accorda la moitié de la temporelle, comme par le passé. Les témoins étaient Boniface de Séguran, sieur de Vauvenargues, François de Scalis, Pierre de Brandis, sieur d'Auribel, Jean Stopan, notaire d'Aix, Georges Barcillon de Saint-Paul, Claude Isnardi et Pierre Broc, syndics de Vence, Henri de Grasse, sieur du Mas, Isnard de Rousset, sieur de Rousset en Dauphiné, Quentin Lascaris, de Châteauneuf, Jean de Russan. Il fut convenu que pour Saint-Laurent de la Bastide, dont les coseigneurs se disputaient la coseigneurie, on prendrait pour arbitres Boniface Séguran, Honoré Vétéris, François de Scalis, et Honoré Langery, sieur de Châteaudouble.

En 1552 (11 novembre), Nicolas de Jarente par ses ordonnances ranima le zèle de la discipline ecclésiastique. Son nouveau chanoine sacristain, Honoré de Hondis, par édit royal daté de Fontainebleau, 4 novembre 1553, fut chargé de faire le dénombrement des églises du diocèse. — Fort de la transaction de 1544, l'évêque, au moment où l'hérésie enflammait la chrétienté, fait sentir à la commune son autorité bienfaisante. Celle-ci lui semble toute dévouée et nous offre une série d'actes empreints de la plus grande piété. Lorsqu'en 1554 des pluies torrentielles compromettent les récoltes, le conseil prie et conjure le chapitre d'adresser des prières à l'*auteur de tout bien*. Elle demande en même temps que la fête de saint Pancrace soit rendue obligatoire dans tout le diocèse, comme celles de saint Véran et de saint Lambert. — Cette fête était devenue une foire très-considérable. — Comme il n'y avait pas de relique du saint dans le trésor du chapitre, Hugolin de Grimaldi, qui se rendit à Rome en 1555, obtint pour cette chapelle de Saint-Pancrace bulles d'indulgence et reliques (fin décembre 1555).

Jean-Baptiste Raimbaud de Simiane, évêque, non moins recommandable que son prédécesseur, succéda en 1555 à Nicolas de Jarente. Assidu à tenir son synode diocésain, il garantit son diocèse des erreurs naissantes; en vertu des lettres patentes données à Saint-Germain, 21 novembre 1556, il amène son clergé à voter le don du roi, mais une fois seulement et sans conséquence pour l'avenir, comme il est bien stipulé par MM. les chanoines. — Antoine de Villeneuve, qui prit le premier le titre de baron de Vence, mourait cette année même 1556. Il avait conservé quelque rancune contre le clergé depuis la transaction de 1544. — Quelques-uns de ceux qui pactiseront le plus avec la réforme étaient déjà près de lui, lorsqu'en 1549 (18 décembre) il cède à la commune de Vence et à Antoine Portanier de Cagnes, sa terre du Puget. On voyait à cet acte Fouques Tombarel, dit Brandis de Gréolières, Isnard Orselly de Colmar, juge, Raphaël de Russan, écuyer de Torenc, habitant à Grasse, François de Simiane, écuyer de Manosque, et tous ardents partisans du baron. — Il laissa pour enfants Claude 1er chevalier de l'ordre du roi, et François Honoré, marié à Ysabeau de Brancas. — Claude, déjà hostile à l'évêque, attaqua la transaction de 1544. — Tout aussitôt l'évêque, le chapitre, les consuls et le conseil général, en pleine place du Peyra, protestèrent en 1556 contre les empiétements du nouveau baron. — Mais voici venir d'autres guerres, *Bella, ecce horrida bella*, ville contre ville, frères contre frères, chaque bourgade du nord au midi sera pendant les guerres de religion un vaste champ de batailles.

Mgr de Simiane abandonna son siége en 1560.

CHAPITRE VII.

LA RÉFORME A VENCE (1560-1598).

Louis du Bueil de Grimaldi, fils de René de Grimaldi et de Thomassine de Lascaris, occupa le siége de Vence, avec Georges du Port pour prévôt, Nicolas de Hondis pour sacristain, Audin Garidelli pour grand vicaire. Les autres chanoines et bénéficiers étaient Jean Raymond, Barthélemy Baussi, Nicolas de Cormis, André et Jacques Mayffred, Jacques et Antoine Ayès, Louis Broc.— Les de Cormis, toujours influents, avaient à Vence Louis de Cormis, premier consul, Antoine de Cormis, trésorier, et Jacques de Cormis, notaire.— Claude de Cormis était une des gloires du barreau d'Aix, ainsi que noble Claude Maliver, fils de Pierre, qui avait acheté une charge d'avocat à Aix, vers 1536, et prenait pour armoiries un lion d'or élancé et trois étoiles.

La commune très-bien administrée obtenait beaucoup de la faveur du comte de Tende, quand éclata tout à coup (mars 1560) la conspiration d'Amboise, qui mit les armes aux mains des catholiques et des protestants. Là se trouvait un de nos seigneurs de Malvans, Pierre de Richieu de Castellane, dont le frère Antoine de Richieu couvrit de ruines et de meurtres avec les Vaudois, les Basses-Alpes et les environs de Draguignan. — Tous deux étaient fils d'Honoré. — Antoine fut pris à Draguignan, exécuté; son corps salé et envoyé à Aix.

La première fois que Vence reçoit quelque ordre concernant la réforme, c'est en effet en mars 1560. Le comte de Tende fait avertir madame la baronne, Françoise de Grimaldi, épouse du baron Claude, et fille du seigneur d'Antibes, qu'elle nous *fasse faire* bonne garde contre les *mauvaises congrégations*. Une levée d'hommes eut lieu quelque temps après. Notre évêque, étant allé au colloque de Poissy (1561), y trouva de puissants appuis dans Louis du Bueil, comte de Sancerre, favori de François II, et dans M. de Cipières, gouverneur de Charles IX. Le roi désigna, en effet, notre évêque pour se rendre à la clôture du concile de Trente, en 1562. Ce dont le conseil alarmé, parce que le baron de Vence penchait déjà vers la réforme, demanda à Sa Majesté, 24 avril 1542, que « *considérant les grands troubles qui étaient journellement en ce présent pays de Provence pour cause de la nouvelle religion, elle voulût bien exempter Révérendissime Père en Dieu, Messire Loys de Bueil, évêque et coseigneur temporel de la cité de Vence, d'aller au consille congrégué à la ville de Trente*. Mgr le comte de Tende était chargé d'appuyer la supplique *au Roi notre Père*. Elle fut sans effet. — Le trouble était déjà à Vence, et par ordre de Mgr d'Antibes, lieutenant du comte de Tende, on mettait toutes les armes en séquestre dans le château du baron de Vence. Louis Alsias, trésorier du conseil, fut dépêché aussitôt au noble seigneur pour qu'il voulût bien les rendre, afin que la commune *obviât à nouvelle sédition*. C'était deux mois après le massacre de Vassy. Les seigneurs commençaient à former des compagnies. Claude de Villeneuve, baron de Vence, obtint le 12 mai de lever 300 hommes, auxquels Vence et Saint-Paul payèrent les vivres et le logement. Le 14 mai, le comte de Tende écrit de Mauvans aux consuls de Vence, de venir l'y trouver, pour *s'entendre* avec lui *de crainte des Huguenots*. — La commune ferme ses portes, grille les fenêtres des remparts. — Tous les travaux doivent être faits sous huit jours.

L'année 1562 a été appelée par les Dauphinois *annus procellosus calamitosusque*. Ils se débattaient au milieu des fureurs du baron des Adrets (12 mai).

Le 9 juin, nous lisons que Mgr de Somerive, gouverneur pour le roi en l'absence de son père le comte de Tende, autorise le sieur de Mirebeau à lever cinq cents hommes pour le service du roi, et que Vence y contribuera. Le sieur de Briançon, lieutenant de Mgr de Somerive, arrive à Vence, et nous impose ainsi que Coursegoules. Tout est en armes. Des bandes parties du Broc et de Saint-Jeannet, *et qui sont de la nouvelle oppinion*, courent le pays. Pour obvier à quelque *surprinse et voie de fait*, le conseil de Vence défend d'entrer armé dans la ville *à qui que ce soit, à moins d'être sous l'obéissance du capitaine du roi* (15 juillet). — Le baron de Vence ne se trouvant plus en sûreté à Vence, à cause de la nouvelle religion qu'il avait hautement embrassée, avait obtenu, le 5 juillet, des lettres de sauvegarde du comte de Tende, alors campé à Manosque ; et ces lettres avaient été publiées dans la ville de Vence, au grand mécontentement des catholiques. — Le 31 juillet, nous logions, venant de Saint-Laurent du Var, la compagnie dite de N. Saint-Père le Pape, composée de mille hommes, et conduite par César Trapani. — Les Vençois alarmés se retranchent, creusent des citernes sur le Peyra, et se ferment jour et nuit. « Attendu, dit encore le consul du 3 septembre, que *journellement quelques-uns portent des vivres et baillent ayde et faveur à ceux de la nouvelle religion contrairement aux Edits du roi et au mandement de MM. de Somerive et de Briançon, les conseillers déclarent protester contre de tels actes.* » — Le 21 octobre, les consuls portent un présent à Mgr Somerive, et d'après ses conseils on se forme en compagnies, sous la conduite de dix chefs, qui *saisiront au corps les vagabonds et gens armés* (26 octobre). Il est défendu à *tout suspect de la nouvelle religion d'entrer en cette ville, ou faubourgs d'icelle, et ni père, ni frère, ni voisin, ni domestique, ne peuvent les recueillir, recéler en leurs maisons, terres, vignes et possessions.* Un exprès est envoyé aussi du côté d'Aspremont, pour voir ce qu'y font les Huguenots. — Le baron de Vence, irrité de ne pouvoir venir dans son fief, se plaignit au seigneur d'Antibes contre les consuls. Ceux-ci coururent en toute hâte à Antibes se disculper des calomnieuses accusations dont le seigneur les avait noircis (1563). — L'évêque était de retour du concile. Soit qu'il voulût se concilier l'esprit du baron de Vence, soit qu'il crût le pouvoir temporel peu en rapport avec le sacerdoce, soit qu'enfin il voulût profiter de la liberté donnée par le roi aux évêques de vendre leur temporel, il se mit à négocier, de son chef, tous les fiefs et tous les bénéfices qui appartenaient à son siége, quoiqu'ils fussent à titre perpétuel et inaliénable. — La commune avait cette année pour consuls Louis de Cormis et Claude Mars; Jean Stopan pour trésorier, Etienne Garbier et François Canamsy, le peintre, avaient la garde de la ville. — Les députés de Vence allèrent prendre conseil de Louis Bompar à Grasse, et de Claude de Cormis à Aix, et attendirent venir Louis du Bueil. Cependant le sieur de Somerive et M. de Briançon expédiaient messages sur messages, tantôt pour nous ordonner d'*arenter* les biens de ceux qui s'étaient absentés de la ville pour cause de la nouvelle religion, tantôt de lui envoyer le rôle des suspects. — Nous lisons une trentaine de noms. — C'étaient des visites domiciliaires, 27 février.

Le 14 mars la ville était de nouveau barricadée, et le 25 trois cents hommes avec le capitaine de Briançon occupèrent Vence. Le baron profita de cette occupation par la force armée pour amener ses sujets à transiger au sujet des moulins. — Il fut convenu qu'on construirait un troisième moulin, moyennant quoi le seigneur abandonnerait sa pension féodale pendant quatre années. Après cette transaction, le comte de Tende nous accorda en juin le délogement de la troupe, mais à la condition expresse que consuls et conseillers répondaient de tout excès, désordre et insolence qui pourraient se commettre à cause de la nouvelle religion, ou autre (28 juin). — On sait que la paix de juillet 1562 avait accordé l'exercice de la religion réformée hors des villes. C'est pourquoi nous voyons encore à Vence au bout du quartier des Arcs la rue des Huguenots. L'édit d'Amboise (19 mars 1563) permit la nouvelle religion dans les villes non soumises à la haute justice de quelque seigneur catholique. — Le comte de Tende engagea les consuls à s'entendre avec le baron de Vence à ce sujet ; et après mûre délibération, on alla voir madame la baronne *pour pacification, en l'absence de son mari*. — Le roi ayant donné aux évêques, comme nous l'avons dit, par lettres patentes, la permission de vendre leurs domaines temporels, noble Joseph de Giraud, coseigneur de Carros, se rendit le 26 mai à Saint-Paul devant le lieutenant de la sénéchaussée de Draguignan, afin d'acheter les fiefs nobles que l'évêque de Vence possédait au Broc et à Besaudun. Le seigneur de Villeneuve-Torenc fit la même demande pour l'acquisition du Canadel ; et le conseil de Vence demanda à acheter la temporelle de l'évêque pour la remettre au roi. — Le baron de Vence prétendant que les anciens évêques n'avaient été que des usurpateurs ou spoliateurs d'une partie de la temporelle de Vence, qu'ils avaient violenté la conscience des anciens propriétaires, ou des seigneurs, voulait avoir, comme un droit acquis, toute la juridiction. — Chacun motiva sa requête, et l'affaire se négocia les années suivantes. — Vence se gardait (1564) d'autant plus que des bruits de peste mettaient en émoi les populations. — Le 1er janvier 1565, le conseil défend les jeux de cartes et autres jeux de hasard. — En avril nous sommes accablés de contributions : cavalerie du capitaine La Barre à Brignoles, régiment de M. de Romoles, Argoles du comte de Tende ; le capitaine La Barre, qui s'était rapproché de nos pays, était même en marche sur Vence le 1er mai, parce qu'on ne le payait pas. La cavalerie était déjà à Callian, quand grâce au baron de Vence, que le consul alla trouver à Gréolières, elle fut détournée de notre ville. — Un nouvel édit du roi parut, ordonnant le désarmement.

Du 12 juin au 17, le viguier de Grasse vint mettre toutes nos armes en séquestre ; puis, après ces mesures de sûreté, l'ordre arriva d'admettre dans le conseil municipal des membres de la religion réformée. — Romain Signoret et Jean Vidal furent élus à Vence. — Deux compagnies occupèrent notre ville sur ces entrefaites, et y restèrent jusqu'au mois d'août, époque à laquelle le comte de Tende, après la pleine assurance que nous lui donnâmes de rester en paix, nous permit de nous garder nous-mêmes. — Mais à peine fûmes-nous libres que le conseil général déclara la guerre au seigneur Baron. Les moulins en furent encore le prétexte. Tous les conseillers, quatre exceptés, le bailli seigneurial, Pierre Suche, signifièrent au seigneur de fermer ses bachas dans le nouveau moulin. D'autre part les conseillers s'enquéraient auprès du viguier de Grasse de quelle manière devaient être ensevelis les gens de la nouvelle religion; ils entretenaient leurs bons rapports avec le comte de Tende, en lui portant chaque année des présents à Villeneuve, ils soutenaient le clergé, payaient exactement les dîmes, contribuaient pour la facture de la représentation des mystères le vendredi saint, et pour les prédications d'Audin Garidelli, et votaient en 1567 pour la cloche de la *chapelle de la Congrégation de saint Bernardin* (pénitents blancs).

Claude de Tende étant venu à mourir, Honoré son fils lui succéda. — Les consuls, après l'avoir visité le 1er mai 1567 à Villeneuve, lui adressèrent quelques jours après une nouvelle requête pour le rachat de la temporelle épiscopale, appartenant au roi, d'après les édits et ordonnances des rois et comtes de Provence. — C'était la grande affaire, quand le 13 avril un message de M. de Corbons nous avertit de prendre les armes en toute hâte et de nous garder. Une flotte de 25 ou 30 navires avait été aperçue dans la rivière de Gênes. — Le conseil fit répondre qu'il était prêt à obéir, mais que ses armes étaient en séquestre. On nous rendit nos armes. — Nous fûmes requis pour conduire tout de suite l'artillerie de Saint-Paul à Antibes. La flotte n'osa pas faire d'autre démonstration, et Vence, semblant se garder contre l'ennemi, répara ses murailles contre d'autres agressions. — La Savoie essayait déjà de faire invasion. Une lettre (11 février 1568) d'Honoré de Tende nous recommande de bien recevoir le baron de Villiers, son oncle, lequel va trouver M. de Gordon, *pour des affaires importantes concernant le service de Sa Majesté*. Des troupes étaient postées à Gordon, à Cipières et à Sisteron (juillet et août). Le sieur de Vins, qui jouera un si grand rôle dans nos guerres de religion, s'était avancé avec le baron de Saint-Jeannet, du côté de Barcelonnette pour refouler les Piémontais et les empêcher de se jeter sur le Dauphiné, désolé par la guerre la plus cruelle. — Du côté de Saint-Laurent du Var, une foule de volontaires italiens venaient s'enrôler pour le service du roi. Le 7 octobre deux compagnies qui de Saint-Laurent montaient à Vence, ne furent dirigées sur Biot qu'à prix d'argent. C'était après la paix de Longjumeau. Le parti catholique avait le dessus. Aussi le 26 novembre le sieur Bourdaye, commissaire royal, arriva-t-il à Vence avec une trompette pour nous crier de la part de Sa Majesté de ne tenir autre religion que la catholique, apostolique et romaine. — Après la paix de Saint-Germain, le roi crut tout pacifier en accordant quatre places de sûreté aux protestants dans le nord et dans le midi (15 août 1570). Hâtons-nous de dire que cette faveur et autres cachaient un horrible piége, et ce grand crime historique dont le drame se déroulera plus tard.

Honneur à Honoré, comte de Tende, qui ne voulut pas tremper ses mains dans le sang de la Saint-Barthélemy. Toujours en éveil, et sans pactiser avec l'erreur. « Gardez-vous, nous écrivait-il (8 février 1570), tenez l'œil ouvert. » — Les guerres continuelles avaient épuisé le trésor, les terres étaient en friche, et plus de vivres. Vence cherchait en vain de l'argent. L'évêque de Vence nous donna pourtant une lettre pour Honoré de Grimaldi, son frère, gouverneur de Nice, afin qu'il nous en fît trouver. — Toutes les troupes demandaient à la fois leurs contributions, Barthélemy

Durand avec sa compagnie à Saint-Paul, la commune de Saint-Remy pour la milice du comte de Tende, les soldats italiens venant de Saint-Laurent et allant à Tarascon. — Les huguenots, retranchés à Saint-Laurent de la Bastide au-dessus de Vence, ravageaient la campagne et rançonnaient les voyageurs. — Jean de Pontevez, comte de Carcès, pendant que se tenaient à Brignolles les états de Provence sous la présidence de Vincent Bompar, sieur de Magnan, et de notre évêque de Vence, Louis du Bueil de Grimaldi, continuait de nous avertir (avril 1571); sa troupe est en juillet à Fréjus. — Vence, malgré ses embarras, ne perdait pas de vue son affaire de la juridiction, et députait à Paris pour cette affaire Antoine Mars et Bertrand de Varron. — Elle ne se doutait pas même du grand complot, et elle était occupée à payer les contributions pour la troupe de Seine et pour les réparations du fort de Marseille, quand éclata le massacre de la Saint-Barthélemy.—Chez nous tout fut calme. — Quelques jours après, Charles IX lança ses lettres de pacification par lesquelles il engageait le peuple à vivre en bonne union, quoique la quatrième guerre de religion fût commencée. Elle fut terrible.—Le comte de Tende mourut cette année même 1572. Gaspard de Saulx, vicomte de Tavannes, lui succéda pour être remplacé le 6 juillet 1573 par Albert de Gondi, maréchal de Retz, époux de Catherine de Clermont. On lui adjoignit Henri d'Angoulême, frère naturel du roi, appelé le grand Prieur de France. Jean de Pontevez eut la charge de grand sénéchal. — Henriette de Tende-Lascaris, mariée à Charles de Lorraine, le célèbre duc de Mayenne, hérita du château de Villeneuve-Loubet.

La mort d'Honoré fut une grande perte pour la commune de Vence en particulier, et pour toute la Provence. — Louis du Bueil avait déjà vendu aux habitants de Besaudun (1565) tous ses droits sur leur commune, au prix de 260 florins de rente. Il avait fait de même pour l'Olive en 1566, et pour Saint-Laurent du Var. Le seigneur de Tourrettes avait acquis Saint-Martin de la Pelote ; la ville de Saint-Paul, par ses consuls Barthélemy Civate et Boniface Barcillon, avait *arrenté* les dîmes de Saint-Paul ; Jean de Villeneuve, par acte passé devant George Isnard, notaire de Vence, avait obtenu le Canadel (20 novembre 1569), moyennant 200 écus de pension à l'évêque. Restait Vence, que le baron Claude revendiquait pour lui seul. Louis du Bueil fit valoir devant Sa Majesté que, pour payer le don royal exigé par Charles IX, lequel s'élevait à 500 livres, il devait se créer des revenus fixes, et aliéner une partie de ses juridictions temporelles, et qu'il ne pouvait mieux le faire qu'en faveur du baron. Malgré tous nos efforts Claude obtint, par édit royal du 17 mai 1572, la temporelle de l'évêque de Vence, et prêta serment au roi comme seul seigneur, ayant haute, moyenne et basse justice. — La commune de Vence en appela devant le conseil suprême. — Le chapitre écrivit au légat du saint-siége, et obtint d'Avignon une réponse favorable. — Vence qui avait déjà eu la permission de nommer des officiers royaux, se les vit enlever par le sieur de Magnan. — La Saint-Barthélemy ne donna que plus d'audace au baron Claude. — Alors catholiques ou protestants, et tous ceux qui étaient les vrais défenseurs de la commune, se tournèrent contre Claude de Villeneuve, dont le pouvoir envahissant et sans contrôle menaçait d'anéantir toutes leurs libertés. — Les élections du 26 décembre 1572 furent un triomphe pour le parti de la commune. Les nouveaux conseillers jurèrent de défendre leurs droits et priviléges. — On exigea que les consuls, soutenus par le clergé, se montrassent plus fidèles que jamais aux devoirs religieux, et Louis Broc, curé de la cathédrale, dont le frère était un des plus zélés défenseurs de la commune, dit lui-même la messe du Saint-Esprit. Le seigneur de Vence avait pour lui les Guigou ; nobles Michel Guigou, Louis Guigou, Pierre Guigou étaient tous fils ou frères de Jean Guigou, son bailli, avec Lucas de Ruppibus pour lieutenant. On voyait avec lui les Signoret, noble François de

Simiane, écuyer de Manosque, son séide, noble Bernardin Rousset, viguier de Saint-Paul, Isnard de Colmar. Jean de Pontevez, comte de Carcès, parent du seigneur de Vence, était tout-puissant à cette époque en Provence. — Nos consuls se débattaient au milieu des dettes de la commune et des arrérages que réclamaient le baron d'Eoulx, la bande du sieur de Saint-Etienne à Valerne ; les receveurs de Grasse et de Saint-Paul, noble Rabuys et noble Barcillon demandaient la taille royale et l'argent des compagnies de Perthuis. — Grasse n'était pas moins agitée que nous. — Ses couvents, son nombreux clergé, à la tête duquel était Jean Frégose, avaient contre eux les seigneurs calvinistes. Comme chef-lieu de viguerie, elle avait à s'occuper aussi de l'agitation de nos communes. — Tandis que le règne de Charles IX s'achevait, Honoré de Villeneuve, seigneur de Saint-Césaire, vint de Grasse à Vence pour enrôler des légionnaires (1574). L'agitation était grande à Grasse. Le 8 mai le comte de Carcès manda secrètement nos consuls. Le seigneur d'Antibes nous enjoignit de bien fermer nos portes, à cause de quelques *surprinses qui se pouvaient commettre à Vence* (1er juin). — Charles IX venait d'expirer à Vincennes. — Aussitôt le Dauphiné est en feu ; les protestants, sous la conduite des sieurs de l'Isle, d'Allemagne, Stoblon, Saint-Estève, Espagnollet, de Tourrettes-Fayence, Montpésat, d'Oraison, Majastres, Honoré de Grasse, sieur de Tranaron, prennent les armes en haine de Carcès dont ils voyaient avec peine l'élévation. — Du 6 juillet au 7 septembre tout est mis à feu et à sang du côté de Riez et Anot par ces terribles Rasats.

Le 11 juillet, M. d'Antibes, lieutenant au nom du comte de Carcès, nous apprend les horreurs commises à Riez, et nous recommande de ne pas pactiser avec les ennemis de Sa Majesté. M. de Saint-Marc nous demande le plus d'hommes possible, et vient les chercher lui-même au château de Vence où il loge. — Le seigneur de Briançon fait à son tour des enrôlements volontaires à Vence pour sa compagnie, et les emmène à Grasse, dont il était le gouverneur. Notre baron se tenait à son château de Gréolières. Quand les miliciens eurent quitté Vence, le conseil réuni fit fermer les portes de la ville à chaux et à ciment, le portail-levis excepté, et se garda. — Les consuls de Cagnes, de Villeneuve, de Biot, et autres, s'entendirent avec les nôtres pour s'avertir mutuellement de tout ce qui se passerait. Nous nous méfiions surtout du Broc et de Tourrettes, qui méditaient quelque attaque. Avertis le 23 juin par Biot, et quelques jours après par Cagnes, le consul décida de continuer à se retrancher pour conserver la place au roi. Le 29 août et 5 septembre, même résolution. Le 14 septembre on donna une collation à un certain nombre de Saint-Jeannetins qui allaient à Coursegoules où ils avaient appris qu'on levait une compagnie. — On envoie à Nice chercher cent arquebuses, et l'on remonte les cent autres, on se barricade, on achète un fanal, et deux cents hommes se répartissent la garde de la ville et des faubourgs. — Honoré de Grasse et Antoine de Grasse, sieur de Montauroux, avec Honoré, sieur de Sartoux, dit le capitaine Colomb, Jacques Gastaud et Gaspard Motel, en revenant des Basses-Alpes, surprirent Gréolières sous prétexte qu'ils allaient y chercher la femme d'Honoré de Grasse, sieur de Tanaron ; mais en réalité parce que Claude, le baron de Vence, tenait pour Carcès. — A peine cette nouvelle fut-elle connue de nous que, *pour éviter plus grand scandale*, la commune envoya une compagnie pour reprendre le château de Gréolières qui était de la nouvelle religion. Jean Maliver, Bertrand Reillance, et Jean Vidal conduisirent leur contingent. Honoré de Grasse et les siens furent pris et menés prisonniers à Aix (octobre). Un courrier vint en annoncer la nouvelle aux consuls de Vence, et se rendit de là auprès de M. de Corbons, à Antibes, pour lui dire que Gréolières était réduit sous l'obéissance du roi et du baron Claude de Villeneuve.

Ici commencent les guerres des Carcistes et des Rasats. — On profitait de l'absence du roi et du gouverneur de Provence, lequel était allé au-devant d'Henri III, revenant en France au milieu des fêtes de Vienne, de Venise et de Turin.

Notre affaire de la juridiction se poursuivait toujours. — La commune avait obtenu au mois d'août 1573 le rétablissement provisoire des baillis de l'évêque et du baron, jusqu'à nouvel ordre, l'acte de transaction de Claude avec Louis du Bueil ayant été ajourné par devant la Cour des comptes. En 1574, Pierre Suche n'apparaît que comme bailli de la Cour de Vence. — Au mois de mai, Jean Robaud et Pierre Broc se rendirent près de Nicolas Bain, notaire à Marseille, « *pour qu'il aille incontinent à la cour du roi, où elle sera, pour et afin d'obtenir de Sa Majesté lettres patentes pour racheter, payer et remettre aux mains du roi la haute, moyenne et basse juridiction, que le seigneur évêque a nouvellement remise et transportée au sieur baron, par acte du 15 avril 1572.* »

Cette démarche obtint un plein succès. Le conseil du roi déclara, le 3 décembre, la vente de l'évêque illégale. La commune acheta la juridiction de l'évêque, moyennant quarante écus de pension, et le ministre des finances nomma à Vence Antoine Vidal viguier, Hélion Mély juge royal, Pierre Broc procureur du roi, et Bernardin Mayffred lieutenant royal.

Louis de Bueil, voyant sa cause perdue, se hâta de donner sa démission, et rentré en Savoie, il se mit au service de Charles-Emmanuel qui le nomma son grand aumônier et le combla d'honneurs. — Audin Garidelli, son grand vicaire, fut nommé à sa place, à la grande satisfaction du conseil.

La commune consacra le souvenir de cette victoire par le vote de la fontaine Vieille au portail Saint-Paul. — Plus de juge seigneurial au conseil. — Claude Villeneuve, désolé, s'en plaint amèrement aux sieurs de Magnan et Masas, et en appelle à son tour au roi. Le président écrivit à Sa Majesté qu'on avait surpris son conseil des finances, que les Vençois étaient des sujets rebelles, et que Sa Majesté n'avait pas de seigneur plus dévoué qu'honorable Claude de Villeneuve, baron de Vence, chevalier du roi, et d'une des plus illustres familles de Provence. — Henri III essayait d'apaiser les guerres du Dauphiné, et le maréchal de Retz, qui était retourné à Aix le 16 novembre, allait, aidé du comte de Carcès et du baron de Vins, reprendre Riez et Puymoisson. Le 10 décembre, le roi étant à Avignon accorda son pardon à Honoré de Grasse et au sieur d'Oraison.—Notre baron de Vence gardait la plus stricte neutralité entre les partis. — Il n'en était pas de même des autres seigneurs qui avaient pris tous un commandement : le seigneur du Bar occupait Antibes, aux ordres de Carcès; sieur de Canaux, Charles, son frère, s'était fortifié à Gordon, près du Bar, position inexpugnable qu'il gardera tout le temps de cette longue guerre. — Cependant Carcès, jaloux de voir le gouvernement revenu aux mains du maréchal de Retz et du grand prieur, avait formé en Provence un parti qui répondait à celui des politiques ou mécontents du Nord. — Il y avait des protestants et des catholiques des deux côtés. — C'est ainsi que nous voyons le baron de Vins du côté des Carcistes, que l'on appelait aussi marabouts ou pillards. — Les *Rasats* s'appelaient ainsi, comme si le *rasoir* eût passé sur eux ; faisant allusion aux impôts dont les Carcistes avaient accablé la Provence. — La Verdière, les frères d'Ampus et de Besaudun, les sieurs d'Oise et de Villars, Saint-Jeannet, Sillans, Solliès, Calas, d'Agout, et le seigneur Claude de Villeneuve, marquis de Trans, étaient Carcistes. — De l'autre étaient beaucoup de protestants, ennemis des Carcès, les barons d'Allemagne, d'Oraison, des Arcs, Stoblon, Verdaches, et tous les compromis dans l'affaire de Gréolières. Les communes, au milieu de ces différents chefs, ne surent bientôt plus à qui obéir ; chaque capitaine demandait des contributions au nom de Sa Majesté. Le gouverneur cherchait à concilier les deux partis qui mêlaient là politique et les rivalités de famille à la guerre religieuse.

Cependant, Claude de Villeneuve, sans s'occuper de ces

divisions, commença par demander au roi une sauve-garde contre la commune de Vence; et il l'obtint, 7 janvier 1575. Le comte de Carcès campait à Manosque avec trois mille hommes : les seigneurs de Tourrettes-Vence, de Saint-Jeannet et de Vaucluse avaient leurs compagnies à ses ordres. Christophe de Villeneuve-Bargemont gouvernait Antibes au nom de Carcès, et Hugolin de Grimaldi, Saint-Paul. — Il y avait comme deux gouverneurs en Provence, et Jean de Pontevez, comte de Carcès, agissait maintenant comme si le maréchal de Retz n'était rien. — C'est en ce sens qu'il écrit, le 18 avril 1575, à nos consuls, que les ennemis du roi (ou Rasats) courant la campagne pour piller, il avait chargé Hugolin de Grimaldi, gouverneur de Saint-Paul, d'occuper notre ville avec sa troupe. — Il fit de même pour Biot, le Bar et Châteauneuf. — Le lendemain, 19 avril, le seigneur de Vaucluse adressa cette lettre aux consuls de Vence : A peine de rébellion, vous prendrez tous les armes, et vous vous emparerez de tous ceux de la religion qui sont en votre ville, avec leurs armes, et les mettrez en lieu sûr sans toutefois leur faire aucun mal, ni déplaisir. Telle est la volonté de M. de Carcès, et de plus, j'irai moi-même demain mettre tel ordre dans votre ville, pour savoir si vous reconnaissez la personne du roi.

Les protestants de Vence s'alarmèrent, ou plutôt la commune vit là un piége caché du baron de Vence pour faire main-basse sur les défenseurs de ses libertés, catholiques ou protestants. Bernardin Mayffred et Pierre Broc firent comprendre aux habitants que Carcès n'était pas le gouverneur, mais qu'on avait reçu l'ordre du maréchal de Retz de se garder soi-même et de conserver la place au roi. — Notre baron était dans son château avec ses fidèles protestants, quand, le 22 avril, le sieur de Montbrun, capitaine d'une compagnie, se présenta à Vence au nom du sieur de Vaucluse. — Le peuple, excité par les meneurs, s'anime, s'arme de rondaches, de bâtons ferrés et d'arquebuses, et se précipite sur la troupe et sur les gens du baron qui se réfugient dans le château hors des murs. C'était un véritable siége. Claude de Villeneuve et François de Simiane, s'échappant par une porte dérobée sur le Payra, coururent jusque dans la cathédrale pour faire sonner le *tocquasin*.—Un conseiller qui les rencontra les engagea à ne pas aller plus loin, que les consuls étaient à parlementer avec le capitaine. Celui-ci se retira par le chemin de la Tourrette. — Le baron fit faire sur ce soulèvement un long mémoire où, à son instigation, la justice royale de Vence fut le plus inculpée, ainsi que les consuls Raymond Maliver et Antoine André. — Pendant que cette affaire se plaidait à Aix, des individus masqués entrèrent, le 15 juin, à Vence, par le portail Saint-Paul, et ayant trouvé Antoine André assis devant la porte du consul, le chirurgien Michel Narbon, se jetèrent sur lui, le blessèrent à la tête, à l'épaule et au bras, et s'enfuirent en le laissant pour mort. On accourut aux cris de la victime, sans qu'il fût possible d'arrêter les assassins. On crut reconnaître les Signoret, partisans du baron, gens dont la réputation était faite. — On se rappela la dernière émeute excitée au grand romérage de Saint-Laurent du Var par Pierre Signoret et ses frères. Urbain, maître d'hôtel de la baronne, et Romain Signoret, chirurgien et domestique du baron, avaient frappé dernièrement un certain Antoine de trois coups d'épée, pour lui voler son manteau : et cet attentat était resté impuni. L'assassinat commis sur Michel Narbon compliqua l'affaire du 23 avril, mais elle se fût dénouée en faveur de la commune, si l'édit de pacification n'eût pas paru dans ces circonstances. Le baron fut mis hors de cause, les consuls condamnés seulement à une amende et aux frais, notre justice royale fut supprimée par arrêt du 11 juillet. — Le seigneur de Vaucluse n'était pas satisfait; il réclamait une réparation plus éclatante. — Mais comme on avait reconnu que Vence n'avait pas voulu désobéir au roi, le sieur de Vaucluse se contenta d'une lettre d'excuse que lui adressa le conseil, et il garda jusqu'à nouvel ordre les clefs de la ville.

Les condamnés de juillet étaient fiers d'en être quittes pour une amende ; mais la commune ne regrettait que la perte de sa justice royale; elle adressa à ce sujet une supplique au roi, qu'appuya le maréchal de Retz, et le 20 septembre 1575, Hélion Mély, Antoine Vidal, Pierre Broc et Bernardin Mayffred furent réintégrés.

Le juge seigneurial, Michel Guigou, voulait en ces circonstances faire du zèle en faveur du baron, et rappelant la sauvegarde royale, menaçait tous ceux qui étaient les ennemis du baron. Bernardin Mayffred se riait de ses arrêts et de ses réquisitoires, et avait pour lui tout le peuple.

Il eût fallu que cette rivalité n'allât pas plus loin. — Il y a malheureusement un parti extrême qui envenime les meilleures causes. Parmi les gens les plus exaltés était un certain Pierre Geoffroy, fils de Hugues surnommé Guiscard. Il était intimement lié avec Hugues Julyan, fils de Hugues, notable de Vence. Les crimes qui se commettent en haut lieu ont toujours leurs imitateurs dans les plus petites villes. Jacques Vayrac avait été tué presque à bout portant, le 9 janvier, en sortant pendant la nuit, d'un baptême du capitaine Jean Maliver.—Quelques jours après, Pierre Geoffroy, irrité contre le baron et ses gens, allait par la ville, c'était le 20 février, avec l'intention bien arrêtée d'en finir avec le premier qu'il rencontrerait. Il en voulait surtout aux Guigou. Jean Guigou était notaire du baron, Michel son juge, et Pierre Guigou son valet de chambre. Michel avait dernièrement coupé l'oreille à Jean Savornin. Pierre Guigou s'offrit sur le passage de Geoffroy. Celui-ci le renversa mort d'un coup de pistolet et s'enfuit. On n'osa pas s'emparer de lui. Nous étions en pleine terreur.

L'état financier de Vence n'était pas moins déplorable. Le docteur Antoine Rabuis, receveur de Grasse, menaçait de saisir les consuls, s'ils ne payaient pas les tailles, et les compagnies de M. de Flagose, et de M. de Trans, à Aups, celle de Sisteron voulaient de l'argent. Léonard Cappel réclamait une somme considérable prêtée par son père. — Ajoutez à ces maux la peste. Vence, pour se garder contre la contagion, redemanda ses clefs au seigneur de Vaucluse qui les lui rendit (septembre). — Un nouvel emprunt de mille écus d'or à noble Sauveur Lombard de Cuébris, rétablit les affaires présentes sans grand espoir pour l'avenir.

Claude de Villeneuve, depuis le meurtre de son valet de chambre, avait obtenu du roi une nouvelle sauvegarde, sous peine de mille livres d'amende aux conseils, s'ils ne prêtaient pas main-forte à la justice du baron.

Noble Claude de Cormis, notre avocat à Aix, aida ses anciens concitoyens, d'autant plus volontiers que Louis de Cormis, comme capitaine de Vence, avait le plus à redouter la justice dans les derniers événements. Les États de Blois qui allaient s'ouvrir préoccupaient tous les esprits. Le conseil de Vence dans son nouvel État n'oublia pas d'adresser une requête au roi contre son seigneur, qui cherchait à noircir la commune dans l'esprit de Sa Majesté. Pour se rendre le maréchal de Retz de plus en plus favorable, et lui faire apostiller cette requête, les consuls étaient chargés de lui porter des présents. L'année 1577 s'ouvrit avec Louis de Cormis et Matthieu Cormettes pour consuls, et Michel Vacquier pour trésorier. — Soudain un ordre arrive de Grasse aux consuls de faire main basse sur le meurtrier de Guigou et sur les rebelles de Grasse. Tous les inculpés se liguent alors, et aidés de leurs amis et parents, bravent l'autorité et retranchant le *c* du surnom de Geoffroy Guiscard, prennent le nom de *Guisards* avec Pierre Geoffroy pour chef. Bernardin Mayffred leur fait prêter serment le 11 janvier 1577. On voyait avec eux Hugues Julyan, Lambert Mars, François Stopan, Antoine Vidal, Georges Vidal, Jean Féraud et une foule d'autres.

Les modérés ne voulaient pas se compromettre; ils envoyaient un homme par feu pour la milice, se gardaient tant pour *doubte de la peste*, que *pour autre inconvénient*, et à cause des étrangers qui pouvaient surprendre la présente ville. — « Attendu, dit le conseil du 29 août, qu'à la place du portail Saint-Paul, s'est faite une émotion des compagnons dits Callignaires, à cause du tambour ; lesdits conseillers ont décidé que M. le Juge serait prié de faire cesser tout bruit de tambour. » On député Jacques de Cormis, Louis de Cormis et Lambert Mars, vers le baron, afin de s'arranger avec lui à l'amiable. L'argent était rare, et même le trésorier Vacquier gémissait en prison. — Cependant les Guisards, unis comme un seul homme, s'étaient partagé la garde de la ville, et dominaient les habitants. L'évêque de Vence, Audin Garidelli, qui venait de recevoir des bulles, avait quitté notre commune au milieu de ce désordre pour résider à Saint-Paul, ville plus tranquille. En vain le conseil faisait tous ses efforts pour qu'il vînt les évangéliser, ou qu'il leur donnât au moins un prêcheur pendant le carême. Garidelli s'en gardait bien..., tant l'effervescence était grande. La jeunesse, qui rit toujours au milieu du danger, ne faisait que des farandoles plus bruyantes, et les mascarades de cette année (1577) donnèrent lieu à de basses vengeances. Près de nous, les Carcistes de Tourrettes et de Saint-Paul, sous la conduite des capitaines Jacques de Villeneuve et Pierre de Villeneuve, l'écuyer de Tourrettes, avaient ordre d'arrêter les Guisards de Vence allant et venant. C'est ainsi qu'ils saisirent, le 11 février, Jean Julyan, revenant de la foire de Digne. Quelques autres étaient déjà incarcérés soit à Grasse, soit à Vence. Notre baron s'était encore pourvu de nouvelles sauvegardes du roi, à peine de quinze mille livres, si les délinquants et contumaces n'étaient pas livrés entre les mains de la justice. — Mais les consuls avaient pour eux le maréchal de Retz, qui nous écrivait de Cannes le 29 mai : « Ayez l'œil ouvert, attendu que aulcuns des pays voisins n'attendent que le moment où les principaux de votre ville se seront absentés pour s'en emparer. » — Le conseil décide à l'instant même que la présente ville sera *mise et poussée selon l'ordre de guerre*. — Michel Guigou, d'après l'ordre de Carcès et du baron de Vence, se mit en mesure de planter son poteau et de publier les nouvelles lettres du roi (22 mars), il y eut une émeute générale. Les Guisards, ayant à leur tête Hugues Julian, blessèrent le lieutenant seigneurial de plusieurs coups d'épée. Puis ces furieux parcoururent la ville en vociférant : « A bas Guigou, à bas les partisans du baron ! » Le bailli de Saint-Jeannet, étant venu au secours de son confrère, fut traqué à coups de pierres et mis en fuite. — Hugues Julian essaya de s'esquiver, mais le capitaine Jacques de Villeneuve l'arrêta à Tourrettes. Les Guisards, à cette nouvelle, se portèrent au nombre de cinquante arquebusiers sur Tourrettes, en criant : « Nous mourrons tous, ou nous le ramènerons. » Ne se sentant pas en nombre, ils appelèrent à eux tous les autres Guisards, et armés et masqués, se portèrent sur la route de Coursegoules, dans l'espoir que l'on conduirait le prisonnier dans cette ville. — Le baron Claude l'ayant su, ordonna de le diriger sur Gréolières. La bande désappointée s'en vengea sur les propriétés de Guigou et du baron, qu'elle saccagea. Au bout de quelque temps Hugues Julian fit si bien qu'il parvint à corrompre son gardien à prix d'argent et accourut à Vence. — Ce fut une véritable ovation. — Le lendemain 10 mai, fête de saint Pancrace, foire considérable de Vence, Jacques Vidal, Pierre Geoffroy, Jean Féraud et Hugues Julian, représentèrent sur le Peyra le martyre de saint Pancrace, au milieu des applaudissements frénétiques de la population. Consuls, juges royaux, conseillers, tout y était. — Albert de Gondy, le gouverneur, écrivait sans cesse aux consuls de bien garder la ville, et demandait qu'on lui envoyât un homme capable pour l'informer exactement de tout ce qui se passait à Vence. Il nous écrivait dans le même sens de Perthuis (22 septembre). Les consuls en lui repondant protestaient de leur obéissance au roi et à sa personne. — Carcès avec le parlement d'Aix n'en poursuivait pas moins sa procédure contre les Rasats de Vence, quoiqu'elle n'eût pu mettre la main sur les délinquants, et le 20 novembre 1597, la cour rendit cet arrêt foudroyant : « Pour assemblées illicites, conventicules, ligues, ports d'armes prohibés, violences, corruption, concussions, conspiration contre le roi, dépopulations d'arbres et de maisons, infractions de sauvegarde, etc..., sont condamnés à avoir le poing coupé et à être pendus : Hugues Julian, Jean Féraud et Georges Vidal. — A dix ans de galères : Bernardin Mayffred, Emmanuel Julian, Lambert Mars, Michel Vacquier, Louis Vidal, Antoine Garbier, Jean Blacas, Matthieu Courmettes, etc... Suit encore une vingtaine de noms. — La plupart étaient contumaces. — Quand cette sentence fut connue, la population poussa un cri d'horreur. Ceux qui étaient détenus dans la prison de Vence, aidés des Guisards, rompirent leurs fers, et prêtèrent main-forte aux nouvelles élections. Isnard Antoine et Mars Lambert furent consuls, Louis Julian trésorier, et Jean Stopan capitaine de la ville. On se retrancha. Les conseillers réunis protestèrent, écrivirent au maréchal de Retz et au grand prieur et en appelèrent à Paris.

Loin d'être abandonnée dans ces temps critiques, la commune de Vence trouva d'ardents défenseurs dans le parti opposé aux Carcistes qui avait pris à Grasse le nom de parti de l'Union, et comptait dans nos pays pour soutiens, le seigneur du Bar, lieutenant du grand prieur ; les Villeneuve-Torenc, les Villeneuve la Berlière à Saint-Paul, et le clergé. — Le comte du Bar avait écrit aux consuls de Vence, le 3 décembre, de se rendre à l'assemblée du Bar, pour s'entendre au sujet de l'assemblée générale de Fréjus. — Il fut décidé là qu'on s'avertirait mutuellement, qu'on se secourrait en cas d'attaque, en contribuant d'hommes et d'argent, et qu'on garderait le pays au roi et au grand prieur, ou au gouverneur nommé par le roi. — Les États généraux furent convoqués l'année suivante, à Marseille, le 25 janvier. — Les

Guisards de Vence continuaient de se tenir sur la défensive, d'autant plus que le viguier de Saint-Paul, Bernardin Rousset, ami du baron de Vence, avait l'ordre de prendre les contumaces. — Le baron se fit délivrer une quatrième fois des lettres de sauvegarde, 29 décembre 1577, et Michel Guigou, rétabli de ses blessures, après avoir placé à sa porte l'écusson royal, se disposa à publier la nouvelle sauvegarde. — Cependant la jeunesse de Saint-Paul étant venue à Vence dans les premiers jours de l'année 1578, fut obligée de fuir en toute hâte : le sergent Bremond, Jean de Saint-Paul, fut roué à coups de bâton. Les Guisards en voulant aussi aux seigneurs de Tourrettes, se jetèrent sur ses bergeries, emportèrent une partie des troupeaux, tuèrent un berger et en laissèrent un autre pour mort. Le seigneur de Tourrettes s'en plaignit aux consuls de Vence, lesquels le 10 janvier ordonnèrent de faire une enquête. — Quelques jours après, 18 janvier, Michel Guigou publia les lettres royales devant la foule assemblée. Les consuls étaient au milieu : « Vois donc ça, disait le consul Lambert Mars à son confrère Antoine Isnard, vois donc les belles lettres de garde. M. de Vence n'est plus ni baron, ni seigneur. » Ces mots coururent dans la foule, qui se rua sur la maison de Guigou avec des cris de mort, traîna l'écusson dans la boue et le foula aux pieds. Guigou n'eut que le temps de fuir à Tourrettes. Sa maison fut pillée, une de ses bastides incendiée, et les biens du baron dévastés. — Bernardin Mayffred, Hugues Julian et Pierre Garbier étaient à Paris, avec une lettre du grand prieur, pour purger leur contumace. Les consuls comprenant qu'on était allé trop loin, envoyèrent aussi à Paris, Roman Bonnet et Louis de Cormis, recommandés par le grand prieur. Le maréchal de Retz avait abandonné son poste. — Le baron de Vins tenait la campagne avec les Carcistes : c'est pourquoi le 25 avril le comte du Bar nous avertit de nous garder de toute surprise et machination : et le 20 mai, monseigneur Claude du Bar, s'appelant lieutenant et gouverneur en ces quartiers depuis la Siagne jusqu'au Var, nous écrit encore que M. de Vins ayant failli prendre le château et la ville de Fayence par le moyen de M. de Callas, beau-fils du marquis de Trans, lequel y est prisonnier, nous ayons à bien veiller sur nous, et à l'*advertir s'il nous advient quelque chose de nouveau.* — Le baron de Vins, ne respirant que vengeance, se jette quelques jours après sur la ville de Besse appartenant à Nicolas de Lascaris, prévôt de Pignans et parent du baron des Arcs.—Claude de Villeneuve, notre seigneur de Vence, qui ménageait tous les partis pour se rendre sa cause favorable, fut dépêché d'Aix aux uns et aux autres, afin de les engager à déposer les armes. Il n'avait encore en effet paru épouser aucun parti. — La commune de Vence se trouvait dans la plus cruelle perplexité. Ses consuls, depuis 1575, étaient sous le poids d'une terrible accusation, comme responsables de tout ce qui avait eu lieu. D'autre part, les compagnies de M. le Grand à Grasse, celles du grand prieur à Aubagne, voire même le marquis de Trans à Aups, demandaient de l'argent. Antoine Rabuis réclamait les tailles. Grasse était éliminée par Draguignan de l'assemblée générale où se faisaient les *esgalisations générales,* ce qui était à notre préjudice. — Draguignan se vengeait de ce que Grasse avait demandé l'érection de son siège en sénéchaussée.— Nos communes s'unirent aux justes réclamations de Grasse, et c'est en ces circonstances que cette ville obtint pour premier sénéchal Honoré de Villeneuve-Saint-Césaire (branche de la famille de Vence). Notre commune, pour payer ses tailles, emprunta au capitaine Millot d'Antibes, et envoya une partie de cet argent à Romain Bonnet qui n'avait plus rien à Paris, afin d'y poursuivre notre procès. — Les procureurs de la commune apprirent à Paris tous les griefs dont le baron Claude les avait chargés. Celui-ci remontait jusqu'à Romée de Villeneuve pour prouver que les Vençois étaient un peuple mutin et rebelle. Il chargeait les évêques comme les habitants. Il rappelait les affaires de 1441, 1491, 1575 et la faction des Guisards. — Il rapportait qu'en 1539, le peuple avait maltraité l'accusateur public qui pendait un certain Jean Merle, en oubliant de dire toutefois que le bourreau maladroit faisait horriblement souffrir sa victime, et que c'était ce qui avait indigné les spectateurs. — Les protestants, que certains osent appeler les émancipateurs de l'esprit humain, oublient trop qu'ils étaient tous jetés dans le même moule que Calvin. Le baron de Claude, en voulant la liberté pour lui, offrait la servitude à ses sujets, et en déclamant contre l'autorité cléricale il tâchait d'accaparer toute la seigneurie de Vence. — Quoi qu'il en soit, il fut prouvé clairement que Vence était fidèle au roi et au gouverneur de Provence, qu'elle avait obtenu un verdict de non-culpabilité dans l'affaire du sieur de Vaucluse, qu'elle avait des libertés, des priviléges; qu'enfin elle avait acheté la temporelle de l'évêque, et qu'elle s'était donnée au roi. — « Le baron Claude, ajoutèrent nos braves défenseurs, n'a fait qu'irriter les esprits, et de là de regrettables conflits. S'il y a eu des meurtres et des collisions, les partisans des seigneurs ont été les agresseurs. Les consuls n'ont jamais d'ailleurs refusé leur concours pour réprimer les délits. Ils ont prêté la main au sergent de Saint-Paul, lorsqu'en 1575 il vint arrêter le sieur Tombarel, accusé de magie et d'idolâtrie et réfugié à Vence. — Dans les derniers événements le peuple n'a pas eu l'intention d'attenter contre le roi. Il est prêt à voler pour le service de Sa Majesté, comme il l'a prouvé dans la reprise du château de Gréolières, lequel appartient pourtant au baron Claude. Si la commune a été trop loin, elle n'a eu qu'en vue les ennemis de Sa Majesté qui en veulent à la vie de ses plus courageux défenseurs. »

Les mandataires gagnèrent et obtinrent avec leur acquittement des lettres de sauvegarde du roi pour eux et pour la commune (2 août 1578). — La nouvelle en arriva bientôt à Vence. Ce fut un cri d'allégresse universelle. On s'embrassait avec des larmes de joie comme en un jour de résurrection. L'enthousiasme fut si grand qu'on courut délivrer à Cagnes un des plus ardents Guisards, François Maurel. Tous ceux qui étaient détenus, au nombre de trente ou quarante, furent élargis. »

La cour d'Aix, où le sieur Aymar se fit l'avocat du baron Claude, rédigea une supplique au roi : « C'est autoriser le crime et la révolte que de laisser impunis de pareils attentats; c'est avilir la justice que d'annuler ses arrêts. La vie des officiers du roi n'est plus en sûreté, les lois sont méprisées, les méchants triomphent; le peuple de Vence profère maintenant des paroles de vengeance et de mort. N'y a-t-il pas déjà assez d'agitation et d'insubordination contre les seigneurs légitimes, sans donner gain de cause à un ramas de gens sans aveu. » Claude se sentait d'autant plus fort que le grand prieur venait d'être remplacé par le comte de Suse, François de la Baume. — Il courut vite à Paris pour rappeler au roi les services de son père, et protester de son dévouement. — On reprit la procédure à Aix. Les Guisards traqués de tous côtés trouvèrent près du comte de Suse un refuge; car les Carcistes n'avaient pas déposé les armes. — Le parti de l'Union (28 septembre) nous recommande de Grasse que nous fassions sentinelle nuit et jour, parce que au delà des monts (de l'Esterel) les Carcistes prenaient villes et châteaux. — Vence ferma ses portes aux étrangers ; le marché même et les foires se tinrent au dehors des murs. Après l'assemblée de l'Union, qui eut lieu à Grasse le 13 novembre, nous envoyâmes des hommes tout équipés au seigneur de Villeneuve la Berlière. Celui-ci partit de Grasse avec une troupe assez nombreuse pour se rallier au comte de Suse. Le baron de Vins lui en massacra 400 à Correns.— Les Carcistes triomphèrent, et le baron Claude en profitant, pressa la fin du procès. — L'exaspération était à son comble. Urbain Signoret, en herborisant pour la baronne de Vence, Françoise de Grimaldi, fut tiré à bout portant; mais le coup manqua, et il n'eut que le temps de se sauver. Quelques jours après, Hugues Julian était assassiné et Lambert Mars grièvement blessé. — Ces crimes hâtèrent l'arrêt, qui fut plus terrible que le premier (15 décembre 1578). On voyait à la barre plus de 40 à 50 accusés, presque tous consuls, trésoriers, et conseillers des années précédentes. — Hugues Julian, Jean Féraud et Georges Vidal y figuraient en tête comme contumaces, récidifs, et étaient condamnés à être pendus pour bris de prison, représentations immorales, etc. D'autres comme *forçats dans les galères du roi*. — Bernardin Mayffred, Emmanuel Julian et Jean Stopan comme responsables des frais au nom de la commune, et à 2,000 livres d'amende. Les condamnés devaient faire amende honorable à Vence en plein conseil, pieds nus, la corde au cou, les poings liés et une torche ardente à la main. Une vingtaine fut élargie. — Telle fut la fin de ce drame. Bernardin Mayffred en mourut de chagrin. La désolation était dans tous les cœurs. On voit que le conseil ne délibère plus que sous une pénible pression. Antoine Durand, Philippe et Honoré Maliver sont consuls et trésoriers pour l'année 1579. Quelques Guisards du conseil ne pouvant concentrer leur colère, se portèrent encore à des actes violents. Le 10 janvier, Helion Narbon, le principal instigateur d'une émeute, fut blessé d'un coup d'arquebuse. Le juge seigneurial, Isnard de Colmar, fut chargé d'informer, et l'on défendit d'aller armé par la ville.

Les Carcistes arrivaient dans nos pays. — Grasse et Séranon nous demandent des hommes et des vivres. — Le 28 février nos soldats sont dirigés vers Saint-Vallier, pendant que la ville se barricade et fait sortir de ses murs toutes les bouches inutiles. Une nouvelle levée d'hommes se porta sur Gréolières. — En mars et en février les Carcistes étaient en force aux environs de Grasse, quand, sur ces entrefaites, le roi rappela le comte de Suse, et envoya de nouveau en Provence le maréchal de Retz avec le grand prieur pour en finir.

Les conseillers de Vence luttaient contre les Guisards qui couraient par les rues de la ville en bravant l'autorité ; ils déposèrent le juge Isnard, attendu qu'il était indigne de sa charge, qu'il n'osait ni crier, ni clamer, et que sa maison seigneuriale était le rendez-vous des séditieux, et nommèrent à sa place Jean Claude Dalmas pour faire *briève et prompte justice des émeutiers*. Ce coup d'Etat donna lieu à un autre procès qui se soutint encore à Aix.

Les bandes carcistes, repoussées de Lescarène, avaient fait leur jonction avec celles de Brignolles et de toute la Provence. Elles furent obligées d'accepter la bataille de Cuers qu'elles perdirent le 10 avril. Les Rasats victorieux se jetèrent alors sur le château de Trans, s'en emparèrent (23 mai) malgré l'arrivée du baron de Vins. Le marquis Claude de Trans fut blessé; sa femme, fille du comte de Carcès, ne dut son salut qu'à la prière du baron des Arcs qui la couvrit de sa casaque; un soldat acheta 7 sols et demi un petit enfant du marquis; les autres enfants et Marguerite de Trans, future épouse de Scipion de Villeneuve-Vence, furent emmenés prisonniers.— La guerre semblait interminable. Un exprès nous apporta la nouvelle de la défaite de la cavalerie du sieur de Vins, et de la prise du château de Trans, avec l'ordre de porter des vivres à Fréjus pour la cavalerie de l'Union. Une assemblée se tint ensuite à Cannes pour s'entendre sur les mesures à prendre contre les Carcistes.

La reine Catherine de Médicis dut venir elle-même à Aix pour opérer une réconciliation. Dès le 4 juin le parti de l'Union, par ordre de *Madame la Reine*, avait délibéré au Luc. Vence y avait député le notaire Rancurel avec plein pouvoir. La paix eut lieu le 30 juin, et le 12 juillet le sieur Carbonelle régla tous les comptes à l'assemblée de Roquebrune.

Vence elle-même avait vu, le 3 juillet, la justice seigneuriale rétablie chez elle par édit du roi. Nos pays ne sont plus occupés maintenant que d'un autre fléau, châtiment de la guerre, la peste, qui avait paru à Cannes au mois de mai. Nos médecins, Durand de Blacas, seigneur de Carros, et Clément Giraud, ordonnent de prendre les mesures sanitaires accoutumées. — Jean-Claude Dalmas est capitaine de la ville avec seize décurions qui commandent chacun dix hommes. — On fait la garde nuit et jour. Cette peste, qui dura trois ans, fut horrible ; Nice y perdit la moitié de ses habitants. A Vence rien ne s'affermait plus, ni fours, ni boucherie, ni moulins. Tout ce peuple d'affamés ravageait la campagne. Telle est la triste situation de Vence jusqu'en 1581, et la Ligue nous prépare bien d'autres douleurs. Il est beau pourtant de suivre au milieu de ces crises les sages résolutions et le courage des consuls, qui ne quittent pas leur poste malgré les arrêts de la justice, la dispersion des habitants, les maux et les périls de toute espèce, qui encouragent leurs concitoyens, et font décréter que toute délibération aura force de loi, quel que soit le nombre des membres présents. Où trouvaient-ils cette force d'âme, sinon dans l'amour de la patrie puisé aux sources mêmes de la religion. Quoique le baron eût employé tout son crédit pour usurper l'autorité absolue, ces infatigables champions des libertés communales ne se décourageront pas ; ils adresseront supplique sur supplique, et défendront leurs droits avec une persévérance héroïque.

Le grand prieur continua de se tenir sur la défensive ; il avait nommé le seigneur d'Antibes pour commandant de la frontière. Tourrettes-Vence logeait en 1583 la compagnie de M. Legrand, et nous recevions l'ordre de nous garder avec soin de toute invasion étrangère. — L'horizon s'assombrit tellement en 1584, que le registre de nos délibérations porte : *Post tenebras spera lucem.* — L'évêque de Vence continuait de résider à Saint-Paul. La guerre ayant éclaté de nouveau dans les Basses-Alpes, le grand prieur s'avança, en octobre, vers Colmar. Vence, en haine de son baron usurpateur, se rangea du côté catholique : « Prenons garde, décrète-t-elle, prenons garde aux malfaiteurs et aux étrangers, veillons sur les suspects qui se trouvent dans nos murs, de peur qu'il ne nous advienne malheur. » Le baron de Vins, qui prenait maintenant le titre de chef du parti catholique, nous réclame, le 29, des contributions sous peine de nous courir sus.—Le seigneur de Bar fait la même demande du fort d'Antibes. — Le grand prieur exige le rôle des hommes capables de porter les armes depuis vingt ans jusqu'à soixante, et les Etats d'Aix nous imposent 3 mille écus. Le sieur Baussy n'obtient le délogement de deux compagnies à Vence en 1585 qu'au prix d'une forte somme. L'agitation de proche en proche gagne du côté de Besaudun, puisque le gouverneur d'Antibes fait avertir nos consuls d'envoyer voir ce qui s'y passe (février et avril). Il les charge aussi d'aller avertir les consuls de Grasse de *se tenir en éveil*. — Le seigneur de Gréolières arrive bientôt à Vence avec une compagnie (fin avril), montrant l'ordre qu'il a d'occuper la place. — Il fallut bien ouvrir ses portes. Sa troupe resta chez nous jusqu'à la fin de juin. Consuls et trésoriers furent emprisonnés (22 juillet). Que faire dans un si grand bouleversement, entre trois chefs de parti, le baron de Vins, le grand prieur, Lesdiguières avec les calvinistes? — Le baron de Vins, marié à Marguerite d'Agout, qui avait combattu à Jarnac, sauvé le roi à la Rochelle, et quitté la cour par jalousie, venait de recueillir l'armée de Carcès, son beau-frère, et se disait lieutenant général du duc de Grasse, chargé de lever des troupes en son nom pour le soutien de la religion catholique (3 août 1585). — Le grand prieur représentait le parti royal. Le duc de Lesdiguières, ennemi juré du baron de Vins et des catholiques, attirait à lui tous les calvinistes. —Un pacte secret existait entre le baron de Vins et le duc de Savoie, alors à Nice, comme entre les Guises et Philippe d'Espagne. Le grand prieur, au milieu de ces partis, agit pourtant avec tant de prudence, qu'il crut avoir soumis le baron de Vins, janvier 1586, quand une main abominable mit à mort celui qui eût sauvé la Provence. — Jean de Poutevez, que le grand prieur avait pour son lieutenant, donna sa place au marquis d'Oraison. — Le 19 août 1586, les consuls de Grasse nous écrivirent : « Secourons-nous les uns les autres, et prenons les armes. Donnons-nous avis s'il arrive des troupes étrangères en nos quartiers. Veillons avec soin. » L'assemblée d'Aix ayant confié le gouvernement provisoire à de Vins, les calvinistes jetèrent les hauts cris. Le roi nomma le duc d'Epernon (1587). Le baron de Vins marcha aussitôt contre le baron d'Allemagne. Lesdiguières accourut au secours du seigneur d'Allemagne. 11 seigneurs, 40 capitaines, 600 soldats, restèrent sur le champ de bataille. Le sieur de Vins était vaincu. A cette nouvelle, le duc d'Epernon se hâta de faire son entrée dans son gouvernement. A Aix les enfants, en longue file, allaient au-devant de lui, en agitant leurs petits drapeaux, et en criant : Vive la messe, le roi et le duc (21 septembre). — La même solennité se fit à Marseille le 1er octobre. Mais le duc, pour imposer aux rebelles, traînait après lui une batterie d'artillerie. — Il eut bientôt réduit les villes révoltées, fait pendre les plus mutins à Marseille et à Pertuis, et il retourna vers le roi, laissant son gouvernement à la Valette, son frère, chargé du Dauphiné et grand ami de Lesdiguières. Les catholiques, furieux, se donnèrent corps et âme à de Vins, qui convoqua ses Etats à Marseille, tandis que la Valette tint les siens à Pertuis. C'est alors que chaque commune et chaque seigneur prit son parti. Presque tous les anciens seigneurs carcistes furent pour la Ligue, les Villeneuve la Berlière, Saint-Jeannet, Torenc, Trans, Gaspard de Pontevez, comte de Carcès, Meirargues, la Verdière, Ampus et Besaudun, tous trois frères, la Palud, la Molle, Solliès, la Roquette, Saint-André, comte de Sault et sa femme. — Du côté de la Valette et Lesdiguières on voyait les Villeneuve-Vence, les Villeneuve-Tourrettes-Vence, François d'Oraison, Saint-Césaire, Forbin-Janson, Monclerc, Revest, Montaud, Canaux, et le seigneur du Bar, les sieurs des Arcs, de Callian, Montauroux, Gréolières-Vaucluse, etc.

Le marquis de Trans entrant tout de suite en campagne, occupa Fréjus au nom du parti catholique (9 novembre 1588). Chaque pays se fortifia contre toute agression. « La commune de Vence, est-il dit, devant veiller au repos public et à la garde de ses biens et personnes, » répare ses murailles, s'approvisionne, achète deux mousquets à Nice au prix de 45 florins, fait remonter sa petite pièce d'artillerie et ses tambours de guerre. — On nomme 8 chefs pour les différents quartiers : Donat Robaud et Jean Blacas, au portail Saint-Paul; Raphaël Garbier et Guillaume Broc au portail Lévis; Claude Baussi et Antoine Isnard au Siguadour, Raphaël Calvi et Honoré Rancurel à la Bourgade. Chacun s'engage à faire son devoir en gens d'honneur. « Attendu, dit-on, le 2 janvier 1589 que les troupes sont débardées, sera faict bonne garde et fera battre les tambours de guerre. » — On se cotise. Déjà les soldats de Gordon, que commande Charles de Canaux, arrivent jusqu'au pied des murs de Vence. — Les consuls envoient au Broc, à Saint-Jeannet, à Carros et à Saint-Paul, pour se faire des alliés; députent aux assemblées d'Antibes et de Grasse, et s'accommodent avec la garnison de Gordon. Les conseillers s'encouragent, tout en tenant la ville au roi, à ne rien fournir à leur baron Claude. Grasse nous impose de 1454 écus. Un grand nombre d'habitants effrayés désertent la ville : c'est pourquoi, le 5 mars, le conseil décrète que tous ceux qui se trouveront absents de Vence seront regardés comme traîtres, et d'autres installés et nourris des biens d'iceulx. Grasse était tombé au pouvoir des calvinistes et avait notre baron de Vence pour gouverneur. Celui-ci tournait maintenant autour de sa seigneurie pour nous surprendre. A la fin de janvier il nous somma de Saint-Jeannet que nous eussions à lui payer sa pension. — Il fallut transiger. On ménagea une entrevue avec lui ; elle eut lieu à Saint-Paul devant le notaire Flour et le viguier Bernardin Roussel. Comme le baron se montra traitable, on lui porta des présents, on renouvela la transaction de 1501, et l'on envoya des soldats tout équipés au seigneur de Canaux qui était sous son commandement. — A peine eut-on fini de traiter, que le sieur de Vins parut à son tour ; le comte de Carcès, son lieutenant, commença à s'installer à Antibes, d'où nous reçûmes ses ordres, ainsi que ceux du sieur de Besaudun. Les consuls envoyèrent représenter à Carcès la pauvreté de la ville. Ce à quoi il nous répondit par une levée de 43 arquebusiers tout équipés. Tout en obéissant, on porta des présents à Carcès. Un détachement du capitaine Fighiera occupa Vence, sous le commandement du comte de Suse, nouveau gouverneur de Provence. Les deux partis avaient rempli Brignolles de ruines et de désolation pour les fêtes de Noël. La Valette fut de nouveau rétabli par le roi à la place du comte de Suse qui ne fit que passer; mais comme Henri III semblait faire un sacrifice au parti protestant, les catholiques jurèrent solennellement à Aix (21 mars 1589) la *Sainte-Union* entre les mains du baron de Vins. D'Aix à Brignolles tout fut soumis aux ligueurs. Le comte de Carcès dans nos parages fit nos députés prisonniers, pendant que le baron de Montaud, l'un des généraux de la Vallette, approchait d'Antibes. On passait d'un péril à un autre.

Le 2 juin, Vence, en assemblée générale, fit défense « *aux habitants d'aller dehors, afin de conserver leur vie, et la place au roi. Que chacun se prenne* garde d'être fait prisonnier, que les sentinelles avertissent quand les approches de l'ennemi se feront, qu'elles ne se lèvent pas de leur poste, et *ce sous peine de mort.* La sentinelle doit être de bonne garde et sans bruit. » Le baron de Montaud, après avoir fait prisonnier à Fréjus le marquis de Trans, arriva à Antibes que Carcès abandonna.—Le 18 juin, à sept heures du soir, un exprès apporta une lettre du général à nos consuls Jacques de Cormis et Isnard Baussi, par laquelle il nous disait, que commandant au nom de la Villette en ces quartiers, il voulait savoir pour qui était la ville, que l'on se préparât à prêter le serment au roi. — Dès le lendemain, le conseil assemblé fit répondre que Vence n'avait jamais *chancellé* ni chancellerait aulcunement, que tous volaient vivre et morir sous l'obeyssance du roi et employer leurs vies pour conserver la place à Sa Majesté. — « Le baron garda comme otage un des députés et renvoya l'autre pour nous répéter qu'il venait dans ces pays ayant commission de Mgr de la Valette de réduire toutes les places au roi, et qu'il monterait bientôt nous visiter avec sa troupe; que si l'on ne voulait le recevoir, il nous y contraindrait, qu'on préparât vivres et argent. » Ce que craignait le plus la commune, lui arrivait. — Le baron plaça bientôt son camp entre Cagnes et Antibes. Le conseil envoya le supplier encore de ne pas venir dans une ville si pauvre. — Malgré les prières des Vençois, les soldats se mirent en marche, brisant les moulins, enlevant les bestiaux, faisant prisonniers ceux qu'ils rencontraient. Le 28 juillet, Montaud, ayant près de lui notre baron de Vence, campait à Saint-Michel. C'était bien Claude de Villeneuve qui nous amenait cette petite armée. — Les consuls se rendirent au-devant du général en le conjurant de cesser toute animosité contre eux; qu'ils espéraient bien recouvrer ses bonnes grâces. — Ils lui offraient en même temps des perdrix et 600 écus; ils donnèrent aussi un mouton et des perdrix à leur coupable seigneur. — Le général fit ensuite prêter le serment royal et partit satisfait. Les consuls lui portèrent encore 440 écus à Cagnes, puis des vivres au baron de Vence campé à Mouans, et au sieur de Saint-Léger à Saint-Laurent du Var.

La nouvelle arriva quelque temps après qu'Henri III avait été assassiné. Le règne de Henri IV était inauguré; mais la Ligue n'en voulant pas, offrit la Provence à Charles-Emmanuel de Savoie.

Vence, fidèle au serment prêté à Montaud, lui fournit des soldats, afin d'obvier à *certaine entreprise* qui se *méditait sur le château de Besaudun*. Jean de Cormis y conduisit lui-même une compagnie, renforcée des miliciens du Broc, de Gréolières, Saint-Jeannet et Coursegoules. L'alarme augmentait. Les seigneurs du Bar, de Canaux, de Bélieu et de Mélingeay nous faisaient menaces sur menaces de nous *courir sus*.

De Vins, chef de la Ligue, arrive à son tour à Antibes. Du

16 au 26 octobre, le sieur d'Ampas va lui chercher à Nice de nombreux soldats. Quant au seigneur de Montaud, nous livrant à la Ligue, il laissa Claude de Villeneuve-Vence à Grasse avec les seigneurs de Callian et de Montauroux et rejoignit la Valette. — Comme toute résistance devenait inutile de notre part, le conseil envoya à Antibes savoir les volontés du sieur de Vins. Celui-ci exigea tout de suite de l'argent et six bœufs, et nous fit traîner les bagages au siége de Grasse. Le capitaine de Lusence vint garder Vence. Le 5 novembre, nouvelle réquisition de vivres, et le commissaire d'artillerie, le sieur Pelloquin, nous manda des mulets pour mener les canons à Grasse. Le comte de Sault, lieutenant du baron de Vins, nous ayant imposé une nouvelle contribution, les consuls observèrent qu'ils avaient perdu tous leurs troupeaux par les incursions des soldats de Gordon, qu'ils venaient d'envoyer 3,000 pains à M. de Vallier, et à ceux de Saint-Paul et de la Colle. — Pour toute réponse, on déchaîna la garnison de Saint-Paul sur nos champs jusqu'au pied de nos murs. Les consuls prièrent M. du Bar, de conjurer le seigneur de la Berlière, gouverneur de Saint-Paul, qu'il voulût bien nous épargner. — Mais qu'attendre en temps de guerre, où la force fait le droit ? — La commune porta des présents à M. de Vins et 6,000 pains au camp de Grasse. La Ligue triomphait sur la Valette à la Malmore et à Aix ; elle va encore être victorieuse à Grasse, mais elle y trouvera un grand deuil. — Quand de Vins se sentit en forces, il fit donner l'assaut le 20 novembre. A neuf heures du matin, un coup de mousquet parti des murs renversa mort le chef de la Ligue. L'armée catholique, animée par le sieur de Beaumont, jura de venger son chef ou de mourir ; elle était d'ailleurs en plus grand nombre, et malgré le courage des assiégés la place fut prise. On eut beaucoup de peine à calmer la fureur des ligueurs. Le baron de Vence et les autres chefs eurent la vie sauve et évacuèrent la ville, dont le gouvernement fut confié au sieur de Sault.

La dépouille mortelle du baron de Vins fut escortée à Aix,

où on l'inhuma en grande pompe à Saint-Sauveur. Le sieur d'Ampus, premier consul d'Aix, le remplaça.

C'est ainsi que la Ligue était dans le Midi la fidèle image de celle du Nord : mêmes luttes, mêmes crimes ; et les catholiques n'avaient pas moins de reproches à se faire que les calvinistes. L'assassinat de Pompée de Grasse, par les ligueurs de Mons, était encore tout récent. — Grasse, Saint-Paul et Vence étaient occupés maintenant par la Ligue. Nous avions jusqu'en janvier à Vence un détachement de cavalerie du sieur d'Amade, époque à laquelle les États concentrèrent toutes leurs forces sur Aix pour marcher contre la Valette qui tenait aussi ses Etats à Digne. On n'attendait plus que le duc de Savoie, à qui on avait envoyé des députés. Celui-ci, à la manière de l'ancien roi de Macédoine, commença par expédier des mulets chargés d'or et d'argent; puis, au mois de mai 1590, 150 mulets portèrent des provisions de toute espèce du Cros de Cagnes à Antibes. La guerre, plus acharnée que jamais, vole de Digne dans la plaine du Luc. Le 4 septembre, deux mille Italiens précédaient Charles-Emmanuel.

Vence, sans seigneur, sans évêque, se gouvernait elle-même avec ses consuls Gaspard Narbon et Claude Baussy. Cette dernière famille était en grand crédit. L'avocat Barthélemy Baussy avait épousé Susanne de Villeneuve, fille du capitaine Jacques de Villeneuve-Tourrettes. Jarron Broc était trésorier, et Laurent Dalmas, juge juridictionnel. — Notre évêque Audin Garidelli était mort en 1588 à Saint-Paul, où est son tombeau. — Nous nous gardions nuit et jour. — Le 6 septembre, le général Gras ayant voulu nous faire recevoir une compagnie, le conseil décida que l'on n'ouvrirait les portes à aucune troupe, et en cas que l'on fût *assailli de qui que ce soit*, on combattrait pour la république jusqu'à la mort.— Que chacun se munisse de vivres et de provisions de guerre, 9 septembre 1590. » On n'osa pas nous inquiéter pour le moment. — Un mois après, le duc de Savoie arriva à Nice, et le 14 octobre, nouveau César, il franchit le Rubicon, ayant avec lui les députés d'Aix, les sieurs de Martiningue et de Palud.— Il resta douze jours dans la bastide de M. Bonnet à Saint-Paul. C'est là que nos consuls allèrent le prier de prendre en pitié la commune de Vence, *n'y ayant plus rien de quoi vivre au pauvre peuple.* Ils lui offrirent en présent dix perdrix et douze chapons achetés à Tourrettes.

La troupe du colonel Purpara occupa nos quartiers. Le seigneur de la Palud faisait le siége d'Antibes. — Cette ville, dévouée à Henri IV, ne se rendit que le 26 octobre. Charles-Emmanuel y entra le 29 et alla occuper Cannes. — Le sieur de Bompar lui offrit à Grasse sa belle carte de Provence. Gréolières, qui appartenait au baron de Vence, fut salué de deux cents coups de canon. On arriva devant Mons, où Susanne de Villeneuve, veuve de Pompée de Grasse, se défendit avec le courage héroïque de la célèbre Sibylle de Clèves. Elle ne finit par se rendre qu'à la condition expresse que Charles-Emmanuel épargnerait le pays. Le duc de Savoie pendit vingt des principaux et démantela la forteresse. Susanne irritée lui demanda une indemnité de 6,000 livres. Le prince promit, et décampa pendant la nuit. Cette femme courageuse s'élança à sa poursuite, et arrêtant son cheval par la bride, ne le laissa aller que lorsqu'elle eut obtenu les 6,000 livres. La commune de Vence porta des vivres jusqu'à Mons, et les mulets y traînèrent l'artillerie.— Le 18 novembre, le duc de Savoie entrait à Aix où il était salué du titre de gouverneur de Provence. — Il convoitait plus encore. Le comte de Martiningue fut le général en chef de l'armée ; Ampus, son frère, colonel d'infanterie; Meyrargue, grand-maître de l'artillerie; Oyse, gouverneur de la Durance, Vaucluse de Draguignan, et M. de Sault de Grasse. Près de nous, le sieur de Canaux, dans sa forteresse de Gordon, avait pris le nom de général commandant au nom de Mgr de la Valette et tenait les ligueurs en échec.

D'Ampus ne jouit pas longtemps de sa nouvelle dignité ; il fut tué le 15 janvier au siége de Tarascon. Cependant le duc de Savoie présidait ses États à Aix. Notre ancien évêque de Vence, Louis du Bueil, s'y trouvait. Nous y avions aussi notre consul Claude Bonnet. Là étaient Paul Allègre de Grasse, le capitaine Barcillon de Saint-Paul, Jean Barcillon, sieur de Malvans, Bernardin Olive de Grasse, les évêques de Riez, de Sisteron, etc.

La Valette faisait de même à Riez, où se trouvaient notre baron de Vence et son fils Scipion, Jean Bernard, consul de Fréjus, Balthazar Saurin, consul de Monaco, Claude de Grasse, seigneur du Bar, David de Villeneuve-Tourrettes-Vence, François de Vintimille, seigneur de Tourves, etc. Claude de Cormis, notre compatriote, avocat des États, y lut son magnifique rapport au roi, qui est tout au long dans Bouche.

Les États d'Aix nous intimèrent l'ordre de démolir la bastide de Saint-Laurent de Vence, appartenant au baron Claude de Villeneuve, et servant de forteresse aux calvinistes, et cela sous peine de mille écus d'amende et de rébellion. Le conseil répondit aussitôt qu'il était tout dévoué au service du roi et de Son Altesse, et que l'on avait mis la main à l'œuvre. — Quelle n'était pas la misère de notre commune. — M. de Prati, commissaire pour le roi, exigeait les contributions (février 1591). On portait des vivres aux soldats cantonnés à Saint-Jeannet (février-mars), et au Broc (avril). On payait la rançon du consul Lambert Mars, que M. de Vanvres tenait prisonnier à Cannes. — Le conseil suffisait à tout avec une activité incroyable. Il désignait quatre gardes pour la campagne, afin que tout ce qu'ils découvriront, sauront et verront, ils viennent en avertir, et les cinquante arquebusiers prendront les armes. — Tout étranger n'ayant biens en la présente ville, ni moyens de vivre, en sortira incontinent. En juin, les subsistances étaient épuisées, et l'on était aux expédients. Placés entre les calvinistes de Gourdon et les ligueurs de Saint-Jeannet, les Vençois avaient à répondre aux deux partis qui prenaient des airs menaçants. Soudain

Charles de Canaux nous écrit qu'ayant le commandement de Mgr de la Valette de reprendre toutes les places de la Ligue, il exigeait sans délai notre soumission. N'ayant reçu aucune réponse, il se présenta en effet devant nos murs et en trouva les portes fermées. Déjà il battait en brèche le portail levis, quand les consuls, pressés par les habitants, demandèrent à capituler. Ils durent payer 600 écus d'or, dont 200 d'abord. Le sieur de Canaux partit dans la direction de Saint-Jeannet. Le conseil de Vence envoya sans délai deux de ses membres à Aix, avec *une bonne mémoire pour exposer* leur détresse, et demander du secours (3 octobre). Ils obtinrent en effet quelque argent, puisqu'à leur retour ils réparèrent la brèche du portail lévadis, achetèrent à Nice des munitions de guerre, des cordages pour le pont-levis, et du blé. — Point de bouche inutile ; la garde fut doublée. Antoine Suche garda les faubourgs : « Que chacun garantisse la ville des traîtres et mauvais citoyens qui peuvent se trouver dans nos murs ; qu'on écarte les mendiants et gens de mauvaise mine. »

Le sieur de Canaux s'était avancé vers Gattières, et de là il allait en longeant le Var sur Carros. C'est dans cette circonstance, rapporte la tradition locale, que l'avant-garde ayant mutilé la Vierge des Séoles, un vent terrible souffla tout à coup, et que, comme repoussée par une main divine, la petite armée rebroussa chemin pour aller assiéger les ligueurs retranchés dans la baume de Saint-Jeannet. Coursegoules se défendit avec courage. Des courriers partis de Vence allèrent voir ce qui se passait aux siéges de la baume de Saint-Jeannet, de Coursegoules et de Gréolières. — La perte de la bataille de Vinon, le 15 décembre, fut un coup de foudre pour la Ligue, tellement que Charles-Emmanuel, le désespoir dans le cœur, s'enfonça du côté de Barcelonnette dans les montagnes. Le commissaire d'armée, M. de Prati, et le sieur de Canaux nous rançonnaient à qui mieux mieux. M. de Sault n'en garda pas moins Grasse à la Ligue, et Vence en janvier 1592 envoya vers le cardinal de Joyeuse à Nice, Donat Robaud nouveau consul, et Claude Bonnet, en compagnie du vicaire général Gardenqui pour lui offrir des présents et lui demander sans doute qu'on nous donnât un évêque dont nous étions privés depuis quatre ans. — Ce qu'ayant su, le sieur de Canaux s'emporta contre nous, et nous menaça de venir nous assiéger, si nous ne lui portions de l'argent. Le consul lui dépêcha trois députés avec pleins pouvoirs, et Charles de Grasse, après avoir reçu une somme d'argent, nous enjoignit de fermer nos portes à l'étranger et de conserver notre ville à Sa Majesté.

L'armée de la Valette, victorieuse à Vinon, s'avançait du côté de l'Estérel. Vence, qui s'attendait à de terribles représailles, acheta dix-huit foudres de guerre à Nice (6 février 1592). La Valette succomba à Roquebrune, et vint mourir le 11 février, laissant à Lesdiguières le soin de le venger.

Les consuls allaient et venaient. « Veillons sur certains individus, disaient-ils, qui ont des intelligences avec l'ennemi. Qu'il n'y ait ni bruit ni tumulte; vivons en bon ordre et bonne union. » On fait des perquisitions de subsistances chez les particuliers, on court aux provisions à Nice et à Villefranche. Le duc de Savoie, qui était à Nice, nous envoie Saliner avec de la cavalerie; Jacques de Villeneuve la Berlière est gouverneur de Saint-Paul. Canaux, toujours retranché à Saint-Jeannet, continuait de faire ravager la campagne, et ce n'étaient qu'escarmouches continuelles entre ses soldats de Gordon et les nôtres. — Un consul alla encore le trouver avec deux autres conseillers : « Ces batailles, lui dit-il, sont au détriment du pauvre peuple, Vence ne peut plus rien vous donner, puisque vous détruisez tout, et que le peuple ne peut plus travailler. Voulez-vous que nous mourions de faim ?... » Le chef de la garnison de Gordon lui reprocha de pactiser avec l'étranger. — Le consul répondit que Vence était au roi; que d'ailleurs sans défense et entre deux partis, elle était obligée, malgré elle, d'ouvrir ses portes. — Une trêve fut accordée moyennant deux cent quatre-vingtdouze écus (22 avril). Le 23, le conseil députa à Nice vers M. de Beaumont, commandant en chef au nom de Son Altesse, afin d'obtenir quelque secours. — Saliner s'était avancé jusqu'à Entrevaux : les consuls de Vence lui envoient des vivres à Carros et à Boyon. — Le sieur de Callian occupait Saint-Jeannet avec un fort détachement ; car il nous envoya chercher à Vence quatre mille pains, du vin, de la viande et de l'avoine. La commune fit tout son possible pour satisfaire le chef calviniste. Nouvelle demande le 7 mars. — On alla le trouver pour qu'il nous fit partie raisonnable, et entretint avec nous la bonne amour et amitié. Saliner à son tour revint à Vence le 11 mai. — Gréolières, Cipières, Gordon et le Var étaient au pouvoir de l'armée royale ou calviniste. — Vence dirigeait des messagers de tous côtés pour savoir combien il y avait de troupes. Lesdiguières franchissait l'Estérel. — C'est dans la marche que Claude de Villeneuve, le baron de Vence, selon l'expression de l'évêque nommé de Vence, reçut le châtiment de Pharaon. Il se noya le 13 mai avec son cheval. — Les ligueurs conjuraient le duc de Savoie de rentrer se placer à leur tête, et défendaient de faire paix ou trêve avec Lesdiguières sous peine d'être pendu (21 mars). — Le 23 mai l'armée royale campait devant Antibes, et Scipion de Villeneuve-Vence, fils de Claude, lequel avait repris l'épée de son père, occupait Cagnes. Nos malheureux habitants se réunirent le 29 mai pour prendre un parti, d'autant plus que le duc de Savoie ne pouvait plus rien pour nous. Nous étions cernés. Saint-Paul se retrancha avec une forte garnison de Savoie. — Mais Vence n'était pas en état de soutenir un siége en règle. Il fut enfin résolu par iceux conseillers d'envoyer deux ou trois des plus principaux de la ville pour aller faire la remontrance à M. le baron de Vence, étant au lieu de Cagnes, que doyt son bon plaisir nous soulager de toute sa puissance et avoir pitié et *compation* de son pauvre peuple. — On s'y rendit. Le baron répondit qu'il ferait bien son possible pour soulager ses subjects, mais qu'il était sous la garde de M. de Lesdiguières, en grandes forces à Antibes, qu'il fallait aller le prier, et que lui-même était disposé à les y accompagner. Le 30 mai, dit la délibération, les députés partirent de nouveau vers le baron, et étant allés à Antibes il leur fut répondu.... Le registre est en blanc, et on ne s'assemble plus jusqu'au 10 juin. — Les députés furent gardés prisonniers, et Lesdiguières, avec une partie de son armée, voire même le baron de Vence, s'avança sur notre ville. Le 2 juin il campait à Saint-Michel. Une partie des habitants, et surtout ce qui restait de protestants, prit la fuite. Les Vençois catholiques, réduits à un petit nombre, hommes, femmes, enfants, animés par Dominique Laure, cabiscole du chapitre, et régent du collége, s'encourageaient à une glorieuse défense. Celui-ci les exhortait à mettre leur confiance en Dieu, et les assurait tout haut, au nom de leurs saints patrons, que Vence ne serait pas prise. Les bustes vénérés de saint Véran et de saint Lambert furent placés sur la tour de l'église, et quand l'ennemi apparut, que les faubourgs furent barricadés, Dominique Laure, enfermé dans la cathédrale, priait au milieu des femmes et des enfants.

Lesdiguières disposa ses batteries. Le baron de Vence, oubliant le sort de son père et son rôle de pacificateur, plaisantait indécemment sur la foi de son peuple, lui, calviniste, et sans rougir d'être en armes au pied de son domaine seigneurial, il insultait ses sujets : « Visons droit au clocher, criait-il, et qu'il tombe du premier coup de canon. — Hé ! mettez donc une arquebuse aux côtés de vos saints, nous verrons s'ils sauront vous défendre. » — C'étaient mille sarcasmes sur la crosse et la mitre épiscopale. — Il riait qu'une aussi petite ville fît mine de soutenir ce siége qu'il regardait comme un jeu. Le canon gronde bientôt du côté de la Cabraira, où est aujourd'hui le portail neuf. — Scipion de Villeneuve et les Vençois qui étaient avec lui, savaient que c'était là l'endroit le plus faible de la place. — Les assiégés y répondaient de leur mieux avec leur bombarde et leurs petites pièces d'artillerie. — L'action s'anime. Nos assiégés font de brusques sorties dans lesquelles ils ont toujours l'avantage. Lesdiguières et le baron, finissant par ne plus plaisanter, s'indignent au contraire de cette résistance. Les morts jonchaient le sol. — C'est avec les documents à la main que nous écrivons. On rapporte même que, par un prodige surprenant, balles et boulets, rebroussant chemin des murailles, retournaient contre les assiégeants. Enfin, soit assistance céleste, soit une autre cause, la panique se répandit dans l'armée. Toujours est-il que chefs et soldats décampèrent sans rien dire dans la direction de Cagnes. — Ils avaient plus de cinq cents morts. Les Saints l'avaient emporté. — Les Vençois ne crurent pas d'abord à leur délivrance; mais quand ils eurent, par leurs messagers, acquis la certitude que Lesdiguières regagnait la route d'Antibes, ce fut un cri d'allégresse. On respira, on courut à la cathédrale, et avec le saint prêtre Dominique Laure on replaça sur leurs autels les saintes reliques, et l'on chanta l'hymne de la reconnaissance. Femmes et enfants se répandirent autour des murs, et chose surprenante, on prétend avoir remarqué que toutes les balles étaient aplaties. Elles furent déposées sur les autels de saint Véran et de saint Lambert. Sur une pierre des remparts on lit encore : 1592. Une partie de Saint-Michel s'appelle le Clos de Laure, en mémoire du prêtre vénéré qui contribua à cette victoire.

Le 10 juin, Son Altesse fit donner des éloges à la commune de Vence, lui envoya des secours, et chargea Saliner, commandant des troupes catholiques, d'estimer le dommage et brûlement qui avaient été faits tant au faubourg qu'aux murailles. Il fit hâter l'expédition des bulles de notre nouvel évêque, Guillaume le Blanc, personnage qui lui était infiniment cher, et Grasse étant aussi vacant, il obtint pour lui seulement du pape Clément VII l'union des deux siéges, mais à condition que Guillaume résiderait à Vence. — Lesdiguières méditait le siége de Saint-Paul. Mais le général Saliner demanda, le 14 juin, nos bœufs et nos mulets pour conduire l'artillerie à Saint-Paul et à Cagnes. Les compagnies des caporaux Laure, Rochou, Émery vinrent du Broc, de Gattières et de Carros pour aller défendre Saint-Paul. Vence ne put fournir que vingt-cinq hommes, ayant besoin du reste pour se garder des calvinistes retranchés à Saint-Jeannet et à Gordon.

Lesdiguières ne revint plus, et repassant l'Estérel, alla guerroyer dans le Dauphiné; seulement il chargea les seigneurs du Bar et de Canaux de la défense d'Antibes. — Ceux qui avaient déserté la ville de Vence, au moment du siége, demandant aux consuls, le 24 juin, à rentrer, attendu qu'ils étaient repentants, les conseillers répondirent qu'on ne pouvait rien décider sans Son Altesse. Charles-Emmanuel défendit de les recevoir et s'en fit donner la liste. — Le 30 juin nous portons des présents à Nice à notre nouvel évêque, qui arrive à Vence le 11 juillet au milieu de l'allégresse des catholiques. — On voyait près de lui Antoine Gardenqui, Baptiste Barcillon, Claude Isnard, Claude Arnaud, Laurent Brémond, Antoine Canamsy, Georges du Port, le prévôt; Claude de Hondis, sacristain; César du Port, archidiacre. Mais entre tous brillait Dominique Laure, le cabiscole. Deux cents personnes reçurent la confirmation. Quelques jours après, Guillaume Leblanc se fit soumettre les archives pour s'occuper des juridictions aliénées, et prendre connaissance des titres et documents de son église, et il retourna à Nice où les consuls lui portèrent des présents le 19 juillet.

Le sieur de Canaux, voyant que nous tenions pour la Ligue, déchaîna sur nous ses soldats de Gordon; l'armée royale nous menaça de nouveau en août. Ce que voyant, le général Dauco, qui commandait à Nice, envoya chez nous le capitaine Porier. — La commune de Vence n'ayant plus rien préféra se garder elle-même. Avec l'argent qu'on lui fournit à Nice, elle fit la paix avec les troupes de Gordon, porta deux mille pains, du vin, cinq cents livres de porc au général Dauco, et ferma ses portes. Charles-Emmanuel se décida une dernière fois à traverser le Var le 9 août. Le comte du Bar rendit Antibes, les habitants n'eurent la vie sauve qu'au prix de trente mille écus; le sieur de Canaux tint le fort Carré assez longtemps, et ne le céda qu'après s'être fait compter neuf mille écus par le duc de Savoie.

Ayant laissé garnison à Antibes, Son Altesse s'avança par Châteauneuf, où nos consuls allèrent le trouver, passa à Grasse, et il était à Castellane lorsqu'il apprit la nomination du duc d'Épernon au gouvernement de Provence, et le mouvement qui se faisait partout en faveur de Henri IV. Il comprit que son rôle était fini, et revint à Antibes où nous lui portâmes encore deux charges de vin en présent. Saliner reparut à Vence jusqu'au 31 août. Charles-Emmanuel quitta Nice pour retourner à Turin, laissant à Antibes le comte de Piossaque; à Nice, le marquis Claude de Villeneuve-Trans et le comte de Scalinghen; à Grasse, le seigneur de Gaud, et à Saint-Paul, le capitaine Plana. Lorsque nous apprîmes que d'Épernon arrivait avec son armée, Vence, le 31 août, prit ses mesures pour conserver le plus heureusement possible la place sous l'État royal et couronne de France, et *ce* fut publié par toute la ville à son de trompe. — Le duc d'Épernon, maître de Draguignan et de Fréjus, après avoir tenu ses États à Brignolles, traversa l'Estérel au commencement de septembre, et le 5 il bombarda Antibes avec huit canons et quatre couleuvrines. La ville se rendit le 6 septembre, vingt-deux des principaux habitants furent pendus. Le fort Carré seul résista encore deux mois et demi. La commune de Vence, terrifiée, envoya immédiatement consulter à Nice Guillaume Leblanc, et savoir à Gréolières les volontés du baron de Vence. Tous les deux engagèrent la ville à se soumettre. — Les conseillers dépêchèrent donc deux des leurs au camp d'Antibes. Le duc d'Épernon se montra satisfait, mais garda, comme otages, Donat Robaud, Antoine Talatoyre et André Boyon. Une compagnie de fusiliers occupa Vence. La résistance du fort Carré empêcha toute entreprise de l'armée royale sur

Saint-Paul et sur Grasse qui restèrent encore à la Ligue.

Cependant Guillaume Leblanc, chargé par le duc de Savoie de distribuer des secours en argent aux villes qui tenaient pour la Ligue, se trouvait très-embarrassé avec ses deux évêchés pour revenir au parti de son roi légitime. Nous avons de lui une lettre fort curieuse qu'il adressa en ces circonstances au baron de Vence et à sa mère, pour engager le baron à rentrer dans le sein de l'Église. Nous y trouvons confirmés tous les détails que nous avons donnés sur le siége de Vence : « Reconnaissons, lui dit-il, qu'il n'y a que Dieu qui bataille visiblement pour nous : Un pauvre peuple dénué de tout, avoir tenu le siége contre une grosse armée où étaient les principaux chefs hérétiques de cette province, avoir enduré le canon dans une ville non tenable au canon, et tout cela à la persuasion d'un simple prêtre, n'avouerez-vous pas que c'est la voix de Dieu. » — Il lui rappelle le sort de son père, et ajoute que pour le fils, Vence faillit devenir une nouvelle Béthulie. — Toute cette longue lettre est pleine d'exhortations paternelles. — Il essaye de toucher son cœur en lui parlant des jugements de Dieu, de la vanité de ce monde et de cette vie qu'il appelle une fable; il dit qu'il le cherche, comme faisait le père de l'enfant prodigue, par les montagnes de Gréolières, et paraphrase pour lui cette divine parabole. — On voit dans ces belles pages toute l'âme d'un pieux et vénéré pontife. — Le baron put les méditer à loisir dans sa retraite, et penser déjà à rentrer dans le sein de l'Église.

Après la prise du fort Carré, le duc d'Epernon retourna à Toulon. Antoine de Grasse, sieur de Montauroux et de Callian, qui occupait Vence, nous prêta 1,890 écus, le 8 décembre, pour indemniser la compagnie, dont il nous accorda le délogement, payer les redevances à l'évêque et au chapitre, envoyer 300 écus au marquis de Trans, et donner la rançon de deux des prisonniers que le baron de Montaud gardait à Fréjus. — Le sieur Boyon André ne put encore être délivré (29 décembre). Le 3 janvier, MM. de Mons, de Cardillac et de Montauroux reçurent le serment de fidélité au roi du conseil ancien et nouveau. La commune renoua ses bons rapports avec son seigneur, auquel elle envoya, le 9 mars, des députés aux Etats de Brignolles, pour l'avertir de certaines trahisons qu'ourdissait à Vence le parti de Savoie. Grâce à la baronne de Vence, André Boyon fut mis en liberté. — M. de Cardillac était à Tourrettes-Vence, M. de Marsillac à Cagnes ; un détachement à Saint-Jeannet, et le duc d'Epernon à Antibes, le 28 mai. En juin les ligueurs de Saint-Paul nous menacèrent. La commune envoya chercher du secours à Saint-Jeannet. — Enfin lorsqu'on eut appris l'abjuration de Henri IV, le 21 août, Grasse chassa le sieur de Gaud et la garnison savoyarde; le capitaine Plana livra Saint-Paul ; et le 22 août, les consuls de Tourrettes nous firent avertir que nous eussions à nous garder des Piémontais, qui sortis de Grasse se dirigeaient sur le Var. M. Goas, gouverneur d'Antibes, envoya l'ordre au nom du roi à toutes les communes de descendre en armes pour défendre Vence et Saint-Paul. La Provence revenait tout entière à ses maîtres légitimes. Scipion de Villeneuve, notre baron converti, faisait acte de catholicisme, le 8 août 1593, en tenant sur les fonts baptismaux, à Vence, une fille de Louis Maurel, bourgeois, avec Susanne de Villeneuve, fille du capitaine Jacques de Tourrettes, et femme de Barthélemy Baussy de Vence. — En 1594, pour mieux prouver son sincère retour, il épousera Marguerite de Villeneuve, fille de Claude, marquis de Trans, ardent ligueur, et de Marguerite de Pontevez. Scipion était veuf d'Angèle d'Estiènevard, et Marguerite, veuve de Jean de Grimaldi. Le contrat se fit le 23 août à Marseille. — Tous les actes et tous les mariages qui ont lieu à cette époque, comme ceux qui se font entre les rois après une guerre, prouvent que les haines s'apaisent. — Nous pourrions montrer encore à côté de nous le sieur de Mirebel se mariant avec noble demoiselle Esprit, fille du seigneur de la Berlière, bouillant ligueur ; et les Tourrettes-Vence, calvinistes convertis, s'unissant aux Villeneuve-Torenc, catholiques de Saint-Paul.

Aix soutint, treize mois durant, le siége du duc d'Epernon. — Cette ville ne voulait pas de lui. Henri IV le remplaça par Charles de Lorraine, duc de Guise (1594 décembre). C'était le petit-neveu du célèbre Mayenne, possesseur de Villeneuve-Loubet, lequel avait confié les affaires de cette seigneurie à Claude de Meoulx. — Le duc de Guise était à Henri IV, tandis que son oncle combattait contre lui. — D'Epernon, irrité de se voir disgracié, tendit la main à Philippe d'Espagne, et à Charles-Emmanuel, naguère ses ennemis, et devint ligueur. Saint-Roman, le plus forcené ligueur du Midi, souleva en faveur du duc d'Epernon Marseille et Salon. — Les troupes de Savoie, avec les deux frères de Plana, envahirent Grasse et Saint-Paul. Antibes et Vence reçurent, en janvier 1595, les chevau-légers de d'Epernon, et le sieur de Goas gouverna Antibes (22 janvier). Les sieurs de Canaux et de Mirebel reprirent leurs commandements. Nous avons pour consuls André Boyon, docteur-médecin, et Antoine Suche, capitaine. On porta 355 écus aux soldats de Gordon, et moyennant une grosse somme on obtint le délogement de la cavalerie. Les habitants délivrés de la troupe se cotisèrent, offrirent joyaux, dorures, argenterie pour acheter du blé, réparer les murs, fortifier Saint-Raphaël, se concilier le sieur de Goas à Antibes. Ils se gardèrent nuit et jour. Le 25 mars, les consuls de Tourrettes nous avertirent que certaines embuscades se tendaient contre nous. Scipion de Villeneuve-Vence, fidèle à son roi, avait lui-même levé une compagnie contre d'Epernon, près duquel il combattait naguère.

Cette nouvelle invasion de la Savoie, qu'on attribua chez nous, à tort ou à raison, à l'évêque de Vence, indisposa tellement la population contre lui, que le chapitre, le conseil et le baron adressèrent au roi une requête collective pour l'éloigner de son siége. L'année 1595 se passa en préparatifs de guerre. Enfin, vers la fin de septembre, le duc de Guise et le prince de Joinville avaient leur quartier général à Cannes, d'où ils surveillaient la flotte espagnole, et gardaient la frontière. On souffrait avec peine la Savoie ; le 26 décembre 1595, les habitants de Grasse se soulevèrent, mirent à mort le capitaine Plana, et chassèrent encore une fois la garnison piémontaise au cri de vive le roi. Un messager en porta la nouvelle au duc de Guise, qui avait quitté le camp de Cannes pour aller tenir alors les Etats à Aix. — Le 21 février 1596, Marseille ouvrit ses portes. D'Epernon, battu à Pignans le 27 février, s'enfuit à Brignolles, ordonna de démolir la forteresse et courut se jeter aux genoux de Henri IV. — Mayenne fit sa paix la même année. — Le capitaine Esprit de Plana allait sur les bords du Var, avec la menace et la fureur, brûlant de venger le meurtre de son frère. — Tout le ressentiment des Vençois retomba sur leur évêque.

Guillaume le Blanc avait pourtant adressé en 1593 une épître en vers à Henri IV pour le féliciter. Il venait d'obtenir, le 31 mai 1596, de nouvelles lettres de provision, par l'entremise de son frère, avocat à Avignon, et très-considéré du légat du saint-siége.

Lorsque Jean Imbert, grand vicaire, publia ces nouvelles lettres, chacun se souleva contre lui. Les seigneurs, les communes, qui savaient que Guillaume le Blanc voulait ressaisir toutes les juridictions aliénées illégalement par Louis du Bueil, représentèrent Guillaume comme un traître et un intrus, occupant violemment et clandestinement le siége de Vence. « Ce n'est qu'à l'aide des forces et gents de guerre du duc de Savoie, qu'il s'y est établi et maintenu, dit le baron de Vence. » — Le chapitre se réunit à Saint-Paul, chez Georges du Port, prévôt du chapitre, pour donner procuration à noble François Barcillon de Saint-Paul, avocat. — La Cour d'Aix rendit son arrêt, le 22 juin 1596, contre Guillaume le Blanc, dont tous les biens furent séquestrés. Le grand vicaire Baptiste Barcillon se chargea de cette affaire si délicate. — Guillaume le Blanc en appela au saint-siége et au roi, il protesta de son dévouement à Sa Majesté. L'irritation fut si grande à Vence qu'un complot fut ourdi contre lui. Les plus exaltés résolurent ni plus, ni moins que de l'assassiner. La trame fut heureusement découverte le 29 septembre 1596.

La commune de Vence, au milieu de ces luttes intestines, se débattait encore contre son énorme dette qui s'élevait à plus de 100 mille livres. Ses impositions montaient de 12 à 13 sous par florin cadastral. La population était décimée, les champs en friche, les juridictions bouleversées, les pauvres aux expédients pour se procurer du pain, et organisés en troupes de bandits. — Ils stationnaient dans les maisons abandonnées. La peste de 1597 mit le comble à la désolation publique. Le 22 mai, le capitaine Esprit de la Plaine menaçait Vence. Le duc de Guise nous envoya une compagnie que nous ne pouvions nourrir. — Il fallut que des commissaires du duc d'Estrées, qui venait d'arriver à Antibes (25 juillet), s'assurassent par eux-mêmes de notre affreuse misère. On voulait en finir avec la Savoie. Pendant que M. de Mirebel occupait la vallée de Saint-Dalmas, les compagnies de Grasse, et celle du sieur de Canaux, s'étant rapprochées du Var, envahirent notre ville qu'ils ne voulurent plus quitter avant de nous avoir enlevé le peu d'argent qui nous restait encore (28 août 1597). — Ils gardèrent prisonnier le trésorier Jacques de Cormis, dont la pauvre femme demanda en vain la liberté à Grasse. — Nous dûmes payer les tailles et une forte rançon pour le faire élargir. — Cependant Guillaume le Blanc avec ses puissants appuis trouva grâce auprès du roi. Il gagna à Paris en septembre 1597. Dans la première assemblée capitulaire qui se tint à Vence, chaque chanoine voulut se laver de tout ce qui avait eu lieu; chacun certifia devant le notaire de Guignes qu'il n'avait rien écrit, ni proféré de séditieux contre son évêque, et qu'il était tout dévoué à l'Eglise et au saint-siége. — L'évêque signa l'adresse du chapitre au roi et au saint-siége, et la paix fut faite. — C'était la paix partout : 13 avril 1598, édit de Nantes, suivi de la paix de Vervins, 12 juin. Le 12 octobre, Pierre le Blanc, frère de l'évêque de Vence, vint lui-même faire lever le séquestre sur les biens de son église, et l'année suivante la transaction de Saint-Paul fut cassée par arrêt du 7 décembre 1599. Une autre transaction eut lieu, par laquelle les biens furent dîmés au 14e. L'évêque mit un prêtre de plus à la Colle. Guillaume le Blanc eut la consolation avant de mourir de recevoir, par l'entremise de Jean Tournély, provincial des Frères Prêcheurs de Grasse, l'abjuration de Gaspard de Villeneuve, frère du baron de Vence, et sieur de St-Jeannet, et des deux sœurs du baron, Françoise Lucrèce, et Cassandre Ysabeau ou Elisabeth (3 avril 1600). — On ne les rebaptisa pas; mais ils reçurent la confirmation. L'année suivante, Guillaume le Blanc mourut à Aix, 22 novembre 1601. L'évêque de Riez prononça son oraison funèbre. Dominique Laure fut chargé d'annoncer cette nouvelle au chapitre. — Il mourut pauvre, et nous pouvons remarquer qu'entre ses bienfaits, il dotait chaque année une fille pauvre du diocèse, à la fête de saint Véran. — Baptiste Barcillon fut nommé vicaire capitulaire avec Dominique Laure. Etienne le Maingre de Boussicaut remplaça à Grasse Guillaume le Blanc.

CHAPITRE VIII.

LES ILLUSTRES ÉVÊQUES DE VENCE PIERRE DU VAIRE ET ANTOINE GODEAU (1601-1672).

La réforme avait tout bouleversé, et Vence s'administrait sans contrôle. Il y avait aujourd'hui un danger à courir pour nous. — Scipion de Villeneuve était très-puissant par lui-même et par ses alliances brillantes et nombreuses; il avait la transaction de Louis du Bueil, par laquelle il se trouvait seul seigneur de Vence. — Il fallait donc d'une part se garder d'irriter la commune, et d'une autre empêcher celle-ci d'être complétement envahie. Enfin l'évêque et le clergé réclamaient l'ancienne juridiction aliénée. On avait donc besoin d'un évêque conciliant, prudent, d'illustre maison, de grand crédit. Vence eut tout ce qu'elle pouvait désirer. Guillaume le Blanc avait favorisé le parti de Savoie; Henri IV mit à la frontière du Var un de ses plus dévoués sujets. — Il se nommait Pierre du Vair, Parisien, docteur en Sorbonne, pourvu déjà du bénéfice de Brienne et de Montfaucon; fils de Pierre du Vair, maître des requêtes; son frère était le célèbre Guillaume du Vair, évêque de Lisieux, premier président du parlement d'Aix, puis garde des sceaux de France, une des gloires de la magistrature et chéri de Henri IV. — Pierre du Vair avait donc tout pour lui, et pour ranimer la foi il était doué d'une vertu si singulière qu'on le surnomma *le Pieux*. Nous allons le voir à l'œuvre. Ses bulles arrivèrent le 17 mai 1601. Jean Imbert, son grand vicaire, prit possession en son nom. — Raphaël Guérin avait succédé à Georges du Port dans la prévôté du chapitre. Antoine de Hondis, receveur des dîmes, et André Boyon furent témoins à l'acte que rédigea le greffier du chapitre, Pierre de Guignes. Les autres chanoines étaient Claude de Hondis, sacristain, Claude du Port, archidiacre, Claude et Antoine Isnard, Baptiste Barcillon, Claude Arnaud, Jean Blacas et Dominique Laure, cabiscole.

L'illustre évêque ne tarda pas d'arriver dans sa ville épiscopale, où on lui fit une brillante réception. Il donna cette année même la confirmation. Son premier acte fut de rembourser à Georges le Blanc, 27 décembre 1602, ce qui lui revenait de l'héritage de Guillaume le Blanc. Il s'occupa de remettre en vigueur la discipline par ses statuts synodaux de 1603; il se désista de son prieuré de Saint-Michel au diocèse de Meaux en faveur de son grand vicaire, et fit gérer celui de Brienne par Jean-Baptiste Ribier, son neveu.

Pendant que Scipion de Villeneuve, continuant l'œuvre de son père, achetait les plus belles propriétés des Vençois, et augmentait à bon compte ses Férages de la Lauvette, de Saint-Michel, du Clos de Garbier et surtout du Grand-Jardin, l'une des merveilles de notre contrée, Pierre du Vair faisait l'acquisition de toute l'île de maisons au couchant de l'évêché, et passait marché en 1606 avec Jacques Pelégrin, pour la reconstruction d'une partie de son palais délabré. Il relevait les ruines au physique comme au moral. Les protestants revenaient en grand nombre au sein de l'Eglise, quoiqu'il en restât encore beaucoup au Broc, à Saint-Paul, à Vence, et surtout à Tourrettes. Les Villeneuve-Saint-Jeannet à Tourrettes et quelques seigneurs tenaient à leurs erreurs, trouvant leur compte dans une religion qui est l'affranchissement de toute gêne et de toute pratique.

Le baron de Vence était sincèrement revenu, comme nous le prouve son testament que nous avons sous les yeux. Il avait aussi à liquider ses comptes. Dès le mois de mai 1592, on avait fait un inventaire de tous ses biens, et une foule de prétendants à son héritage s'étaient agités. — Il essaya d'abord de changer la transaction des moulins et d'augmenter le prix de mouture. De guerre lasse, il vendit, le 4 juillet 1594, ses moulins à huile à la commune au prix de 1,600 florins. — En 1598, il transigea, ainsi que Claude de Villeneuve-Torenc de Saint-Paul, pour la pension de 33,069 écus due à l'ancien évêque de Vence, Louis du Bueil. Isnard Capel, sieur de Saint-Léonard, eut la procuration du Révérendissime évêque. — En 1600, il régla la succession de Blanche de Jérente, fille de Françoise de Villeneuve, sa grand'tante, et femme du sieur de Granville. L'acte fut publié sur les bords du Var, en présence de Jean de Puget, sieur de la Roquette, de François de Grimaldi, sieur du Bueil et de Saint-Remy, de Raymond de Bondil, sieur de Saint-Laurent, des dames de Funel, mère du sieur de Granville, et d'Aspremont, mère d'Annibal Bourillon. Annibal Bourillon, fils du sieur de Bourillon et de Marguerite Renaud, était marié à Lucrèce de Villeneuve, sœur de Scipion de Villeneuve, baron de Vence.

La commune de Vence de son côté, après avoir amorti ses anciennes dettes des Caravadossi, des Cappel de Nice et des Millot d'Antibes, venait de faire un nouveau règlement de comptes par l'entremise de J.-B. Durand, conseiller d'Aix, député à Vence à ce sujet. On fixa les payements en rentes ou en pensions, qui amortissaient le capital avec les intérêts dans un certain laps de temps. Parmi les créances figuraient en 1600 noble Louis Lombard, sieur de Gordon, et Honoré Lombard, sieur de Saint-Benoit, avocat ; Honoré Guide d'Antibes ; Alexandre Laure, notaire d'Antibes, Pierre Calvy d'Antibes, Gaspard de Rascas, sieur du Canet, marié avec Lucrèce de Puget ; le sieur du Mas ; M. Marin, juge de Grasse ; Claude Luce et Pierre Luce, sieurs du Bouret ; Claude Isnard de Baudinard, Jean Pagan de Grasse, Claude et Scipion Baussy de Vence, Jacques Arnoulx du Broc, avec son fils Antoine, avocat et docteur en droit ; Bernardin Salvagny de Grasse ; Jean Faye, notaire de Grasse ; Marguerite de Barral ; Antoine Flour de Biot, marié à Marguerite Raymond ; Louis de Pontevez, chevalier ; Antoine de Cormis ; Jean-Baptiste Cayssot, écuyer de Nice ; Jacques et Annibal de Villeneuve-Tourrettes, fils du capitaine Jacques ; Claude de Villeneuve-Torenc, et une foule d'autres. — On était occupé de cette liquidation, quand la guerre remua de nouveau tous les esprits. Il s'agissait du marquisat de Saluces. — Ordre fut donné en 1600, le 1er janvier et le 28 février, de contribuer à la destruction du fort de la Napoule. Le duc de Guise envahit le comté de Nice. La commune de Vence répara, le 27 avril, le brûlement fait au portail de la Tour par les soldats de Gordon, et se garda ; Annibal de Grimaldi força le duc de Guise à la retraite en septembre, et nos pays envahis par l'ennemi furent livrés au pillage. — On se remit à l'œuvre pour se retrancher de nouveau (25 février 1601). —

« Bien que la paix soit assurée, dit le compte rendu, il faut pourvoir à notre sûreté, faire bonne garde, et relever les brèches des murailles. » — La paix fut heureusement signée à Lyon par l'entremise du pape, le 27 février 1601. — Les pays circonvoisins reprirent un peu de vie comme nous. Saint-Paul était richement habitée. On y voyait la nombreuse famille de Villeneuve-Torenc; Jacques de Villeneuve la Berlière, gouverneur de Saint-Paul, avait eu pour successeur dans cette charge Frédéric de Castellane, sieur de Villeplame et de Lalande; puis Claude Ier de Villeneuve-Torenc, marié à Delphine de Villeneuve-Trans, fils de Jean de Villeneuve, acquéreur de Canadel. — Claude Ier étant mort aura pour successeur au gouvernement de Saint-Paul Claude II, l'époux d'Ysabeau de Martin. — A Saint-Paul étaient encore Guillaume de Malvans, juge de Saint-Paul, Frédéric Barcillon, Antoine Barcillon, écuyer de Saint-Paul, et autres.

Cagnes avait pour seigneurs Honoré II, marié en 1600 à Blanche de Thomas; Alexandre, son frère aîné, fils de René, était seigneur d'Antibes; c'est lui qui, avec le duc de Mayenne, vendit Antibes à Henri IV au prix de 250 mille florins. Guillaume du Vair négocia cette affaire en 1609 et reçut le serment royal des Antibois. Les Grimaldi étaient atterrés en ce temps-là de l'assassinat du prince de Monaco.

Cagnes avait encore pour seigneur Honoré de Portanier, marié en secondes noces avec la veuve de Barthélemy Baussy de Vence. — Il était seigneur de la Fouret et des Salles-Modernes.

Tourrettes était gouverné par David de Villeneuve; Claude, son père, en 1587, avait accordé quelques libertés aux Tourrétins, et leur avait permis de se bâtir en dehors des murs une école, une mairie et la tour de l'horloge. On avait transigé pour la pêche, la chasse, le moulin à blé, les quatre moulins à huile, le paroir à drap et les eaux publiques. Claude était marié à Marguerite de Renaud. David, fils de Claude, aura pour successeur Annibal de Villeneuve.

Au Bar, c'était Claude de Grasse qui fut forcé aussi d'adoucir le joug de ses sujets, en 1580. — Il avait pour fils Annibal de Grasse, marié à Claire d'Allagonie. — Jacques de Grasse était comte de Briançon. On voyait encore Gaspard de Grasse-Montauroux, mari d'Honorade d'Andrée, et père d'Antoine et de Henri de Grasse ; — Jean de Grasse, seigneur de Laval, et Cabris, fils de César et de Marthe de Barras. — Charles de Blacas avait pour coseigneur à Carros, Honoré de Giraud, père de Louis.

Le Broc semblait destiné au drame. Jacques de Giraud, coseigneur du Broc, venait de se battre en duel avec Napoléon Dragui, seigneur des Ferres et de Boyon. L'évêque de Vence, après la réconciliation qui eut lieu à Nice, le 10 juin 1604, les releva de l'excommunication. — Jean-Baptiste de Muret, coseigneur de Gréolières, vivait aussi au Broc avec Delphine de Barras, sa femme. — Noble Pierre de Villeneuve-Saint-Césaire était chargé de la sénéchaussée de Grasse, et Bernardin Roussel de la viguerie de Saint-Paul.

Notre illustre évêque, après avoir visité son diocèse, et y avoir affermi son autorité, recouvra peu à peu ses fiefs aliénés. Les Besaudunois et les Broquins furent les premiers à revenir et prêtèrent hommage à leur évêque dans l'évêché, en 1606. Saint-Laurent suivit ; Claude de Villeneuve-Torenc rendit le Canadel ; Claude de Villeneuve-Tourrettes, Saint-Martin de la Pelote. — Le baron de Vence se montra plus difficile. — On se dessaisit difficilement de l'objet convoité quand on le tient. — Pierre du Vair dut demander conseil lorsqu'il alla à Paris (1608-1609) pour l'assemblée du clergé de France. A son retour, il attaqua le baron (1609) devant la cour d'Aix, et celui-ci ayant perdu, en appela à son tour à Paris, où il perdra encore (29 octobre 1611).

L'assassinat du bon Henri, en 1610, avait donné lieu chez nous à une certaine agitation des partis. Grasse fit même une assemblée générale dont le compte rendu n'a pu être retrouvé. — Avec Louis XIII et Marie de Médicis, nous assistons à la ruine du calvinisme que consommera Richelieu. — La guerre du Montferrat n'attira sur la frontière que des passages de troupes. Notre grande affaire était au sein même de la cité. — Scipion de Villeneuve venait de rédiger en 1610 un règlement communal, et sans l'avis, ni de l'évêque, ni de la commune, il s'était entendu simplement avec le lieutenant du sénéchal de Grasse pour l'imposer à son fief. — Le 24 décembre 1610, on vit venir à Vence, avant la nomination du nouvel État, au nom de Louis Lombard, sieur de Gordon, lieutenant de Grasse, le sieur Antoine Tombarel, juge de Grasse, et Honoré Faissy, procureur du roi. A leur arrivée, ils firent convoquer les conseillers, en tête desquels se trouvaient Paul Vacquier et Laurent Bremond, consuls, Jean Calvy, Pierre Maurel, Lambert Narbon, Antoine Reillanne, Georges Gastaud, Guillaume Isnard. — Lambert Baud, le trésorier, était absent ; mais il s'y trouva le lendemain. — Tombarel leur enjoignit de se rendre à la maison commune pour le lendemain et d'obéir, sous peine de 500 livres, au règlement qu'il leur communiquerait. Le conseil répondit qu'il était prêt à se soumettre en tout ce qui serait juste et raisonnable ; mais que la commune avait ses libertés et ses statuts, et que ce règlement ne leur ayant pas été montré, ils le suivraient en tant qu'il ne serait pas opposé à celui de ladite université de Vence. L'assemblée eut lieu le jour de Saint-Etienne selon l'antique usage. — Claude Baussy, bailli de l'évêque, et Pierre Roubaud, son lieutenant, n'oublièrent pas de s'y rendre. — Tombarel appuya sur les abus qui se commettaient dans l'administration municipale et sur le désordre des finances, etc. — Le bailli de l'évêque répondit que le seigneur évêque était loin de désapprouver les sages intentions de M. le baron, mais qu'il ne pouvait accepter un acte qui violait la transaction de 1544, et par lequel ledit baron s'adjugeait la souveraineté absolue. — Le juge de Grasse repartit qu'il ne venait pas réveiller de vieilles querelles, d'autant plus que la réconciliation était faite ; que pour mettre tout d'accord, il remettrait deux copies du nouveau règlement, l'une au seigneur évêque, l'autre au conseil, et que l'on en prendrait connaissance; qu'en attendant, et par ordre de la cour, et sous peine de 500 livres d'amende, on commençât par obéir à ce qu'il commandait : « que d'abord il nommait pour consuls Guillaume Mayffred, avec Antoine Dalmas, et Barthélemy Blanc pour trésorier. Il proclama neuf conseillers, et fit prêter serment. — Il donna ensuite lecture du règlement, dans lequel nous voyons entre autres dispositions : douze conseillers pour le conseil ordinaire; les deux conseillers précédents formant le conseil extraordinaire. — Chaque conseiller sera ballotté l'un après l'autre; ne pourra être élu aucun membre des trois conseils précédents; ne pourront être élus les parents ou alliés jusqu'au 3e degré inclusivement. — Le conseil ordinaire ne devra pas délibérer sans le conseil extraordinaire pour l'imposition des tailles, procès, déchargement des dettes, des taxes, etc.

La commune avait assez de ses dettes anciennes sans se créer de nouveaux embarras ; d'ailleurs ce n'était pas tant le baron qui commandait que la cour royale. Scipion de Villeneuve montrait sa faiblesse en entremettant ainsi un tiers. — C'était assez pour cette fois d'avoir protesté, le règlement n'offrant trop rien de nouveau, sinon qu'il était imposé et qu'il rognait les ailes à la commune.

Pierre du Vair, tout à son œuvre de régénération, donnait l'exemple de l'élan religieux en fondant, en 1610, la chapellenie de Notre-Dame de la Rat ou de l'Arrat, sous l'invocation des Sept-Douleurs et de la Pitié, titre d'un bénéfice ecclésiastique. En 1614, il bénit la première pierre de la nouvelle chapelle des Pénitents-Blancs, sous le vocable de Saint-Bernardin et de Sainte-Agathe. Il donna des statuts à cette confrérie qui existait déjà depuis près de 60 ans. Il rétablit les Pénitents-Noirs dans la chapelle Saint-Pancrace avec saint Michel et sainte Anne pour patrons. Ceux-ci succédant à la Miséricorde, se consacrèrent surtout aux pauvres et aux étrangers. — Touchantes institutions qui unissaient entre eux tous les confrères par le bon exemple, la réception des sacrements, les bonnes mœurs, et les devoirs mutuels de la charité. C'étaient d'autres sociétés avec leurs chefs et leurs règles au milieu de la grande société dont ils essayaient de sauver et d'édifier les membres. — L'élan était donné. Les personnes les plus influentes, et Pierre du Vair en tête, se firent inscrire en tête des Pénitents. Du nord au midi, même retour vers la foi. En compulsant autrefois les registres de Fontainebleau et d'Avon, j'ai remarqué que surtout au xviie siècle les rois, les princes, tous les grands dignitaires de l'État, laïques ou ecclésiastiques, s'empressent de tenir sur les fonts baptismaux les enfants des simples bourgeois, et d'inscrire leurs grandes signatures sur les registres paroissiaux. On peut y lire Louis XIII, Gaston d'Orléans, Richelieu, Anne d'Autriche, et plus tard Louis XIV, Philippe d'Orléans, Françoise d'Aubigné, Bossuet, Lully, le Nôtre, etc. Le même fait se reproduit à Vence pour notre petite cour seigneuriale. C'est Cassandre de Villeneuve et Baptiste Barcillon le chanoine, parrain et marraine, en 1600, d'un enfant du notaire J.-B. de Guignes. — Le 13 octobre 1603, César de Villeneuve-Coursegoules, frère du baron de Vence, parrain au nom de Frédéric de Castellane, sieur de Villeplame et gouverneur de Saint-Paul, avec Cassandre de Villeneuve, d'un enfant de Claude Vital; le baron de Vence et sa femme, d'un enfant de Pierre Isnard; Gaspard de Villeneuve et la baronne de Vence, d'un enfant de Louis Blanc; l'évêque de Vence et la baronne de Vence, le 6 mars 1611, d'un enfant de Joseph Bonnet. L'évêque de Vence l'est encore plusieurs fois. En 1621, nous lisons Jean-Baptiste de Villeneuve-Torenc, fils aîné de Claude II et de Marguerite de Villeneuve, baronne de Vence; en 1628, Claude Barcillon et Lucrèce de Grimaldi, du fils d'Honoré André, maître de chapelle, et d'Honorade Reillanne; en 1632, Jean-Henri de Grimaldi de Cagnes, avec Anne du Bar, de Jean Reillanne, fils d'Antoine. —

En 1634, Jean-Baptiste Bompar de Montaigu et Anne de Méry, parrain et marraine d'un enfant du capitaine Laurent Blacas. — Evêques, chanoines, seigneurs, tous cimentent par ces actes publics une sorte de réconciliation au pied des autels.

Un nombre considérable d'enfants de nobles familles entrent dans le clergé. Les Barcillon en fournissent jusqu'à sept ou huit ; les Villeneuve-Torenc donnent des chanoines au chapitre de Vence, dont l'un, Scipion de Villeneuve, deviendra évêque de Grasse ; c'est Jean de Grasse du Bar, Annibal de Blacas-Carros, Antoine d'Oraison, Pompée de Villeneuve, etc. L'obstination est le caractère de l'hérésie. — Les calvinistes n'abandonnaient pas leurs erreurs ; car Honoré Rancurel, notaire, cédera aux protestants de Vence un jardin à la Clapière pour leur cimetière (19 janvier 1621). Tourrettes aura prêche et pasteur protestant, chez un nommé Aubanel. Les Villeneuve-Saint-Jeannet y rétribueront le pasteur Bernard. — Pierre de Vair n'en montrait que plus de zèle. Assidu à la résidence, il ne quittait pas un instant son troupeau ; sa bonté égalait son désintéressement, et selon l'expression de son successeur, il était d'une modestie et d'une simplicité dignes des premiers siècles de l'Église. Il n'avait rien à lui. En 1620, il donna entre-vifs une somme de 3,000 livres à son filleul, Pierre Séguier, écuyer de Marseille. — Quand, en 1622, son frère, Guillaume du Vair, mourut, en vain lui offrit-on l'évêché de Lisieux, et auparavant celui de Marseille : « Ma femme est pauvre, disait-il, je ne l'abandonnerai pas pour en épouser une plus riche. » — Ami de la paix, il préférait céder de son droit que de plaider ; en 1623, la commune, selon l'édit royal de 1556, qui séparait les biens nobles des biens roturiers, réclama à l'évêque et au baron le payement des tailles pour les biens roturiers acquis par eux depuis cette époque. Pierre du Vair préféra payer plutôt que d'engager une lutte avec la commune, pendant que le baron refusa opiniâtrément. — Scipion de Villeneuve avait d'autres vues. Avec les riches héritages qui lui arrivaient de tous côtés, il rêvait à une charge de premier procureur à la chambre des comptes d'Aix, y acquérait son domicile, et défiait la petite commune de Vence qui réclamait en vain le payement des tailles.

Où le zèle de notre pieux évêque se déploya surtout, ce fut pendant la guerre du Montferrat et durant la peste de 1629. Louis XIII, avec Richelieu, traversait le Pas-de-Suze en 1627, pendant que le duc de Guise et d'Estrées asseyaient leur camp à Cannes. Un détachement du régiment de la Valette fut cantonné à Vence en janvier ; puis, en février, le sieur de Villaque, dont la cavalerie commit chez nous les plus grands dégâts. Le fourrage étant venu à manquer, les soldats se mutinèrent. — Il fallut que l'évêque et le baron s'interposassent pour en obtenir le délogement. Le 7 mars, le maréchal de Vieulx nous arriva à son tour avec sept compagnies, et le 11 mars, l'armée du Var, au nombre de treize mille hommes, passa le Var : Vence se barricada.— Le temps combattit contre cette expédition ; et le Paillon, roulant ses eaux à pleins bords, sauva Nice, défendue par le prince Félix de Savoie et par la flotte espagnole. Une partie de la cavalerie était déjà à Vence quand un ordre de Louis XIII arriva de garder ses positions (21 mars). Les pluies forcèrent l'armée française à battre en retraite avec une perte de six mille hommes. La paix de Chiérasque termina la guerre en 1630. — Comme nous l'avons remarqué déjà plusieurs fois, le Ciel, par un autre fléau, s'était chargé de la suspendre. Nouvelle alarme. — A la douleur que faisait éprouver à notre digne évêque la mort de Jacques Ribier, son neveu, qu'il destinait à la coadjutorerie du siége de Vence, s'ajouta donc une horrible peste qui décima encore une fois Nice et tous les pays des alentours. — Vence en fut pourtant préservée (1629-1630); aussi un grand nombre d'étrangers s'étaient-ils réfugiés dans les bastides ou logeaient sous des tentes à la campagne. — La commune avait fermé ses portes. — Toute la population était prosternée au pied des saintes reliques de ses bien-aimés patrons. — C'est alors qu'un sénateur de Nice, Henri de Saint-Aignan, retiré à Vence, composa dans une de nos bastides la belle hymne de Saint-Lambert, que l'on chante encore aujourd'hui. Le chanoine Jacques de Barcillon écrivit aussi à cette occasion les vies de saint Véran et de saint Lambert, dédia la première au chapitre en 1632, et commanda à Paris la châsse en argent de saint Lambert. — Pierre du Vair était l'âme de cette réaction religieuse. — Après un interminable procès, il avait fini encore par recouvrer, en 1626, sa temporelle de Vence ; mais il fallut passer une nouvelle transaction avec le baron. Scipion de Villeneuve, modifiant certains articles de la transaction de 1545 pour enlacer toutes les libertés de la commune dans ses filets, convint que le conseil municipal se tiendrait dans l'auditoire de justice seigneurial et non plus à l'hôtel de ville. — Les Vençois s'ameutèrent : les élections furent troublées, et la cour fut saisie de cette affaire. Nous croyons assister aux anciens débats. — Le baron, rappelant toutes les vieilles querelles de son père, représenta la commune de Vence sans police, sans contrôle, et les habitants sans soumission. — Les consuls s'adressèrent aussitôt à Louis XIII pour qu'il leur accordât leur ancien privilège de porter le chaperon, selon les lettres patentes du bon roi René. — Ce que leur délivra gracieusement Sa Majesté par nouvelles lettres patentes datées de Fontainebleau (oct. 1627). — Lorsque les consuls se sentirent soutenus et inviolables, ils se montrèrent plus hardis, étalèrent tous leurs vieux parchemins, et l'affaire alla si mal pour le baron de Vence que la cour l'engagea à transiger. On proposa un tribunal de police fonctionnant en dehors du conseil. — La transaction se fit le 20 octobre 1628, le sieur Bompar agissant au nom de la commune et le sieur Tamisier au nom des coseigneurs. — Le conseil communal fut maintenu à l'hôtel de ville. — Le 14 décembre, la cour d'Aix établit le bureau de police avec le présent dispositif : « 1° Il sera établi à Vence un bureau de police dans la même forme et mouvement que celui d'Aix; 2° il se composera du juge seigneurial, des consuls, d'un des membres élus par le conseil, faisant fonction de procureur du roi, et de quatre autres membres des plus apparents; 3° le greffier sera celui du conseil, mais sans aucune rétribution ; 4° les regardeurs auront voix délibérative et continueront à exercer la basse police; 5° les enchères se feront par le trompette seigneurial et l'organe d'un des sergents en présence du juge et des consuls, et le consul rédigera l'acte selon l'ancienne coutume ; il en sera de même pour les délivrances des formes ; 6° toute autre criée se fera, par l'ordre des consuls, par le valet de ville et à leur volonté; 7° le valet sonnera la cloche de la basse-cour de l'évêché ou du château, pour la convocation du bureau de police et du conseil, selon l'année de la juridiction du coseigneur à qui elle appartiendra, une année l'un, une année l'autre.

Tout rentra dans l'ordre : il n'y eut que l'affaire des tailles qui resta là. Notre baron était premier consul d'Aix. C'est à ce titre qu'il délivrait la Provence en 1631 des troubles civils dits des Cascaveoux, et notre petite commune ne pouvait plus l'atteindre. Pourtant, quoique chevalier et gentilhomme ordinaire de la chambre du roi, haut et puissant seigneur, baron de la cité de Vence, seigneur de Saint-Jeannet, Gréolières, Trigaus, Saint-Laurent, Coursegoules, Torenc, Cagnes et Puget-Trèsdames, il n'aura pas, avec tous ces titres, le plus petit rejeton, et ses frères, Gaspard et César, guetteront son héritage. Gaspard était marié avec Philippe de Chabaud, des seigneurs de Tourrettes-Revest, et n'avait qu'une fille, Anne-Marie, qu'il fit épouser à Jean-Baptiste de Villeneuve-Torenc, le fils du gouverneur de Saint-Paul, son petit-cousin.

César, après avoir vendu aux Coursegoulins tous ses droits sur leur ville, s'était retiré aussi à Vence avec sa femme, Marguerite de Villeneuve, qu'il avait épousée en 1616, et dont il avait de nombreux fils. L'aîné s'appelait Claude de Gréolières. Coursegoules, tout heureuse, s'était hâtée de se donner au roi, de qui elle reçut des lettres patentes de ville royale avec mille priviléges (Paris, janvier 1632).

Pierre du Vair était fort vieux. Depuis la dernière peste, le peuple ne parlait plus que de saint Lambert ; c'est de lui que le pieux évêque disait : *Solus habet cuncta quæ plurimos efficeret beatos*; quand, le 9 septembre 1634, arrivèrent à Vence, bannières déployées, cent cinquante pèlerins de Bauduen, demandant des reliques de leur compatriote, saint Lambert; grande fête pour notre ville. Le lendemain, après avoir communié et reçu des mains de Louis Barcillon la précieuse relique, la procession du départ se mit en marche. On voyait en tête une bravade de cent cinquante mousquetaires des notables de Vence qui faisaient des décharges ; puis, les confréries, les pèlerins, parmi lesquels on remarquait les Pelloquin, descendants du saint; les baillis des seigneurs Charles de Pontevez, François d'Antin, le baron de Gréoulx: Marc-Antoine Pelloquin, premier consul de Bauduen, et Guillaume Régibaud, deuxième consul, capitaine de marine; sept à huit prêtres; le corps de musique de Vence, *jouant les airs les plus doux*, alternant avec l'hymne *Iste confessor*. — Les Barcillon étaient rayonnants de joie. Noble Paul Barcillon, mari de Madeleine de Villeneuve-Vence et père du chanoine Jacques, était accouru d'Antibes à cette cérémonie. Il y avait beaucoup d'étrangers; le consul de Vence, Antoine Mars, portait le dais avec Laurent Guérin, trésorier. — On se sépara à la chapelle Sainte-Croix. — A Grasse, l'évêque Scipion de Villeneuve-Torenc attendait avec tout son clergé sur le perron de la cathédrale. A Seillans, dit le compte rendu, la pluie ouvrit un passage à la châsse, tellement que l'illustre Scipion de Blacas d'Aups se serait écrié : Telle est l'influence des astres du paradis sur ceux qui l'invoquent!— On rapporte qu'un chirurgien d'Aups, blessé d'un coup d'épée, obtint sa guérison par l'intercession du saint. — La procession rentra à Bauduen le 14 septembre. — L'évêque de Vence était d'un âge très-avancé et le baron se trouvait alors à Aix.

La commune avait une discussion avec son seigneur au sujet du libre parcours. — Scipion prétendait avoir le droit de mener ses troupeaux partout, même dans les lieux cultivés ou plantés; comme la commune possédait le même droit, c'eût été au détriment du baron, qui comprit qu'il avait fait fausse route et oublié la transaction de 1501. Il perdit cette fois. Scipion de Villeneuve mourut à Vence le samedi, 18 août 1595, dans les sentiments d'une grande piété. Il laissait par son testament, fait chez Pierre de Guignes, 16 juillet 1598, l'ordre d'habiller vingt-cinq pauvres qui accompagneraient son convoi une torche à la main. — Scipion de Villeneuve-Torenc, évêque de Grasse, finit ses jours à la même époque.

L'illustre Godeau, qui fut promu au siége de Grasse, était connu de Pierre du Vair. — Notre digne prélat, avant de mourir, fit même demander pour lui l'annexion du siége de Vence à celui de Grasse et rendit à Dieu sa belle âme, 28 juin 1636. — Son acte de décès est son éloge : *In hac sede maxima cum laude, pietate, caritate, divinorum zelo, necnon virtutum omnium cumulo sicut Ecclesiæ lux vera sex et triginta effulsit annis.* Il fut enterré devant le grand autel.

Louis Barcillon, vicaire capitulaire, fut envoyé à l'Assemblée générale du clergé de 1638, le siége vacant. Les morts se succédaient à Vence dans les rangs du clergé : Pierre Toussaint, maître de chapelle, en 1637; César du Port, 8 août 1638, enterré dans la chapelle Saint-Antoine; Jean-Baptiste Barcillon, archidiacre, 8 novembre, déposé dans la chapelle des Saintes-Reliques, que venait de fonder dans la cathédrale, Jacques Barcillon, son frère, qui lui succéda. La guerre se chargeait aussi en ce même temps de faire d'autres victimes non loin de nous. Richelieu, après avoir abattu la réforme et la noblesse, prenait en 1635 une part active à la guerre de Trente Ans, pour abaisser la maison d'Autriche-Espagne, œuvre qu'avait en vain tentée François Ier et méditée Henri IV.

La flotte espagnole, nous surprenant dans le midi, s'empara, le 13 septembre 1635, des îles de Lérins, et l'amiral de Sainte-Croix, jouant sur le mot Marguerite, écrivit à Philippe II qu'il avait acquis à sa couronne deux perles (*margaritas*) inconnues à la France. — Dès que cette invasion se répandit dans notre contrée, le tocsin sonna, et tout prit les armes : les communes, les seigneurs, accoururent à temps pour sauver les forts de Cannes et de la Croisette. Le sieur de Canaux occupa Vence avec sa compagnie. Claude II de Villeneuve-Torenc gouverna Saint-Paul. Octave de Villeneuve, sieur de Saint-Jeannet, habile marin, Gaspard et César de Villeneuve-Vence levèrent des compagnies, et quarante-deux hommes de Vence tout équipés se rendirent au camp devant Cannes. M. de Saint-Chaumont avait donné les premiers ordres. Le 2 février, c'est le sieur de Chastueil qui signe pour les maréchaux d'Harcourt et de Vitry. Chaque commune fournit aussi deux hommes par feu pour aller fortifier la Touraque à Antibes, sous le commandement de l'ingénieur Bonafous. Par suite des divisions entre d'Harcourt et Vitry, au camp de Cannes, les opérations allaient lentement. Les blessés étaient nombreux, et Vence en compta dans son ambulance jusqu'à deux cents du régiment de Roussillon. Les archives de la commune renferment une trentaine de lettres de noble Nicolas de l'Hopital de Vitry, maréchal de France, gouverneur de la Brie. Ses lettres sont signées par lui et par ses secrétaires, Charlemagne, Chastueil, etc.

Vence qui avait augmenté sa dette dans la dernière peste par un emprunt considérable au baron d'Olive, emprunte encore 1,800 livres au chanoine Jacques Barcillon, à Christophe Rabuis de Saint-Paul, à Marguerite de Villeneuve, femme de M. d'Amirat. — Antibes, 2 février 1636, continue de se retrancher et nous demande tous nos charpentiers et terrassiers. — Comme nous avions des prisonniers, le maréchal de Vitry nous écrit le 13 mars de Cannes « de les resserrer *plus estroitement à peine de punition exemplaire...* qu'il avait appris que nous leur donnions trop de liberté. » — Les consuls s'attirèrent de vifs reproches, en les laissant s'évader (9 juillet). Parmi ces prisonniers était un chanoine espagnol. — On perdait beaucoup de soldats, et c'étaient des levées continuelles. Deux cents hommes sous la conduite du sieur d'Escragnolles, levés dans les vigueries de Vence et de Saint-Paul, allèrent tenir garnison à Antibes (2 août). — Antoine Flour nous demanda en même temps de faire venir d'autres hommes à Biot (5 août). — Le maréchal en eut encore besoin le 22 octobre. — Il nous écrivit cette fois d'un ton suppliant : Faites-le pour moi, afin que Sa Majesté sache que je suis tout dévoué à son service, et que je puisse l'assurer que je mets dans cette attaque des îles où il ne faut pas perdre un seul moment, tout l'empressement possible. Faites-le pour vous, afin de sauver la France et cette province. — L'ordre est daté d'Antibes. Le 24 octobre, ces hommes complétèrent les vides du régiment de la Fare; le sieur de Corbeil vint prendre les nôtres. En novembre, nous logions deux compagnies du régiment de Latour, et le 28 du même mois, huit compagnies du régiment de Roussillon, venant de Villeneuve. Deux autres compagnies restèrent à Châteauneuf. — Guerre ne coûta jamais plus d'hommes à nos pays. La flotte ennemie régnait en souveraine sur la Méditerranée, mettant à profit la mésintelligence qui existait dans le conseil des généraux. Cette animosité en vint bientôt au point que Vitry frappa de son bâton l'archevêque de Bordeaux, qui était de l'avis de d'Harcourt. Cette déplorable affaire fit rappeler Vitry à Fontainebleau, d'où il fut envoyé à la Bastille.

Au printemps de 1637, d'Harcourt et Sourdis résolurent d'en finir. — On demanda encore du renfort à nos communes.

Claude de Cormis y conduisit de Vence notre compagnie. On vit à l'attaque tous les seigneurs de nos contrées rivaliser d'ardeur, ceux de Vence, du Bar, de Châteauneuf, de Carros. Claude de Villeneuve-Torenc resta parmi les morts avec nombre de guerriers. Le 15 mai, les îles furent reprises, et le 16, le cardinal Sourdis, qui imitait l'ardeur guerrière de Richelieu, célébra la messe d'action de grâce, comme il l'avait promis, dans la chapelle Saint-Honorat. L'année suivante, la flotte espagnole nous donna une nouvelle alerte. D'Harcourt la poursuivit jusqu'en vue de Gênes, où Octave de Saint-Jeannet se couvrit de gloire. Tandis que Monaco avec Honoré II se donnait (6 juillet 1641) à la France par le traité de Péronne, Nice penchait pour l'Espagne. Trois fois le comte d'Alais, gouverneur de Provence, avec tous nos seigneurs et les troupes des communes, passa le Var. Ce fut enfin après les serments les plus sacrés des principaux de Nice de ne pas recevoir les Espagnols, qu'on ne s'empara pas du comté. La paix générale termina les hostilités en 1648.

Une lutte d'un autre genre avait lieu à Vence. — Cette cité ne voulait pas de l'annexion de son siége épiscopal à celui de Grasse.

Nous avons à parler maintenant d'un de nos évêques les plus illustres dont le nom appartient à la France entière. — Antoine Godeau naquit à Dreux, le 27 novembre 1605, d'Antoine Godeau, lieutenant particulier des eaux et forêts, et de Marie Treuzé ou de Jeanne Largier. — A peine eut-il terminé ses études qu'il rechercha un parti avantageux ; mais il fut trouvé trop petit, maigre, brun et de mine si peu agréable, qu'il fut éconduit. Il s'en consola en allant à Paris chez son cousin le protestant Conrart, conseiller et secrétaire du roi. Godeau fut pourvu d'un bénéfice. — Son cousin, l'un des ornements de la société de Rambouillet, l'y introduisit, et il en devint l'idole. Godeau avec ses qualités de l'esprit et du cœur se fit bientôt aimer de chacun. — Admis à travailler à la carte de Tendre, il fut surnommé le bijou des Grâces.

Mademoiselle Scudéry au teint noir, qui n'était pas mieux douée que lui des dons de la beauté, lui adressait ses poésies, auxquelles le jeune abbé répondait en vers, la saluant du titre de dixième muse et célébrant la beauté incomparable de Julie. Scudéry le nommait en retour le mage de Sidon, et Godeau n'était plus appelé que le nain de Julie. — Pour ceux qui y verront du mal, qu'ils se rappellent qu'il n'y avait dans tout cela que pure afféterie et mode littéraire, esprit du temps, amour purement fictif et idéal. — Honni soit qui mal y pense ! Une fois évêque, Godeau recevra encore de Scudéry ses lettres curieuses sur la Fronde, et ses vers adressés à Condé ; son siècle ne le lui reprocha jamais. Port-Royal si rigide n'en appellera pas moins Godeau un pieux prélat, l'ornement de la province d'Embrun et l'une des lumières de son siècle. Chacun louera sa piété. — La petite société de Conrart, rue Saint-Denis, devint en 1635, par les soins de Richelieu, l'Académie française, et Godeau fut l'un des quarante. Présenté dans ces circonstances au cardinal, il lui lut sa paraphrase en vers du *Benedicite*, qui prêta, à ce qu'on prétend, ce bon mot au cardinal ministre : « M. l'abbé, vous me donnez Bénédicité, je vous donne Grasse. » — Quoique la pièce de vers, où l'on ne trouve que fleurs d'or sur le ciel étalées, miracles roulants et vivants écueils au firmament, ne valût pas un évêché, Godeau prouva néanmoins qu'il en était digne. Il s'opéra dès lors en lui un véritable changement, et renonçant à la carte du Tendre pour ne s'occuper que de Dieu, il prit saint Charles pour modèle. — Il consacra son goût pour la poésie à des compositions religieuses, et traduisit les psaumes de Marot qu'il dédia à Conrart. Celui-ci les fit adopter la plupart aux protestants, de préférence à ceux de Marot. Quoique Godeau ne soit pas un poëte, et qu'on ne reconnaisse souvent ses vers qu'à la rime, quoiqu'il soit souvent à jeun comme Hypéride, dit M. de Felletz, et qu'il noie ses vers dans une mer de vide, il a donné à la poésie une harmonie de style, encore inconnue de son temps. — Sa prose, un peu prolixe et diffuse, vaut mieux que sa poésie qu'on ne lit plus. — On ne connaît que de nom son long poëme manuscrit imité d'Ovide, appelé les *Fastes de l'Eglise*, en quinze mille vers, ses hymnes sacrés de saint Augustin, de saint Eustache et autres.

C'est dans son évêché qu'il faut le voir maintenant, homme de prière et de charité, d'une activité incroyable, ne s'occupant plus que de sanctifier, d'évangéliser et d'édifier son peuple, et trouvant le temps de composer de nombreux ouvrages, tout en s'occupant des affaires de l'Église. C'est à lui que Grasse doit son mont-de-piété, ses ordonnances aujourd'hui réclamées par les évêques, l'extinction du calvinisme dans nos contrées. Il encouragea les ordres religieux fondés à Grasse et surtout les visitandines. Tout à son diocèse, il se montra une leçon vivante des vertus qu'il réclamait des autres, et à l'exemple de Louis XIII, il s'attacha à inculquer dans le cœur de chacun une tendre dévotion envers la sainte Vierge.

L'évêché de Vence, comme nous l'avons dit, étant venu à vaquer en 1636, Godeau y fut proposé à Louis XIII, selon le vœu de Pierre du Vair. La ville et le diocèse s'émurent de l'annexion. Louis Barcillon, vicaire capitulaire, fit agir contre ce projet son cousin Baptiste Barcillon, aumônier de la duchesse d'Orléans. Mais Louis XIII, à l'instigation de Conrart et du cardinal ministre, écrivit le 20 décembre 1639, au souverain pontife, qu'il avait fait choix de l'évêque de Grasse pour l'évêché de Vence, afin que les deux évêchés fussent réunis. Il donnait pour raison la proximité des deux villes, le peu d'étendue des deux diocèses qui fournissaient à peine de quoi vivre pour un seul évêque. — Il désirait, en outre, donner une marque toute particulière de son affection à M. Godeau à cause de sa grande piété et de sa rare doctrine. — Cette lettre était datée de Saint-Germain. Mais le nonce du pape appuya la réclamation du chapitre de Vence; ce qui suspendit l'élection définitive. — La commune considéra pourtant déjà monseigneur Godeau comme son évêque, puisqu'en 1642 elle l'attaqua pour les tailles à la cour d'Aix, et de là à Paris.

Godeau, en attendant ses bulles, avait son brevet du roi. Nous le voyons en cette année 1642 à l'assemblée du clergé à Paris, où il réclame contre les conciliabules des protestants qui se font à Antibes, à Tourrettes-lès-Vence, et dans certains autres lieux des diocèses de Grasse et de Vence. En effet, Jean Bernard tenait toujours son prêche à Tourrettes, sous le patronage de noble Octave de Villeneuve, sieur de Saint-Jeannet, et de son neveu Joseph de Villeneuve-Clermont, sieur de la Colette. — A Antibes c'était le ministre le Grand chez le sieur Serrat. Louis XIII lança contre eux un édit, 24 décembre 1642. Il interdit prêches et conventicules sous peine de 4,000 livres d'amende, d'autant plus que les anciennes ordonnances défendaient des réunions de protestants dans les villes royales et épiscopales.

A l'apparition du nouveau règne, les réformés d'Antibes ne se tinrent pas pour battus. De nouvelles plaintes furent encore portées en 1645 à l'assemblée au nom de Mgr Godeau. — On n'entendit plus ensuite parler de rien. — Il y avait néanmoins de fréquentes abjurations. Les Aubanel de Tourrettes revinrent à l'Eglise. — En 1629, noble Jacques Roux de Grenoble à Saint-Paul avait renoncé à ses erreurs entre les mains de l'évêque de Vence ; et un nommé P. Chaiz, vivant à Saint-Paul, avocat, abjurera aussi, un peu plus tard, le calvinisme. — Sa sœur, nommée Madeleine, était mariée avec Jean-Baptiste Olive, docteur médecin à Grasse, fils du viguier de Grasse et frère de Jacques Olive, chanoine théologal de Vence. — Nous avions pour principal agent du calvinisme Honoré Rancurel, le notaire. — Ces Rancurel étaient assez influents. Charles Rancurel, frère du notaire de Vence, était neveu de Guillaume de Malvans, juge de Saint-Paul (1622) et de noble dame Cassandre de Laugier.

Urbain VII allait signer les bulles d'annexion pour l'évêque de Grasse, quand la mort surprit ce souverain pontife. — Innocent X les octroya le 7 décembre 1644. Aussitôt que Godeau, alors à Paris, les eut reçues (16 janvier 1645), il envoya sa procuration à l'abbé Falconi, vicaire de la Gaude, pour qu'il prit possession en son nom. Godeau se trouvait à l'assemblée du clergé avec le vicaire capitulaire de Vence, Jacques Barcillon. — L'abbé Falconi, Pierre, était fils de l'avocat Joseph Falconi du Broc. Il se rendit à Vence avec Claude Barcillon, seigneur de Malvans et de Roquefort, capitaine de port à Antibes, Louis Laure, aussi d'Antibes, Philippe Mayffred, avocat, parent des Barcillon, et quatre ou cinq autres personnes. En arrivant, il fit avertir le baron de Vence, Gaspard de Villeneuve, qui lui dit pour toute réponse qu'il ne se mêlait pas des affaires de l'Eglise. — Le chanoine sacristain, nommé aussi Gaspard de Villeneuve-Torenc, frère du gouverneur de Saint-Paul, refusa formellement de venir procéder à l'installation. — On voulut entrer dans la cathédrale : les portes en avaient été fermées. On essaya de pénétrer par l'évêché, où l'on somma le bénéficier Honoré André de remettre les clefs. Celui-ci répondit ne pas les avoir. On lui dit que le refus était sous peine de 500 livres d'amende. Il repartit qu'il était sous l'autorité du chapitre. Le campanier donna enfin les clefs à l'abbé Falconi qui, conduit par le capitaine Barcillon, alla à l'autel, au trône, à la chaire ; et puis on dressa l'acte en bonne forme. — A peine les mandataires de Mgr Godeau furent-ils partis que le chapitre adressa une protestation au grand conseil. On eut soin de faire observer que le lieutenant principal de Grasse, père d'un chanoine, avait tout intérêt à l'annexion si profitable pour Grasse, mais si préjudiciable pour Vence. Là étaient Georges du Port, le prévôt, Gaspard de Villeneuve, sacristain, Gaspard Barcillon, archidiacre, Scipion Blacas et Louis du Port, chanoines, etc. — Ordre fut donné d'abord aux évêques de Fréjus et de Digne de faire exécuter la bulle apostolique, mais la requête du chapitre fut ensuite si bien appuyée, que le grand conseil ayant trouvé plausibles les moyens d'opposition fournis, ordonna par arrêt de septembre 1647 qu'une enquête de commodo et incommodo fût faite. — « Les habitants, ajoutait-on, témoignent une si grande aversion pour cette union, que quelque grave désordre est à craindre. » L'affaire en resta là. Godeau fut évêque de Grasse et de Vence sans oser venir à Vence. Gaspard de Villeneuve-Torenc résigna sa charge à son frère Claude de Villeneuve qui se démit bientôt après en faveur d'autre Gaspard de Villeneuve, son neveu. — L'évêque se consolait dans la composition de ses ouvrages, et obtenait en 1646 le privilége du roi pour l'impression de ses paraphrases de saint Paul, ouvrage remarquable dont le P. Carrière se servira plus tard, et de ses homélies, excellent ouvrage dont l'édition sera bien vite épuisée.

Une autre affaire vint le tirer de sa retraite. Le nonce de Savoie, en vertu d'un certain droit appelé *spoggio*, gardait les revenus de Gattières et de Boyon, depuis la mort de Pierre du Vair. — Godeau réclama ces bénéfices. Il fit même le voyage de Turin pour redemander spécialement Gattières, fief seigneurial appartenant à la manse épiscopale de Vence. Las de réclamer, Godeau fit valoir ses droits au conseil souverain de Nice, lequel rendit un arrêt favorable ; mais le nonce de Savoie, en vertu des lois d'outre-mont, qui défendaient aux ecclésiastiques de se pourvoir devant les tribunaux laïques, déclara l'illustre prélat atteint des censures ecclésiastiques. — L'assemblée générale du clergé se mêla de cette affaire, comme d'un attentat aux libertés de l'Eglise gallicane, chargea l'archevêque d'Embrun de rédiger une lettre de doléance à Mgr Godeau, et le nonce, ainsi que l'assemblée, en référèrent au souverain pontife. Godeau recouvra ses bénéfices piémontais, mais la temporelle de Gattières ne lui fut pas restituée.

Notre digne évêque souffrait de ne pas aller à Vence, et il était souvent à Paris pour cette affaire. Nous l'y trouvons le 13 septembre 1651, pour obtenir un nouveau privilége de faire imprimer ses ouvrages tant anciens que nouveaux, parm lesquels nous remarquons surtout son *Histoire sainte*, le premier ouvrage français que nous ayons en ce genre; son *Histoire des quatre premiers siècles de l'Église*, le mieux écrit de ses œuvres en prose, où il établit la Foi contre les protestants ; son excellent *Traité de morale*. Conrart contresigne les lettres patentes. Le 2 juin 1653, il cède tous ses droits d'auteur à son imprimeur Courbé. — C'est dans son *Histoire de l'Église*, qu'après le passage qui a trait à Saint-Véran, nous lisons la résolution bien arrêtée de Godeau de renoncer au siége de Grasse. En effet, le 24 février 1653, il obtint du roi de nouvelles lettres par lesquelles la séparation des deux siéges était demandée au Saint-Père. Le 15 juillet, le roi accepta la démission de Grasse que Godeau fit entre ses mains en faveur de Louis de Barnage : « Nous voulons, dit le roi, que les deux évêchés soient administrés chacun par un évêque, et nous acceptons la démission de Grasse de l'évêque Antoine Godeau, le maintenant dans l'évêché de Vence. Donné à Paris, 25 juillet 1653. »

C'était un triomphe pour la ville de Vence. Aussitôt que les nouvelles bulles furent reçues, 7 décembre 1653, Jean Aubanelle, prêtre de Grasse, alla à Vence pour présenter au chapitre les lettres du roi et l'arrêt d'enregistrement du parlement d'Aix. Les chanoines reçurent le prélat pour leur évêque, à la condition qu'il ne consentirait jamais à l'annexion du siége de Vence à un autre, et qu'il garderait les lois, coutumes et usages du chapitre et de ladite église, ainsi que les transactions faites avec les seigneurs.

Le prélat nomma, le 7 janvier 1654, Jacques Barcillon pour son grand vicaire, et quand il eut mis ordre à ses affaires, il quitta Grasse, qu'il appelait souvent en plaisantant, la *gueuse parfumée*, pour faire son entrée solennelle à Vence. Il choisit le 26 mai, qui était à la fois la fête de la Pentecôte et le jour de saint Lambert, appelant par cette double solennité sur lui les bénédictions de Dieu, et la protection de saint

Lambert, son prédécesseur, bien-aimé patron de son église.
— Jacques Barcillon lui offrit la Vie de saint Lambert et la
belle châsse, œuvre de Thomas Merlin, orfèvre du roi. —
L'artiste en avait fait un œuvre d'art, sur lequel on lisait en
vers latins la vie du saint en abrégé. — Toute la population
était en fête, et le peuple se réjouissait de contempler les
traits de son évêque dont il se regardait comme frustré depuis huit ans. Après la messe, on bénit la châsse, et l'on fit en
grande pompe la procession. Les trois Barcillon, chanoines,
Gaspard de Villeneuve - Vence, le sacristain, Jacques Olive,
le théologal, qui venait de succéder à Antoine d'Oraison, fils
du marquis d'Oraison, Guérin, le prévôt du chapitre, Honoré
Niel, Barthélemy Courmettes, Scipion et Lambert Blacas, le capiscole, Louis du Port, accompagnaient leur évêque que suivaient les consuls Théodore Mallet et Pierre Ausias, Antoine de
Cormis, le trésorier, et J.-B. de Guignes, le notaire capitulaire.

A peine Mgr Godeau fut-il installé, que par de sages statuts il raviva la foi et la discipline, veilla à ce que le dimanche et le devoir pascal fussent observés, les mœurs épurées et les ecclésiastiques fidèles à leurs devoirs. — Son successeur, Louis de Thomassin, nous apprend lui-même, dans
le discours qu'il adressa à son synode, en publiant les homélies de Godeau, quelle était la piété, la science, la vie du
pieux évêque. Il compare ses homélies à celles des SS. Pères.
Il dit que comme saint Chrysostome, qui jetait des fleurs
aux habitants d'Antioche, et savait prendre un langage moins
brillant pour son peuple de Constantinople, de même Godeau, dans ses homélies sur les dimanches et fêtes de l'année, dévoile toute l'âme du vrai prédicateur évangélique qui
sait rabaisser son éloquence ou relever la simplicité de
son discours. « Nous vous appelons à témoin, ajoute-t-il,
vous qui l'avez entendu annoncer la parole de Dieu avec un
zèle infatigable. Il vous souvient de lui avoir ouï dire, lorsqu'on lui parlait de son éloquence si connue et si admirée
dans tout le royaume, qu'il souhaiterait de changer son lan-

gage pour le patois du pays, afin de pouvoir instruire plus facilement son peuple, et que si Dieu lui donnait le choix, ou du don des miracles, ou du langage provençal, il choisirait plutôt de bien parler cette langue que de ressusciter trois morts chaque jour. Vous l'avez vu souvent au milieu des enfants et des paysans, leur enseignant le catéchisme en leur idiome vulgaire; vous l'avez admiré dans ses visites diocésaines, s'efforçant de faire des sermons en provençal avec un abandon et une clarté admirables. Godeau, dit enfin son panégyriste, a imité saint Charles qui avait dressé un formulaire d'instruction pour les prédicateurs. » — Il s'était inspiré de ses œuvres. Les homélies de Godeau sont l'épanouissement d'une âme vraiment pastorale; tout y est simple, intéressant, relevé par des comparaisons, nourri des SS. Pères et de l'Ecriture, rempli de traits qui attachent et qui sont à la portée de tous, et tout pour ce bon peuple de Vence.

Ce n'était pas assez d'entretenir la foi par de solides instructions, Godeau n'oublia pas les soins matériels de son diocèse, la pompe du culte, l'éclat extérieur de son épiscopat, la réparation de ses églises. Avec les deux bénéfices de Saint-Ponat et de Cahors qui lui rapportaient 5,000 livres, il acheva la reconstruction de l'évêché, créa son grand jardin avec les terrains qu'il acquit au quartier des Arcs, tout près de celui des seigneurs de Vence; acquit, le 24 décembre 1658, toutes les juridictions du Broc du sieur de la Tour et de Gabrielle de Castellare, nomma pour juges au Broc et à Besaudun, noble Tombarel de Grasse; pour Saint-Laurent du Var, Honoré Dozol, dont le frère était son grand vicaire; pour Vence, Jean de Guignes et Laurent Blacas, lieutenant. — Il brilla aux assemblées générales de 1653 et 1655. Chacun cherchait son approbation; il la donna en 1656 au *Gallia Christiana*. On s'étonna qu'une vie si agitée ait produit tant d'écrits : *Eloge de don Barthélemy des Martyrs, Vies de saint Charles, de saint Augustin, Poëmes de l'Assomption, de saint Paul, de sainte Madeleine, de saint*

Eustache, Eglogues chrétiennes, etc. — Comme saint Charles, il eut une tendre dévotion pour la sainte Vierge. Nombre de chapelles s'érigent en l'honneur de Marie depuis le vœu de Louis XIII; Anne d'Autriche elle-même enseignait à son fils à dire le chapelet, et d'un bout de la France à l'autre tous les grands, nobles, savants, bourgeois, ne rougissaient pas d'imiter le grand roi et le célèbre Racine. — Vence sembla inaugurer cette réaction imprimée par Louis XIII, en élevant la chapelle de Notre-Dame de Larrat, et le règne de Louis XIV, par l'érection de la chapelle des Pénitents Noirs sous le vocable de Notre-Dame de la Miséricorde et de saint Michel, l'ange de la France, bénite en 1643 par Louis Barcillon. Jacques Barcillon (12 mai 1651) reconstitua au Broc les confréries de Saint-Pancrace, de Saint-Claude et Saint-Louis. Le Bar, Tourrettes, le Broc, Saint-Paul, Cagnes, Vence, élèvent des sanctuaires à Notre-Dame du Rosaire ou du Mont-Carmel, comme réparation de tous les outrages que le calvinisme avait faits à la Mère de Dieu et à ses saints. En 1646, Jean-Honoré de Grimaldi, seigneur d'Antibes, Cagnes, Corbons, Salles, lieutenant pour le roi à Monaco, et Marie-Anne de Grasse du Bar, sa femme, fondent à Cagnes la chapelle de Notre-Dame du Mont-Carmel. Pierre de Grimaldi, sieur de Saint-Vincent, exécuta ce vœu en 1652. On y disait quatre messes par semaine. Etienne Aubanelle de Tourrettes-Vence, le 11 mai 1650, fonda à Tourrettes, Notre-Dame du Rosaire, tandis que l'on agrandissait l'église des deux bras latéraux qui forment la croix.

Saint-Paul n'était pas restée en arrière! Que de sanctuaires à Marie, parmi lesquels était celui de Notre-Dame de la Gardette, auquel Jacques de la Berlière, en son vivant gouverneur de Saint-Paul, avait laissé une fondation de messes, et les tableaux de Notre-Dame, de la descente de Croix et son portrait, œuvres sans doute du peintre Antoine Canamsi. — A Vence, le 3 février 1657, le R. P. Dalmas d'Avignon, après une retraite, établit la confrérie du Mont-Carmel et du Saint-

Rosaire, qui subsiste encore aujourd'hui. Plus de seize cents personnes se firent inscrire, l'évêque en tête, qui choisit pour son heure du rosaire, cinq heures du soir, le premier samedi de chaque mois. — Suivaient les chanoines, le baron Claude de Villeneuve, Ysabeau de Martin, le chevalier Antoine de Villeneuve, la baronne Catherine de Grasse, Ysabeau de Villeneuve-Vence, Marguerite de Villeneuve-Coursegoules, César de Villeneuve son mari, Annibal de Villeneuve-Carros son beau-père, et fils de Jacques, le capitaine de Tourrettes, Marthe de Barras, dame de Cabris, mère de Catherine de Grasse, Auguste Portanier de Cagnes, fils de noble Honoré; noble Milot de Saint-Léonard, avocats, prêtres, notaires, médecins. — Le premier chapelain fut Antoine Mercurin, et les trésoriers l'avocat Guérin avec le chanoine Gaspard de Villeneuve. — Et Mgr Godeau était l'auteur de cette réaction religieuse. — La Provence s'honorait de l'avoir parmi ses évêques. — C'est lui qui fut choisi par les États (13 novembre 1658), pour aller demander au roi et à Mazarin, à Lyon, le pardon des Marseillais et du parlement exilé, la convocation des États à Aix, et le soulagement des logements de troupes. Il s'acquitta à la louange de tous de cette négociation si difficile : aussi le cardinal Grimaldi allant à Rome le chargea-t-il du gouvernement de son diocèse. Louis XIV visitait en ce temps la Provence, à son retour de la paix des Pyrénées. Godeau qui était à Vence ne put se trouver à l'arrivée de la cour royale à Aix; mais s'y étant rendu le 25 janvier, il prêcha le 28 un beau discours sur les grandeurs de Jésus, dans la chapelle de l'Oratoire, en présence du roi, d'Anne d'Autriche, du grand Condé et de Mazarin, et présida à toute la cérémonie de la Chandeleur. Croyez-vous qu'au milieu de tous ces honneurs il oubliât son petit diocèse : il faisait imprimer, cette année même, à Aix ses statuts diocésains. Le 9 juillet 1659, il avait béni la nouvelle chapelle de son évêché dédiée à saint Charles, et il se fit une chapelle particulière de la chambre où était mort saint Lambert. Il gardait dans son palais le peintre Silvestre Bagni pour décorer son palais. — Pendant qu'il allait et venait à Aix, il avait donné à sa cathédrale un excellent prédicateur, Claude Thomassin, chanoine de Fréjus, prédicateur ordinaire du roi, qui amena tous les sept notaires de Vence à prendre l'engagement de fermer leur bureau les dimanches et fêtes. — Quelques jours après, l'illustre évêque tenait sur les fonts baptismaux, avec Marguerite de Villeneuve, mère du baron, une fille du seigneur de Vence qu'il nomma Antonine. — Il est bien malheureux qu'un épiscopat aussi glorieux ait été troublé par des querelles déplorables entre la commune et les seigneurs.

Depuis que Gaspard de Villeneuve avait succédé à son frère, César, voyant que son frère n'avait qu'une fille, convoitait aussi pour lui la succession, d'autant plus qu'il avait une nombreuse postérité et de fils et de petits-fils. Gaspard s'en désolait, et, sans tenir compte de la loi salique, il avait marié Anne-Marie, sa fille unique, à Jean-Baptiste de Villeneuve-Torenc, son arrière-petit-cousin, et, remontant jusqu'à la souche, il espérait que le petit-fils de son arrière-grand-père lui donnait le droit de laisser l'héritage à sa fille. — Le seigneur de Coursegoules et son beau-frère, Annibal de Villeneuve-Carros, prenaient déjà le titre de baron de Vence. Près de César de Villeneuve, frère de Gaspard, étaient ses fils, les chevaliers Claude, Christophe, Antoine et Gaspard le chanoine. — Claude, fils aîné de César, marié avec Catherine de Grasse, eut jusqu'à douze ou treize enfants. — Anne-Marie, fille unique de Gaspard, et Jean-Baptiste de Villeneuve-Torenc en eurent quatre ou cinq, dont l'aîné, Claude de Torenc, naquit en 1643. Elle mourut en 1646. Le beau-père de César, Annibal de Carros, marié à Françoise de Giraud, suivit Anne-Marie dans la tombe, 1649, 15 juin, à l'âge de quatre-vingt-et-un ans ; c'était le fils du capitaine de Tourrettes et de Perrette de Lombard. — Le 1er février et le 16, en 1657, César et Gaspard y descendirent l'un après l'autre. — Jean-

Baptiste proposa son fils pour la baronnie de Vence, d'après le testament de Gaspard. Claude de Villeneuve, fils de César, revendiqua pour lui le bénéfice de la loi salique, et enfin, en 1658, l'affaire fut jugée en faveur de ce dernier. Maître de la seigneurie de Vence, Claude acquitta les hoirs de la femme de son oncle Gaspard à Honoré de Chabaud, seigneur de Tourrettes-Revest. — Tout maintenant va devenir procès entre la commune et le baron : règlement communal, eaux d'arrosage, tailles, rêves de la viande, moulins, juridictions. La bataille s'engage en 1659, et, pendant que le procès de Fouquet occupait la cour de Louis XIV, Vence se chargea à elle seule de mettre le parlement d'Aix en mouvement et le roi lui-même.

La commune avait grandi pendant cette période de tranquillité. Il y avait une bourgeoisie distinguée, qui s'était policée au contact des barons et des évêques de Vence. Vence, comme ville centrale de la montagne, ne manquait ni de commerce, ni d'industrie. Elle avait usines, moulins à blé et à huile, parfumerie, paroir à drap, sept ou huit tanneries, poterie à Vaugelade, marchés et foires autorisés par lettres patentes des rois, en 1559 et en 1608 ; collége, maîtrise pour les enfants de chœur, institutions de bienfaisance, rien ne faisait défaut dans ce petit pays pour le bien-être moral et matériel. Clergé distingué, prédicateurs, haute noblesse, consuls honorés d'insignes distinctifs, tribunal, justice seigneuriale ; que pouvait envier Vence aux cités voisines ? — Lorsque la cour lui demandait en 1634 quelles étaient les propriétés de la cité de Vence, elle était fière d'indiquer à Sa Majesté qu'elle avait hôtel de ville, place publique, dite le Peyra, terrains et pâturages, moulins, fours, le fief de Malvans presque en entier. — Elle avait reçu en 1645, par lettres patentes, quittance de toutes les taxes et droits d'amortissement pour toutes ces acquisitions. Les oncles du nouveau baron, Claude le jeune, voyaient avec peine ces gens sortis de la plèbe et cette bourgeoisie les coudoyant à chaque pas ; ces conseillers siégeant comme des rois à la commune ; ces consuls à qui l'on disait, comme autrefois dans Rome, *videre habeant*, ayant dans leurs mains tout le pouvoir exécutif. A eux appartenaient les clefs de la ville, l'intendance des vivres, la répartition des tailles ; ils marchaient avec leurs longues robes, presque à l'égal des seigneurs, dans les solennités.— Les Villeneuve-Vence se sentaient soumis à leurs règlements communaux, de sorte qu'à tout moment la commune se dressait devant eux comme un obstacle à leur domination absolue, qu'ils rêvaient à l'égal de Louis XIV ; mais comme celui-ci la voulait pour lui seul, il ne l'eût pas laissé prendre aux seigneurs sur ses sujets. Louis XIV était donc le défenseur naturel de la commune contre les grands. — Claude, poussé par ses oncles, essaya d'entraîner avec lui monseigneur Godeau dans cette guerre déclarée contre le pouvoir croissant de la commune ; mais le digne prélat s'arrêta sur les limites du possible. Le baron, pour arriver plus sûrement à son but, attaqua le règlement de 1610 comme défectueux. Le conseil lui-même, en 1633, en avait demandé à la cour la modification, et avait réclamé ses anciens auditeurs des comptes. On pria donc la commune, en 1658, de rédiger ses lois et coutumes ; afin que l'on fît cette rédaction dans un sens favorable aux seigneurs, les oncles du baron essayèrent, par mille intrigues, d'introduire dans le conseil nouveau des hommes de leur bord. Les Baussy, les Mayffred, les de Cormis, les de Guignes s'en méfièrent : ils recueillirent tous leurs anciens titres, extraits de délibération, règlements de police communale, usages traditionnels, qu'ils portèrent à François de Thomassin à Aix, 20 novembre 1660, et dont le noble conseiller se servit pour la nouvelle rédaction du règlement.

Les Vençois maintenus dans leurs anciennes libertés et coutumes, eurent, malgré toutes les manœuvres des Villeneuve, l'honneur d'un complet succès.

1° Le conseil se composa, comme par le passé, de l'ancien conseil et du nouveau : le nouveau était formé de dix membres, comme autrefois.

2° Les élections continuèrent de se faire, le 26 décembre, fête de saint Étienne, patron de la foi jurée, et durant les grandes fêtes de la famille : Noël, appelé calènes (*calere*, se chauffer, bûche de Noël; ou carènes, *carenum*, vin chaud, du vin avec lequel on faisait des libations sur la bûche de Noël, pour l'éteindre, avant de se rendre à la messe de minuit).

3° Il fallait, pour être conseiller, posséder au moins vingt-cinq florins *cadastrals;* le premier consul et le trésorier devaient en posséder au moins cinquante. Le premier consul devait être docteur ou licencié en droit, ou bien médecin, notaire, chirurgien, mercier, marchand drapier... Tout conseiller était obligé de savoir écrire, compter et lire. — Le trésorier devait connaître l'arithmétique.

4° Ne pouvaient être élus les mineurs de vingt ans, les enfants de famille, les officiers des seigneurs. Il fallait être *vir probus et sufficiens*.

5° Le juge seigneurial n'avait que le droit d'assistance sans voix délibérative.

6° Comme fonctionnaires publics, chaque conseiller recevait annuellement cinq livres dix sols; le secrétaire, neuf; le greffier, trente; les auditeurs des comptes, neuf; les consuls et le trésorier, onze.

Pour former le nouveau conseil, on faisait deux rôles : l'un, des trois conseils précédents, et l'autre, de vingt autres membres les plus alivrés. Un enfant était introduit dans la salle, et, après avoir fait le signe de la croix, il tirait trois noms. Le juge ouvrait les billets et proclamait les noms des trois nominateurs. Ceux-ci, conduits dans la chapelle du Saint-Esprit, désignaient entre eux trois noms pour le premier consul, trois pour le second, etc... Le jeune homme, cependant, tirait dix-huit billets du second rôle, ce qui, avec les trois nominateurs, donnait les vingt-et-un approbateurs. Le reste du conseil général quittait l'hôtel de ville. Les vingt-et-un approbateurs ballottaient chaque candidat présenté par les nominateurs. Deux urnes étaient sur la table : l'une blanche et l'autre noire. Chaque approbateur posait sa fève dans l'une ou l'autre urne, sans bruit, et en plongeant la main jusqu'au fond ; le juge prêtait serment, puis les consuls et les conseillers, sur les saints Évangiles : ils promettaient d'exercer leur charge débonnairement, et d'observer les règlements et statuts de ladite communauté. Les jadis consuls remettaient leurs insignes aux consuls modernes. On disait la messe du Saint-Esprit le lendemain ; le 27 décembre, c'était la nomination des recteurs des chapelles, de l'hôpital, du luminaire, du *Corpus Domini* et de Notre-Dame; de l'aumône du *Corpus Domini* et du Saint-Esprit ; l'élection des regardeurs, valets de ville, exacteurs ou receveurs, aigayeurs; on affermait fours, moulins, pâturages, boucherie, panneterie, etc.; suivait la formation du bureau de police, et le nouvel État fonctionnait.

Scipion Bremond et J.-B. Calvi furent consuls pour 1660, et J.-B. Signoret, trésorier. Les seigneurs n'en continuèrent pas moins de fortifier leur parti, pour se rendre les élections suivantes favorables.

Comme la commune venait de liquider toutes ses dettes, même pour l'achat des moulins banaux, Claude le Jeune mit opposition sur cette acquisition, et prétendit qu'en vertu du fidéi-commis de Pierre de Villeneuve, Scipion de Villeneuve n'avait pas eu le droit de faire cette aliénation. — Tout arriva à la fois pour ranimer les anciennes luttes. Le conseil réclamait les arrérages des tailles pour les biens roturiers, et afin de couvrir ses dettes, il augmentait de deux liards par livre la viande de boucherie. — Les Villeneuve refusèrent tout payement, et l'illustre évêque suivit le baron dans sa querelle. — L'affaire des moulins se présenta la première. — Le baron se plaignit que les Vençois, maîtres des moulins, en prenaient occasion de se montrer insolents vis-à-vis de lui et de ses serviteurs; qu'il se trouvait exposé à la fraude et à la rapacité des moulinistes communaux, et qu'il ne savait plus où moudre ses olives. — Puis, rappelant tous ses titres à la seigneurie de Vence, il prétendait que Scipion de Villeneuve n'était pas dans son droit quand il aliéna ce domaine, dépendant du fief seigneurial. — La prescription de trente ans débouta le baron de sa plainte; et, de plus, il fut démontré que les seigneurs n'avaient cédé lesdits moulins que parce qu'ils leur étaient onéreux et qu'ils ne pouvaient les entretenir. On rappela la transaction de 1501, qui n'était pas favorable à la cause du baron. « Claude l'Ancien, dirent les avocats, mit tout en œuvre pour obtenir de la commune d'autres conditions. Il pria à mains jointes le conseil de lui céder au moins un moulin par moitié. Son successeur voulut mettre la mouture à sept ou huit sous la motte, et creuser des enfers ou bachas pour frauder les particuliers. La commune tint bon, et Scipion de Villeneuve vendit ses moulins. Depuis cette époque *ladite commune* a amélioré et accru cette propriété, créé une ressence; les habitants se sont mis à couvrir le sol de nouveaux plants d'oliviers, et notre prospérité inquiète les nobles seigneurs. — Ils n'ont pas d'oliviers : leurs quatre ou cinq olivettes de St-Michel ou de la Laurette leur en fournissent à peine de quoi saler *plein un pot, et le tout peut tenir dans le creux de la main.* — Que demandent-ils donc? Sans doute ils veulent vivre, comme autrefois, sur le pauvre peuple... Ils se plaignent de l'insolence des habitants; c'est plutôt à ceux-ci de protester aujourd'hui contre leurs vexations et leurs violations des usages et des libertés du pays. Au lieu de tenir à honneur de garder nos règlements, ils ne cherchent qu'à s'y soustraire, refusent les tailles, détournent les eaux, troublent les élections. Ils sont au nombre de sept ou huit, dont quatre chevaliers, fils ou frères du baron, tous en état de donner sur l'oreille, sans que nous ayons le droit de réclamer, et leurs domestiques sont encore plus arrogants... »

La cour comprit que cette nombreuse famille de Villeneuve ne cherchait en effet qu'à accroître ses moyens d'existence.

—L'affaire des moulins se poursuivit.—Celles de l'imposition de la viande et des eaux publiques furent entamées. Quant aux tailles la cour proposa une transaction. Il fut convenu que les coseigneurs payeraient la taille pour la rève de la viande, mais à condition que la commune donnerait les eaux d'arrosage. Le baron eut donc l'eau pour son grand jardin le dimanche et le lundi, douze heures chaque fois, et monseigneur Godeau le jeudi, pendant douze heures et de nuit.

Les batailles pour les moulins se renouvelaient en pleine rue comme en 1510. Les élections de 1661 et de 1662 furent pleines de troubles et de collisions, et les gens des seigneurs se montrèrent si menaçants que les consuls Claude Broc et Jean Blacas demandèrent des lettres de sauvegarde. C'était cette fois à Louis XIV.

Louis de Vendôme, duc de Mercœur, avait succédé depuis 1652 au comte d'Alais, Louis-Emmanuel de Valois, dans le gouvernement de la Provence. Il avait pour lieutenant François de Muster, comte de Mérinville, successeur de François de Simiane, marquis de Gordes et comte de Carcès. Louis XIV était à Vincennes (9 octobre 1663). « Sa Majesté, est-il dit, ayant été informée des violences que le sieur de Villeneuve par ses frères et ses enfants exerce sur les habitants de la ville de Vence, et voulant empêcher à l'avenir la continuation de pareils excès et entreprises sans préjudicier à la réparation qui en sera due à la justice auxdits habitants pour le passé, Sa Majesté a pris et mis tous les habitants de la ville de Vence en sa protection et sauvegarde spéciale, et pour cet effet défend très-expressément audit sieur de Villeneuve et à ses frères et enfants de leur méfaire en leurs personnes et leurs biens, directement ou indirectement, sous quelque prétexte que ce puisse être, sous peine d'être châtiés, suivant la plus grande rigueur de ses ordonnances; veut et entend que le sieur de Villeneuve demeure responsable personnellement de tous les faits et actions de ses frères et enfants, enjoint Sa Majesté très-expressément au prévôt pro-

vincial de Provence, et au prévôt des maréchaux, sénéchal, ou autres officiers de robe-courte sur ce requis de se saisir des contrevenants à la présente ordonnance et d'en faire si sévère punition qu'elle serve d'exemple ; mande et enjoint Sa Majesté au sieur le duc de Mercœur... de tenir la main à l'exécuteur de la présente..... Fait à Vincennes.....
Signé : Louis. »

Cette première lettre ne suffit pas. Les élections de 1663 furent encore troublées, et les collisions continuèrent. Louis XIV rendit en janvier une ordonnance par laquelle il reprochait au duc de Mercœur de n'avoir pas fait exécuter sa sauvegarde ; il enjoignait de s'y conformer immédiatement (janvier, Paris, 1664).

L'évêque de Vence, plus prudent que le baron, exposa au conseil de Vence, au sujet du payement des biens roturiers, que les acquisitions faites par le sieur Pierre du Vair étaient tout à l'avantage du siége épiscopal et du palais ; que la commune devait le logement à l'évêque ; que c'était peu reconnaître le désintéressement de son prédécesseur. — Vous accusez Pierre du Vair, tout en louant sa haute piété de ne s'être pas contenté d'un palais qui était assez grand et assez vaste pour tous les anciens évêques, et d'avoir d'ailleurs fait des agrandissements, sans consulter la commune, comme si vous aviez oublié que le palais tombait en ruines, qu'il manquait d'air, qu'il avait été augmenté et rebâti, sans que la commune y contribuât le moins du monde. — Vous me réclamez les tailles et les arrérages des tailles pour un jardin extra-muros que j'ai acquis de mes deniers, pour donner encore à l'évêché, enclavé dans une ville murée et agglomérée, une dépendance nécessaire et indispensable. — Il amena le conseil à transiger. Les arbitres firent valoir quel honneur c'était pour les Vençois d'avoir un évêque aussi recommandable, que Mgr Godeau s'était dévoué pour eux, et qu'il leur avait rendu de grands services, sans compter ceux qu'il leur rendrait encore. — On le dégreva donc des tailles pour les arrérages et pour les acquisitions antérieures à son épiscopat. On signa et le roi homologua cette transaction en 1664. — Jacques Barcillon, l'une des gloires du chapitre de Vence, venait de mourir cette année même, 16 avril, et avait été enseveli en grande pompe dans sa chapelle des Saintes-Reliques. Il avait résilié son archidiaconat, qu'il avait eu de Gaspard Barcillon, à Louis du Port (9 janvier 1660). Cette dignité avait perdu tous ses biens au delà du Var, confisqués par le duc de Sardaigne. Celui-ci ne voulait plus qu'aucun étranger possédât des bénéfices dans ses Etats. Jacques Barcillon s'était plaint inutilement : on avait fini, après de pressantes réclamations auprès de la cour d'Aix, par obtenir du chapitre d'autres prébendes (1663) pour Claude Barcillon, successeur de Louis du Port. — Ces Barcillon peuplaient l'Eglise. Philippe Barcillon était chanoine de Reims ; Jean-Baptiste Barcillon, chanoine de Saint-Médard, seigneur de Saint-Pierre et de Chaumont, et aumônier de la duchesse d'Orléans ; un autre, Pierre Barcillon, était prieur de Besaudun, et tous affectionnaient singulièrement Saint-Paul leur patrie. — Les riches familles de cette ville royale avaient fondé assez de chapellenies, pour que, d'après le conseil de l'aumônier de la duchesse d'Orléans, la commune de Saint-Paul adressât une supplique à Mgr Godeau, par laquelle elle demandait l'érection d'une collégiale. Les pétitionnaires désiraient favoriser la piété des fidèles et remplir les intentions de pieux personnages. — Une grande partie du chapitre de Vence fit opposition. — L'évêque exposa que l'église de Vence n'en serait nullement lésée, qu'elle n'en aurait que plus d'éclat, qu'elle nommerait le doyen de la nouvelle collégiale, qu'enfin ladite collégiale serait soutenue par les fondations de pieux laïques, qui en seraient les jus-patrons, et que le doyen aurait pour prébende la vicarerie perpétuelle de Saint-Paul. — Le conseil formula une nouvelle demande (1665). L'évêque donna huit jours au chapitre pour alléguer ses raisons, et comme on ne dit plus rien, Godeau demanda l'autorisation royale en 1666, et la collégiale, en attendant les lettres patentes, fut inaugurée le 1er juillet. Les Saint-Paulins votèrent les stalles, et les réparations de l'église qui coïncidèrent avec celles de la Colle et de Saint-Jeannet, Antoine Bellissime, vicaire perpétuel de Saint-Paul, devint le doyen du nouveau chapitre. L'aumônier de la duchesse d'Orléans avait fondé, le 16 septembre 1644, la chapelle de Saint-Mathieu, et donné le beau tableau de Daret. — Le chanoine prébendé était chargé de catéchiser les enfants. Guillaume *Maurel* fut pourvu de ce bénéfice. Paul Gardenqui, bourgeois de Saint-Paul, fonda le troisième canonicat avec l'abbé *Toussaint-Bonafous*, qui le garda. *Sébastien Canamsi*, le petit-fils de notre célèbre peintre, reçut de Jean-Baptiste de Villeneuve-Torenc le riche bénéfice de la Gardette, augmenté par lui en juillet 1665. — *Denis Mussart*, clerc du diocèse de Chartres, fonda pour lui-même le bénéfice de Notre-Dame, et Claude Barcillon, l'archidiacre de Vence, créa le dernier bénéfice en faveur de *Jacques Raymond*. Il y eut aussi deux clercs en robe rouge et un campanier en soutane noire. Godeau donna le règlement, et les lettres patentes furent signées par le roi à Saint-Germain en janvier 1667.

Le baron de Vence était occupé à creuser son canal du Grand-Jardin, quand il mourut, cette année 1667, laissant sa succession à Alexandre, son fils aîné, âgé de 24 ans. — L'évêque de Vence donnait en 1667 une retraite à son peuple à l'occasion du Jubilé, et dans son mandement du 15 octobre il essayait de ranimer dans les âmes la charité chrétienne que ces querelles continuelles altéraient. Ce n'était que divisions entre les familles, les unes étant pour les seigneurs, les autres pour les communes. « La haine, s'écriait-il, est le grand péché qui règne chez nous ; c'est comme une peste générale qui infecte tous les cœurs. » — Les partis n'avaient pas déposé leur colère. Le conseiller Claude Arnaud avait envoyé Pierre d'Andrée, écuyer d'Aix (17 septembre 1667), vérifier les biens taillables du seigneur de Vence. — Alexandre de Villeneuve perdit déjà ce procès. — Il voulut aussi, dans un règlement des juridictions qu'il fit avec son coseigneur, écrire parmi les clauses et articles, que le juge juridictionnel de l'année courante recevrait au jour de l'an les visites officielles des consuls de Vence. — Le conseil réuni y vit une atteinte contre son honneur et ses libertés, et contrairement à la transaction de 1501 une tendance à le soumettre à l'hommage. Il fut décidé en plein conseil (23 décembre 1668), que les consuls n'étaient pas obligés à ces visites, qu'elles étaient officieuses et non point officielles, et que pour éviter toute méprise les consuls n'iraient pas cette année saluer les coseigneurs.

L'année 1668 termina tous les procès. — Par une dernière transaction la commune garda ses moulins, mais en vertu du fidéicommis elle versa au seigneur une indemnité de onze cents livres. — Le baron de Vence contracta ensuite mariage avec Marguerite de Brancas, fille de François de Brancas, sieur de Villeneuve et Vitrolles, et d'Hélène Aymar de Forbin-Janson.

Notre illustre évêque, dont les travaux avaient affaibli la santé, redoublait d'ardeur pour mettre à profit ses derniers jours, et placer ses rentes dans le ciel. — Tout dévoué à la commune, c'est à elle qu'il confie ses capitaux. Il donne 300 livres à rente perpétuelle pour la lampe du Saint-Sacrement, rien n'étant, dit-il, plus religieux que le brûlement continuel d'une lampe devant l'autel où repose Notre-Seigneur. Il laisse 300 livres pour les pauvres de la Miséricorde (20 juillet 1668); puis 16,000 livres pour la création du grand séminaire, son œuvre par excellence. — Il appela dès son vivant trois doctrinaires pour le diriger (1669). Les chanoines, malgré tant de bienfaits, lui firent pourtant de l'opposition. Ils se plaignaient de n'avoir plus assez pour vivre, et n'assistaient plus à l'office canonial ; le cabiscol avait renoncé au livre de pointes. Etait-ce jalousie contre la brillante collégiale de Saint-Paul ? — Il fallut que Louis XIV s'en mêlât. « J'ai fait pourtant tout ce que j'ai pu, disait le vénérable prélat au roi, et mes ordonnances restent sans effet. » — Les seigneurs de Villeneuve osèrent même affliger le cœur du digne évêque. Alexandre de Villeneuve, oncle du baron de Vence, et commandeur de Malte, ne pouvait souffrir que les domestiques de l'évêque, avec épée au côté, suivissent, selon le cérémonial, leur maître dans les processions, et y eussent le pas sur la noblesse. — Or, en 1670, à la procession de la Fête-Dieu, le commandeur osa, en présence même de Dieu, et de toute l'assistance recueillie, en venir aux voies de fait contre le domestique de l'évêque. — Cette affaire alla jusqu'au roi qui donna à Godeau des lettres de cachet pour plaider son affaire à Paris. L'assemblée du clergé s'en empara, et comme il y avait déjà eu trois arrêtés à ce sujet, le commandeur fut condamné.

Godeau avait fait son testament cette année, 2 février 1670. Il semblait préparer les voies à Surian, son successeur, en faisant les recteurs de la Miséricorde ses héritiers universels. Il lègue à Conrart sa petite Vierge, ses papiers et ses fastes de l'Eglise; soumet ses écrits au saint-siége. Il ne veut ni oraison funèbre, ni pompe, mais des prières, lègue 50 livres à chaque pauvre pour le jour de son convoi, 30 livres à chaque confrérie de pénitents. — Il leur avait déjà fait obtenir du pape Alexandre VII, en 1666, des indulgences plénières. Il lègue à son église ses vases sacrés, et veut qu'avec sa crosse et 150 livres on fasse des bourdons pour les chantres. Il fait encore des legs à M. de Janson, évêque de Marseille, à de Cormis, son aumônier, à Arnoulx, son grand vicaire, à Charles, son maître-d'hôtel, à Louis Delisle, son cuisinier, et à Arnoul, son jardinier. Il charge M. de Sainte-Beuve et le Père Honoré, oratorien, de réimprimer son Traité de morale. — Quelque temps après il vote 300 livres pour les orgues, et en fait allouer 150 pour la commune; donne une pension à Jean Cavalier, son aumônier. Toujours plein de zèle, il publie en 1671 une ordonnance synodale pour la confession annuelle et la communion pascale. Il fait venir le

R. P. Bernard de Saint-Maximin pour ranimer la dévotion au Saint-Rosaire. — Il avait pour coadjuteur Louis de Thomassin, et noble Antoine de Jossant pour supérieur du séminaire. — A son chapitre étaient Charles de Villeneuve, futur évêque de Glandevez, et oncle du baron, et Gaspard de Villeneuve-Vence, quand Dieu, le jour même de Pâques, voulant récompenser en cette grande solennité une vie si pleine de bonnes œuvres, le frappa à l'autel même. On n'eut que le temps de l'emporter à l'évêché, où il expira à 4 heures du soir, 28 mars 1672, à l'âge de 68 ans. Il fut déposé dans le tombeau des évêques, le 3 avril, et là il attend la résurrection glorieuse.

M. de Gordon, lieutenant principal de Grasse, vint assister à ses obsèques. L'Église perdait un saint évêque, l'Académie un de ses fondateurs, et Vence une de ses gloires. Son fauteuil fut occupé par Fléchier, et il eut pour successeur Louis de Thomassin son coadjuteur, fils de François, conseiller d'Aix, et d'Anne du Chaîne.

CHAPITRE IX.

DEPUIS LA MORT DE MONSEIGNEUR GODEAU JUSQU'A CELLE DE MONSEIGNEUR SURIAN (1672-1754).

Louis de Thomassin, à l'aide des libéralités de son prédécesseur, continua d'embellir la cathédrale et l'évêché, fit réparer les orgues par Antoine Juliani; les anciennes étant trop petites, vieilles et *indécentes* pour une cathédrale, il ordonna de réparer les églises de la Colle et de Saint-Paul, et acheva le grand séminaire sur lequel il fit graver ce distique :

/ORBE DEO CLERO VIVUM POST FACTA GODÆUM
INGENIUM, PIETAS EXTULIT ILLA DOMUS.

Le roi autorisa le nouveau grand séminaire par lettres patentes de 1681. Le P. Tourtoureaux, nouveau supérieur, devint grand vicaire par acte passé devant maître de Guignes, 19 septembre 1673, et mérita toute la confiance de l'évêque. L. Thomassin accepta en 1681 l'évêché de Sisteron, où il vécut fort vieux, jusqu'en 1718. — Son successeur à Vence, Théodore Allart, récollet, avait une nièce qu'il maria avec Jean-Angèle Olive, de Nice. Il se trouva à l'assemblée générale du clergé de 1687, et mourut à son retour à Vence. Le chanoine Laurent Blacas conduisit le deuil et fit placer son corps, le 15 décembre, dans le tombeau des évêques. — Jean-Balthasar de Cabanès, sieur de Viens, deuxième fils du baron de Viens, président des comptes à Aix, et de Madeleine de Valavoire, passa du siége de Riez à celui de Vence. Il avait son frère aîné qui se nommait Auguste de Viens, dont le fils sera chanoine de Vence. Notre nouvel évêque, d'une humeur très-douce, ne fit rien de remarquable. Il assista à l'assemblée du clergé de 1695 et mourut à Tournay le 9 mai 1697. — On voyait à son chapitre noble Elzéar de Sabran, chanoine-sacristain, Jean-Baptiste de Cabanès, Gaspard de Villeneuve-Vence, Joseph de Cormis, archidiacre, J.-B. Isnard, prévôt, et Jacques Olive, chanoine théologal.

Gaspard de Villeneuve, le chanoine, était le frère du baron de Vence, Alexandre; il était né en 1649 de Claude le Jeune et de Catherine de Grasse, et avait pour frères le commandeur de Malte, nommé Alexandre, Charles l'évêque de Glandevez, Christophe le chevalier, et Jean, capitaine de marine, qui quitta la croix pour l'épée et eut de Françoise de Grasse quatre enfants, dont Claude-Alexandre, comte de Vence, fut maréchal des armées de Louis XIV.

Le baron de Vence, Alexandre de Villeneuve, avait aussi de Marguerite de Brancas une nombreuse postérité. C'était François Sextius, né le 10 avril 1670, dont les procureurs du parlement François Juliani et Antoine Michaëlis furent les parrains; le seigneur de Vence ayant la charge de premier procureur à la chambre des comptes. — Après Sextius, venaient autre Christophe de Villeneuve, Henri Toussaint, Alexandre, le grand vicaire d'Aix; Christophe-Alexandre, oratorien, et trois filles, Marie, Charlotte-Thérèse, et Roselinde la religieuse de Sainte-Praxède d'Avignon. — Notre seigneur de Vence, Alexandre, est le premier qui prend, en 1680, le titre de marquis, comme défenseur des marches ou frontières de France, à l'exemple des seigneurs de Cagnes et de Tourrettes-Vence.

Jean-Baptiste de Villeneuve-Torenc, gouverneur de Saint-Paul, avait eu un frère nommé Claude, seigneur de la Gaude, qui prit aussi le titre de marquis. — Jean-Baptiste, en mourant, laissa pour héritier son fils aîné Claude III de Villeneuve-Torenc, lequel étant mort sans enfants abandonna la succession, en 1674, à Claude de Villeneuve-la-Gaude. Le nouveau seigneur fut marquis de la Gaude, et épousa Anne de Castellane dont il n'eut que des filles.

Joseph de Grasse était devenu comte du Bar et avait pour femme Marguerite de Villeneuve, qui ne laissa aussi qu'une fille, Véronique. Charles de Lombard, seigneur de Montauroux, faisait ériger en 1675 sa terre en marquisat. — A Tourrettes, César avait succédé, vers 1630, à Annibal de Villeneuve, et était marié en 1631 à Françoise de Blacas, fille du sieur de Carros; il fit son testament en 1679. Son fils aîné, Scipion, épousa Lucrèce de Grimaldi, fille d'Honoré, marquis de Cagnes. — Scipion avait un frère nommé Charles de Villeneuve, chevalier. — Vivaient à Saint-Paul Charles de Rabuys, receveur des dîmes en 1665; César de Hondis, sieur de la Morthère, et fils d'André II de Hondis, et de Françoise de Flotte; Claude du Port, fils d'Honoré, consul de Saint-Paul, et de Laure du Pont. — Jean-Henri de Grimaldi avait fait ériger Corbons en marquisat et Cagnes en baronnie. — Honoré III lui succéda, et eut trois enfants, Charles de Grimaldi, Elzias, l'abbé de Clausonne, et Lucrèce femme du seigneur de Tourrettes. — En 1645, une fille du seigneur de Blacas-

Carros, Claire, épousait André-Clari de Pontevez, sieur d'Ubraye. Les familles des Giraud du Broc et de Carros s'éteignaient. Le château de Villeneuve-Loubet passait en 1644, après la mort de Mme de Mayenne, dans la maison de Léon de Bouthillier, sieur de Chavigny, secrétaire d'État, et fils de Charles le surintendant des finances. — Ce fief, mis aux enchères au Louvre en 1670, fut acquis par Henri de Thomas, le premier président au parlement d'Aix.

Ce n'étaient plus que marquis autour de nous; mais la commune ne restait pas en arrière. — Après de longues contestations avec les coseigneurs de Malvans, les Villeneuve-Saint-Césaire, et les seigneurs d'Allagonie, héritiers des Barcillon, et des Muret, la commune obtint en avril 1674 des lettres patentes datées de Versailles, pour l'entier amortissement de sa dette, sur le Malvans et autres possessions. — En 1691, elle achetait la charge de gouverneur de la ville, et s'abonnait pour les remparts; elle donnait, le 2 octobre 1692, sa procuration à Esprit Geoffroy, bourgeois de Paris, pour qu'il lui achetât les offices de maire perpétuel, contrôleur et greffier, et le 14 octobre, Nicolas Hamelin, directeur général des domaines, vint à Vence pour cette affaire. — Le 2 novembre 1693, Charles d'Hosier nous délivra au nom du roi des lettres patentes par lesquelles nous conservions nos vieilles armoiries, et avions un cachet aux armes de la ville. —Par édit du roi daté de Fontainebleau, octobre 1699, furent créés pour Vence les offices de police, dont la commune fit l'acquisition le 20 mai 1700. — Nous étions au comble de la gloire, si ce n'avaient été tous les fléaux qui s'abattirent sur nos contrées dans la dernière période du règne de Louis XIV.

Tant que le duc de Savoie resta l'allié de Louis XIV, le Midi ne se ressentit en rien des guerres de ce grand règne. Tout se borna à quelques passages d'armée. En 1663 (12 décembre) nous avions quelques troupes, qui hivernant à Vence se querellèrent avec la population. — Ni la première guerre d'Espagne, ni celle de Hollande n'agitèrent la Provence. Mais il n'en fut pas de même de celle de la succession des Stuarts, qui déchaîna l'Europe entière contre la France. Guillaume d'Orange, pour détrôner son beau-père, entraîna tout à lui. Louis XIV crut avoir encore un allié dans Victor-Amédée II, décoré depuis peu du titre de roi de Sardaigne ; mais quand il eut acquis la certitude de sa trahison, il lui déclara la guerre (13 juin 1690). — Vauban avait fortifié Antibes (1680-1685). — Tout était prêt pour aller le trouver chez lui. « Comme la guerre est déclarée entre France et la Savoie, dit » le conseil en juin 1690, et que notre ville pourrait être sur- » prise, il est décidé qu'on réparera les murailles, qu'on s'ap- » provisionnera, que les portes seront fermées, et qu'on mon- » tera la garde nuit et jour. » Le marquis de Vence, comme gouverneur d'Antibes, nous ordonne de faire la revue des armes, selon le mandement qu'il en a reçu lui-même de monseigneur de Grignan, gouverneur de Provence. On achète cent mousquets, cent épées, cent platines à fusil pour remonter les vieux mousquets. Tout travaille aux barricades, aux tours, aux chemins royaux. Nous portons des vivres et de l'argent à la compagnie des gentilshommes que commande à Saint-Laurent Joseph du Puget, sieur de Saint-Mars. Plus de vingt mille hommes passent à Vence pour le siége de Nice. Le 9 novembre arrivent à dix heures du matin les deux cents dragons du régiment du seigneur du Bueil, se dirigeant vers le Broc. — Onze cents hommes du régiment d'Alsace le 11 décembre ; les soldats de Picardie, conduits par le chevalier de Barcillon, seigneur de Roquefort.

M. de Bulonde, le 5 janvier, amène deux compagnies du régiment d'Alsace. Le corps de garde est établi à Saint-Michel. Nous avions depuis Noël les dragons du capitaine Lalande, dont le sieur Baussy alla demander le délogement. Cependant Saint-Ruth avait soumis la Savoie, et Feuquières exterminé les Barbets des bords du Var. Les troupes arrivent toujours, régiment de Périgord (22 janvier), régiments de Montgommery, de Varennes, cent soixante maîtres, non compris les carabiniers, en février. Le 11 mars Catinat était à Saint-Laurent du Var, et s'avançait vers Nice le 13. Saint-Alban, Villefranche, Saint-Hospice furent emportés, et Nice ouvrit ses portes le 27 mars. Il ne restait plus que le château, qui fut bombardé et complétement détruit le 3 avril. Ainsi périt l'ouvrage de Romée de Villeneuve; bâti en 1230, il avait subsisté 460 ans. La Fare garda la place au roi avec quatre mille hommes. Le seigneur de Gourdon, commandant le régiment de dragons, resta cantonné à Saint-Paul et à Saint-Laurent, et le 21 avril, nous arriva à minuit le régiment d'Alsace. — Mécontent de ne pas avoir reçu de viande, il se mutina sous les fenêtres du consul Baussy : Mettons le feu à sa maison et brûlons-le vif, criaient les soldats. Une autre bande en agissait de même au Peyra sous la fenêtre du trésorier. — Le colonel fit tout rentrer dans l'ordre. Ce régiment resta longtemps à Vence. — Les alarmes étaient continuelles sur la frontière. En juillet, on nous dit que l'ennemi voulait pénétrer par le Dauphiné, pendant que la flotte menaçait nos côtes. M. de Langlade fit descendre nos gardes-côtes au nombre de quatre-vingts pour quinze jours à Antibes. Le 8 août il se fit une levée d'hommes, et nous eûmes à Vence presque tous les régiments que nous avions vus en 1690, régiments de Grignan, de Bretagne, de Famechon, de Tournay, du Forez. — Cette démonstration arrêta les Impériaux. Mais en 1692, le prince Eugène et le roi de Savoie s'avancèrent à Embrun; c'en était fait de nous sans la maladie du roi de Savoie, et la victoire de la Marsaille par Catinat. — Nos communes étaient dans l'état le plus misérable. Les particuliers fuyaient la ville pour ne plus loger la troupe; le conseil était aux expédients pour empêcher la désertion; les calamités de la guerre, la famine, les mauvaises récoltes, les champs incultes faute de bras et de tranquillité, tout annonçait le déclin du grand règne. Les mœurs publiques étaient affaiblies, le clergé malheureux comme le peuple. — Celui-ci avare et cupide enlevait jusqu'aux offrandes pour les morts. Le dimanche était violé, les sacrements délaissés, le blasphème ordinaire. — Il fallait au milieu de tous ces maux un homme de Dieu, un évêque plein de zèle pour encourager et guérir. François de Bertons de Crillon, fils du marquis de Crillon, et de demoiselle d'Albertas, accepta l'évêché de Vence après la mort de monseigneur de Cabanès (1697). — Rien d'illustre en France comme la famille de Crillon. — A peine notre digne évêque eut-il pris possession, qu'il remit en vigueur les ordonnances de monseigneur Godeau. Il commença à lancer les siennes une à une (18 septembre 1697), afin de moins trancher dans le vif.

Qui ne reconnaîtra pas dans ce petit pays de Vence l'action de cette providence divine qui s'exerce sur les petits comme sur les grands, qui abaisse et élève, qui ne fait jamais nos maux irremédiables.

Notre nouvel évêque, comme ses glorieux prédécesseurs, a mis la main à l'œuvre. Il règle les fonctions curiales et les taxes, ordonne que tout legs pieux sera approuvé par l'évêque, que les marguilliers rendront leurs comptes à l'évêché, qu'on ne suivra que le cérémonial romain; l'usure, le travail du dimanche, la violation des préceptes de la communion pascale, de l'abstinence, etc., sont mis au nombre des cas réservés. Il n'est pas même permis de raser le dimanche; il défend pendant les offices, et sous peine d'amende, les jeux de boules et autres, le tambour, les représentations. Il rétablit le livre des pointes, exige que le clergé fasse une retraite chaque année au séminaire; les foires et les marchés sont interdits pour le dimanche. — Il défend aux laïques d'avoir des bancs ou des chaises dans le sanctuaire... Les seigneurs retireront leurs armes pour aller à la table sainte, les femmes seront voilées. — Il donne un règlement aux grands séminaristes, et quand il eut tout achevé, il forma un tout de toutes ces règles, et les lut en assemblée synodale : « Quand je vins dans ce diocèse, disait-il, je ne reconnaissais plus l'épouse sans tache de J.-C., tant elle était défigurée par les abus et les vices de toute sorte. »

Comme toute réforme, ces nouveaux statuts trouvèrent des récalcitrants, les marguilliers se firent plusieurs fois avertir pour venir rendre leurs comptes. Mais le plus terrible adversaire ce fut le seigneur de Vence, qui prétendit avoir des droits jusque dans le temple saint, comme suzerain et descendant de Romée de Villeneuve.

Alexandre était mort en 1699, 5 novembre. Son fils d'abord page de Louis XIV, puis capitaine général des gardes-côtes, avait épousé en 1698 noble demoiselle Jeanne de Courmettes, fille de Balthasar Millot de Serrat, conseiller du roi à Antibes, et d'Anne Marie Rancurel de Courmettes, et petite-fille d'Antoine Millot et d'Anne Baussy de Vence. Cette union, qui lui avait apporté une dot de 600 mille livres, l'avait entaché un peu de roture ; si bien que ses oncles, et Jean-Alexandre de Villeneuve le marin, lui en avaient manifesté leur mécontentement. Sextius, d'un caractère un peu rude, déshérita son oncle et ses enfants. — Notre marquis, à la nouvelle de la mort de son père, en novembre, lui fit faire un service funèbre, et prit connaissance de son testament. — Charles, évêque de Glandevez, fut obligé, 2 avril 1702, de venir le réconcilier avec son oncle Gaspard de Villeneuve le chanoine. Charles de Villeneuve profita de cette circonstance pour écrire lui-même, à Vence, son testament, par lequel il fait différents legs à l'église de Vence, et à celle de Glandevez, à son frère Jean-Alexandre le marin, à sa nièce Madeleine de Raymondi, à l'évêque de Vence. — Sextius fit le sien, 1er octobre 1706. Il signait : chevalier, seigneur, marquis de Vence, baron de Gréolières, seigneur de Saint-Laurent de la Bastide, Puget-Très-Dames et Carros. Ce dernier fief lui venait de son père qui l'avait reçu de Victoire Barcillon, fille de Pierre-Louis Barcillon et de Lucrèce de Giraud en 1669. — Sextius eut deux fils, Balthasar qui ne vécut pas et Alexandre-Gaspard. — En cas que celui-ci mourût, il laissait l'héritage à Toussaint son frère, ou à Joseph-Gaspard, et à défaut de frères ou de sœurs, à Gaspard de Glandevez, fils du baron de Castellet.

Or notre seigneur de Vence ne vivait pas en bonne intelligence avec Mgr de Crillon. — L'affaire des ordonnances alla retentir jusqu'à Paris ; on en vint à examiner toutes les anciennes transactions. L'évêque de Vence fournira même des armes à la commune, en prouvant que cette ville antérieure aux Villeneuve n'avait toujours laissé aux seigneurs qu'une juridiction limitée. Il rappela que les évêques avaient leur temporelle avant les Villeneuve, et que le seigneur de Vence en rendant la part usurpée aux évêques, n'avait fait, comme il le dit, qu'une simple restitution. — Sextius dut se soumettre et considérer l'évêque non pas comme son vassal, mais comme son coseigneur. — En même temps la commune fit ajouter contre la famille de Vence, par arrêt de la cour, un article au règlement de 1660, par lequel Claude Chabri, Scipion Blanchet et Scipion Ausias, maire, consul et conseiller de Vence, obtinrent contre Jean Baussy, bourgeois de Vence, cousin du marquis, que les charges municipales ne seraient pas dévolues aux parents du seigneur jusqu'au quatrième degré inclusivement, et qu'ils ne pourraient assister, comme conseillers, aux délibérations qui regarderaient lesdits seigneurs de Vence. — Donné à Aix, le 3 avril 1701.

Les Calvi, les Millot, les Mallet, les Rancurel, les Baussy, les Geoffroy étaient tous alliés ou parents de Sextius de Villeneuve ; celui-ci avait pour lieutenant des gardes-côtes, Jean Calvi, bourgeois de Vence.

La rancune du marquis avait passé dans l'âme de ses serviteurs, qui ne cherchaient plus qu'un prétexte pour attaquer l'évêque ou ses familiers. — Le sieur Vallier, cuisinier du seigneur de Vence, mécontent de ce que maître Roux, cuisinier de l'évêque, avait toujours le choix du poisson ; tira de là un sujet de querelle. Le 12 juillet 1706, Vallier se cacha vers les huit heures du matin dans une étable du marquis, non loin de la poissonnerie, avec quelques affidés, parents ou amis du seigneur. Il avait donné en outre le mot d'ordre à d'autres individus. Tous les assaillants s'étaient munis de bâtons, de pierres ou d'épées ; car les domestiques des seigneurs portaient l'épée. C'était un véritable guet-apens. A peine Péreimond, le marchand de poissons, fut-il arrivé, qu'Alexis Roux, comme à son ordinaire, accourut de l'évêché. Vallier se présenta devant lui, et d'un air menaçant lui cria que l'évêque avait la préférence depuis assez longtemps, que c'était à lui aujourd'hui de choisir. — Roux, surpris, répondit qu'il était arrivé le premier. Vallier tira l'épée, l'autre se mit en garde, les partisans du seigneur accoururent; les domestiques de l'évêché descendirent en toute hâte ; il y eut une véritable mêlée. Roux, tout en sang, fut poursuivi jusque dans la cathédrale ; François Gallian, valet de chambre de l'évêque, reçut trois coups d'épée à la tête. On arrêta Vallier, Mallet et consorts. On réconcilia la cathédrale, et le marquis de Vence, à qui cette nouvelle affaire ne nuisit pas peu, perdit son procès contre l'évêque, à Paris (1707).

A ces discussions se mêlaient la guerre et les plus terribles invasions que nous ayons eues. — Pendant la guerre de la succession d'Espagne, le roi de Savoie n'avait pas osé d'abord prendre parti contre nous. Nos frontières étaient pourtant gardées ; Antibes par les régiments des comtes d'Uzès et de Bourdaye, et Vence par le régiment de Cotentin. Le seigneur de Cagnes, Honoré de Grimaldi, avait succédé aux Villeneuve-Torenc, comme gouverneur de Saint-Paul. En 1703, la Savoie imitant le Portugal se mit contre nous. Le régiment de Damas hivernait à Vence, au Broc, à Carros et à Gattières. Ce dernier pays, que l'évêque de Vence revendiquait comme appartenant à la manse épiscopale, va devenir pour nous l'occasion d'une terrible vengeance de la part de la Savoie. Tout à coup, c'était le 18 mars 1704, sans qu'on s'y attendît le moins du monde, un petit corps d'armée ennemie conduit par le comte de Blagnas se jeta sur Gattières, en débusqua la garnison française, qui ralliant les autres troupes, accourut à Vence, et entraîna nos sept compagnies avec un grand nombre d'habitants. La troupe de Savoie ne tarda pas à se présenter devant nos murs. La ville fut mise au pillage : plus de trente maisons des bourgeois furent pillées ; linge, argenterie, meubles, armes des particuliers, bagages du régiment de Damas, devinrent la proie du vainqueur. La Gaude, Cagnes, Saint-Jeannet, Besaudun, Coursegoules, Carros et le Broc subirent le même sort. Les consuls de tous ces pays furent faits prisonniers. — Sur ces entrefaites, la viguerie de Grasse s'armant d'un généreux courage, et appelant à elle Draguignan, forma une levée en masse, et aidée du régiment de Damas et de nos braves seigneurs, marcha sur Vence pour nous délivrer. Le comte de Blagnas, qui n'avait reçu qu'une partie de la contribution, emmena pour les 500 écus qu'on lui devait encore, Jacques Guérin, maire, Honoré Bourgeois et Jean Féron, le notaire, avec tous les prisonniers des pays nommés plus haut, et battit en retraite vers Gattières. — Le régiment de Damas reprit ses cantonnements, et osa même redemander à notre pauvre commune une indemnité pour ses équipages. — Nos prisonniers après avoir gémi dans les prisons de Nice furent envoyés après Pâques à la citadelle de Mondovi, puis ramenés à Nice en septembre. — Mgr de Crillon ayant exposé au roi l'invasion que nous venions d'éprouver, rappela les droits que l'évêché de Vence avait sur le fief de Gattières. — Sa Majesté fut frappé de ce mémoire, et chargea le sieur Bouchet d'examiner aussitôt cette affaire ; on reconnut la justice des réclamations de Mgr de Crillon, et Louis XIV ordonna à Chamillart d'en écrire à la cour de Turin (11 juillet 1704). Le 21 septembre, le roi de Piémont restitua le fief de Gattières. — Les hostilités n'en continuaient pas moins dans nos parages. Le 7 février 1705, la Feuillade prenait Villefranche. Le gouverneur de Nice craignant qu'on ne délivrât les prisonniers, les confia à Carle Gardon, capitaine de marine, avec ordre de les conduire à Onéglia, où le comte de Palafixe ne devait les relâcher que si Nice tombait au pouvoir des Français. Le capitaine touché du sort des prisonniers, les fit descendre à Monaco. Le prince les accueillit avec bonté et leur donna quelques secours; ceux-ci arrivèrent au camp français devant Nice, d'où ils rentrèrent chacun dans leur pays. — Nice fut prise le 10 avril après une vive résistance. Le 24 avril et le 8 mai, Vence s'associa à la joie générale pour la conquête de Villefranche, de Mont-Alban, de Saint-Hospice et de Nice.

Du 2 juin au 19 août, nous eûmes les dragons du sieur de Lalande. Le duc de Savoie nous força une deuxième fois à abandonner le comté de Nice ; ce qu'ayant su, Louis XIV nomma à la place du grand prieur, frère de Vendôme, le duc de Berwick, commandant en chef de l'armée d'Italie, gouverneur du Languedoc, de la Provence et du comté de Nice. Le 30 octobre, celui-ci passa le Var et campa entre Nice et Saint-Laurent. C'est là que nos consuls de Vence allèrent lui *remontrer* leur pauvreté, depuis l'invasion de 1704. Berwick ne nous demanda que quelques hommes tout équipés. Les milices arrivèrent encore en grande affluence. En décembre, ce fut le régiment du Dauphin ; le 1er janvier 1706, les régiments de Grignan, de Villegagnon, de Marcilly, de Flandre, de Bellefaire, de Bourdonnaye-Champigny, grenadiers, dragons, suisses de la garde, bataillon de Soissons, milice de Draguignan. Quand Bervick se sentit en force, il donna l'assaut, et Nice capitula le 4 janvier. Ce nouvel exploit dans une telle saison, et la prise d'une ville si bien retranchée firent l'objet de grandes réjouissances à Paris et à Madrid. Vence trouva même de quoi participer à l'allégresse générale, car nous lisons qu'elle fit battre des bans pour que chaque particulier illuminât, élevât des arcs de triomphe et assistât au *Te Deum*. Il y eut bravade avec fifre et trois tambours, promenade aux flambeaux, « parce que, dit la délibération, Vence par cette conquête rapide et brillante est désormais préservée de l'invasion piémontaise. » Berwick après avoir laissé l'ordre de raser les forts de Saint-Alban, de Villefranche et de Saint-Hospice, au marquis d'Hudson, alla recevoir à Paris le bâton de maréchal. La neige qui tomba en grande quantité retint à Vence le bataillon destiné pour Gréolières et Séranon (17 janvier). En mars, on nous fit loger le régiment de Verceil, et célébrer le 17 avril la victoire de Vendôme à Calcinato. — La guerre se rapprocha de nous au mois d'octobre. Le duc d'Orléans, forcé de lever le siége de Turin, demanda des renforts : ce qui ramena encore chez nous les régiments de Grignan, de Seillans et de Flandre; mais les pluies torrentielles, dites de Saint-Michel, qui tombèrent en cette saison, empêchèrent le passage du Var à ce dernier régiment. Sans argent et sans vivres, le chef de cette troupe demanda la paie à la commune qui la refusa. La lutte allait s'engager quand un ordre supérieur lui ordonna d'aller à Saint-Jeannet. Les soldats furieux se mirent à piller et à proférer des cris de mort. Un nouvel ordre nous en délivra. L'armée française n'essuyant que revers au delà des monts opérait sa retraite. Le marquis de Vence fut appelé aussitôt à son commandement des gardes-côtes, emmenant avec lui tous les hommes de son district (19 décembre). Les soldats arrivaient épuisés; bataillon du régiment Dauphin, bataillons d'Orléans, de Hainaut, de Gassion, des vaisseaux avec M. de Chaumont et son état-major, troupes du comte de Grignan, du baron d'Eoulx, compagnies de marine de M. de Beaujeu, bataillon de Seillans et bataillon de Flandre. Le marquis d'Hudson échelonna ses troupes dans le Tende et du côté de Lantosca, et grâce à la mauvaise saison nous restâmes encore possesseurs du comté de Nice pendant cet hiver. — L'année 1707 ouvrit une nouvelle série de calamités. Nice commença par s'insurger contre le gouverneur, lequel fit enfermer les principaux agitateurs dans la citadelle d'Antibes. Cependant les Impériaux sous la conduite du prince Eugène et de Victor-Amédée II, protégés par la flotte hollandaise, traversèrent les monts au mois de juin. Le marquis d'Hudson repassa le Var le 1er juillet, en demandant aide et secours à toutes les communes. Vence lui porta huit cents fascines, quatre-vingts madriers, trois mille piquets et vingt gabions à Saint-Laurent du Var. Le 3 juillet, on manda à Antibes tous ceux qui pouvaient porter les armes pour défendre le royaume contre les ennemis de l'État. La commune répondit qu'elle n'avait plus d'armes depuis l'invasion du 22 mars 1704. — L'arrière-garde française abandonna Nice le 8 juillet, et le 9, un corps de cavalerie hongroise y entra. Pendant qu'on construisait deux ponts volants à Gattières et à Saint-Laurent, le prince Eugène et le roi de Savoie assirent leur camp dans la plaine de Nice. Nous fûmes envahis le 10 juillet et livrés en proie à l'ennemi. Antibes capitula. Notre conseil de Vence délibérait, le 19 juillet, en ces termes : « S. A. R. Mgr le duc de Savoie et divers autres princes entrés en Provence avec une puissante armée depuis le 10 juillet, comme elle marche en avant pour conquérir le pays, le sieur maire François de Guignes, avec Jean-Baptiste Olive, grand vicaire de Mgr l'évêque, sont allés au camp sur la rivière de Siagne pour faire leur soumission à Son Altesse Royale, et n'ayant pu la voir, ils se sont adressés à M. le marquis de Senantès, qui a eu la bonté de parler pour eux à Son Altesse, laquelle les a renvoyés à M. de Fontanès, son intendant. Ayant traité avec lui ils ont promis de lui payer 1,300 louis d'or, dont 500 que Son Altesse prétend lui être dus en l'année 1704, payables dans trois jours et le reste dans huit jours. — Vu l'état actuel de la commune qui n'a plus rien, le conseil fait appel aux particuliers. — Chacun se cotise et apporte son offrande, le grand vicaire, l'abbé Blanc, l'abbé de Cabanès, le notaire Féron, Jean Maurel, Jacques Isnard, artisans, ménagers, tout figure sur la liste. On prend l'argent des confréries. Le 25 juillet, on porte à Nice vingt mille rations de pain de six onces chacune ; Jean-Baptiste Baussy et Joseph Broc firent comprendre au gouverneur que Vence faisait au delà de ses forces. Nous avions, par surcroît de charge, à Saint-Paul et à Vence le régiment hongrois, troupe pillarde et grossière. On dépêcha Philippe de Cormis vers le gouverneur allemand de Saint-Paul, afin qu'il nous protégeât. Mais qu'attendre d'un vainqueur acharné ?

Le marquis de Senantès chargé d'abord d'Antibes, et le prince d'Anhat de Cannes, avaient laissé garnison dans ces pays et rejoignaient l'armée. Une colonne passa par Draguignan, une autre par Fréjus, et une autre par Grasse. On était à Vidauban le 23 juillet. — Quelques jours après, commença le siége mémorable de Toulon, qui sauva la Provence. Le 27 août les Impériaux battirent en retraite, laissant dix-sept mille morts autour des murs. — Un grand nombre de traînards périrent dans l'Estérel, sous les coups des paysans, et le 7 septembre, Autrichiens et Piémontais repassèrent le Var en désordre. Une colonne de l'armée française précipitait la déroute du côté de Grasse. Le 9 septembre, le régiment de Forez était à Vence avec le marquis de Plastron, puis les dragons de Verceil, les grenadiers de la garde, les trois bataillons suisses. — On envoya, le 9 septembre, cent quintaux de foin à Grasse, et vingt charges d'avoine. — Le lieutenant général du roi, M. de Béson se rendit au Broc. Quand il eut connu par nos consuls François de Guignes et Philippe Maurel toute l'étendue de nos malheurs, il ne put s'empêcher d'en être attendri. L'évêque de Vence de son côté appuya notre supplique, et l'on envoya une requête au roi.

L'armée française reprenait sa revanche. Le marquis de Saint-Georges était rentré dans Antibes, le 11 septembre, pendant que M. de Tessé pénétrait dans le Piémont par Barcelonnette. — Les bourgeois de Nice, effrayés, allèrent, le 12 septembre, au-devant du marquis de Saint-Georges, qui ne leur accorda la vie sauve qu'au prix de 100 mille livres. Chaque corps prit ses quartiers d'hiver. — Vence et Tourrettes, malgré leurs requêtes à M. d'Artagnan, intendant de Grasse, malgré les efforts de l'évêque de Vence, ne purent obtenir le délogement du régiment de Cordes.

Que devaient être les fêtes dans une si affreuse misère? On fut pourtant obligé d'illuminer le 30 décembre pour la prise de Lérida. Officiers et soldats étaient dénués de tout, les chevaux mouraient de faim, la troupe murmurait (12 janvier 1708), la commune se cotisait, mais bientôt il n'y avait encore rien. — Les pluies étaient continuelles, les semences s'en allaient avec les murs; plus de travail, plus de vivres, plus d'argent; des émigrations continuelles, nouvelles révoltes des soldats.— Enfin le 17 février les sept compagnies délogèrent.— Au mois de mars on fit une réquisition d'hommes à Vence pour aller réparer les dommages des bords du Var : ce qui donna un peu d'ouvrage. Joignez à cela un don considérable en blé que Louis XIV nous envoya. — Le conseil vota des remercîments à Sa Majesté. Par ordre du marquis de Saint-Georges, qui gouvernait Nice, Vence se gardait nuit et jour. — Les dragons de Languedoc étaient à Saint-Laurent. Le sieur de Riouffe nous ordonne, le 25 août, de leur porter des subsistances; mais comme nous n'avions pas obéi, parce que nous n'en avions plus, on nous envoya à loger le régiment de Marcilly. — Louis XIV n'oubliait pas pourtant ses sujets malheureux. Il publia, le 6 novembre, un édit par lequel Vence, Carros, Cagnes, Saint-Jeannet, le Broc, Saint-Laurent et Villeneuve étaient exemptés des contributions pour l'année courante. L'assemblée générale du clergé en agit de même pour ses impositions. Grasse et Fréjus obtinrent la même faveur.

L'horrible hiver de 1709 sévissait, et nous avions encore le bataillon suisse, régiment de Castellar, commandé par M. Planta; le P. Hilaire Méesens, récollet, était l'aumônier. La famine se joignait au froid le plus vif : les oliviers et les orangers étaient gelés. — Le commandant des Suisses n'ayant plus rien nous intima l'ordre soudain, le 8 mars, que nous eussions à lui compter immédiatement une somme de mille livres, que nous n'étions pas de pire condition que Saint-Paul. — Sur le refus du maire, il fit fermer les portes de la ville, mit son bataillon sous les armes, avec défense aux particuliers de sortir de chez eux... qu'il allait envoyer ses hommes loger à discrétion. — C'était le pillage. On se concerta, on trouva la somme : le régiment partit au bout de quelques jours pour Coursegoules. — Comme la famine était grande, le conseil, réuni chez l'évêque, augmenta le salaire des ouvriers, et fit venir devant lui chaque propriétaire pour faire la déclaration de ce qu'il possédait de blé, afin d'aider les pauvres qui mouraient de faim.

L'alarme se répand en août que le général Ribender arrivait par Briançon. — Le général Dollon le repoussa fort heureusement. Le bataillon suisse loge encore à Vence et un autre à Saint-Paul et à la Colle, et le troisième au Broc, d'où il revient, le 10 janvier 1710, pour aller à Grasse. — Le régiment de Seillans défend Nice avec le marquis de St-Georges ; le sieur de la Molle, Saint-Laurent ; celui-ci nous ordonne de lui envoyer des hommes pour garder les canons du Var. — Les régiments de Champigny et les dragons de Verceil apparaissent à Vence en octobre 1710. — De 1711 à 1713, ce sont encore les Suisses. Enfin, le 27 mai 1713, après le traité d'Utrecht, le marquis de Saint-Georges sortit de Nice avec l'estime de la population. Gattières, Boyon, Dos-Fraires furent de nouveau occupées par la Savoie, et le comte de Coggiola, sénateur et descendant des Grimaldi du Bueil, posséda Gattières, malgré les réclamations de monseigneur de Crillon. — Ce digne évêque passa à l'évêché de Rennes en 1714. — Son neveu, qu'il avait nommé, en 1710, au bénéfice de Notre-Dame de Larat, était devenu évêque de Saint-Pons de Tomières en 1713. Le nom de monseigneur de Crillon doit être un nom béni pour le diocèse de Vence, dans ces circonstances calamiteuses. Son chanoine théologal, J.-B. Olive, opéra beaucoup de conversions parmi les protestants du bataillon suisse. C'est monseigneur de Crillon qui, en 1700, fonda à Vence le Calvaire.

Le marquis de Vence avait trouvé la mort dans ces terribles

guerres. Son fils unique, Gaspard-Alexandre, qui sera seigneur de Vence pendant soixante-quatre ans, aura pour tutrice Jeanne de Courmettes, sa mère.

La marquise douairière, Marguerite de Brancas, existait encore. Elle avait fait son testament, le 17 avril 1704, chez le notaire Féron; elle avait une sœur mariée au sieur Dollon d'Aix, qui vécut jusqu'en 1713 ou 1714. — Le chanoine Gaspard de Villeneuve, son exécuteur testamentaire, fut aussi celui du marquis François Sextius; mais il céda ses droits à Henri-Toussaint de Villeneuve, son neveu, en présence de messire Alexandre de Benoît, supérieur du séminaire de Vence.

A nos côtés, Joseph-César de Villeneuve-Tourrettes, fils de Scipion, était marié depuis 1701 avec Élisabeth de Villeneuve-Torenc, dame de Canadel, fille de Claude, marquis de la Gaude, sieur de Torenc et gouverneur de Saint-Paul. — Une autre fille du seigneur de la Gaude avait épousé, en 1697, le vaillant et noble César de Raymond d'Eoulx, fils de Joseph. Elle se nommait Rosseline et apportait en dot à son mari une partie de Torenc. — Charles de Grimaldi, fils aîné du seigneur de Cagnes, avait pour épouse Françoise de Canet de Mérignan. Son fils se nommait Joseph-Marie, qui, le 8 octobre 1711, envoya de Monaco, où il se trouvait, sa procuration pour le mariage de Marie-Marguerite-Élisabeth, sa sœur, avec noble seigneur d'Olivarès, conseiller du roi à Aix.

Antoine de Grimaldi était prince de Monaco, et comme il n'avait qu'une fille, les Grimaldi de Cagnes convoitaient l'héritage; mais le noble prince, frustrant les seigneurs de Cagnes, maria sa fille unique, Louise-Hippolyte, au riche seigneur français, Jacques-François de Matignon, qu'il nomma duc de Valentinois, avec la future succession de ses titres, noms, biens et dignités, le 20 novembre 1715. — Antoine ne mourra qu'en 1731.

Les Grimaldi de Cagnes vivaient en bonne union avec les

Villeneuve-Vence, les Villeneuve-Tourrettes, les seigneurs de Grasse du Bar, et avec noble Frédéric Barcillon, résidant à Aix, 1703, conseiller du roi, seigneur de Malvans et de Roquefort.

Un Alexandre Bellissime de Saint-Paul épousait aussi vers ce temps-là, 1718, noble demoiselle Marthe de Mougins et prenait le titre de seigneur de Roquefort. — Saint-Paul avait dans son sein les Villeneuve-Tourrettes, qui habitaient souvent à Passe-Aprest ou au Canadel, héritage des Villeneuve-Torenc, dont ils avaient ajouté tous les titres à ceux qu'ils avaient auparavant.

Vence, après la paix d'Utrecht, put entrevoir toute l'étendue de ses maux. Sa dette s'élevait à près de 200,000 livres. — On nous donna pour évêque Flodoard Moret de Bourcheneu, vicaire général de Grenoble, qui siégeait en 1670 à la célèbre assemblée de Bossuet. Il fut sacré à Paris dans l'église Saint-Antoine par le cardinal de Rohan. — A peine arrivé à Vence, il fut tellement frappé de l'aspect malheureux des habitants et de l'accablement général, qu'il songea tout de suite à y porter remède. Outre les pauvres du pays, une foule de mendiants sans feu couvrait la campagne. Espèces de bohémiens, débris de toutes les guerres passées, ils se réunissaient la nuit sous les porches des chapelles ou dans les antres des rochers, et là, se partageant ce qu'ils avaient dérobé ou recueilli pendant le jour, se livraient à la débauche et à la bonne chère. C'étaient, ni plus ni moins, les Barbets qui, plus tard encore, infesteront les bords du Var.

L'évêque de Vence, suivant les ordonnances royales, décida la marquise de Vence et la commune à créer des secours pour les malheureux qui étaient encore honnêtes ; et il appela dans son diocèse un homme de Dieu, célèbre en ce genre d'institution ; il se nommait le R. P. Guevarre, de la société de Jésus. Cette famille Guevarre ou Gavarra, originaire d'Espagne, était en Provence depuis le xve siècle. De deux frères, l'un s'établit à Saint-Paul, et l'autre à Vence. Nous avons déjà vu en 1549 un certain Salomon Guevarre, capitaine, conduisant une compagnie au siége de Nice ; aujourd'hui un saint prêtre, armé de la parole de Dieu, vient délivrer le pays d'un autre ennemi, le vagabondage. — L'assemblée se fit le 15 octobre 1715 dans la cathédrale. Après un discours plein d'onction, le père jésuite lut les statuts du bureau de bienfaisance. — Le but principal était de distribuer de l'ouvrage aux pauvres, d'occuper les enfants à arracher les mauvaises herbes, à ramasser des pommes de pin, à faire de la charpie pour les blessés, à cueillir les fraises dans les buissons au mois de juin, etc., les femmes à filer et à tricoter, les hommes à réparer les chemins, à casser des pierres, etc. Les membres du bureau de bienfaisance faisaient l'un les quêtes à domicile, un autre visitait les malades et les pauvres honteux, et recevait les étrangers. On trouvait des ressources dans les fonds de l'hôpital et du Mont-de-piété, dans les legs pieux, et dans les quêtes.

Le P. Guevarre alla ensuite à Saint-Paul instituer la même œuvre, et le bureau profita de cette circonstance pour remercier l'évêque d'avoir mené à bonne fin un long procès entre l'hôpital et la commune. — Restait la dette énorme de Vence. Le premier président d'Aix, le sieur Lebret, avait procédé le 31 octobre 1713 à la vérification des dettes de toute la Provence. — On lisait parmi les nombreux créanciers de notre commune, Antoine et Jean Rabuys de Grasse et de Saint-Paul, Joseph de Barcillon, l'Hôpital et les Visitandines de Grasse, les avocats Jean Isnard et Honoré Calvy, l'écuyer Antoine Niel, Anne de Villeneuve, etc., etc. Le roi, par édit du 23 mars 1719, fixa lui-même le budget des dépenses de la communauté de Vence, et donna huit années pour amortir les dettes, capital et intérêts, au moyen du surplus des revenus, des impositions, de la vente des biens communaux les moins indispensables. — Vence ne fut plus affouagée que de dix-sept feux au lieu de vingt et un.

La bienfaisance de Jeanne de Courmettes fut récompensée

par l'illustre alliance de son fils Gaspard-Alexandre, avec Madeleine-Sophie de Simiane, fille de Pauline de Grignan, et de Louis de Simiane, lieutenant général en Provence, petite-fille de M. de Grignan et de Françoise de Sévigné; trente années de tranquillité, l'épiscopat si paisible de monseigneur de Bourcheneu et de monseigneur Surian, ramenèrent un peu d'aisance dans la cité. — Monseigneur de Bourcheneu assista à l'assemblée du clergé de 1725, et mourut, béni de son peuple, en 1727. — Il avait à son chapitre Elzéar de Sabran, de Baudinard, sacristin, Joseph de Cormis, archidiacre, Alexandre Isnard, prévôt, Honoré Blanc, Trastour Pierre, chanoines, et André Isnard, maître de chapelle. — En 1732, César Guevarre, son théologal, Jean-Baptiste Isnard et Honoré Aubert, chanoines; les Geoffroy, les Savournin, les Brocardy, les Suche, les Mars, les Calvy, toutes familles de bourgeois, entreront en foule dans le clergé. — Mais parmi les membres les plus distingués du chapitre était Marc-Antoine Bertet de la Clüe, dont le frère épousa dans la chapelle de Torenc, 10 août 1725, Anne de Rabuis, fille de noble Jean de Rabuis, seigneur de Torenc et Roquefort, et de dame Catherine de Geoffroy du Rouret. L'époux se nommait Joseph de Bertet de la Clüe, lieutenant de dragons dans le régiment Dauphin, et fils de Jean-François, seigneur de la Clüe, et de Madeleine de Sabran de Baudinard. — Le chevalier de Beaucouse, le seigneur Raymond d'Eoulx, les Cuébris assistent à ce mariage. — Un autre de leurs parents, nommé Bertet, était curé prieur de Moustiers.

Jacques Surian succéda en 1727 à monseigneur de Bourcheneu. — Il était né à Saint-Chamas, le 20 septembre 1627. — Sa nombreuse famille, de dix frères et de plusieurs sœurs, n'était pas riche, et Surian gardait les troupeaux de son père. Comme J. Amyot, il prit la fuite de la maison paternelle, avec trente-cinq sous, et laissa à l'hôpital de Vence deux cent mille livres. — Il avait quatorze ans, quand il se sauva à Marseille, acheta l'attirail d'un petit décrotteur, et s'installa à la porte d'un riche magasin. Le propriétaire sortit sur ces entrefaites, accepta l'offre du novice qui s'y prit fort mal pour cirer ses souliers, et l'ayant considéré, le fit parler, reconnut son neveu, et le plaça chez les Oratoriens de Martigues. — Tel fut le début de celui que d'Alembert a appelé le second Massillon de la Provence. — Doué d'un bel organe, d'une majestueuse physionomie, d'une mémoire heureuse, et d'une diction aussi brillante que facile, Surian commença bientôt à se faire connaître dans Paris, où les Pères de l'Oratoire l'avaient envoyé se perfectionner. — Nous empruntons ces détails à M. Théodore Guérin, qui a publié sa vie. — Il attachait, selon le principe de Démosthènes, beaucoup d'importance à l'action. — Un de ses amis lui emprunta un jour un sermon avec lequel il ne produisit aucun effet. Surian le prêcha le dimanche suivant à Notre-Dame, et enleva tous les suffrages, au grand étonnement du prédicateur d'emprunt.

Les manuscrits de Surian que possède la paroisse de Vence, nous montrent avec quel soin il composait. — On les lit avec peine, tant il avait mis à profit les préceptes des grands maîtres. L'art pourtant se cache chez lui. Il est onctueux, facile, naturel, avec un style simple, pur et correct. — Son nom, devenu illustre à la cour, lui valut l'évêché de Vence en 1727. — Il eût monté plus haut, s'il n'eût pris à cœur d'observer à la lettre la maxime de ses prédécesseurs, le pieux Pierre du Vair et Godeau. — La querelle du jansénisme occupait alors l'Eglise de France, et surtout la province d'Embrun, où l'évêque de Senez se fit condamner pour ses doctrines entachées d'hérésie. Surian se rendit à ce concile. — Ses manuscrits nous prouvent avec quel soin il avait étudié la question. Calme et pacifique, il se concilia pourtant l'affection et l'estime des jésuites et des jansénistes, sans que jamais il ne laissât douter de la pureté de sa doctrine. Il se rappelait le texte de l'Ecriture : *Disponens omnia suaviter*. Il se conquit l'amour de tout son diocèse par sa bonté. Ami de la retraite, il consacrait le temps que lui laissaient de libre les affaires, pour prier, méditer, lire et composer. Il prêcha en 1732 son Petit-Carême à la cour, et l'admiration dont il fut l'objet l'éleva à l'Académie, après la mort de l'évêque de Metz, monseigneur de Coislin. L'année suivante le roi de Sardaigne, Victor-Amédée II, étant mort, Surian fut chargé par Louis XV de l'oraison funèbre qu'il prononça à Notre-Dame, à la satisfaction des cours des Tuileries et de Turin. Il traita avec tant de sagacité un sujet si difficile, il donna, dit M. Théodore Guérin, quelque chose de si grand à la pensée qui domine tout, qu'il put déverser la louange et le blâme avec une égale indépendance, avec une délicatesse inimitable. — Où nous voyons encore l'illustre évêque jeter le plus vif éclat, c'est dans l'assemblée du clergé de 1735, présidée par Fleury. Son beau discours sur la religion chrétienne lui valut, chose inouïe, les éloges de la compagnie. — Monseigneur de Vence nous a prêché avec autant de force que de solidité, dit Gaspard de Vintimille du Luc, archevêque de Paris; les remercîments de la compagnie ne peuvent égaler les éloges que mérite un si beau discours.—Personne ne fut plus humble et plus modeste que Surian; mais il ne comptait pas tellement sur lui-même qu'il ne s'adjoignît de pieux missionnaires pour évangéliser son peuple. Il attirait souvent à Vence le R. P. Bruno Faraudi, de Glandevez. Il ranimait par tous les moyens possibles la dévotion envers la sainte Vierge, encourageait la confrérie du Rosaire, se faisait inscrire en tête des Pénitents blancs. Sorti du peuple, il se faisait tout à tous. Ses œuvres firent ses titres de noblesse. Ennemi de la publicité, il n'a rien édité de ses ouvrages. Son Petit-Carême ne parut qu'après sa mort par les soins d'un de ses parents (1776). — Il n'eut jamais de démêlés avec les seigneurs, et il n'usa de ses prérogatives, comme évêque et coseigneur de Vence, que pour prouver qu'on peut, sans déroger à ses droits, s'attirer l'amour de tous. Sa famille n'était pas riche, et elle avait droit à ses bienfaits. Le vertueux évêque n'osa se décider à faire un modique legs à trois de ses parents qui en avaient grand besoin. Il fallut qu'un ami intime fût leur intercesseur auprès de lui, et dans son testament il fera connaître le motif qui l'aura déterminé à faire ce legs. « Je lègue, dit-il, à ma sœur que son malheur a rendue pauvre la somme de.... »

La frugalité et l'économie de Surian, dont certaines personnes ignoraient les motifs, étaient taxées de parcimonie. Laissons venir la guerre de la succession d'Autriche, où de nouveaux malheurs vont fondre sur nos pays, et donner un libre cours à sa charité. — L'Espagne et la France luttaient contre l'Angleterre et l'Autriche en 1744. La bataille de Toulon nous avait rendus maîtres de la Méditerranée (22 février); et nos troupes confédérées, conduites par l'infant don Philippe et le prince de Conti, s'avançaient vers le Var. Ces deux généraux, dit Voltaire, inspiraient à leurs soldats cet esprit de courage et de confiance dont ils avaient besoin pour pénétrer dans un pays où un bataillon peut à chaque instant arrêter une armée, où il faut combattre contre des rochers, des précipices et des torrents, et où la difficulté des convois n'est pas un moindre obstacle dans des chemins muletiers, escarpés et raboteux.

Dès les premiers jours de janvier 1744, le comte de Mirepoix, gouverneur de la Provence, envoie ses ordres aux frontières. Vence répare ses tours, ses murs, ses barricades au faubourg, garnit ses créneaux de broussailles, court aux provisions et monte la garde nuit et jour, comme dans les siècles les plus reculés, et selon l'expression de Tite Live en parlant des Carthaginois : *Pro se quisque quæ obsidioni tolerandæ sunt ea agris convehit... In quo quisque cesset, prodi ab se communem salutem putat.* Même ardeur à Saint-Paul et à Antibes, où nous envoyons hommes et muletiers. Cinquante Vençois sont demandés à l'auberge du Pont-du-Loup pour travailler à la route d'Italie. — D'autres mettent en état le chemin royal de Grasse à la Gaude, pour conduire l'artillerie au château des Gaudes sur le Var. — A la même date, 19 mars un camp est établi au-dessous de Saint-Paul, non loin de Cagnes. — Vence loge les régiments du Perche et de Flandre ; et le 31 mars un détachement du régiment d'Anjou garde chez nous le magasin des vivres. — Une partie des troupes traversait le Var entre Gattières et Carros, et Nice ouvrait ses portes le 1er avril. Anglais, Autrichiens, Sardes couvrirent de leur retraite les routes de Gênes et du col de Tende. — Le 9 avril, il nous arrive de Carros, à dix heures du soir, un ordre d'y mener les charpentiers et terrassiers; le commandant de place de Carros exige aussi des subsistances pour la cavalerie logée à Carros et au Broc. — En mai et en juin, ce ne sont que continuelles réquisitions pour Saint-Laurent et pour Grasse. Enfin le 19 juillet on enlevait Château-Dauphin au roi Emmanuel, qui de désespoir voulait se jeter dans la mêlée et y mourir. L'armée française forçait le passage des barricades, s'emparait du château Démont, et gagnait, le 23 septembre, la bataille de Coni. Le marquis de Vence, gouverneur d'Antibes, nous envoya l'ordre à Vence de célébrer cette victoire et le rétablissement du roi. Il y eut *Te Deum*, bravade, illuminations et autres réjouissances. — Tout fut calme jusqu'en mai 1746. — Le maréchal de Maillebois et Don Philippe nous envoient de Fréjus, 23 et 27 mai, l'étape des troupes qu'ils dirigent sur le comté de Nice : (Pourrières, Saint-Maximin, Brignolles, Lorgues, Fayence, Grasse et Vence.) Le 4 juin, six mille hommes campent à Saint-Michel : Régiments du Vivarais, grenadiers de Modène, régiments de Brie, de l'Ile-de-France, de Guyenne et de Quercy, Dauphin dragons, milices de Bergerac. Le 5 juin, les troupes passent à Nice, se rendant à Gênes par Menton. Gênes s'était donnée à la France. — L'Italie fut à nous. Mais l'hiver arrivé, Marie-Thérèse inonda la Lombardie de troupes, et force fut à nous de battre en retraite. — Le général d'Agenois gardait Vence avec de la cavalerie et de l'infanterie. En septembre nous avions le régiment de l'Isle, et le 17 octobre c'était le marquis de Mirepoix avec son état-major. Comme les habitants désertaient la ville, le conseil municipal menaça. Le 20 octobre, ordre de M. de Mirepoix d'envoyer 900 quintaux de foin à Saint-Laurent. Le 22 octobre, nouvel ordre de fournir du bois aux troupes, et de tenir les rues très-propres. — Nous eûmes ensuite le régiment de Mayorque, qui se permit toute espèce d'incartades. Ils avaient enlevé du Calvaire la statue du grand prêtre qu'ils avaient pendue à un arbre. — Ils brisaient les portes, pillaient les maisons, volaient l'argent des troncs et jusqu'aux franges des nappes d'autel. Un ancien aumônier des galères, Honoré-Jean, nous a laissé dans une lettre à l'intendant quelques détails sur tous ces excès, et Claude Vacquier fut chargé au nom de la commune d'estimer les dommages (17 novembre). — Cette famille Vacquier grandissait à Vence; Claude Vacquier était marié à noble Louise Lucrèce de Flotte de Saint-Antonin, et sa fille devait donner le jour au maréchal Reille. — Le 28 octobre, toute l'armée française commença à repasser le Var. 60 mille hommes sous la conduite du général Brown s'avançaient sur eux à marche forcée. — Le 27 novembre, le conseil de Vence décida que « pour donner au roi des marques de son attachement à sa personne, au bien de l'Etat et à l'honneur de la patrie, tous les habitants depuis dix-huit ans jusqu'à soixante prendraient les armes et marcheraient contre l'ennemi, s'il venait à envahir la Provence. » — Le 30, sur la nouvelle que les Impériaux arrivaient sur le Var, la troupe qui était à Vence, reçut l'ordre d'opérer sa retraite. Les tambours battirent la générale, et les soldats réunis en ordre de bataille à Saint-Michel, après avoir fait défiler les équipages par le chemin de Tourrettes, partirent, *tout un moment après*, en suivant la même route, de sorte qu'ils laissèrent les habitants seuls et sans secours.

Dans cette affreuse situation les Vençois n'eurent plus qu'à se mettre en sûreté, eux et leurs biens. Chacun apporta ce qu'il put de vivres et d'argent entre les mains des consuls, de quoi on leur donna reconnaissance. — Surian encourageait

les habitants à rester dans la ville et à ne pas s'effrayer :
« Où iriez-vous, leur disait ce vénérable vieillard, n'êtes-vous pas ici mieux qu'ailleurs, sous la protection de vos saints protecteurs? Que feront les ennemis à un peuple désarmé? Ce n'est pas à vous qu'ils viennent s'attaquer. » — Il était presque nuit et le conseil délibérait encore, quand tout à coup l'avant-garde se présente sous les murs; les premiers pillent les bastides, brûlent cinq ou six maisons du faubourg, se gorgent de vin et répandent le reste. Le général Novaty, déjà célèbre à Modène, nous amenait quinze mille hommes. — Colorédo, Preyssac, Larche et d'Osempo étaient les chefs généraux autrichiens de la colonne; le marquis d'Hormée et le chevalier de Véner, des Piémontais. Quand Surian sut que le général en chef arrivait, il alla, comme autrefois saint Véran, au-devant de lui, et : « Général, lui dit-il, vous ne venez pas faire la guerre au citoyen, mais au soldat; le Dieu des armées, et le sort des batailles, décideront qui du roi mon maître ou des vôtres doit être le vainqueur; mais l'humanité et la générosité des princes que vous servez ne vous permettent pas de maltraiter des citoyens désarmés. » L'état-major resta saisi d'un saint respect à la vue de ce majestueux et éloquent vieillard de soixante-seize ans.
— Novaty donna les ordres les plus sévères à ses troupes.
— L'auguste prélat conduisit l'état-major dans son palais, où il acheva de le subjuguer par ses manières douces et affables. Un aide de camp lui demandant le lendemain le temps qu'il faudrait pour aller jusqu'à Lyon : « Je sais, répondit-il, le temps qu'il me faudrait pour me rendre à Lyon, mais je ne puis estimer celui qu'il faudrait à une armée qui aurait à combattre les troupes du roi mon maître. »

Ayant appris qu'on voulait rançonner la ville, il laissa puiser dans ses coffres plus de 60,000 livres. C'est de cet or que la commune paya à Novaty un présent de 40 louis (940 liv.).
— Brown avait établi son quartier général à Biot, d'où il faisait bloquer Antibes, que défendait le marquis de Vence.

— Cette ville ne se rendit que le 6 décembre. La citadelle capitula avec les Anglais le 19 du même mois. — Novaty avait continué sa marche sur Grasse, le 2 décembre. — Le 4, Preyssac l'avait suivi. Il ne restait que cinq cents hommes à Vence et à Saint-Paul, sous la conduite de Colorédo, qui vint résider à Vence avec son état-major, ne trouvant plus de quoi vivre à Saint-Paul. — Le 5 décembre, ordre du général Brown, au nom de Sa Sérénissime l'impératrice, reine de *Hongrie*, de porter à Biot 2,000 liv. de légumes, vingt-huit moutons, quatorze porcs et trois bœufs ; puis, du général Novaty, de contribuer pour cinquante-deux lits à l'ambulance de Saint-Paul, tandis que nous en avions à peu près autant à Vence. — Le trésorier exposa au conseil qu'ayant caché 65 louis d'or, les soldats les lui avaient dérobés avec les papiers de la commune ; que les papiers avaient été retrouvés vers la chapelle des Pénitents-Blancs, mais non point l'or. — La commune emprunta 10,000 livres, dont elle reçut quittance à Cannes du général en chef, 11 décembre. Le général Novaty faisait faire, le 10 décembre, perquisition générale des vivres qui restaient encore à Vence. — Le 28 décembre, Antibes, ayant essayé de se débarrasser du joug autrichien, eut une nouvelle alerte. A Vence, le général Larche succédait, au commencement de janvier, à Colorédo. Il commandait ces terribles Croates ou Pandours allemands, dont les chefs eux-mêmes ne pouvaient se rendre maîtres. Il fallait que ceux-ci eussent recours à Surian pour les ramener dans le devoir. — Vence et Grasse, dit Voltaire, eurent le plus à souffrir de cette invasion. L'escadre anglaise volait d'Antibes à Marseille en attendant les Impériaux à Toulon, quand Louis XV envoya le maréchal de Belle-Isle à notre secours. Partout ruines et misères : soldats sans discipline et sans argent. — Don Philippe et le duc de Modène s'étaient retirés à Aix. — Le maréchal de Belle-Isle, ayant reçu des subsides, réconforta le moral de son armée, couvrit Castellane, Brignolle et Draguignan. Gênes, soulevée de nouveau contre les Autrichiens, plaça les ennemis entre deux feux. — Antibes fut reprise par Belle-Isle, du 30 au 31 janvier 1747. Les Croates et les Hongrois, dévastant alors notre campagne, détruisirent, dans leur retraite, le château de Saint-Raphaël, 31 janvier, et abandonnèrent toutes leurs positions des bords du Var.— Le maréchal de Belle-Isle entra à Vence le 2 février, où notre évêque le reçut comme un libérateur ; Belle-Isle le connaissait d'autant mieux qu'ils étaient tous deux académiciens, et que lui-même avait succédé au fauteuil académique de Godeau. Aussitôt qu'il eut établi à Vence son quartier général, il fit évacuer sur Nice les malades autrichiens de Vence et de Saint-Paul, et organisa chez nous un hôpital militaire. — Deux bataillons du régiment de Condé gardèrent nos pays ; puis il se rendit à Grasse. — Les yeux étaient fixés sur Gênes, où Louis XV avait jeté un million avec Boufflers. — Les Impériaux investirent la place. Belle-Isle passa le Var et, pour faire diversion, il envoya son frère par Briançon avec quatre mille hommes, en lui recommandant de l'attendre au col de l'assiette. Le comte, arrivé le premier, engagea l'attaque avant que le maréchal l'eût rejoint, et périt là, 22 juillet, avec la moitié de ses hommes. Depuis on guerroya en vain. La paix se fit en 1748, et nos troupes quittèrent Nice en 1749. Il en passa à Vence jusqu'en 1750, que nous logeâmes encore vingt-deux compagnies du régiment de la Tour. — La commune s'endetta d'une somme énorme, sans compter les désastres de la guerre.

Surian ne put voir sans un vif chagrin l'état misérable de son diocèse. Il redoubla ses privations et se fit petit, comme l'apôtre saint Paul, pour accroître les trésors de sa charité.— Enfin, en 1751, il résolut de s'ouvrir du projet qu'il tenait caché dans son cœur, et par lequel il s'est immortalisé à Vence.

Les mesures que l'on avait prises jusqu'à ce jour pour aider les pauvres étaient sans effet, puisqu'il manquait le plus important, un fonds de secours. L'hospice possédait à peine de 8 à 9,000 livres de capital ; monseigneur Godeau, en 1668, et Guillaume Savornin, en 1674, en avaient donné la plus grande partie. — Surian réunit donc chez lui le conseil municipal avec les recteurs de la Miséricorde et de la Pitié, et les engagea à fondre leurs œuvres en une seule, afin d'obtenir du roi que leur maison devînt hôpital général. — Il ajouta qu'il avait l'intention de leur léguer ses biens. Chacun ouvrit les yeux ; l'offre fut acceptée avec empressement, et le roi accorda de Versailles, février 1751, les lettres patentes pour l'hôpital de Vence, lequel, du nom du fondateur, s'appela hôpital Saint-Jacques.

Le 9 mai 1754, Surian fit son testament chez le notaire Antoine Ferron. Après un préambule plein de piété, il défend le faste à ses funérailles, fait différents legs aux confréries de Vence, du Saint-Sacrement, du Rosaire, des Pénitents ; à Honoré Bellon, à son frère, à l'abbé Savornin, son aumônier, à Surian, son frère, le religieux ; sa chapelle reste au chapitre ; ses livres au grand séminaire, à moins que son successeur n'en donne 2,000 livres. — Enfin, il nomme les pauvres de Vence ses héritiers universels. — Il veut, dit-il, établir un secours perpétuel et efficace pour son pauvre peuple, si exposé aux invasions et éloigné des centres de population. « Dans la juste crainte où je suis, dit-il, que ces secours ne rendent les pauvres moins portés au travail de la campagne, mon intention est, qu'après avoir employé les revenus pour subvenir aux besoins pressants et raisonnables des pauvres et des malades, le surplus soit employé à doter de pauvres filles du diocèse, à recouvrir et à bâtir des maisons ruinées, lesquelles réparations en multipliant les habitants rendront le pays plus *populaire* et plus en état de cultiver leurs terres... Et, à défaut, ces revenus seront employés à payer la pension à de pauvres ecclésiastiques dans quelque séminaire plus nombreux que le nôtre, et par là donner de bons sujets à l'Eglise. » — Il charge les recteurs de l'hôpital de s'entendre avec les seigneurs évêques de Vence.

Un pareil testament était l'Évangile en action. *Date et dabitur vobis.* — En effet, quelques semaines après, l'illustre prélat tomba malade, reçut les sacrements avec la plus grande piété, et mourut dans le Seigneur, 3 août 1754, âgé de quatre-vingt-quatre ans. Ses obsèques se firent le 7 août, au milieu d'une foule considérable. M. de Maurepas, évêque de Versailles, son ami, écrivit au chapitre une lettre de condoléance : « Il n'avait, dit-il, que trois mois de plus que moi. » — Il demande ses manuscrits pour les faire imprimer. — Les agents du clergé de France ordonnèrent partout des prières pour le savant et pieux prélat. — On ouvrit son testament, 31 août, et il léguait à l'hôpital 200,000 livres en rentes sur l'État, sur le clergé et sur les villes de Paris et de Grasse. — *Transiit benefaciendo.*

CHAPITRE X.

DERNIÈRES LUTTES DE LA COMMUNE JUSQU'EN 1789 (1754-1789).

Le marquis de Vence, Alexandre Gaspard, résidait ordinairement à Aix avec sa noble épouse, Mlle de Simiane. Sa mère la petite-fille de Mme de Sévigné, Pauline de Simiane vivait près d'eux. Elle fut marraine des deux premiers enfants du marquis de Vence, avec Alexandre de Villeneuve, le chanoine d'Aix. C'étaient deux filles, Pauline, née le 27 avril 1725, et Julie le 16 août 1726. — En 1727, naquit le fils espoir de la famille, Jean-Alexandre Romée (3 novembre). — Il eut pour parrain Jean de Villeneuve, comte de Vence, le capitaine de marine, et pour marraine, Anne-Françoise de l'Isle de Taurane de Mouans. — Madame la marquise douairière, Jeanne de Courmettes, signe l'acte avec les parrains. — Enfin un autre enfant naquit encore, 19 janvier 1729, mais il ne vécut que quelques jours.

Tandis que Vence est dans une agitation continuelle, Saint-Paul goûte le calme et la paix. Toute la noblesse semble depuis un siècle s'y être donné rendez-vous. — A leur tête se montre noble Jean-Baptiste de Villeneuve-Torenc, gouverneur de Saint-Paul, qui a fait son fils Claude, seigneur de la Gaude et de Saint-Jeannet.

Claude, de son mariage avec Anne-Marie de Castellane, n'a que des filles : Rosseline, Elisabeth, Marie, Gabrielle, unies avec les marquis d'Eoulx, de Villeneuve-Vence-Tourrettes, de Jacques Pisani, sieur du Puget, fils de Jean-Henri-François, seigneur de St-Laurent, et d'Anne d'Arésy (1706); et Barthélemy de Villeneuve, fils de Joseph de Villeneuve-Beauregard et de Louise de Demande. — Des enfants de Jacques de Villeneuve, l'écuyer de Tourrettes, et de Susanne de Villeneuve-Mons, Isabelle était mariée avec noble François de Bourillon, comte d'Aspremont. Alexandre de Villeneuve, écuyer de St-Paul, mourait dans cette ville en 1694 ; Louis de Villeneuve, son frère, maire d'Antibes et capitaine major, assistait à ses funérailles et le suivait dans la tombe en 1699, 16 août. — Une de leurs sœurs, Constante de Villeneuve, avait été mariée avec Respendiat de Grimaldi, seigneur de Gattières.

Claude Barcillon, juge royal de Saint-Paul, avait pour femme Lucrèce de Grasse-Briançon. Son frère, Gaspard Barcillon, était chanoine de Vence. — Scipion Barcillon, fils d'autre Claude Barcillon, seigneur de Roquefort, et de Lucrèce de Grimaldi, était capitaine de port à Antibes, et de son mariage avec Marguerite d'Eoulx il donnait le jour à de nombreux enfants : Jean, époux d'Élide de Sabran de Baudinard ; Joseph-Claude, sieur de Courmes, marié avec Marie Cassandre de Berre ; *Lucrèce*, avec Jean Clari de Pontevez, fils d'André, sieur d'Ubraye, et de Claire de Blacas-Carros ; Antonine, mariée en 1670 avec le notaire Guillaume Isnard, et Anne Barcillon, en 1694, avec Claude de Villeneuve-Esclapon. Assistaient à ce dernier mariage, Claude-Ange de Laugier, beau-frère de Claude ; Antoine de Grasse-Châteauneuf et autres parents. — Scipion-Joseph Barcillon meurt en 1715 à l'âge de 84 ans. Jean, son fils aîné, consul de Saint-

Paul en 1717, a pour fils aîné Jean-Elséar de Roquefort, comte de Flotte, qui s'unit avec noble Ursule d'Astier. Son second fils est Gaspard, le commandeur de Courmes, mort à Saint-Paul en 1780. — Les de Roussel avaient aussi assez d'éclat : César de Roussel, viguier de Saint-Paul, s'était uni avec Isabeau de Montboron, et, en 1673, Honoré, son fils, épousa noble demoiselle Constante de Constantin, fille de François de Constantin de Nice et de Marthe de Rostagui. — Marthe de Roussel anoblissait Louis Bernard, bourgeois de Saint-Paul ; car la bourgeoisie ne restait pas non plus en arrière, à Saint-Paul comme ailleurs, c'étaient les Rabuis, les Bernardy, les Gasagnaires, les Raybaud, les Flory, les Maurel, les Raymond.

L'étoile des Mayffred de Vence n'avait pas pâli : au XVIIe siècle, Antoine Barcillon, écuyer de Saint-Paul, avait épousé Andrivette Mayffred de Vence. Pierre Mayffred était docteur médecin et Philippe docteur en droit. Ursule Mayffred, veuve de François d'Astier, trésorier général, épousera en deuxièmes noces, en 1745, noble Elséar-Joseph de Barcillon, comte de Flotte, seigneur de Roquefort et de Cuébris. — Les Layet de Saint-Paul s'élevaient aussi : Jean-Baptiste Layet avait pour épouse noble Cassandre de Civate, fille de Louis, écuyer, et de noble demoiselle de Colongue; Guillaume Layet, fils du notaire Esprit Layet, se maria avec noble Suzanne de Barcillon. — Françoise Layet avait pour mari le notaire Claude Flory, et Perrinette Layet, Henri de Guignes. — En 1670, Guillaume Layet est procureur du roi à Saint-Paul. Cette famille s'unit ensuite avec les Escudier de Cagnes (1688), les de Guignes de Vence, et les Guevarre, bourgeois de Saint-Paul. — En 1669, Antoine Gardinqui épousait noble demoiselle Elise de Foucard, et Jacques Gardinqui, leur fils, Anne de Serrat d'Antibes.

Madeleine Bernard avait eu l'honneur d'épouser le dernier représentant, à Saint-Paul, de l'illustre famille des du Port. — Donat du Port et Françoise de Russan avaient eu pour fils aîné Louis du Port. Celui-ci se maria avec Anne d'Olivier, d'où Jean-Jacques du Port, écuyer de Saint-Paul, époux de Madeleine Bernard. Il mourut en 1745. — Les de Hondis finissaient à peu près dans le même temps. Nous voyons, au milieu du XVIe siècle, André de Houdis marié avec Françoise de Flotte, en premières noces, puis avec Gabrielle de Villeneuve. —En 1666, on voit César de Hondis, sieur de la Morthère, et Marthe de Pontevez ; François de Hondis, sieur d'Allons, et Marguerite de Raymond d'Eoulx. — François meurt en 1709, — et l'héritage reste à Elséar-Joseph de Hondis, écuyer de Flotte.

Le dernier sang des de Hondis s'est mêlé avec celui de noble Louis de Boyer de Choisy ; Thérèse de Hondis mourut en 1735. — Celui des du Port de Saint-Paul s'est mêlé avec les Achard. Jean-Jacques Achard, fils de l'avocat Joseph, s'était marié en 1739 avec noble Madeleine du Port.

Louis Maurel, fils de Jean, avocat, avait pour femme Marguerite Barcillon. Antoine Bellissime et Anne de Rabuis avaient donné le jour à noble Alexandre Bellissime, seigneur de Roquefort, marié en 1707 avec Marthe de Mougins. On voyait encore à Saint-Paul noble Antoine Transtour, aussi coseigneur de Roquefort, ayant pour épouse Monique Réverdis. Une de ses filles, Mannon de Transtour, s'unira avec noble Antoine Raymond, fils de noble Alexandre Raymond, conseiller du roi, viguier de Saint-Paul, seigneur des Ferres et de Conségudes ; — une autre demoiselle de Transtour, Madeleine, se mariera en 1733 avec Etienne Espitalier, fils d'Honoré, seigneur de Seillans, et de Marie-Anne Martin. Les Espitalier, famille obscure de Tourrettes-Vence, devient l'origine des comtes de Césolles. La collégiale de Saint-Paul jetait aussi un vif éclat. On y voyait Honoré de Cormis, noble Maximin d'Olive de Clausonne, Hyacinthe Mougins de Seillans, Jean-Baptiste-Honoré Alsiary et Joseph Clari de Pontevez.

Depuis leur alliance avec les Barcillon, les Grimaldi habitaient souvent Saint-Paul. Charles de Grimaldi d'Antibes, marquis de Cagnes, prince de Manosque, qui avait pour femme Louise-Françoise du Cannet de Marignan, y donne le jour à de nombreux enfants, dont les parrains ou les marraines sont tantôt Charles de Lombard, sieur de Gourdon et de Magnan, avec sa femme Marie-Gabrielle de Grimaldi; tantôt Jean de Barcillon, avec demoiselle Isabeau de Brès; tantôt Joseph-César du Cannet, chevalier, marquis de Magnan, seigneur des îles d'Or, Vitrolles, etc., Lucrèce de Grimaldi, dame de Tourrettes-lès-Vence, — ou Elséar de Grimaldi, l'abbé de Clausonne.

Les Alsiari, qui étaient alliés aux Grimaldi, apparaissent dans ce même temps à Saint-Paul. — Jean Alsiari, mari de Marguerite de Mougins, y est viguier et capitaine pour le roi. Son frère, J.-B., est chanoine de la collégiale. — Son fils aîné, noble Honoré Alsiari, a de nombreux enfants: *Jean II*, marié avec Pauline de Bain, et seigneur de Roquefort; Paul avec Madeleine Gardinqui; Blanche avec Jean de Serrat; Madeleine avec Joseph Blacas, bourgeois de Vence; Honoré, le capitaine, avec Blanche de Boyer de Choisy. Noble Alexandre Alsiary, viguier, et Marie-Christine de Grimaldi, avaient eu pour fils Honoré-Alexandre, époux de Geneviève Gasagnare. Celui-ci eut deux fils et deux filles : — Jean-Antoine Alsiari de Roquefort, l'aîné, sera conseiller du roi, juge ; il épousera, en 1787, Claire-Catherine de Beaumont, fille de Carmel-Jean-Victorin de Beaumont et de Marguerite de Châteaudouble.

Les deux filles d'Honoré se nommaient Pauline et Marie-Blanche. Leur père les plaça au couvent d'Antibes, où elles montrèrent, dans Esther, des dispositions remarquables pour l'art dramatique. — Comme il avait la passion de la tragédie, il vendit sa charge de viguier à Jean Raymond, et partit avec ses filles pour Montpellier; c'est là qu'il débuta avec ses filles dans Zaïre : lui-même joua le rôle de Lusignan.—Pauline et Marie-Blanche prirent le pseudonyme de Sainval. L'aînée parut à Paris en 1766, dans le rôle d'Ariane, et fut reçue en 1767. Elle se retira en 1779. Son triomphe était Mérope. La cadette, plus célèbre encore, débuta, le 26 mai 1772, dans Alsire, et se retira en 1792, pour se montrer plus tard à côté de Talma, dans Iphigénie en Tauride. — Dans le siècle de Louis XV, les demoiselles Sainval ont su garder leur moralité; admirées de la cour, objet des faveurs de Marie-Antoinette et de l'impératrice de Russie, elles ont aimé leur art avec passion. Écoutons Marie-Blanche : « J'ai, dit-elle, su toujours borner mes désirs; aussi n'ai-je jamais fait de bassesses. Je me suis accoutumée aux privations dans tous les genres ; je me suis toujours privée du plaisir de recevoir, mais je me suis livrée à celui de donner. J'ai été fille tendre, soumise et respectueuse, bonne sœur et bonne amie. J'ai toujours respecté la religion et la décence. Tout ce qui tient aux arts a charmé mes oreilles, mes yeux, mon esprit et mon âme. La probité la plus minutieuse ; l'usage du monde, observé avec toutes les classes, tel est le catéchisme dans lequel mon père m'a bercée pendant mon enfance, et que je lui ai toujours vu pratiquer à lui-même. Pour rendre, au théâtre, les différents caractères de Corneille, de Racine et de Crébillon, il faut sentir et avoir pratiqué ce que je dis ici. La dissolution et la dépravation ne peuvent s'accorder avec le grand talent : je les crois ennemis mortels. »

Le marquis de Tourrettes, Joseph-César avait pour fils Scipion, Louis, François et Balthazar. — Sa sœur Charlotte-Elisabeth s'était mariée en 1706 avec noble Louis-Victor de Montolieu, lieutenant de vaisseau, fils de Louis, chef d'escadre. — Scipion, fils aîné du marquis de Tourrettes, épousa (17 août 1732) noble demoiselle Flavie-Marie de Raymond d'Eoulx, fille du marquis d'Eoulx. — Assistaient à cet illustre mariage, le marquis de Grimaldi-Glandevez; Alexandre de Villeneuve-Vence, grand vicaire d'Aix ; les trois frères de l'époux, tous chevaliers; l'abbé de Réguse ; les trois frères de la fiancée, Claude, Joseph et Pierre; le sieur du Port. L'épouse recevait 7,000 de dot. Scipion mourut jeune encore en 1738, laissant pour lui succéder un jeune fils, Scipion Joseph, qui se mariera en 1754, à noble demoiselle

Célère de Grasse du Bar. — La marquise d'Eoulx eut la tutelle. — A Cagnes vivait Joseph Gaspard de Grimaldi. Frustré de la principauté de Monaco, après la mort de la princesse, il se rendit à Paris auprès de Choiseul-Praslin, qui ne pouvant lui donner une de ses filles en mariage, le laissa partir avec de vagues promesses. — Grasse avait pour sénéchal Louis de Villeneuve-Saint-Césaire, et pour lieutenant le seigneur Lombard de Gordon, auquel succéda noble Fanton de Torenc. — A Vence grandissent les Guérin, dont Pierre Guérin, avocat, était singulièrement aimé de la famille de Vence, et avait pour femme une demoiselle Mars. Les Vacquier étaient alliés aux de Flotte et aux Mars ; Marguerite Vacquier épousera le père du maréchal Reille ; les Mars étaient unis aux Maurel, et les Suche, docteurs-médecins de père et en fils, aux Melle de Villefranche, et aux Baussy ; les Baussy aux Geoffroy, dont une branche était seigneurs du Rouret ; les Cayron aux Boyon, et les Savournin dont l'un sera capitaine des gardes-côtes. — Tous ces noms formaient une bourgeoisie considérable. Les Cayron et les Boyon entreprenaient de grandes spéculations jusqu'en Espagne. — De toutes ces familles sortiront des noms qui ont joué un rôle assez important à la fin de ce siècle et au commencement du XIXe en Provence.

Les Pisany venus d'Oneglia au XVe siècle ont grandi aussi. Au XVIIe siècle David Pisany a pour épouse Camille Rissy, fille de J.-B. Rissy, docteur-médecin à Saint-Paul. — Jean-François-Henri Pisany ayant acheté de l'évêque de Vence une partie du domaine épiscopal d'Agrimont, prend le premier le titre de seigneur de Saint-Laurent et du Puget. Il est trésorier général, et a pour femme noble demoiselle Anne d'Arasy, de Nice. En 1706 le fils aîné de Jean de Pisany, Jacques, épouse Marie de Villeneuve la Gaude, d'où il reçut le titre de seigneur de la Gaude. Il eut pour enfants, Aimée, née à Saint-Laurent en 1707, François-Henri en 1710, Joseph-César en 1711, Françoise en 1712.

En 1750 François-Henri, marquis de la Gaude, était trésorier général de Grasse et d'Antibes. Son frère Joseph-César, marié avec Catherine de Reboul de Lambert, lui succéda comme marquis de la Gaude. Il était conseiller du roi et avocat à Aix. Il fut le père de notre évêque de Vence. — Un Pierre Pisany vivait bourgeois à Saint-Paul. — En 1766 mourut Joseph-César à l'âge de cinquante-cinq ans. — En 1766 vivait tantôt à Nice, tantôt à Saint-Paul, noble comte Jérôme-Marie Cajétan Pisani de Peillon, avec Victoire-Gabrielle de Méoulx.

François-Joseph de Grasse-Briançon, le célèbre amiral, comte de Grasse, recueillit en 1749 la succession de Joseph du Bar qui n'avait laissé qu'une fille, Véronique du Bar. — C'est lui qui sera le dernier gouverneur de Saint-Paul.

Le marquis de Panisse en 1743 avait hérité de la belle seigneurie de Villeneuve-Loubet dont la famille continue à faire encore le bonheur de ce pays. — Jacques de Grasse du Bar, grand vicaire de Beauvais, était évêque de Vence depuis le 24 août 1754, et se félicitait d'être rapproché de sa famille, quand un procès que lui suscita la commune le força de passer à l'évêché d'Angers, en 1759.

Les événements se précipitent maintenant. Les infamies de la Régence, l'abaissement des mœurs publiques, les doctrines irréligieuses vont porter leurs déplorables fruits. La bourgeoisie est le flot qui monte et qui menace d'envahir les seigneurs... Nous allons assister à ces dernières et suprêmes luttes, présages des grandes tempêtes.

François-Gabriel Moreau, prieur de Sorbonne, chanoine théologal de Paris et conseiller du roi, venait d'être nommé à l'évêché de Vence. Il était né à Paris et avait alors 57 ans. — A peine fut-il désigné par le roi, avant même qu'il eût reçu ses bulles, que le conseil de Vence, qui n'avait pas eu le temps d'attaquer Mgr de Grasse, pour les tailles et les arrérages, envoya un mandat d'avis au palais épiscopal pour Mgr Moreau. — Tout aussitôt nouvelle matière à un autre procès. — Les maîtres rationnaux avaient commandé aux consuls de réparer leurs remparts; le clergé ayant fait pratiquer quelque temps auparavant une ouverture dans les murailles pour aller plus facilement de la cathédrale au grand séminaire, le conseil voulut faire fermer la porte. On écrivit à ce sujet au nouvel évêque, qui répondit être le maître des remparts comme coseigneur de Vence. — Le conseil, qui s'en croyait aussi le maître, fit boucher la brèche d'autorité. Le marquis de Vence et Mgr Moreau attaquèrent la commune, et l'on plaida. Forte de son droit, celle-ci recueillit tous ses anciens titres et ses nouveaux. — Elle rappela les impositions exigées en 1333 pour les remparts par le maître rationnel Léopard Fulgineto; les lettres patentes du roi René, les acquisitions faites sous Louis XIV du gouvernement de la ville, le payement du denier royal au roi depuis 1692. « Qui d'ailleurs, disait-elle, a construit ces murs, qui les répare, qui les défend ? Ouvrez les registres des délibérations. — La garde de ces murailles a toujours été commise aux habitants. — Ce sont les consuls qui ont les clefs de la ville, c'est le conseil qui nomme le capitaine de place : *onus cui honos*. » — Il s'agissait d'une question hérissée de difficultés pour la cour. A qui appartenaient les régales dans la seigneurie de Vence ? les murailles faisaient-elles partie des régales mineures ? — Disons aussi que le marquis de Vence avait des amis puissants à Aix et à Paris.

On se jeta dans un dédale de distinctions et d'arguments. Les défenseurs des seigneurs finirent par déclarer que les remparts appartenaient plutôt aux coseigneurs de Vence qu'à Sa Majesté. Louis XIV eût tranché d'un seul coup la question. Mais on était au règne de Louis XV. — « Eh quoi, s'écriaient les avocats de la commune, on revient sans cesse sur ces ventes ou aliénations de la reine Jeanne, comme si les comtes de Provence avaient pu vendre ce qui ne leur appartenait pas, comme si l'inféodation de Vence avait pu jamais anéantir les droits de la cité. Songez que vous avez affaire ici avec une ancienne cité romaine qui a dû garder quelque chose de son vieux municipe. L'acte de la reine Jeanne porte d'ailleurs la réserve des régales. Livrez donc les murailles aux seigneurs, qui ne résident que rarement à Vence, et qui peuvent à leur gré anéantir ces remparts derrière lesquels s'abritent depuis tant de siècles les habitants. »

Ni les calamités des dernières invasions, ni le respect que les anciens seigneurs avaient conservé pour ces vieux débris, ni les droits incontestables de la communauté ne purent prévaloir à Aix. — On en rappela à Paris. — Cependant l'évêque de Vence était arrivé le 20 septembre 1760 dans sa ville épiscopale. On voyait près de lui pour grand vicaire, noble Guillot de Mondesio, prêtre plein de zèle, qui ranima la foi dans le diocèse. — Il fit obtenir aux confréries des Pénitents de nouvelles indulgences et leur donna un règlement. Le marquis de Vence se fit inscrire en tête et nommer prieur des P. B. Il voulait prouver par là à la commune que s'il soutenait ses droits seigneuriaux, il n'en aimait pas moins le peuple.

L'évêque se trouva à l'assemblée du clergé de 1761, et par la nouvelle délimitation des frontières du Var reconquit le fief de Gattières. Cette même année, Boyon, Dos Fraires, les Ferres, Concégudes, Aiglun, Gattières furent acquis à la France en échange d'autres pays. Mgr Moreau de retour à Vence visita son diocèse, fit une nouvelle répartition des dîmes, et installa, le 11 juillet 1763, les Sœurs de Nevers dans le nouvel hôpital Saint-Jacques.

Le conseil continuait de lutter contre ses seigneurs. — Le valet de ville allait et venait pour sonner la cloche du conseil dans la basse-cour du château et de l'évêché; mais la porte était fermée ou la corde retirée. — Une autre circonstance vint tout compliquer; dans l'exaspération générale, la jeunesse fit en février 1762 des farandoles plus bruyantes que d'ordinaire pour le carnaval. Le marquis envoya son valet de chambre demander aux *abas* de qui ils tenaient la permission de battre le tambour. Ceux-ci répondirent que c'était du maire, et continuèrent à crier et à danser. Ils firent même un branle plus animé sous les fenêtres du château. Le marquis porta plainte à l'intendant de Grasse qui cita les consuls à comparaître. Les consuls firent un contre-appel.

La fête de Saint-Lambert arriva; nouvelle farandole encore plus bruyante; plainte du marquis; réquisitoire de l'intendant et contre-appel de la commune. Le bureau de police avait cette fois donné la permission. — L'intendant, las de lancer ses ordonnances, en écrivit au conseil d'État, et dépeignit les Vençois sous les couleurs les plus sombres. « Les habitants de Vence sont depuis longtemps d'une insolence extrême, rebelles, ingrats, insubordonnés. » — Le roi reçut le contre-appel de la commune de Vence, sans connaître les droits qu'elle avait, et comme il se manifestait dans beaucoup de seigneuries le même esprit d'opposition, Sa Majesté ne vit là que mépris pour sa justice royale, et ordonna de sévir avec rigueur contre ce peuple mutin, orgueilleux et arrogant. La commune, loin de se décourager, adressa une requête au roi, dans laquelle elle protestait de son dévouement et de son respect. Elle disait qu'elle lui était dévouée corps et biens, et qu'elle n'avait toujours désiré que de vivre sous son autorité royale.

Les avocats seigneuriaux dans leur langage ironique s'écriaient : « Cette bourgade perdue dans les montagnes se donne des airs de grandeur et d'indépendance : fief seigneurial, elle veut vivre en république. Elle va de paire avec Grasse, Marseilles et Aix; se nomme des procureurs du roi, des maires, des consuls qui se croient les égaux du seigneur; possesseurs d'un fief déserté, les habitants marchent sur les brisées d'une des plus illustres familles de Provence; leur conseil agit en souverain, emprunte, impose, augmente les taxes des vivres, retient ou donne les eaux publiques, et se proclame maître des régales. »

La commune reprenait : Qu'en défendant les remparts elle n'avait en vue que le service de Sa Majesté. Elle racontait toute son histoire depuis qu'elle était chef-lieu des

Nérusiens jusqu'à ce qu'elle fut comblée des faveurs de Louis XIII et de Louis XIV. « Parmi nos priviléges, ajoutait-elle, nous avons toujours eu ceux de voter les impôts, de régler les tailles, de percevoir les deniers publics, d'établir le prix des vivres, de garder nos murailles et de faire la police. Evêques et seigneurs se sont soumis à nos règlements. La transaction de 1501 prouve que nous ne sommes soumis ni à l'hommage, ni aux servitudes personnelles. Un corps de police a été établi chez nous en 1628, et Vence a acheté en 1692 de Sa Majesté les offices de maire, contrôleur, greffier et gouverneur, qu'elle a payés en 1699. — Elle a toujours soldé exactement le denier royal. — Vence n'est pas une ville, dit-on. — La petitesse du lieu ne fait rien contre le droit. Il y a ville où se trouvent un corps de bourgeoisie, des maîtrises d'arts et de métiers, des marques distinctives, telles que cité romaine, siége épiscopal, hôtel de ville, place publique, remparts. Vence réunit toutes ces conditions.—Elle a dans tous les temps été nommée ville et cité par les rois. Maintenant elle attend son jugement. » L'avocat Pascalis s'était déclaré le défenseur de la commune de Vence. — Une troisième affaire survint, celle du chasseur du Malvans. — Le Malvans, ancien fief seigneurial qui avait été le titre d'une foule de familles, qui avait eu jusqu'à sept ou huit seigneurs, les Aymonet, les de Coste, les Latil, les de Bertatis, les Guigou, les Barcillon, les de Muret, les de Brès, les Villeneuve-Saint-Césaire, avait fini par appartenir, après des acquisitions successives, à la commune de Vence qui venait d'obtenir de la cour la pleine juridiction, haute, moyenne et basse. — Le chevalier François de Grasse, sieur de Vallette et mari de Véronique de Villeneuve; noble Antoine de Cresp, seigneur de Saint-Césaire; François de Villeneuve-Saint-Césaire, héritier de Pierre de Villeneuve; noble Jean Isnard, avocat; les fils de François Luce, héritiers de Jean-Louis de Brès; Jean-Baptiste de Grasse qui avait épousé la fille de l'avocat Frédéric de Barcillon, furent les derniers coseigneurs de Malvans.

Ceux-ci en 1760 finirent par céder leurs droits à la commune de Vence, dont trois cents habitants étaient devenus propriétaires du château de Malvans. En 1760, la commune fit sa déclaration à la cour des comptes et prêta serment au roi.

Le marquis de Vence et le sieur de Villeneuve-Saint-Césaire, sénéchal de Grasse, voyaient avec peine le maire de Vence se targuer du titre de seigneur de Malvans et marcher presque leur égal. Les gens du marquis épousèrent ses rancunes, et le garde-chasse d'Alexandre Gaspard de Villeneuve, pour faire sa cour au seigneur, dressa ses batteries de ce côté-là. — Nous assistons au dernier effort de la féodalité contre la commune en présence de la monarchie qui s'affaisse. Les seigneurs sentaient leur puissance ruinée de toutes parts et tâchaient de remonter le courant fatal. — Tout propriétaire du Malvans avait le droit de chasse sur son fief. Or, un particulier revenait le 26 décembre 1762, en plein jour, du Malvans, avec son fusil sous le bras, quand arrivé en face du portail de l'avocat Guérin, il se sentit interpellé par le garde-chasse du marquis, qui le somma de lui donner son arme. Le Vençois, comme de juste, refusa. Le garde le coucha en joue, mais le coup ayant manqué, il prit son pistolet qu'il déchargea sur lui. Celui-ci blessé se mit à fuir dans la rue du Bual où le poursuivit l'assassin qui l'atteignit vers la cathédrale. Le peuple s'était rassemblé en vociférant. Les consuls accoururent, firent dresser procès-verbal contre le garde. La victime était dangereusement atteinte, peu riche, et père de trois enfants. — Le garde-chasse protégé par le marquis ne fut pas puni. Les conseillers exaspérés voulaient une réparation. Enfin, las de réclamer, ils prirent le parti (2 février 1763) de donner plein pouvoir aux consuls pour adresser une requête au roi. Ils étaient chargés de remontrer à Sa Majesté que tous les procès injustes dans lesquels les engageaient les coseigneurs étaient ruineux pour la commune, et empêchaient les particuliers de vaquer à leurs travaux ; que les seigneurs paraissaient décidés à entraver les actes les plus légitimes de la commune, qu'ils refusaient les tailles et la taxe des vivres, ôtaient au maire jusqu'au droit de donner la permission de battre le tambour pour une fête ou une réjouissance publique, que les seigneurs empêchaient la réparation de l'hôtel de ville, la construction d'un canal et d'un lavoir public, que l'évêque avait dernièrement menacé le greffier communal, et que l'expérience apprenait que l'effet suivait de près la menace. « Le coup de fusil du 24 décembre dernier, en plein jour, aux portes de la ville, sans que l'on ait puni l'assassin, nous montre ce que nous avons à attendre des coseigneurs. » Telle est cette célèbre délibération qui va avoir les suites les plus terribles. Le marquis et l'évêque en ayant eu connaissance, attaquèrent en injure et cabale Malet Théodore, maire; Christophe Gaite, deuxième consul; Joseph Blacas, Louis et Pierre Savornin, Pierre Ausias, Michel Bérenger, Claude Vacquier, conseillers; ordre fut donné par Jean-Baptiste de Galois, vicomte de Gléné, premier président du parlement, d'arrêter les conseillers et de les amener à Aix. On leur fit leur procès, et ils furent condamnés à faire amende honorable à genoux devant le conseil général de Vence, à payer les frais et 6,000 livres d'amende aux coseigneurs, et de plus interdits des fonctions municipales : la réparation eut lieu en effet le 18 novembre 1763, en présence du conseiller messire Leblanc de Ventabre. La délibération fut biffée. Le marquis et l'évêque refusèrent de se rendre au conseil. Ce dernier, au désespoir, demanda en vain l'élargissement des prisonniers. Mais le coup était porté, et il en restera un ressentiment profond qui ne pourra plus s'adoucir. — Mgr Moreau abandonna son siége le 20 février 1764 pour celui de Macon. — Les procès se continuèrent après lui : mais l'abattement était dans tous les cœurs. La commune n'eut plus le droit de nommer un procureur du roi. On adjugea au seigneur l'autorisation de faire battre le tambour, et défense aux consuls de la donner sous peine de 1,000 livres d'amende. Les coseigneurs eurent leurs biens francs de taille, à la seule condition qu'ils n'agrandiraient plus leurs domaines sans l'autorisation du parlement. La commune y perdit vingt-neuf années d'arrérages. Jusqu'en 1767, ces procédures furent pendantes ; mais resta l'affaire des régales : même effervescence au Bar, où plus de trente habitants furent emprisonnés, comme rebelles à leur seigneur. Les Tourrétins soutenaient aussi un long procès avec leur seigneur, au sujet du payement des tailles.

Le nouvel évêque de Vence, Michel-François Conet de Viviers de Lorry, d'un caractère très-pacifique, trouva la discorde même au chapitre entre le haut et le bas clergé. Le curé de semaine avait osé se porter aux actes les plus inqualifiables en présence du cercueil du chanoine Guevarre. — Mgr de Lorry, qui avait été prieur de Sorbonne et grand vicaire de Rouen, connaissait la direction d'un diocèse. — Il ne brusqua rien. Aidé du supérieur du séminaire de Vence, Charles-François Ollier, doctrinaire, et de l'abbé Roger de Romely, son grand vicaire, hommes distingués, il commença par faire quelques changements aux statuts diocésains, dans lesquels il dévoile une âme toute pacifique : « Je dois, dit-il, ces adoucissements à la difficulté des temps et des circonstances, au déclin des mœurs et au bien du diocèse. Je désire qu'il y ait une sainte émulation de zèle entre les fidèles et le clergé pour réveiller la foi. » Il comprenait qu'il ne fallait pas éteindre la mèche qui fume encore. C'est lui qui, le 8 janvier 1765, donna des reliques de saint Lambert à Seillans ; il se trouvait à Paris en 1767, où les consuls lui envoyèrent leurs vœux de bonne année. Revenu pour le carême, il consacra le nouvel autel de la cathédrale, releva l'arc du sanctuaire et en ôta les colonnes massives des Marseillais. — Le Génois Schaffeny, qui avait sculpté l'autel, éleva en même temps la porte de l'Hôpital, où l'on grava cette inscription : A la mémoire de messire J.-B. de Surian, conseiller du roi, évêque et seigneur de Vence, abbé commendataire du Luc, l'un des quarante de l'Académie. — Les talents et les vertus firent de ce prélat un des ornements de l'Eglise de France, la gloire et l'honneur de ce diocèse. — Les recteurs de l'Hôpital, son héritier universel, lui ont dressé ce monument sous l'épiscopat de Mgr de Lorry. — Le même sculpteur fit encore la porte que l'on voit au faubourg, à la maison que M. Boyon construisit à cette époque.

Malgré la bonté si connue du pieux évêque, certains ecclésiastiques continuaient leur petite guerre. L'abbé Abou avait entraîné les Pénitents blancs à former une petite église au Calvaire, où il disait des messes d'obit. Il fallut le lui interdire (20 juillet 1767). Las de lutter, Mgr de Lorry accepta l'évêché de Tarbes en 1769. — Jean Cayrols de Médaillan, évêque de Sarepta, nommé le 10 mars 1770, arriva à Vence le 9 novembre, mais il y trouva le bien si difficile à faire, qu'il passa à son tour à Grenoble en 1771, d'où il fit nommer à sa place noble Antoine-René de Bardonenche, originaire de cette ville. Le nouvel évêque était d'illustre maison. Un de ses neveux devint grand vicaire d'Aix. Son frère, César-Antoine, vicomte de Trièves, seigneur de Torenc, était colonel d'infanterie, et tous deux fils d'Antoine-César de Bardonenche et de Marie-Madeleine de Vachon de Blémont.

Le marquis de Vence habitait ordinairement à Aix ; nous ne le voyons que rarement à Vence. Pourtant le 19 novembre 1742 il avait assisté à un mariage célébré par Mgr Surian, dans la chapelle de l'évêché, entre Joseph-André Ours de Villeneuve, marquis de Flayosc, fils de Balthasar de Villeneuve-Flayosc, seigneur de Valbouge, et d'Elisabeth de Rouret de Valbonette, d'une part, et Pauline de Villeneuve-Vence, d'autre part. — Le 27 juillet 1773, César-Antoine de Bardonenche épousa Alexandrine-Charlotte-Adélaïde, fille de Jean-Alexandre Romée, maréchal de camp, et d'Angélique-Louise de la Rochefoucault de Seugères. — Assistait au mariage béni par Mgr de Bardonenche, noble Joseph-Antoine-Jérôme, marquis de Châteauneuf. — Alexis-Eugénie de Bardonenche, née à Aix, 29 février de cette année, eut ses pères nourriciers pour parrain et marraine à Vence (13 février 1775). — Le 3 juin 1777, Joseph Guichard Romée de Villeneuve, marquis de Tourrettes-Vence, fils de Joseph-César et de Claire-Véronique-Charlotte de Grasse du Bar, des princes et comtes d'Antibes, épouse à Vence Madeleine-Alexandrine-Julie de Villeneuve-Vence, fille de Jean-Alexandre Romée de Villeneuve, marquis de la Garde-Adhémar, comte de Vence, baron de Gréolières, etc. Saint-Etienne des Ports, Chalançon, etc. Là étaient Pierre-Marie de Grasse du Bar, chevalier; Victorin-Henri-Elzéar de Rochechouart, vicomte de Mortemart, enseigne de vaisseau; Pierre-Joseph de Constantin de Châteauneuf, officier au régiment royal de Nice; Jean-Paul de Lombard de Gourdon, officier; l'abbé de Bardonenche, vicaire général d'Aix. — Et le même jour le seigneur de Constantin, fils de Barthélemy et de Marie de Chabaut, épousait Roseline-Elisabeth-Charlotte de Villeneuve-Tourrettes, fille du marquis de Tourrettes et de Véronique de Grasse. En 1780, autre Julie de Vence épousait M. de Saint-Vincent. — Les mariages se succèdent. — 11 décembre 1781, Charles-Philippe, marquis du Peirier, seigneur de Montcarrel, officier aux gardes françaises, fils de François de Peirier, officier de marine, et de Catherine-Eulalie de Chavigny, et veuf, épouse Sophie-Rosalie-Irène de Villeneuve-Vence, chanoinesse de Metz, fille de Jean-Alexandre Romée, seigneur de Vence. Le seigneur de Tourrettes, le seigneur du Bar, François-Pierre de Grasse, comte du Bar; René-Alphonse-Paulin, marquis de Grasse, seigneur baron de Briançon; Louis-François-Alexandre Conet de Galifet, prince de Martigues, vicomte de Salerne, seigneur de Tourannes, maître de camp, etc. Que de grands noms ! Plus on approche de 89, plus les titres grandissent. On voyait encore dans nos parages le bailli de Blacas, noble Alexandre-Claude-Bonaventure de Blacas, chevalier, seigneur de Carros; noble Blacas, seigneur des Ferres; nobles dames Claire et Marie-Charlotte de Blacas; Joseph-Marie de Barcillon, comte de Flotte. — La commune de Vence, sous le dernier évêque, Mgr de Lorry, s'était montrée disposée à renouer ses bons rapports avec ses seigneurs. — Les procureurs du parlement et M. de Monthyon, intendant général de la Provence, avaient engagé les partis à transiger pour l'affaire des régales. — (1768) L'évêque y avait consenti de grand cœur; mais le marquis Gaspard-Alexandre répondit aux députés du conseil qu'il n'avait rien à démêler avec ses sujets, que l'affaire se traitait maintenant entre Sa Majesté et lui. — Ce froid accueil réveilla les colères. Le valet de ville allait encore chercher inutilement la cloche du conseil. S'il avertissait à domicile certains conseillers partisans du marquis, ceux-ci se cachaient pour ne pas répondre et formaient ensuite opposition aux délibérations. Ce n'étaient que brigues et cabales, tellement que le roi, par ordonnance du 18 octobre 1768 (à Fontainebleau), nomma d'office, les consuls de Vence, Paul-André et Jean-Jacques Suche, tous deux pleins d'énergie. — Maître André a laissé surtout dans le sein de la population la renommée d'un homme d'esprit et de sang-froid. Suche, docteur médecin, dont le parent était grand vicaire, tenait plus au parti seigneurial.

La commune se sentait peu soutenue à Grasse où le seigneur de Gourdon était intimement lié avec les Villeneuve-Vence. — En vain avait-elle sollicité, 11 novembre 1760, de former une viguerie à part, ou d'être réunie à celle de Saint-Paul. Cette ville, malgré ses 1,500 habitants, disait-elle, s'approvisionne à Vence; Vence est le centre de tous les pays environnants qui sont très-peuplés, et elle compte elle-même plus de 4,000 habitants. — Tout ce que le roi nous accorda par lettres patentes de 1770, ce fut que pour attirer à Vence les colons étrangers, l'impôt se payât par corps au lieu de se payer par capitation.

C'en était fait de nos libertés communales. — Le règne de Louis XV avait dépensé les dernières gloires de la monarchie française. Le trône était vermoulu. On ne voyait plus qu'un horizon assombri, la dette énorme, la religion affaiblie, les jésuites expulsés et fuyant de Nice, 20 juillet 1773, la noblesse essayant de regagner son empire, la société épuisée. — Mgr de Bardonenche, homme d'esprit et de science, essayait d'attirer à lui la bourgeoisie, en lui ouvrant ses salons; il cédait à la commune certains droits seigneuriaux qu'il avait encore sur le Malvans, 29 septembre 1775, au prix d'une pension annuelle de 24 livres tournois. — Plein de zèle et de piété, il tâchait dans ses mandements remarquables de raviver la foi. Nous avons sous les yeux ceux du 24 novembre 1775 pour le jubilé de Pie VI, et du 20 avril 1776. — Il obtint du saint-siége pour les Pénitents de son diocèse, et de Vence et du Broc, des bulles d'indulgences plénières, 30 mai 1775. — Ce qui nous prouve enfin la considération dont il jouissait auprès des gens de lettres, c'est la visite qu'il reçut de Delille, allant en Italie avec Mme de Trudaine (en 1778). Le poëte eut dans la cour de l'évêché un petit festival que lui donnèrent les élèves du séminaire. Ils lui jouèrent une charmante pastorale. Le poëte admira, du Grand-Jardin, nos montagnes, et en ayant compté sept, il s'écria : « Vence est aussi la ville aux sept collines. » Sans doute le chantre des jardins trouva chez nous quelques-uns des traits qu'il a jetés dans sa belle description du bassin de Nice. — Combien il est fâcheux que sous un si beau ciel les plus tristes débats assombrissent les jours les plus purs. — C'étaient, en 1773, les discussions du chapitre avec la Gaude, pour des acquisitions de cloches; c'était l'opposition des chanoines aux ordonnances de l'illustre prélat. Celui-ci, cité à Aix, s'arrêta à l'évêché de Fréjus où il jeta ses ordonnances au feu. — D'autre part, le bureau de l'hôpital plaidait pour qu'on réduisît dans son conseil le nombre des ecclésiastiques. — Un bénéfice étant venu à vaquer, l'illustre évêque voulut en pourvoir l'abbé Rostan, son secrétaire. Le chapitre présenta l'abbé Jacques Mars. Trois fois l'illustre évêque éprouva un refus; s'étant enfermé dans son cabinet le jour de la Fête-Dieu, il rédigea l'acte qu'il envoya signer au chapitre; il avait pris pour témoins Joseph Aussel, chirurgien, homme aimé de tous les seigneurs de la contrée, et Antoine Toulouse, le marchand. Mgr de Bardonenche subit un nouvel affront : ces scènes douloureuses ébranlèrent sa santé délicate, et il alla mourir à Grenoble en 1783. — Les illustres morts se succédaient depuis quelques années. En 1773, le marquis de Tourrettes, Scipion-Joseph, était descendu dans la tombe ; en 1774, c'était le marquis de Vence, Gaspard-Alexandre, dont le fils, Jean-Romée, laissera bientôt sa succession à Pierre-Paul-Ours Hélion, marié en 1785 à Marie-Clémentine de Laâge-Glisson. — En 1785, il était présent à l'acte de vente que faisait son père, de son vieux château à M. Maurel, et avait le titre de baron de Vence, avec celui de capitaine au régiment Royal-Corse. Là étaient aussi le baron de Barême, le marquis de Grasse-Briançon, et le seigneur de Tourrettes.

Toutes les guerres étaient apaisées. — Vence semblait se remettre de ses grandes luttes ; elle réparait ses chemins, érigeait un nouveau cimetière ; humiliée et non vaincue, elle essayait de faire bonne contenance depuis 1768. Son hôtel de ville en ruines, ses moulins et ses fours délabrés, ses récoltes mauvaises, la valeur des terres diminuée de moitié, l'argent rare, toutes ces misères ne la déconcertaient pas. — Elle demandait le vieux château au seigneur qui ne voulait pas le lui vendre, et se consolait de ce refus en faisant prêter serment au roi dans la maison commune, aux 300 propriétaires du Malvans (1774). — Il était bien remarqué sur le procès-verbal que le juge en entrant et en sortant avait salué à droite et à gauche les nobles hommes. — Enfin, le conseil bâtit, en 1777, la porte d'Orient, comme un monument de ses dernières querelles. Elle eut assez d'argent, en 1786, pour reconstruire son hôtel de ville, agrandir la place et la rue du Petit-Four, et quoiqu'elle ne fût qu'une ombre d'elle-même, elle gardait dans son cœur l'espérance. — Maître André, en habile homme, ne prenait plus que le côté plaisant des choses, et portait fièrement son épée comme maire et seigneur du Malvans. Le marquis de Vence s'en trouvant froissé, fit rendre un arrêté par lequel le maire de Vence ne pourrait avoir l'épée que dans sa seigneurie. — Or, pour la ceindre au Malvans, il fallait bien la faire porter. Que faisait-il?... Le valet de ville, maître Espinelle, la tenait devant lui sur un coussin. — Un jour qu'on était allé en cérémonie à Notre-Dame des Crottons, lorsqu'on fut arrivé au pont de Malvans : « A mon tour, s'écria maître André, je suis maintenant sur mes terres. » Et il ceignit gravement son épée. — C'est encore maître André, qui après avoir complimenté monseigneur Pisani, lors de son arrivée, lui dit un jour au bureau de l'hôpital, où le prélat lui donnait un démenti : « Pardon, Monseigneur, je n'ai menti qu'une fois dans ma vie, c'est le jour de votre arrivée. » Ce mot peint l'homme.

L'esprit frondeur était à l'ordre du jour. En 1782, on demanda l'état des biens des seigneurs. — Voici le début : « Le seigneur de Vence, qui s'appelle aujourd'hui marquis, on ne sait comment, tandis que ses ancêtres ne prenaient aucun titre, possède à Vence maisons seigneuriales dans la ville, et hors des murs, grand jardin joignant le faubourg, autre jardin de Saint-Michel, autre à la Lauvette, au Congnet, pré et bois de Vaugelade. Tous ces biens sont exempts de taille. — La commune pour sa part disait en pleurant ses libertés : « Les consuls n'ont point de juridiction, le greffe appartient aux seigneurs, la directe est aux seigneurs. Tout est à eux et nous payons tout. »

Le dernier seigneur de Vence, Pierre-Paul-Ours Hélion, était, en 1786, baron et seigneur de Vence, marquis de la Garde-Adémare, baron de Gréolières, seigneur de Saint-Laurent de la Bastide, Puget-Très-Dames, Saint-Étienne des Ports, Chalançon, etc..., maître de camp du régiment Royal Pologne-Cavalerie.

Le seigneur de Tourrettes, homme terrible, dit la chronique, était seigneur et marquis de Tourrettes, seigneur du Caire, baron de Saint-Jeannet, Castellet, Canadel, coseigneur de Courmes et Torenc, etc...

Cagnes avait haut et puissant seigneur, Laurent-Gaspard de

Grimaldi, fils de Joseph-Gaspard. — Le seigneur d'Eoulx pouvait aller de château en château jusqu'à Paris.

Le plus doux des rois occupait le trône. Vence avait aussi pour évêque un bon et savant évêque, Charles Pisani, seigneur de la Gaude, Saint-Laurent, Puget, Besaudun, le Broc, et coseigneur de Vence. Né à Aix en 1763, il succéda à son père comme avocat au parlement. Mais ayant perdu sa fiancée, la belle et spirituelle demoiselle d'Entrecasteaux, il renonça au monde pour entrer dans les ordres. Ce qu'ayant appris, M. de Jarente, chargé de la liste des bénéfices, qui aimait le jeune seigneur, à cause d'un procès difficile qu'il lui avait gagné, lui fit donner l'évêché de Vence. Pisani en prit possession le 26 octobre 1783. Nous avons son mandement d'installation, qui est comme tout ce qu'il a publié, admirable de style et de pensée. Modèle de piété, monseigneur Pisani ne brilla pas moins par ses talents administratifs. Il s'entoura d'hommes éminents parmi lesquels il eut quelque temps l'abbé de Latif, le futur cardinal, l'abbé Méro, son secrétaire, qui en 1774 étant aumônier de la Charité à Grasse, donna l'oraison funèbre de Louis XV. Antoine Suche était prévôt de chapitre ; Jacques Mars, chanoine-sacristain ; Joseph Savournin, archidiacre ; les autres chanoines étaient Joseph Alsiari, François Savournin, Christophe Rostan, François Espitalier.

La misère profonde du clergé l'obligea de remercier, en 1785 (9 septembre), les doctrinaires du grand séminaire. — L'abbé Vernachan eut la direction de cet établissement. Il obtint pour ses chanoines des chapellenies d'Aix et d'Antibes, et le prieuré de Saint-Jacques de Provins. Le roi, par ordonnance du 30 août 1785, lui alloua vingt mille livres sur sa cassette particulière pour réparer sa cathédrale. La marquise de Vence, dont la bonté était aussi proverbiale, l'aida à doter la cathédrale d'une belle cloche, appelée Louise-Adélaïde. On montre encore à la Lubiane et à Saint-Martin les endroits où le pieux évêque aimait à prendre un repas frugal sur le gazon. Simple et bon, qu'il aimait les petits enfants, comme le prouve son mandement en tête de son catéchisme

(1ᵉʳ septembre 1789)! Il donne aussi un règlement pour les instituteurs. — Pressentant l'orage, il tend les mains au ciel, et établit la prière chaque soir dans sa cathédrale, avec la bénédiction du saint ciboire. — On peut lire encore dans sa lettre de doléance au roi pour les Etats généraux de 1789, comme il comprenait son époque. Il demande une police sévère contre le colportage des livres impies et la dépravation ; il réclame la tenue des conciles provinciaux, il veut que les commandes soient abolies, que l'éducation publique soit chrétienne. « Les élèves ne manquent point, mais les bons maîtres. » — Il veut que la presse soit limitée. — Il déplore l'affaiblissement de la foi, le mépris du culte, le dépérissement de la morale, le débordement des mauvais écrits, qui portent jusque dans les plus petites villes le libertinage, l'indépendance et l'incrédulité. — Il étale sous les yeux du roi la misère du clergé de son diocèse : la dîme ne se paye plus, ou ne produit plus rien, vu la stérilité du pays, et l'hiver de 1789 ajoutait à toutes ces calamités.

Le mal était trop grand pour qu'une main humaine y portât remède. La révolution marchait, le tiers-état s'était constitué en assemblée nationale, Paris avait donné le signal de l'insurrection. — Le reste est acquis à l'histoire. — Les enfants peuvent écouter raconter leurs pères.

Pour moi ma main se refuse à poursuivre plus loin. — J'ai recueilli tous les documents ; mais j'attends encore pour les éditer. — Quelle affreuse réaction dans nos pays! A Tourrettes, au Bar, et dans les pays environnants vous cherchez en vain les archives. Tout a été pillé, brûlé et jeté au vent, et l'évêque de Vence, forcé de quitter, écrivit dans son écusson de la grande salle : *Æquus Dominus dedit* 1783, *Dominus abstulit* 1790. *Sit nomen Domini benedictum.* — Les Villeneuve-Vence émigrèrent. Louis de Villeneuve-Saint-Césaire était le dernier sénéchal de Grasse, et le prince de Beauveau, dernier gouverneur de Provence.

Ici finit ma tâche.

TABLE ALPHABÉTIQUE

DES PRINCIPAUX NOMS OU PAYS CÉLÈBRES DE VENCE

ET DES ENVIRONS.

AGRIMONT (*asper mons*), sur les bords du Var (rive droite), à l'ancien quartier de l'Hôpital du Var ou de Saint-Laurent. — Cet hôpital était desservi, au xiiie siècle, par un commandeur et douze chanoines Augustins, et avait presque tout Saint-Laurent, le Cros de Cagnes et le Puget. Il fut réuni à la manse épiscopale de Vence en 1327. — L'évêque de Vence céda cette terre aux Pisani, qui au xviiie siècle prirent le titre de seigneurs de Saint-Laurent. On ne voit plus que des ruines.

ALSIARY. — Tige des comtes de Malaussène et des seigneurs de Roquefort. Cette famille s'est unie aux Grimaldi, aux Lascaris, aux de Flotte, aux Boyer de Choisy, aux de Serrat d'Antibes, aux de Beaumont. — Ils ont pour armoiries l'aigle perché sur une tour crénelée.

ALLIGANZA (*alia gens*), nom que porta la Gaude au xiiie siècle, quand elle fut repeuplée ou rebâtie plus loin, après les guerres contre les Vaudois des bords du Var.

ANDON (*castrum de Andaono*), évêché de Vence (viguerie de Grasse), à l'extrémité nord-ouest dans les montagnes, aux sources du Loup, était un fief qui passa successivement dans les maisons de Flotte, de Romée de Villeneuve, et de Castellane. En 1547, Louis de Castellane était seigneur d'Andon. Les derniers seigneurs Fanton d'Andon existent encore et possèdent à Torenc le château des Quatre-Tours. La cure était à la nomination du chapitre. L'église est sous le vocable de saint Hilaire. Andon n'a que 350 habitants. (Andon ne viendrait-il pas du grec ἀναδύνω, s'élever hors de l'eau, ou ἀνάδωμα, pays d'en haut.)

L'ARRAT, quartier de Vence appartenant au chapitre, et titre d'un prieuré fondé par Pierre du Vair sous le nom de Notre-Dame de Pitié. L'église est dédiée aujourd'hui à sainte Anne; elle porte la date de 1613. (On dit aussi la Rat.)

AURIBEAU (*Horreum Belli*), à l'est de Grasse, dont le sol est couvert d'antiquités romaines. Les Lombards étaient seigneurs d'Auribeau, et en s'alliant avec les illustres de Seguran, ils firent passer ce titre dans cette famille (xvie siècle). — Un autre *Horreum Belli* aurait été à la Napoule.

ANTIBES (*Antipolis*), avec ses 6,000 habitants, ses forts, son petit port de mer, sa riante position, est l'une des villes les plus agréables des environs. Son église a été fondée sur les débris du temple de Neptune. Son évêché a presque la même antiquité que celui de Vence. Son histoire se déroule avec la nôtre. Antibes était ville royale et son chapitre relevait du saint-siége. Il y a une histoire d'Antibes manuscrite, et une notice imprimée par M. le colonel Delpygny.

SAINT-ARNOUX ou **ARNOUL**, ermitage célèbre sur le territoire de Tourrettes-lès-Vence. Saint Arnoux, maire du palais en 601, quitta son gouvernement et se retira à Lérins. Il cherchait, dans ses courses apostoliques, les sites les plus abrupts. La tradition rapporte qu'étant venu à Courmes, il descendit au fond du Loup, et s'assit épuisé à l'endroit qui porte aujourd'hui son nom. Il demeura quelque temps auprès de la grotte et de la source (Fouan santo), lieux que vénèrent encore les pèlerins. De retour à Lérins, où les religieux étaient dans la plus vive inquiétude, saint Arnoux parla de ce lieu solitaire où il s'était arrêté. Sa présence l'a comme sanctifié. Les Saint-Paulins prétendent qu'il vécut aussi sur le territoire de la Colle où il a une chapelle vénérée près de la rive gauche du Loup. Quoi qu'il en soit, en juillet et en août, les pèlerins vont en grande affluence aux barres de Saint-Arnoul. Les uns se baignent dans la fontaine, les autres boivent trois fois dans le creux de leurs mains ; tous s'asseyent sous la grotte.

La chapelle et la salle des pèlerins bâties par les seigneurs de Bar n'offrent rien de remarquable. Le buste du saint a été ciselé à Vence en 1760. On voit appendus aux murs nombre d'ex-voto. L'illustre saint, promu au siége de Metz en 614, se retira du monde dans un ermitage des Vosges près de Rémiremont. C'est là qu'il mourut le 16 août 661, aussi illustre dans notre histoire de France que dans l'Eglise.

ASPREMONT, village de la rive gauche du Var, est le titre d'une seigneurie qui en 1600 appartenait aux Bourrillon. Noble Annibal de Bourrillon épousa Lucrèce de Villeneuve, sœur du baron de Vence, Scipion. Elle eut pour fils François marié avec Ysabeau de Villeneuve. En 1672, François Maurice de Bourrillon, petit-fils d'Annibal, était comte d'Aspremont. Le Haut-Aspremont a été déserté. Les habitants le croient visité par des génies.

LE BAR (*Albarnum*) était habité du temps des Romains, comme le prouvent les inscriptions romaines découvertes sur son sol. Il y a 1,700 habitants ; rien de plus escarpé que ses rues. Son château féodal, flanqué de tours, a un aspect imposant. — Son église n'offre de remarquable qu'un beau tableau à la chapelle du Mont-Carmel, un autre sur bois qui représente la danse macabre, sa jolie porte gothique et ses sculptures (style renaissance). Madame la supérieure des Trinitaires vient de faire construire au pensionnat, par les soins de M. Blond, une belle petite chapelle dans le style gotinque. — Vous cherchez en vain aujourd'hui les anciennes archives du Bar. La réaction y a été terrible. Quelle illustre famille que celle de Grasse du Bar, appelée princes d'*Antibes!*

BARCILLON, noble famille originaire de Barcelonne. Elle vécut au milieu de nous, et son histoire est la nôtre. Ses armes sont d'azur, à deux sautoirs alaisés ou raccourcis, rangés en face d'or et surmontés d'une étoile de même posée au milieu du chef. — Jacques Barcillon, frère de l'évêque de Vence, eut de demoiselle Jacquette de Roubion, noble et égrége François qui épousa Jeanne de Lascaris, d'où Pierre le Majeur et Pierre le Mineur.

Pierre le Majeur eut de demoiselle Vérayon, Pierre II, juge de Saint-Paul, qui se maria avec Lucrèce de Grasse Briançon : Pierre le Mineur eut pour fils Scipion, marié avec la marquise de Raymond d'Eoulx. Le dernier des Barcillon, Joseph-Marie comte de Flotte, est mort à Saint-Paul vers 1828. — Ils ont honoré les armes, la magistrature et le clergé, et se sont alliés avec les plus grandes familles du Midi.

SAINT-BARNABÉ, hameau de Coursegoules avec un 10mérage le jour de la fête.

LA BASTIDE, au quartier Saint-Pierre de la Gaude et à l'embranchement des quatre vieux chemins de Saint-Laurent du Var, de Vence, de Cagnes et des Gaudes. C'était un poste romain. On y a trouvé des inscriptions, des monnaies romaines et beaucoup de tombes à larges briques. — Aujourd'hui, on ne voit plus qu'une ruine.

BESAUDUN (*castrum de Besoduno*), viguerie de Saint-Paul (*dunum Bosonis*), sur un mamelon au-dessus de la Cagne, a un vaste château seigneurial ; au-dessous, roule le Boyon ou la Gravière. Les évêques de Vence en étaient les hauts justiciers depuis 1245 que le comte de Provence leur vendit ce fief. En 1309, Boniface de Vintimille prend aussi le titre de seigneur de Besaudun. En 1407, la famille de Castellane avait hérité sans doute des Vintimille sur Besaudun. L'église, qui est petite et sans ornement, est dédiée à sainte Madeleine. Besaudun est riche en blé. — Il ne compte que 220 habitants.

BOYON (*castrum de Bosisone*) avec 600 habitants. Sur le Boyon, affluent de l'Estéron, est aussi sur un mamelon. Il appartint jusqu'en 1760 au comté de Nice, quoiqu'il fût de l'évêché de Vence pour le spirituel. Sa jolie église à une seule nef avec ogive est dédiée à Notre-Dame et à saint Trophime. Au XVIᵉ siècle, les Draguï de Nice étaient seigneurs de Boyon et des Ferres. Le chapitre nommait à la cure.

LE BROC (*castrum de Broco*) de la viguerie de Saint-Paul et de l'évêché de Vence, est comme une petite capitale sur la rive droite du Var, avec ses 1,800 habitants, sa gendarmerie et sa douane. Son site est très-pittoresque.

On découvre à ses pieds le Var avec son affluent l'Estéron et d'autres torrents qui coulent des gorges multipliées d'Aspremont et des montagnes du Tende. Ce sont des collines roulées les unes sur les autres et dominées par les neiges presque éternelles du Tende ; ce sont de nombreux villages sur la rive gauche, Revest, Bonson, Gillettes, le Chaudau, la Roquette, Saint-Martin avec son pont de fil de fer sur le Var, c'est Sainte-Marguerite, Dos-Fraires ; d'un autre côté, Castaignier, Aspremont, les ruines de Châteauneuf-lès-Nice, Colomare avec sa petite église de Notre-Dame, et l'endiguement du Var, richesse de ces pays. Il y a aussi des inscriptions romaines au Broc. Les Giraud étaient les plus anciens seigneurs connus du Broc. Ils eurent pour héritiers les Muret et les Barras. En 1658, Monseigneur Godeau, évêque de Vence, qui était seigneur de l'Olive, acheta le Broc de noble René de la Tour et de Gabrielle de Castellar. Avant 89, le Broc jouissait de beaucoup de priviléges. Son sol est fertile en olives et en fruits de toute espèce. Pendant les guerres, on y a toujours mis une garnison. — L'église du Broc est sans architecture. C'est une grande nef dédiée à sainte Madeleine. Elle a été rebâtie en 1535. Le Broc a donné le jour aux Arnoulx, aux Falconi et aux Olive qui se sont établis à Nice, à Grasse et à Antibes. Son hôpital fut fondé en 1411 par les Olivier. Il y avait une commanderie de Templiers et un prieuré de Saint-Germain aux chevaliers de Saint-Jean de Jérusalem. Broc prendrait son nom du mot provençal *Braouco*, greffe (oliviers greffés), d'autant plus qu'Oliva a dû être son nom primitif. (Voir l'Olive.)

CAGNES et **CAGNETTES**. La Cagne est un petit fleuve qui se jette dans la mer en dessous de Cagnes. Elle sort après un sourd murmure dans la montagne, du pied du Chéron, au territoire de Coursegoules, et grossie de la Cagnette qui jaillit de la Collette, fait tourner de nombreux moulins à huile et à blé, une papeterie à Vence, une scierie à Cagnes, se grossit des eaux du Riou, une des curiosités de nos contrées, reçoit la Lubiane et le Malvans, après avoir donné son nom, ou emprunté celui de Cagnes.

CAGNES, autrefois **ONEPIA** (*castrum de Cagnis* ou *Cannis*), à cause de ses champs de roseaux qu'arrose la rivière, est peuplée de 2,500 habitants. Sa position sur la route Impériale (ancienne voie Aurélienne) est le débouché de toute notre montagne. — Cette ville grandira encore. L'aspect en amphithéâtre en est très-pittoresque. Au-dessus, domine le vieux château crénelé des Grimaldi. On y voit encore la salle dorée, la salle de la belle cheminée avec sa chute de Phaéton, l'escalier en marbre. — Près du château est l'église dédiée à saint Pierre. Un peu plus bas, se voit aussi une ancienne annexe du château qui garde encore des vestiges de sa splendeur primitive.

Les comtes de Cagnes et de Vence sont les mêmes jusqu'en 1189, époque à laquelle le comte de Provence recouvra ce fief. Il le céda ensuite aux Grimaldi, qui l'ont possédé jusqu'à la grande révolution. — On voyait encore à Cagues les Portanier, sieurs de la Forêt, les Escudier, les Sauvan, les Nicolas, les Paulian, les Féron, tous bourgeois aux xvie et xviie siècles. — Cagne était l'une des plus riches prébendes du chapitre de Vence. S'élevaient sur son territoire Notre-Dame du Mont-Carmel, fondé en 1552, Saint-Jean Baptiste et Notre-Dame des Anges, la Dorade, le château de Cassine, le Cros de Cagne, les Sales. — Le sol de Cagnes est riche en toute sorte de fruits ; ses oranges rivalisent avec celles de Nice. Il y a beaucoup de moulins à huile et à blé, et deux scieries. On trouve à chaque pas des tombes romaines. Son histoire est mêlée à tous les événements du midi dans nos parages par sa topographie. Que d'armées et d'illustres personnages elle a vus ! — Est-il dans le Midi une famille plus illustre que la sienne?

CAILLE avec ses 200 habitants, à l'ouest d'Andon, aux sources du Loup, était la paroisse la plus éloignée du diocèse de Vence. C'était une prébende du chapitre de Vence sous le titre de saint Étienne. Caille ressortissait de la viguerie de Grasse. En 1579, Balthasar Bruni, sieur de Castellane, en était le seigneur. *C'est le pays le plus froid des environs.*

CARROS (*castrum de Carrocio*), *castrorum otium*, station ou repos d'un camp romain, sur un mamelon de la rive droite du Var, est exposé à des vents fréquents. On a du Puy une vue de toute beauté. — Ses inscriptions romaines, ses arcades ogivales, ses murailles en pierres carrées, rappellent les diverses phases de son histoire ancienne. Parmi ses quartiers, sont les Mars, nom tout romain, les Muret, fief d'une noble famille de nos pays. — Le plant de la Tour, magnifique plaine d'oliviers. Mais la plus belle gloire de Carros, c'est d'avoir donné naissance à l'illustre famille de Blacas, synonyme de vaillance ; celle d'Aups, s'appelant Blacas de Blacas, marque par là qu'elle a eu pour mère celle de Carros. — On parle de Blacas de Carros dès le xiie siècle. Au xvie siècle, les Durand en héritèrent, à condition qu'ils en prendraient le nom et les armes. — L'église qui vient d'être reconstruite, a saint Pierre pour patron. On y honore Notre-Dame de Séolles, but d'un pèlerinage, et sainte Colombe. Carros était de la viguerie de Saint-Paul et de l'évêché de Vence. — Les Blacas avaient pour coseigneurs les Giraud, du Broc, qui en 1489 acquirent la part des Ronquighlione. Les Villeneuve-Vence en héritèrent en 1668. — Il y a sur son territoire une mine de charbon.

LA COLLE et le **CANADEL**. La Colle n'était qu'un petit hameau de Saint-Paul, placé sur une *colline* au versant de laquelle on voyait le prieuré de *Canadel* dédié à Notre-Dame de la Visitation, et donné à la Dorade en 1017. Il fut réuni à la manse épiscopale en 1055. — Les Villeneuve-Torenc l'ayant acquis en partie en 1566, le passèrent en héritage aux Villeneuve-Tourrettes. — La Colle commença à s'élever après les fortifications de Saint-Paul (1546), et devenue plus considérable que sa métropole, elle obtint en 1790 le titre de commune. Son église est un joli petit édifice du xviie siècle, sous le vocable de saint Philippe et de saint Jacques et de la Transfiguration. Elle a été construite de 1658 à 1670.

La Colle a hôpital et salle d'asile. — C'est la patrie de la famille d'Eugène Sue, et de MM. Raybaud, dont le père fut le premier gouverneur de la Flèche. — Il y eut des notaires à la Colle dès le xvie siècle, qui faisaient les actes des Villeneuve-Torenc, et entre autres les Risse, et les Layet. M. Henri Layet a encore son étude dans les bâtiments du vieux Canadel et tout près de M. le consul Raybaud. — Les Collins ont une grande dévotion pour saint Donat et pour saint Roch. Ils sont très-industrieux et au nombre de 1,400 habitants. — Le Loup arrose le territoire, qui est fertile en olives, et en fruits de toute espèce.

LES CONSEGUDES, village sur la Brouïsse qui se rend dans l'Estéron, tire son nom de la contiguïté de ses habitations en opposition avec les autres pays agglomérés en forme d'ellipse sur des mamelons (*consequentes domus*). Sa petite église, isolée, est dédiée à saint Clément. Le dernier seigneur des Consegudes était M. Charles Raymond, dernier viguier de Saint-Paul. Madame la baronne de Consegudes, sa fille, habite encore Saint-Paul. Consegudes a été cédé à la France en 1760 ; il a 800 habitants.

COURMES (*castrum de Cormis*), dont l'étymologie vient du cormier, est dans une petite plaine sur la rive gauche du Loup et non loin des magnifiques barres de Saint-Arnoux, pèlerinage fréquenté. — Courmes est à trois heures de Vence, ouest, avec 400 habitants. — Son église de Sainte-Madeleine renferme le tombeau de l'illustre famille de Cormis, aux belles armoiries. Raymond Rosso vint de Lombardie à la suite de Charles d'Anjou avec Rostan Honoré, son fils, qui fut seigneur de Courmes ou Cormis, Comps, Garcin. Honoré épousa Marie de Blèves des seigneurs de Romolles, dont il eut Constant-Arthur. Honoré fit son testament en 1315 et fut enterré à Courmes. — Constant-Arthur, de son mariage avec Catherine de Pennes, eut Rostan Arthur, valeureux guerrier comme ses pères. Il épousa Béatrix de Beaumont, puis Jeanne de Villeneuve, dont naquirent les deux André. André le majeur eut quatre enfants de Catherine d'Agout, dont le cadet, Antoine Arnaud recueillit l'héritage d'André le mineur. — Les seigneurs de Cormis habitent Vence et occupent les fonctions municipales. C'est Étienne, marié à Luce de Lascaris, et qui donna le jour au célèbre Raphaël de Cormis. De Raphaël, marié avec noble Astruge de Reillane, est sortie la famille des de Cormis Beaurecueil, l'une des gloires du parlement d'Aix. Pierre, fils aîné de Raphaël, se maria à noble Helione de Juliani. Une autre branche resta à Vence. Le chapitre eut des membres de cette famille jusqu'au xviiie siècle. — Leurs armoiries sont deux lions dressés tenant un cœur d'argent. — Courmes était du bailliage de Saint-Paul. Le titre seigneurial de Courmes appartint donc d'abord aux Villeneuve-Vence, puis aux de Cormis, et depuis le xvie siècle aux Rafélis, aux Villeneuve-Tourrettes et aux Rancurel.

COURMETTES, hameau de Courmes, sur l'une des chaînes de montagnes de Grasse, point de mire des navigateurs à cause de ses bois et de sa teinte noirâtre, n'est plus qu'une riante métairie appartenant à M. Maurel de Vence. Ce plateau est fertile en blé. — Nous avons, dès le xive siècle, une famille de Courmettes qui habite Vence, et est décorée du titre de noble. C'est, en 1440, noble Pierre de Courmettes, puis Antoine, etc.; enfin ils s'appellent simplement Courmettes. — Ce titre seigneurial fut porté par les de Grasse du Bar et les Villeneuve-Tourrettes.

CIPIÈRES, à trois heures de Vence et de Grasse, en face des Gréolières, est placé sur les montagnes qui longent la rive droite du Loup. Son sol est très-escarpé et pierreux. La rue principale, traversée par le grand chemin, est assez large et présente à l'entrée son vaste château; il appartenait aux seigneurs de Villeneuve-Loubet, qui leur doivent leur jolie chapelle de Saint-Claude.

Cipières a suivi le fief de Villeneuve dans toutes ses phases avant et après Romée de Villeneuve. Les Lascaris de Tende, René, Claude, Honoré de Savoie, Mayenne, le sieur de Bouthilliers, M. de Thomas et M. le marquis de Panisse-Passis, l'ont possédé successivement. Une autre famille de Cipières vivant à Marseille, descendant sans doute des seigneurs d'Agoult, portait le nom de Cipières. Le sieur de Cipières, en 1577, était gouverneur de Charles IX. — Ce pays, de 675 habitants, ressortissait de la viguerie et de l'évêché de Grasse. — *Cippus* signifie tertre, terrain pierreux. Nous ne pensons pas que son nom lui vienne des Cypriotes, comme Coursegoules, qui atteste une origine corse.

COURSEGOULES (*Corsarum colonia*), aujourd'hui chef-lieu de canton, est au pied du Chéron. Elle n'a que 600 habitants. Les seigneurs de Villeneuve-Vence, à qui elle appartenait depuis Romée, vendirent tous leurs droits à la commune en 1635. Les habitants se hâtèrent d'obtenir des lettres patentes de villes royales qu'ils conservent dans leurs archives. (Janvier, Paris, 1636.) L'église est dédiée à sainte Madeleine. Le romérage le plus fréquenté est celui de saint Barnabé. On y honore saint Michel, saint Pons, saint Marc, saint Antoine, saint Jean Baptiste, sainte Anne. Coursegoules a donné le jour aux docteurs Theissier de Saint-Marc, dont l'un a joui, à Paris, d'une certaine réputation. — Coursegoules, comme tous les pays de la montagne, est fertile en blé et en plantes oléagineuses. Les pâturages des montagnes nourrissent de nombreux troupeaux. Elle adjuge tous les défends à un boucher, à condition que celui-ci fournisse la viande à treize sols le kilogramme à toute l'habitation.—Coursegoules a des glacières qui en fournissent à tous les pays des environs, même à Marseille. — La place est très-jolie avec l'hôtel de ville.

CURIOSITÉS. Objets d'art de la commune et du canton. — Deux bons tableaux, dont une chasse, à la salle de l'hôtel de ville. — Le christ de la salle d'audience est d'un peintre de Grasse nommé Cresp (1789). — A l'église, les tableaux les plus estimés sont ceux de saint Antoine et des quatre évangélistes.

Parmi les collections particulières, nous citerons les bonnes gravures de M. N... de Vence; un Rembrandt chez le docteur Guevarre, héritage de M. Emmanuel Bérenger, artiste de mérite, mort en 1858; une petite collection de pièces romaines à M. Victor Bérenger, parmi lesquelles nous avons remarqué un *Domitien* parfaitement conservé avec une Minerve sur le revers; un Constantin, dont le revers est un personnage d'où s'échappent des rayons, avec ces mots : *Soli invicto comiti*; une autre pièce offrant une figure vénérable avec de longs cheveux et une longue barbe. On lit ces mots : Quirinus Cornelius P.; sur le revers, Cérès est sur son char traînée par des lions, elle a des épis et une faucille entre les mains, et autour on lit : MEMMIUS AED CER. Une autre pièce en argent, plus récente, porte les armes du seigneur de Vins.

Parmi les objets d'art les plus remarquables des environs, nommons la cloche de Saint-Jeannet, qui date de 1495. Une des cloches de Tourrettes est très-ancienne : elle était à Saint-Martin de la Pelote. Les caractères sont tout à fait gothiques. Elle porte pour exergue : *Vox. Dei. Sonat.* M. Isnard, orfèvre à Vence, possède encore une des pièces wisigothes avec une clef en argent trouvées dans un vase d'argile à Carros, en 1850.

Au Broc on voit un bon tableau de saint Antoine; à la Colle, quelques tableaux de grands maîtres, dont 2 Rembrandt, chez M. le consul Raybaud; à Saint-Paul, d'anciens reliquaires du xve ou xvie siècle, tout en argent massif, une croix processionnelle très-ancienne aussi en argent, sept ou huit bons tableaux, et la chapelle Saint-Clément.

A Villeneuve-Loubet, on trouve dans le salon d'anciennes armures, quelques portraits de souverains, avec une bibliothèque de deux à trois mille volumes.

Parmi les autres curiosités de nos pays, il y a la grotte de Riou, le pont de la Cagne, le rocher de Saint-Jeannet, le Cheiron qui a 1777 mètres de haut, les Barres de Saint-Arnoux, la grotte de Roquefort, la vallée du Malvans, le château de Villeneuve, le château de Cagnes avec sa chute de Phaéton, les sites pittoresques du Broc, de Carros, de Gattières, de Tourrettes, de Saint-Paul, le bloc de fer météorique trouvé à Cipières vers 1680 et envoyé au musée en 1828.

Parlons enfin de la cathédrale de Vence. Elle date du iv° ou v° siècle. C'était autrefois le temple de Mars et de Cybèle. Elle a été reconstruite, après l'invasion sarrasine, sur les anciens fondements et considérablement agrandie. Elle a 5 nefs. Les nefs latérales ont 8 mètres de hauteur sur 3 de largeur, et la grande nef 13 mètres de hauteur sur 5 de largeur. De l'abside ces 5 nefs ont 25 mètres de longueur. Au ix° siècle, cette cathédrale devait être d'un bel aspect. La voûte était alors en pierres avec quelques pendentifs. Les arcades s'élançaient de chaque travée, s'appuyant sur un modillon terminé quelquefois par une tête d'ange, d'autres fois par la pierre arrondie. Elle était moins haute et a été relevée quand on a construit les tribunes. Au xiii° ou xiv° siècle, la population augmentant, on bâtit les galeries et le chœur en forme de tribune, qui écrase l'édifice tout entier. Les piliers de forme carrée sont lourds et massifs, et cachent les anciens qui étaient de forme arrondie. Point de transept.

Sanctuaire. On ne tourne point autour du sanctuaire. A gauche se trouve l'ancien cimetière et à droite la sacristie. On y monte par 3 marches. Là sont les caveaux des anciens évêques, entre autres des illustres du Vair, Godeau et Surian. On monte au sanctuaire par 3 marches. L'abside a gardé la forme des anciens temples païens. C'est un hémicycle à voûte arrondie qui a 8 mètres de largeur sur 7 de profondeur. Les tombeaux des Villeneuve-Vence sont au pied du sanctuaire. On compte dans l'église onze autres caveaux, soit sous le chœur, soit dans les chapelles.

Chapelles. Les 9 chapelles sont belles, et certaines ont de magnifiques retables. Nous avons parlé des autels de saint Véran et de saint Lambert. Ceux du Rosaire, des âmes du purgatoire, de l'Ange gardien ne sont pas moins remarquables. La chapelle du Sacré-Cœur renferme le tombeau des Barcillon.

La tour, haute de 25 mètres, est carrée et sans ornement. Elle n'a ni flèche, ni portail. Elle est à gauche du sanctuaire, au bout de la deuxième nef. Elle est couronnée par des créneaux avec merlettes, insignes de la juridiction temporelle de l'évêque. Deux portes donnent entrée dans l'église, l'une à gauche sur la première nef latérale, l'autre à droite sur la place de la Poissonnerie. Point d'entrée sur la grande nef, dont la façade trop simple est enclavée dans la cour de l'évêché. L'évêque avait une porte sur les tribunes. Le château des seigneurs longeait le côté droit et entrait aussi par les tribunes.

Tout l'intérieur de la cathédrale était avant 1850 couvert de peintures en relief de mauvais goût et en mauvais état. On entre de plain pied. On dut primitivement monter; car les piédestaux des anciens piliers sont enfouis. La tradition rapporte que sous chaque pilier ont été enfouies les anciennes divinités et les statues des empereurs. Ce qui porte à le croire, c'est qu'on a des piédestaux de statues sans les statues elles-mêmes. Des fouilles intelligentes autour de l'église mettraient à jour bien des antiquités.

On peut remarquer dans la cathédrale, outre le sarcophage de saint Véran, le baptistère qui est de la plus haute antiquité. Le maître-autel en marbre, œuvre d'un sculpteur génois, quoiqu'il ne date que de 1758, n'est pas sans mérite.

Chœur. Le chœur, construit en tribune au-dessus de la grande nef, contient 51 stalles dont 30 stalles hautes ; chacune a 55 centimètres de large. Du sol au haut de la frise ou corniche qui couronne la boiserie, il y a 4 mètres. Toute cette boiserie, œuvre du sculpteur Jacques Bellot, est surmontée d'une frise courante en saillie, sculptée à jour comme de la dentelle. Les deux premières stalles à droite et à gauche ainsi que celle du milieu, occupées par les trois dignitaires du chapitre, ont encore leur dais sculpté en ogive. Ce ne sont que petites colonnettes, feuilles de chou, statuettes, entre les stalles et sous les miséricordes. Sur les panneaux on voit des enroulements terminés tantôt par des têtes de chanoines à longue barbe, tantôt par des têtes de serpent ou de dragon, tantôt par une tête de magicien avec son bonnet pointu, ou par une tête de vipère qui entre par l'oreille gauche d'un chanoine et sort par l'oreille droite. Ici deux chanoines se regardent ayant chacun un bonnet carré à la main, d'autres ont leur bréviaire, l'un tient un hautbois, l'autre un psaltérion. Là, ce sont des religieuses, de nobles dames avec leur livre ou leur chapelet à la main ; des seigneurs avec des coiffures à la Louis XI ; des femmes portant un petit coffret. On voit une femme tenant un singe ; un homme avec tunique, ceinturon, brodequins et un livre sous le bras ; un autre montrant sa tête entre ses jambes ; un guerrier armé de pied en cap et renversant les idoles ; un cordonnier avec son tablier et ses instruments ; un homme qui regarde en arrière ; un homme assis et élevant les mains en l'air pour prêcher ; seigneur avec calotte courte et collerette ; femme ayant un bouquet à la main. Ce sont des masques encadrés dans des feuilles, des statuettes à tête d'homme et de couleuvre, de larges figures encadrées, des monstres fantastiques, des poissons, des dragons ailés, le chien dogue avec son collier, des singes grimpant, un singe entre deux canards, des sphinx, des serpents entrelacés ; figure à grandes oreilles, avec deux crocs et tirant la langue. La porte de l'ancienne prévôté est non moins remarquable.

Orgues. Les orgues de Vence remontent à la fin du xve siècle. La sculpture du buffet est bien plus récente que celle des stalles du chœur. On voit au milieu la sainte Vierge à qui la cathédrale de Vence est dédiée.

Le *lutrin* est du même style que les stalles. — Avant la révolution, il y avait cinq cloches. Des anciennes cloches, on n'a plus que celle de l'ancien conseil qui est de 1674. Il y a deux croix et ces mots : *Alexander de Villanová*.

DÉCÉATES. Sur le rivage de la mer se trouvait la ville latine nommée Décéate, entre Antibes et Nice. Les uns la placent à Cagnes, d'autres à Villeneuve, d'autres encore à Saint-Paul. Les Nérusiens s'étendant entre le Var et le Loup, les Décéates devaient habiter entre le Loup et la Brague.

LA DORADE, monastère de Saint-Véran sous le titre de Notre-Dame la Dorée au pont du Loup, fondée au v° ou au vi° siècle, restaurée par Charlemagne, détruite encore par les Sarrasins, rétablie en 1017 par l'évêque de Vence et par l'abbé Pons bénédictin, Eusébiste d'Apt, léguée en 1055 à Lérins ; aujourd'hui c'est une ruine.

DOS-FRAIRES, ou le Clos de Martel, hameau du Broc (*duo fratres*), pays cédés en 1760 à la France par la Savoie, au confluent de l'Estéron et du Var, ne renferme que 40 habitants avec la chapelle Sainte-Marguerite et le vieux château, lo Castello, qui appartint aux Lascaris de Tende. Les hameaux de Dos-Fraires sont les Carlans, les Soutrans et les Soubrans.

ESTÉRON, affluent du Var, coulant de l'ouest à l'est et servant de limite à la France, avec un cours parallèle au Var jusqu'à ce qu'il s'y jette. Il prend sa source à Sollias, près de Saint-Auban. Au milieu des rochers et du terrain le plus accidenté, se trouvent plus de trente pauvres villages, Saint-Antonin, la Penne, Castellet, Ville-Vieille, la Rochette, Cros, Cuébris, Pierrefeu, Toudon, Bonson, Gillette, Salagrifou, Aiglun, Amirat, Saint-Pierre, Mas, Malaussène, et entre Aiglun et Salagrifou se trouve le mont Saint-Martin; il y a une belle grotte avec une source intermittente. — Près de la source de l'Estéron est Briançon. Il y a quatre ponts sur l'Estéron, ceux de Cerise, de la Roque-Estéron, de Cigale et d'Aiglun. Les habitants vivent misérablement ; ils ont un peu de blé et quelques troupeaux. — On a vu le curé de Saint-Antonin aller lui-même ramasser du bois dans les montagnes. — Glandevez au confluent du Var et de la Vaire, Saint-Auban et Anot, sont les pays les plus considérables de cette espèce de presqu'île. Rien n'est beau comme la cascade d'Aiglun et les clues du Riolan et de Saint-Auban.

FERRAGES. On appelle ainsi un terrain fermé ou enclos. — D'où l'étymologie du village *les Ferres* sur son mamelon, rive droite de l'Estéron. Ce pays a été cédé en 1760 à la France. Il est très-pauvre et n'a que 300 habitants. Le seigneur des Ferres était juge de Saint-Paul au xv° siècle. L'église est dédiée à saint Jacques.

GATTIÈRES, à la Savoie jusqu'en 1760, rive droite du Var, aussi sur un mamelon, avec son château, son haut clocher et ses maisons groupées au milieu de mille oliviers, figuiers et arbres fruitiers, tire son nom sans doute de *terres gastes*. Ce fief appartint d'abord à l'illustre famille d'Entrevènes qui donna des grands sénéchaux à la Provence. — Noble Guillaume vendit ce fief à l'évêque de Vence en 1247. En 1390, le comte de Savoie s'en empara et le céda aux Grimaldi du Bueil. L'évêché de Vence ne l'a définitivement recouvré qu'en 1760. — L'église de Gattières est dédiée à saint Nicolas et à saint Blaise. — Il y a un petit hôpital. — Quelques inscriptions romaines prouvent l'antiquité de son origine. — Ce pays est riche en olives, en figues, etc. Il était de l'évêché de Vence et du comté de Nice. Sa population est de 800 habitants. — C'est par Gattières que l'ennemi a plus d'une fois envahi la Provence.

LA GAUDE (*God bois*) ou **LES GAUDES**, était d'abord bâtie au château des Gaudes, à une demi-lieue de Gattières, sur un mamelon de la rive droite du Var. — Ce village s'est ensuite élevé, après la guerre des Albigeois, au quartier de la Condamine, et a pris le nom d'Alliganza, puis de Trigans, quand un troisième hameau se construisit vis-à-vis de la Condamine. — La peste de 1467 l'a complétement dépeuplé, et il est resté inhabité pendant plus d'un siècle. C'est alors que Saint-Jeannet, l'un de ces hameaux, obtint le titre de commune. — Le vin de la Gaude est justement renommé. — Les ingénieurs du chemin de fer vont exploiter une de ses carrières de pierres. On a trouvé à la Gaude une mine de manganèse. — La Gaude était du bailliage de Saint-Paul et formait une riche prébende du chapitre de Vence. L'église, bâtie originairement entre les trois hameaux (1616), est dédiée à saint Pierre. On y honore sainte Apollonie et sainte Victoire. Sa population est de 650 habitants. — Ce fief appartint à Roméo de Villeneuve, il passa dans la famille des Villeneuve-Torenc et des Villeneuve-Tourrettes. Les Pisani étaient seigneurs de la Gaude au xviiie siècle, et le dernier seigneur fut Monseigneur Pisani de la Gaude, dernier évêque de Vence, mort évêque de Namur. Les quartiers de la Baronne et de Saint-Etienne dépendent de la Gaude.

GORDON (*castrum de Gordono*), au-dessus du Bar, sur la rive droite du Loup, dans une position formidable. — Ce fief qui appartenait aux seigneurs du Bar passa dans la maison de Lombard. En 1510, François de Lombard, seigneur de Gordon et de Cuébris, mariait son fils André à Jeanne de Lascaris-Dos-Fraires. Charles de Lombard, en 1675, fit ériger sa terre en marquisat. Il y a encore de nos jours à Grasse, noble dame, marquise de Gordon. Ce pays n'a que 220 habitants. — Il y a une belle fontaine.

GRASSE, qui doit son nom à Crassus, avait un temple de Jupiter Ammon au temps de la conquête romaine. — Après l'expulsion des Sarrasins, noble Rodoard reçoit le titre de prince d'Antibes et de seigneur de Grasse. — Le siége de l'évêché d'Antibes y fut transféré vers 1248. — Grasse fut chef-lieu de viguerie, et vers 1575, sénéchaussée. Elle était habitée par un nombre considérable de nobles et riches familles, les Bompar, les Lombard, les Tombarel, les Olive, les Rabuis, les Cresp, les Garidelli, les Latil, les Dozol, les Fanton, qui devinrent seigneurs d'Andon. — La viguerie de Grasse était affouagée quatre-vingts feux. On y voyait sept couvents : dominicains, franciscains, augustins, cordeliers, oratoriens, visitandines et ursulines. Le chapitre avait douze chanoines, deux curés et huit bénéficiers, une maîtrise avec son maître de musique. — La charge de sénéchal resta toujours dans la famille de Villeneuve-Saint-Césaire, branche des Villeneuve-Vence. Louis de Villeneuve fut le dernier sénéchal, et noble Mougins de Roquefort, le dernier viguier de Grasse. — Elle avait 15,000 habitants. — Son commerce en huile et en parfumerie est universel. — Grasse est un magnifique jardin de fleurs. — Son église est dédiée à Notre-Dame. Deux familles portaient le nom de Grasse, celle de Grasse du Bar et celle de Grasse-Cabris; toutes deux partent de Rodoard, prince d'Antibes (980). Les de Grasse n'avaient que ce nom, sans aucun pouvoir sur cette ville royale. Il existe une histoire de Grasse en manuscrit.

GRÉOLIÈRES *Hautes et Basses*, sur le Loup (gréole, rameaux, branches, terrains boisés), formaient deux communes séparées de la viguerie de Grasse, et trois riches prébendes du chapitre de Vence. Gréolières (Hautes) avec son église de Saint-Pierre ; Gréolières (Basses) avec l'église de Saint-Etienne, et le prieuré de Notre-Dame de Verdelaye. On y voyait les chapelles de Saint-Antoine et de Saint-Pons. — Cette seigneurie, qui appartenait aux de Flotte, fut donnée à Romée de Villeneuve en 1229. — Le château de Gréolières (Hautes) est dans une position assez forte.

GRIMALDI. Cette famille part vraisemblablement de Grimoald, frère de Charles Martel. Pépin le Bref donna en 750 la ville d'Antibes à Thibaud, fils de Grimoald. — Charlemagne confirma cette donation en faveur du fils de Thibaud. — Les Grimaldi reçurent d'Othon le Grand la principauté de Monaco. En même temps que Guillaume de Provence, le libérateur de la Provence, donnait à Rodoard le titre de prince d'Antibes, il investissait le fils du prince de Monaco Grimoald du golfe de Simbracie qui changea son nom en golfe de Grimaud. — En 1290, René II de Monaco, favori des comtes d'Anjou, s'appelle seigneur de Monaco, d'Antibes, de Cagnes et de Villeneuve. En 1330, Antoine II, second fils de Charles le Grand de Monaco, est seigneur d'Antibes, de Cagnes et des Corbons. — Ce sont ses descendants qui ont possédé Cagnes jusqu'à Sauveur Gaspard, dernier seigneur de Cagnes. Ils ont réclamé Monaco en 1760, 1774, et dernièrement encore, le général Charles-Philippe-Auguste, fils de Sauveur Gaspard, réclamait en 1841.

DE HONDIS, famille de Saint-Paul, originaire de Naples. Le chevalier

Thomas de Hondis, fils d'Augustin, vint de Naples à Nice en 1450, où il épousa en 1461 Anne-Marie de Lascaris, ayant des biens à Saint-Paul. On sait que les Lascaris étaient seigneurs de Villeneuve depuis 1437. Thomas mourut vers 1492, laissant pour lui succéder, Honoré, marié avec Bourguette Bermond de Vence, dont il eut huit enfants. Un frère d'Honoré commence cette longue succession de chanoines de Vence qui finit en 1670 avec Claude de Hondis. — Des fils d'Honoré, Antoine, marié avec Doulce du Port, forma la branche de Saint-Paul-Saint-Michel, et Louis celle de Châteauneuf qui avait son tombeau à Saint-François de Nice. — Nicolas, fils d'Antoine, épousa Louise de Raymond, et Frédéric, Françoise de Portanier de Cagnes.

Louis de Châteauneuf eut de Jeannette du Peyre, Honoré II, seigneur de la Bastide, marié avec Louise d'Escudier, et Antoine II, seigneur d'Alons. En 1673, César de Hondis, sieur de la Morthère, était marié avec Marthe de Pontevez, et en 1687, Elséar-Joseph de Hondis, sieur de Flotte, d'Allons, marié avec Louise de Boyer de Choisy-d'Antibes.

SAINT-JEANNET, d'abord hameau de la Gaude, est déjà cité au xiiie siècle, ainsi que le Castellet. Ce pays s'étendait du côté de Sainte-Pétronille, puis après la peste de 1468 il s'allongea vers le cimetière où l'on bâtit l'ancienne église (1492). Ayant obtenu le titre de commune par la désertion complète de la Gaude, Saint-Jeannet resta indépendante de cette commune. Il se bâtit sa nouvelle église au xviie siècle. — Les seigneuries du Castellet et de Saint-Jeannet appartinrent d'abord à Romée de Villeneuve. Les Villeneuve donnèrent ensuite en dot à Françoise de Villeneuve, le Castellet, lors de son mariage avec Antoine de Montclarc; puis Jean de Villeneuve-Torenc le posséda, et il était en 1789 aux Grasse-Cabris. Les Villeneuve-Tourrettes étaient seigneurs barons de Saint-Jeannet. — A Saint-Jeannet appartiennent les Euzière et les Barrière. Les Barrière doivent leur élévation à l'aumônier du duc d'Orléans, qui fit venir à Paris un de ses neveux, celui-ci devint orfèvre et donna le jour au célèbre écrivain. Un autre frère de l'aumônier, notaire à Saint-Jeannet, embrassa l'état ecclésiastique, et de ses quatre enfants, deux aussi se firent prêtres; l'autre fut élu membre de l'Assemblée législative, et le quatrième resta à Saint-Jeannet. L'aîné des fils prêtres fut bénédictin de Saint-Maur. Il vint mourir à Saint-Jeannet. — Le représentant était intimement lié avec le marquis d'Eoulx, il est mort à Castellane en cultivant son champ, comme Cincinnatus. C'était le type de la loyauté et de la probité. — Saint-Jeannet a 1,350 habitants. Son église est dédiée à saint Jean-Baptiste. Sa position sur le flanc de son rocher est très-pittoresque. Son sol est riche en toute espèce de fruits. — Le Castellet appartient aujourd'hui à l'avocat Euzière. On voit dans le clocher de la paroisse la cloche de la première église de 1492.

LASCARIS. Bérenger, roi d'Italie, nomma son quatrième fils Conrad, duc de Vintimille. Un de ses petits-fils, Guillaume-Pierre, épousa Eudoxie de Lascaris, fille de Théodore II, Lascaris, empereur de Constantinople, et fonda en 1204 la famille des Lascaris de Tende. — En 1360, on voit Paul de Lascaris. — En 1437, Pierre acquiert Villeneuve-Loubet. Il eut pour fils Honoré. En 1560, Paul de Villeneuve-Lascaris était grand maître de Malte. Jean-Antoine avait succédé à Honoré de Lascaris au fief de Villeneuve, dont hérita René de Savoie par sa femme, noble demoiselle Anne de Tende. — Les Lascaris de Châteauneuf, de Dos-Fraires, etc., ont donné grand nombre d'évêques à Riez, etc.

SAINT-LAURENT DE LA BASTIDE, est un fief seigneurial de la commune du Malvans et ressortissant de la viguerie de Saint-Paul. On voit encore les ruines de l'ancienne forteresse où se retranchaient les Vençois dans les temps de guerres. On l'appelle aujourd'hui le baou des Pénitents blancs (baou vient de βαίνω, monter).

SAINT-LAURENT DU VAR, pays de 800 habitants, sur la rive droite du Var, est animé par le passage de France en Italie ; on y traverse le Var sur une passerelle de quatre cents mètres de long. Il y a là douane, gendarmerie et détachement d'infanterie. L'église, qui est très-gracieuse, est dédiée à saint Laurent. Deux chapelles rurales y sont dédiées à la sainte Vierge. Les Pisani étaient seigneurs de Saint-Laurent depuis le commencement du XVIIe siècle qu'ils acquirent ce fief de l'évêque de Vence.

La peste de 1468 ayant dépeuplé Saint-Laurent, l'évêque de Vence appela d'Oneglia, trente-cinq familles qui habitèrent le pays déserté. Parmi elles étaient les Pisani que nous voyons notaires, puis trésorier de la généralité d'Antibes et enfin seigneurs de Saint-Laurent et de la Gaude. — Saint-Laurent a encore donné le jour à la famille Raymond, dont l'un d'eux fut fournisseur général des vivres de l'armée d'Italie sous la République et sous l'Empire. — Le dernier seigneur de Saint-Laurent vendit, avant 89, tous les droits qu'il avait à la commune. C'était le père de notre évêque. — De l'autre côté du Var, il n'y a que deux grands bâtiments où se trouvent deux hôtels, le poste militaire et la douane sarde.

LE LOUBET, ancienne commune au delà du Loup, arrosée par cette rivière. Ce pays était cité parmi les paroisses qui ressortissaient de l'évêché d'Antibes. — Romée de Villeneuve le réunit au fief de Villeneuve, et il a toujours fait partie depuis lors de la viguerie de Saint-Paul. — Certains ont voulu y voir l'ancienne Oxybetum ; mais les Oxybiens, selon l'opinion la plus commune, étaient sur la rive gauche du Var. Son nom ne viendrait-il pas du Loup?

LE LOUP, ancien Apros, ainsi nommé à cause de son cours torrentiel au fond de gorges profondes, a un cours de 50 kil. Il prend sa source près d'Andon, suit un pré, coule sous terre et reparaît à Laval, quartier de Cipières, arrose le territoire de dix communes, et après avoir coupé la route impériale, va se jeter dans la mer. Il limite les territoires de Villeneuve et de Cagnes. Les truites du Loup sont justement renommées. Ce fleuve est déclaré flottable. Il fait tourner à Cipières, à Gréolières, à Torenc, au Bar, à Tourrettes, à la Colle, à Villeneuve et à Cagnes de nombreuses usines. Il alimente les scieries de Torenc, la papeterie du Bar et la scierie du pont du Loup. Ses eaux mises à profit accroîtraient la richesse de nos contrées.

LA LUBIANE, petite rivière qui appartient toute à la commune de Vence et qui en fait la richesse, sort du pied des Salles par quatre ou cinq petites sources, à deux kil. de Vence. Elle alimente nos fontaines, arrose nos jardins, et fait tourner plus de sept ou huit moulins à huile, deux rescences, un moulin à blé, donne de l'eau à une tannerie et à une savonnerie.

SAINT-MARTIN, ancienne commanderie des Templiers, en ruine, au-dessus de Vence. C'était autrefois un poste romain, comme le prouvent les inscriptions et les tombes romaines qu'on y a trouvées.

Il y avait d'autres propriétés portant le nom de Saint-Martin, et dépendant de la commanderie de Vence, à la Gaude, au Broc et à Tourrettes. Saint-Martin de la Pelote à Tourrettes appartenait à l'abbaye de Saint-Victor et fut acquis en 1544 par l'évêché de Vence. La cloche de ce prieuré, qui est très-ancienne, se trouve aujourd'hui dans le clocher de la paroisse.

SAINT-MICHEL, place de Vence où Masséna, en 1792, exerça le deuxième bataillon du Var, a été donnée par un seigneur de Vence aux habitants. La chapelle Saint-Michel était à l'entrée de la rue qui porte son nom. Saint Michel était honoré aussi à Saint-Paul et à Saint-Jeannet pendant le mois de juillet ou fête de l'apparition de saint Michel.

SAINTE-MARGUERITE, petite paroisse, près du Broc, de 150 habitants, a pour patron saint Jean-Baptiste.

MALVANS (*castrum de Malvinis*), vins qui jouissent à Vence de la réputation du Suresnes à Paris ; commune désertée, ayant gardé pourtant son titre jusqu'en 1792, époque à laquelle elle fut réunie à Vence. Elle avait son château dit de la Reine Jeanne (castrum de Malvinis, *malis vinis*), et tout près son église de Saint-Raphaël. Sur son territoire se trouvaient les bois de la Sine, les Noves, le prieuré de Notre-Dame des Crottons, l'Ormée à l'église de Vence, et le clos de Garbier aux seigneurs. Son terrain est très-accidenté. On trouve à Saint-Raphaël une mine de charbon qui correspond à celle de Besaudun. — Les carrières de la Sine ont fourni en grande partie les pierres des fortifications de Saint-Paul et d'Antibes. — Le Malvans dépendait de la viguerie de Saint-Paul. — Ce fief appartenait à la famille des Aymonet dont un grand nombre furent juges de Saint-Paul.

En 1150, Pierre de Malvans suivait le parti des comtes de Provence contre les seigneurs des Baux. En 1407, Honoré Ier de Malvans; 1434, Guillaume; en 1450, Louis. — Ils avaient fondé à Saint-Paul la chapelle des dix mille martyrs. Jacques, fils de Louis, se maria avec Catherine d'Agout qui mit au monde Emmanuel, son successeur; Jean, le prieur de Saint-Antoine et de Saint-Raphaël; Alixe, épouse de Jean Barcillon, et Catherine, de Pierre Guigou. — Il y eut bientôt jusqu'à sept ou huit coseigneurs de Malvans. En 1500, c'étaient les trois frères de Malvans, les Latil, héritiers des de Coste, les Garbier, les Guigou, les Mars, les de Bertatis, les Richieu de Castellane, les Crispin, le chapitre et le seigneur de Vence. Le dernier Aymonet de Malvans, Guillaume II, marié avec Catherine de Laugier, laissa son héritage aux Barcillon; les Latil avaient cédé le leur aux Muret, et les Muret aux Villeneuve-Saint-Césaire. — La commune de Vence acquit tout en 1751. — Malvans ou Mauvan sont synonymes. Les Villeneuve-Saint-Césaire ont donné ce nom à un quartier de la Siagne.

MALVANS RIVIÈRE. Le Malvans qui tire son nom de la commune qu'il arrose, est formé de deux sources dont la principale a été concédée à Saint-Paul. Nous avons les transactions de 1534 et de 1680. On a stipulé que, s'il se formait au Malvans un groupe de douze maisons, les eaux reviendraient à la commune. Le lit du Malvans forme une magnifique vallée toute couverte d'oliviers en vue de Saint-Paul.

NOTRE-DAME. Peu de diocèses ont autant de chapelles de Notre-Dame: Notre-Dame de la Nativité, Notre-Dame du Mont-Carmel, du Rosaire, du Scapulaire, de la Visitation, de la Garde, de Bon Voyage, des Grotte, à Vence; Notre-Dame du Peuple, de la Gardette, de Grâce, des Anges, du Désert, des Séoles, du Var, etc., etc., Notre-Dame de l'Annonciade, la Dorade, etc.

L'OLIVE (*Castrum de olivá*), ancienne commune désertée sur la rive droite du Var, entre Carros et le Broc, et titre d'un fief seigneurial donné en 1243 à l'évêque de Vence par le comte de Provence.

OPIO (*Castrum de Apiano*), entre Roquefort et Châteauneuf, sur l'ancienne route de Villeneuve à Auribeau et à Grasse; petit village de 475 habitants. On y a trouvé des inscriptions romaines. Ce ne sont que des maisons isolées comme Roquefort. Opio a donné naissance à Châteauneuf qui le domine.

SAINT-PAUL-LÈS-VENCE ou **SAINT-PAUL-DU-VAR**, place forte, autrefois chef-lieu de bailliage, ville royale et dépendant de l'évêché de Vence, au sud de cette dernière ville, se trouve sur un mamelon dans une position ravissante. C'est un jardin d'oliviers et d'orangers sous lesquels on cultive la vigne et mille autres plantes. Cette ville, renommée autrefois par sa fidélité à sa religion et à sa patrie, était peuplée d'un nombre considérable de riches familles, quoiqu'elle ne fut jamais le titre d'un fief seigneurial. Quelques-uns prétendent que c'était l'ancienne Deciatum. Elle commence à grandir après l'invasion sarrasine. Comblée de faveurs et de priviléges, elle devient chef-lieu d'un bailliage. Au xiiie siècle, Villeneuve était chef-lieu général de la viguerie. Là résidait souvent le comte de Provence, ou son grand sénéchal, et à son défaut un bailli. Vence était le chef-lieu de tous les pays soumis à la seigneurie des descendants de Romée et de l'évêque, et Saint-Paul avait Tourrettes, Cagnes, Saint-Laurent. Enfin cette dernière ville eut tous les pays du diocèse de Vence, excepté Vence elle-même qui préféra être à Grasse que d'être soumise à sa rivale. Saint-Paul était affouagé pour vingt et un feux et toute la viguerie pour cinquante-six feux et demi et un tiers. Elle eut pour armoiries sur fond d'azur un saint Paul vêtu d'or, avec son livre et son épée d'argent. En 1009, 7 octobre, les consuls de Saint-Paul passent marché pour la chapelle Saint-Etienne avec le sieur Bonnet, maçon. En 1401, 15 janvier, les habitants doivent contribuer aux réparations des fortifications. En 1536, on construit cinq nouveaux remparts par ordre de François 1er, et en 1546 on fait l'enceinte continue; Saint-Paul, qui s'étendait jusqu'à Sainte-Claire et qui avait près de 2500 habitants, vit abattre plus de huit cents maisons dont les habitants se réfugièrent à la Colle et à Roquefort. Un gouverneur résida depuis à Saint-Paul. Raphaël Roux de Cormis, de Vence, en porte le premier le titre (1525). Suivent après les Grimaldi, puis les Villeneuve-Castellane, la Berlière et Torenc, encore les Grimaldi de Cagnes et le seigneur de Grasse du Bar. Parmi les viguiers nous lisons les seigneurs Aymonet de Malvans tantôt juges, tantôt viguiers. En 1411, Jean des Ferres était juge de Saint-Paul. Honoré de Malvans est viguier. Puis, ce sont les du Port, les Barcillon, les Roussel de Colmar, Bernardin, puis Scipion et Honoré, et enfin César Roussel. Noble Raymond, baron de Consegudes, avec le sieur Guevarre pour lieutenant, et noble Alsiary de Roquefort furent le dernier viguier et le dernier juge de Saint-Paul, ayant eu la succession des Barcillon.

La vicairerie perpétuelle de Saint-Paul date de 1328. Son église enrichie par les pieuses libéralités de tant de riches familles obtint même une collégiale en 1666. On y voyait les confréries du Saint-Sacrement, de Notre-Dame du Rosaire, de Saint-Joseph, de la Sainte-Trinité, des Pénitents et de l'Ange gardien. Nombre de chapelles rurales couvraient son territoire, Sainte-Claire, Notre-Dame de la Gardette, Saint-Antoine, Saint-Charles, Saint-Roch, Saint-Etienne et Saint-Pierre, Saint-Georges et Saint-Michel, Notre-Dame de Liesse, Saint-Pierre, etc. Un nommé Tombarel y fonda un hôpital qui subsiste encore. Que de beaux tableaux dans son église, gracieux monument du xviie siècle. Les familles de Saint-Paul, outre celles du Malvans, des Barcillon et des Roussel, c'était celle des Bernardi. En 1431, Philippe Bernardi était notaire de Saint-Paul. Un de ses descendants, Paul-Pierre-Jean de Bernardi, fondera à Saint-Paul le canonicat de Saint-Clément, 19 juin 1687. Il était chanoine de Saint-Pierre de Rome et camérier du pape, et avait pour frère l'avocat Alexandre Bernardi. Les Rabuis de Grasse vinrent s'établir à Saint-Paul. On y voyait parmi les familles bourgeoises, notaires, ou avocats, les Layet, les Raymond, les Gardinqui, les Bellissime, les Alsiari. Certains étaient nobles ou anoblis par leurs mariages avec les Hondis, les du Port, les de Malvaus, ou par des acquisitions de terres nobles. En 1717, vivait à Saint-Paul Jean-Jacques du Port, écuyer de Saint-Paul, l'avocat Honoré de Bernardy, et Jean de Barcillon, seigneur de Courmes, et Cuébris, consul. Les de Guignes, les Lombard, les Roussel, les Rabuis, les Layer, les Gardinqui, les Raymond, les Barcillon, etc. ont tous attaché leurs noms à quelque chapelle. Mais parmi les chapelles les plus belles, nommons celle de Saint-Clément ; le corps du saint arriva à Saint-Paul le 15 septembre 1580. La belle chapelle de Saint-Clément envoyée de Rome jouit d'un autel privilégié pour tous les vendredis et pour l'octave des morts. Les Villeneuve-Vence-Torenc, et après eux les Villeneuve-Tourrettes, possesseurs du Canadel et de Passe-Aprest, donnaient le ton à toute la commune dont la politesse est encore proverbiale.

En 1790, Saint-Paul fut chef-lieu de district, et n'eut pas à déplorer les malheureux écarts des pays voisins. Aujourd'hui déchue de sa splendeur, cette ville n'en est pas moins une belle et délicieuse résidence. Elle n'a que 800 habitants, la Colle et Roquefort en ont été séparés en 1790.

Les privilèges de Saint-Paul étaient d'être exempts de l'albergue et des cavalcades, d'avoir foires et marchés le samedi. Leurs juges connaissaient des affaires depuis cinq florins jusqu'à mille ; les consuls pouvaient modérer certaines peines municipales dans la huitaine. Tous les propriétaires, fussent-ils nobles ou ecclésiastiques, payaient les charges publiques. Saint-Paul ne pouvait être aliéné du domaine royal (1391).

PANISSE-PASSIS (*marquis de*), famille originaire de Lucques. En 1542, nous voyons Claude de Panisse, conseiller d'Aix et seigneur de Merveille. En 1742, César de Marck de Panisse hérita de sa femme, cousine germaine du marquis de Thomas, le château et la terre de Villeneuve-Loubet. En 1842, M. le marquis Henri de Panisse a restauré le château.

PENNAFORT (*pays situé sur le flanc d'un rocher où il faudrait des ailes pour monter*). Je crois que c'est le même pays que Roquefort, comme je l'ai trouvé dans l'affouagement de 1193.

LES PENNES (*Pennæ*, ailes), nom attaché aussi à un pays sur les bords de l'Esteron. Il n'y a rien de remarquable que son sol abrupt. Les seigneurs des Pennes se montrent à Vence au xve siècle. Pierre de Pennes est au conseil en 1391. L'un d'eux est plus tard sculpteur à Vence, Etienne de Pennis.

LE POGÉTON DE SAINT-LAURENT, commune désertée entre la Gaude et Saint-Laurent, et fief noble des seigneurs de Vence. On y a trouvé beaucoup de tombes romaines. Il reste encore une tour de l'ancien château seigneurial appelé Puget-Treize-Dames. On donne le nom de Puget à des pays qui sont situés aux courbes des rivières, par allusion à un instrument recourbé de labourage, qui est ainsi appelé.

DU PORT, noble famille de Saint-Paul, dont une branche alla s'établir à Arles près du noble Mandous, l'ingénieur des fortifications de Saint-Paul. En 1434, vivait déjà à Saint-Paul Urbain du Port.

Il eut deux fils, François et Romain le chanoine de Vence. Les du Port ont donné des chanoines de Vence en grand nombre, comme les de Hondis et les Barcillon. Ils fondèrent à Vence la chapelle Sainte-Croix, les romérages de la Croix de Mai, de Sainte-Madeleine et de Sainte-Apollonie, et à Saint-Paul la chapelle Saint-Michel où était leur tombeau. François eut deux fils, Louis le majeur et Louis le mineur. Louis le majeur maria son fils aîné Raphaël avec noble demoiselle Françoise Cappel, des seigneurs de Saint-Léonard de Nice. Deux filles de Louis, Isabelle épousa Claude Bonnet de Vence, et Dévote Barthélemy Aymonet, seigneur de Malvans.

En 1554, nous voyons Donat du Port, juge de Saint-Paul, marié avec Diane de Russan. En 1636, Honoré du Port est premier consul de Saint-Paul, et a pour fils Claude du Port. En 1732, noble du Port assiste au mariage du seigneur de Tourrettes avec Marie de Raymond d'Eoulx.

PRODUITS. — Sont renommés les vins de la Gaude et de Vallette, les huiles de tout le canton, les pommes de Vence, les figues Bellonnes et Coucourelles du canton, les lentilles de Tourrettes, les haricots de Besaudun, les oranges de Saint-Paul et de Cagnes, les violettes de Vence, les cuirs de Vence et le savon, les blés de la montagne. — Les coteaux de Vence fournissent de la lavande en quantité, et du fustet, espèce de sumac dont le bois jaunâtre et veiné sert en médecine et pour la teinture.

On peut consulter sur l'histoire naturelle de nos pays le bon ouvrage de M. de Gallois. — Parmi les insectes les plus curieux, tous les étrangers remarquent les mouches luisantes qui dans les mois de juin et de juillet couvrent la campagne. C'est d'un bel effet vers le soir. Elles sont de la même espèce que les vers luisants.

ROQUE-ESTERON, village des bords de l'Esteron, partie française et partie du comté de Nice. Il y a douane et gendarmerie des deux côtés. L'église de Roque-Esteron française est dédiée à sainte Pétronille ; celle de l'autre côté est sous le vocable de saint Eloi et de saint Mathurin.

La Roque était d'abord sur un rocher à pic. Les habitants sont ensuite descendus sur le bord de la rivière. Au xiii⁰ ou au xiv⁰ siècle arriverent à la Roque les Alsiary au nombre de douze. Leur nom signifie en indien la lumière. Leurs ancêtres abordèrent à Ravenne au ii⁰ siècle, restèrent à Bologne, et ils vinrent de là à la Roque où ils existent encore aujourd'hui. Une des branches les plus illustres est celle des comtes de Malaussène. Celle des Ferres a donné le président de Grasse. Des Alsiary ont formé branche aussi à Saint-Paul et à Vence. Ceux de Saint-Paul alliés aux Grimaldi ont pour armoiries un aigle aux ailes éployées, perché sur une tour crénelée. Au xv⁰ siècle nous lisons noble Honoré-Pierre Alsiary, procureur fiscal à Draguignan. Un Alsiary fut abbé de Lérins. En 1770, noble homme Alsiary était juge de Saint-Paul et seigneur de Roquefort. Son fils a donné le jour aux célèbres actrices, les demoiselles Sainval, qui firent les délices de la cour et de la France. Leurs petits-fils existent encore dans les Alsiary et les Achard de Saint-Paul.

ROQUEFORT, commune désertée sur la rive droite du Loup où s'élèvent encore les ruines de la Commanderie des Templiers fermée en 1307. Ce pays s'est repeuplé au moment de la construction de l'enceinte des fortifications de Saint-Paul en 1536, et il compte aujourd'hui 800 habitants. Saint-Paul acheta ce fief, 12 mai 1241, et se le partagea en 400 parts en 1539. Les Barcillon prirent les premiers le titre de seigneurs de Roquefort. Puis nous voyons les seigneurs de Mougins et les Alsiari. En 1718, Alexandre Bellissime, marié avec demoiselle Marthe de Mougins de Roquefort, s'appelait seigneur de Roquefort. Joseph de Mougins, sieur de Roquefort, sera viguier de Grasse en 1789. Cette illustre famille existe encore aujourd'hui à Aix et à Grasse. En 1725 nous lisons encore que Jean de Rabuis, premier consul de Saint-Paul, seigneur de Torenc et Roquefort, épouse Catherine de Rouret. On remarque à Roquefort sur les terres de M. Alsiari de magnifiques grottes souterraines découvertes en 1858, rendez-vous d'un grand nombre de curieux.

LES SALES, quartiers où l'on tenait ordinairement le grenier à sel, ou bien, comme certains l'ont prétendu, vestiges des anciens Saliens. Il y avait, entre Cagnes et Vence, les Sales ou Sales modernes, château en ruine dont les Portanier de Cagnes ont porté le nom. Au nord de Vence, on voit aussi un quartier appelé les Sales, d'où s'échappe la Lubiane. Peut-être le nom de Sales signifiait-il sources, de *salire* (jaillir).

TORENC, commune désertée, appartenant à Andon, divisée en deux vallées appelées basses et hautes Vallettes ou bas et haut Torenc, et séparées par un coteau, résidence d'été recherchée encore aujourd'hui par les riches propriétaires de nos pays. On y voit les châteaux des seigneurs d'Andon, de Lescarène, de l'Estang, d'Eoulx, au milieu des massifs touffus de pins séculaires. Ce sont les anciennes demeures des Villeneuve et des de Flotte d'Andon. Au milieu était la chapelle de Notre-Dame du Désert, titre d'un prieuré enrichi des libéralités d'Albert de Gondi, duc de Retz. Peu de terres seigneuriales ont été aussi illustrées. Ce fief appartint donc d'abord aux de Flotte, puis à Romée de Villeneuve. Avec les Villeneuve-Torenc, sieurs de Vallettes, qui furent la plupart gouverneurs de Saint-Paul, on voyait les Russan, seigneurs de Pignans en 1520, les de Garnier et les de Rascas en 1529, les Garnier de Rousset, sieurs de la Galinière, les Villeneuve-Mons et les de Grasse-Briançon, héritiers des Russan, qui devinrent par différentes cessions des Villeneuve-Vence-Gréolières coseigneurs de Torenc. Les Villeneuve-Tourrettes-Vence et les Raymond d'Eoulx héritèrent en 1700 des Villeneuve-Torenc, en épousant les deux filles du dernier seigneur, Claude II de Villeneuve, marquis de la Gaude, Torenc, Saint-Jeannet, et gouverneur de Saint-Paul. Le marquis d'Eoulx, possesseur du bas Torenc, avait le droit de gracier trois condamnés à mort.

TOURRETTES-LÈS-VENCE ou DE LAOUVOS, ainsi nommée à cause de ses trois tours et des larges couches de pierres calcaires sur lesquelles elle est posée, est un village mauresque avec ses fortifications anciennes, ayant une seule porte d'entrée, celle du Midi étant plus récente, ainsi que celle de l'Horloge. En dehors des murs se trouvent la place, la mairie, la fontaine et l'église bâtie en 1400 et reconstruite en 1551. Les chapelles latérales datent de 1645-1648. Il y a plusieurs tombes seigneuriales et deux tableaux assez curieux, celui du Rosaire et un autre sur bois. Les plus anciennes archives de Tourrettes remontent à 1575, les registres de naissance à 1606. Tous les actes notariés et seigneuriaux ont été brûlés en 93. L'église est consacrée à saint Grégoire le Grand. Le château, dans l'intérieur du pays, était vaste. Il est couvert aujourd'hui des peintures de 93. Ce pays appartint jusqu'en 1378 aux comtes de Provence, époque à laquelle il fut donné à Guichard de Villeneuve-Vence. Le dernier descendant de cette famille, Joseph-Guichard Romée, laissa son héritage à madame de Constantin, sa sœur. Le Caire fut acquis par Masséna de qui a hérité le maréchal Reille. Tourrettes produit un vin estimé connu sous le nom de Vallettes. Il ne faut pas confondre Tourrettes-Vence de l'ancienne viguerie de Saint-Paul et de l'évêché de Vence avec Tourrettes-Fayence, titre de la famille de Villeneuve-Esclapon, et Tourrettes-lès-Nice, au delà du Var, fief des Grimaldi de Bueil, puis de la famille de Chabaud.

Les Gasagnaires, les Isnard, les Garente, les Aubanel, etc. étaient les principales familles de ce pays qui compte plus de mille habitants. On y voit comme à Vence de larges bancs de pierres coquillières renfermant des peignes, des clovis bien conservés dont plusieurs sont agatisés.

LA TRINITÉ, ancien prieuré dépendant de Villeneuve-Loubet, fondé sans doute au xiii° siècle, à l'époque où les Trinitaires furent établis pour la rédemption des captifs.

TRIGANS (*trois pays*), Voir la Gaude et Alligans. Un autre Trigans est du côté de Castellane.

VALLETTE, fief seigneurial de Tourrettes, dont les seigneurs du Bar ont porté aussi le titre, est très-renommé par ses vins qui rivalisent avec ceux de la Gaude.

LES VALLETTES, quartier de Torenc. Titre d'une seigneurie.

LE VAR (*Varius*, cours mobile). Varus, limite entre la France et le comté de Nice, sort du mont Caméléon au comté de Nice, descend vers le sud, tourne vers l'est à Glandevez, puis se dirige de nouveau vers le sud à Bonson, reçoit l'Esteron à Gillettes, au-dessous du Broc, et va se jeter dans la mer par une large embouchure au-dessous de Saint-Laurent. Il est grossi d'un grand nombre de torrents où l'on précipite les arbres que l'on va pêcher au pont du Var.

Le lit du Var n'est rempli que dans les grandes pluies. L'endiguement commencé donnera, s'il se continue, de vastes terrains à l'agriculture et aux pâturages si peu abondants dans le Midi.

VAUGELADE (*vallis gelida*), propriété des anciens seigneurs de Vence sur le territoire de Vence. — Kaolin. — Tuilerie.

VERDELAYE, prieuré de Notre-Dame à Gréolières, appartenant à l'évêché de Vence. Les seigneurs de Grasse en étaient les jus-patrons (*viridis ager*).

VENCE (*Vencia, Ventium*, Οὐέντιον), aujourd'hui simple chef-lieu de canton de 2700 habitants, a beaucoup perdu de son ancien éclat et de son commerce. Elle a pourtant encore chapellerie, clouterie, papeterie, savonnerie, parfumerie, beaucoup de moulins à huile, trois tuileries. Son sol est favorable à la culture des violettes et des autres fleurs pour la parfumerie. Elle jouit d'un excellent climat. Il y a collége, pensionnat de demoiselles très-bien tenu et dirigé par les dames de Nevers, école pour les jeunes filles, école primaire, salle d'asile. Vence possède curé de canton et deux vicaires, juge de paix, percepteur, commissaire, receveurs des contributions directes et indirectes, gendarmerie, directeur des postes, deux bons hôtels, hospice fondé par monseigneur Surian en 1754. Rien ne manque à cette petite ville que d'être un peu mieux connue. Les grands hommes qu'elle a fournis sont les Siméon, les de Cormis, et de nos jours le littérateur M. de Labaume. — Le président Guérin, magistrat très-distingué, était de Vence. Godeau et de Surian ont illustré son évêché. Elle a ses deux saints patrons, Véran et Lambert, dont la protection leur est une douce espérance dans leurs peines.

Les remparts de Vence, qui ont la forme d'une ellipse allongée, avec créneaux et chemin de ronde, datent des Sarrasins. Il n'y avait originairement que deux portes, celle du Portail-Levis et celle du Portail Saint-Paul. Les tours de Saint-Paul et Livadis étaient très-pittoresques.

On visite avec une sorte de charme ses vieilles rues, son antique cathédrale avec ses belles stalles, son tableau de saint Antoine, ses retables de saint Véran et de saint Lambert. La ville a deux fontaines, une eau courante dans ses principales rues, des places assez vastes *intra muros*, et hors des murs la belle place appelée le Grand-Jardin.

La mairie ou hôtel de ville possède des archives assez anciennes. Les registres de l'état civil ne remontent qu'en 1540 ; les registres des délibérations partent de 1370. On trouve à la paroisse les manuscrits du célèbre Surian que d'Alembert a appelé le second Massillon de la Provence. M. Théodore Guérin a donné la vie du savant évêque. Parmi les curiosités du pays nous citerons la belle collection de gravures que possède M. N.... Une collection de coquillages, etc. de M. Cayron.

VILLENEUVE (*villa nova*), qui succéda sans doute à l'ancienne Décéate, sur la rive gauche du Loup, est le titre de la famille de Villeneuve, riche d'honneur. Ce pays fut très-florissant du temps de Romée. Les comtes et les rois habitaient son château ; ce fut un chef-lieu de bailliage jusqu'à la fin du XIVe siècle. L'église est très-gracieuse et a été reconstruite par les libéralités de M. le marquis de Panisse. On estime la sculpture qui représente le Père éternel, les peintures d'un artiste nommé Antoine (serait-ce notre Antoine Canamsi). Le dernier curé de Villeneuve, l'abbé Trastour, se piquait aussi de peinture. L'église est dédiée à saint Marc. Le pèlerinage de Saint-Marc est fréquenté. On y invoque saint André. C'était peut-être la plus riche prébende du chapitre de Vence.

Le terrain de Villeneuve est partie granitique, partie de gravier ; on y trouve des carrières de manganèse que les Génois exploitèrent dans un temps. Mais ce qu'il y a de plus curieux à Villeneuve, c'est son château et sa tour pentagone. Au XIe siècle nous voyons déjà une famille de Villeneuve ayant pour armoiries une ville d'azur entourée d'un fleuve d'argent. N'est-ce pas le délicieux séjour de Villeneuve? Trois chevaliers de Villeneuve sont à la première croisade avec le comte de Provence, sous Godefroy de Bouillon. Au XIIe siècle apparaît Raynaud de Villeneuve, puis Raymond à qui le comte de Provence confisqua son château pour avoir suivi le parti des seigneurs des Baux. Giraud Ier de Villeneuve recouvra la faveur du comte de Provence et aussi le château de ses pères. Il reçut en 1204 Trans, les Arcs, la Motte et Esclans. C'est de lui que sont sorties toutes les familles de Villeneuve, même celle d'Espagne. Giraud Ier eut d'Astruge, Giraud II de Trans, N. d'Espagne et Romée de Villeneuve-Vence, grand sénéchal de Provence vers 1220.

VILLENEUVE-TRANS. Giraud II eut pour fils Arnoud, 1259. Ses successeurs sont Hugues, grand sénéchal, marié avec Bourguette de Sabran et père d'Hélion, grand maitre de Rhodes (1330), d'Elséar, l'évêque de Digne, d'Hugues le Franciscain, et de sainte Rosseline. — Arnaud II, Hélion, Arnaud le Grand, Giraud, Louis, Arnaud, Claude Ier et Louis. Claude II, 1563, marié avec la fille de Jean de Carcès; Jean Ier, 1594; Arnaud V, 1639; Jean II, qui a un frère prieur des Arcs. Sa fille avait épousé le seigneur de Villeneuve-Tourrettes-Esclapon.

VILLENEUVE-FLAYOSC-BARÈME. En 1424, Antoine de Villeneuve-Flayosc, 3e fils d'Arnaud le Grand, reçoit de la comtesse de Provence le château de Villeneuve-Loubet qu'il ne garde que treize ans. En 1437, il le cède à Pierre de Lascaris, comte de Tende. Antoine de Flayosc avait marié sa fille, Jeanne de Flayosc, avec noble Antoine de Cormis, père d'Etienne et aïeul de Raphaël.

En 1483, nous voyons Louis de Villeneuve-Flayosc-Barème, puis Alexis, son fils; en 1530, le seigneur de Trans s'appelle Villeneuve-Flayosc; en 1596, François, deuxième fils de Claude, est baron de Flayosc. Puis nous lisons François-Alexandre de Flayosc-Valbourge, et Balthasar son fils. En 1742, l'évêque de Vence Surian mariait dans sa chapelle Joseph-André Ours de Villeneuve, marquis de Flayosc, fils de Balthasar et d'Elisabeth de Rouret de Valbouette, avec une fille du seigneur de Vence, Pauline de Villeneuve.

VILLENEUVE-ESCLAPON DE TOURRETTES-FAYENCE-GIRAUD de Villeneuve-Trans eut pour deuxième fils Hugues qui épousa une demoiselle d'Esclapon des princes de Callian, dont il eut en 1250 Raymond et Audibert. Raymond fut père de Pons qui hérita d'Audibert. Pons eut pour successeur Bertrand Ier, seigneur de Tourrettes-Fayence, Esclapon, Mons, la Napoule, Bargemont, Figanières, Comps. Il testa en 1361 en faveur de ses fils, Guillaume marié avec Aine de Castellane, et Pons le jeune de Villeneuve-Bargemont.

Bertrand, fils de Guillaume, fit son héritier son oncle Pons de Bargemont marié avec Catherine de Vaucluse en 1445. Bertrand nomma son fils aîné, Jean, seigneur de Vaucluse-Bargemont, et le cadet, Antoine, seigneur de Tourrettes-Fayence, père de Jean, d'Antoine la Berlière et de Gaspard de Mons.

Les seigneurs de Vaucluse-Bargemont se sont perpétués jusqu'à nous. Jean eut pour successeur Gaspard, puis Christophe, gouverneur de Grasse pendant la Ligue. En 1780, les Villeneuve-Bargemont étaient six frères tous distingués.

Les Tourrettes-Fayence se continuèrent après *Jean* avec Honoré, mari de Blanche de Grimaldi-Monaco, puis Jean, fils d'Honoré. Le seigneur de

Tourrettes-Fayence ayant épousé la fille du seigneur de Trans se fit adjuger le marquisat de Trans.

VILLENEUVE-VENCE. Ils partent de Romée, premier seigneur de Vence, et sont au nombre de vingt-six, dont voici la suite. 1er Romée; 2e Paul; 3e Pierre, son frère; 4e Bertrand, fils de Pierre; 5e Truand; 6e Romée Guillaume, fils de Truand; 7e Paul le chanoine et père de Guichard; 8e François Ier; 9e Giraud; 10e François II; 11e Hugues; 12e Raynaud; 13e Nicolas; 14e Louis; 15e Pierre, son frère. — Villeneuve-Gréolières. Raymond, fils de Giraud, neuvième seigneur de Vence. Giraud, fils de Raymond; celui-ci eut trois fils : Antoine Ier, Jean de Villeneuve-Torenc, et Etienne. Antoine Ier fut le père d'Antoine II et d'Aymare. — 16e Antoine II recueille l'héritage de Vence; 17e Claude Ier; 18e Scipion; 19e Gaspard, frère de Scipion; 20e Claude II, fils de César Coursegoules; 21e Alexandre, premier marquis de Vence; 22e François Sextius; 23e Gaspard-Alexandre; 24e Jean-Alexandre Romée; 25e Pierre-Paul-Ours Hélion marié avec Marie-Clémentine de Laâge; 26e Louis Hélion, mari de demoiselle d'Harcourt. Les d'Andigné, les de Luçay et les Divonne, qui ont épousé les trois dernières demoiselles de Vence, ont hérité du dernier marquis de Vence vers 1835.

VILLENEUVE-SAINT-CÉSAIRE. Rainaud de Villeneuve-Vence eut encore un fils nommé Bertrand, 1er seigneur de Villeneuve, saint Césaire; Rainaud II fils de Raymond; Jean; Honoré, premier sénéchal de Grasse, marié avec Catherine de Muret qui le rend coseigneur de Malvans; Pierre; François; Louis de Villeneuve-Saint-Césaire. — Séranon, sénéchal d'épée en 1789.

VILLENEUVE-TORENC. Antoine Ier de Gréolières est le père d'Antoine II et de Jean, tige des Villeneuve-Torenc; Claude Ier marié avec Delphine de Villeneuve-Trans; Claude II, fils de Claude Ier; Jean-Baptiste; Claude III, marquis de la Gaude, qui laisse son héritage en 1703 aux seigneurs de Tourrettes d'Eoulx, et de saint Laurent.

VILLENEUVE-TOURRETTES-VENCE. Paul II le chanoine est le père de Guichard, premier seigneur de Tourrettes; 2e Antoine Ier; 3e Giraud marié avec Madeleine de Vence et Honoré; 4e Antoine II et Jean; 5e Honoré; 6e Claude et Jacques; 7e David; 8e Annibal; 9e César; 10e Scipion marié avec Lucrèce de Grimaldi; 11e Joseph-César Ier; 12e Scipion-Joseph; 13e Scipion-Joseph; 14e Joseph-César II; 15e Joseph-Guichard Romée marié avec Julie de Villeneuve-Vence, tandis que sa sœur épousait Joseph de Constantin qui hérita de lui.

Les armoiries des Villeneuve sont : d'or avec six gueules pour six lances. Charles VII avait accordé à Louis de Trans, riche d'honneur, l'écusson fleurdelisé, et Balthasar pour ses faits d'armes obtint l'écusson d'or.

Il n'existe plus aujourd'hui de ces familles que celle de Bargemont.

Villeneuve-Loubet ne put rester dans aucune de leurs maisons. Les Villeneuve-Flayosc, qui l'eurent un moment, le cédèrent aux Lascaris de Tende. René de Savoie l'eut en dot d'Anne Lascaris, sa femme, puis Claude, son fils, puis Honoré. Le duc de Mayenne marié avec Henriette de Lascaris en hérita en 1575; Léon de Bouthillier en 1644; le marquis de Thomas l'acheta en 1690, et par héritage il est dans la maison de Panisse-Passis depuis 1743. Il a été réparé par le marquis Henri de Panisse-Passis en 1802, achevé par son fils Léon en 1842. Les seigneurs de Villeneuve-Loubet avaient en même temps les titres de seigneurs de Cipières, Gaudelet, la Garde-lès-Grâce et la Garde-Toulon, etc.

On pense que le savant Arnaud de Villeneuve est né dans ce pays.

TABLEAU CHRONOLOGIQUE

DES PRINCIPAUX ÉVÉNEMENTS DE NOS PAYS,

DEPUIS 1787 JUSQU'A NOS JOURS.

1787. — 22 septembre ; le conseil de Vence prend pour la première fois le titre de conseil municipal. J.-B. Bérenger, bourgeois, et Lambert Suche sont maire et consul ; Honoré Savournin, avocat juge seigneurial, et Pierre Blacas, lieutenant du juge. On voit au conseil Joseph-Emmanuel Maurel, Jean-Philippe Suche, docteur-médecin, et J. Suche, lieutenant du premier chirurgien du roi, Théodore Rostan, avocat, François Calvy, Pierre-Paul André, Jean-Louis Ausias, Pierre Ausias, Alexandre Boyon, Alexandre Vacquier, Charles Vacquier, Jean Mars, notaire, Jean-Pierre Savornin, apothicaire, Nicolas Gaïte, chirurgien, et Christophe Gaïte, pharmacien, Jean-Alexandre Mallet, Pierre Hugues, orfèvre, Jean Savornin, capitaine des canonniers garde-côtes.

1788. — Antoine-Charles Guérin est juge seigneurial, fils de Pierre Guérin et le futur président d'Aix ; 25 avril, on demande l'abolition du tour de rôle.

1789. — Hiver terrible, disette ; Jean Savournin, maire, est nommé député aux états d'Aix par l'assemblée de la viguerie de Grasse (15 janvier) présidée par M. Mougin de Roquefort ; — 25 janvier, états d'Aix ; — 3 février, protestation du tiers-état à Aix ; — 20 mars, Vence rédige son cahier des doléances au roi. L'évêque de Vence fait de même ; — 22 mars, assemblée du tiers-état de Vence ; — 5 mai, le marquis de Vence, Pierre-Paul-Ours Hélion, écrit qu'il accepte l'égalité des charges communales. On ne tarit pas en éloges ; — 26 juillet et 30 juillet, discours du maire de Vence et vote d'une adresse au roi et à l'assemblée nationale pour les féliciter ; — 3 août, fausse alarme à Vence ; Barbets du côté de Bouyon et de Castellane ; formation de la garde bourgeoise, avec François Calvy pour commandant, vieillard de 79 ans ; — 17 septembre, le conseil demande qu'on lui conserve son évêché et qu'on donne à Vence le chef-lieu de district.

1790. — La commune fait don à la nation d'un capital de 1026 livres ; — 7 janvier, serment à la constitution par le conseil général dans la chapelle des Pénitents noirs ; — 21 février, mars, premiers troubles de Vence ;

— 1er avril, protestation de l'évêque de Vence; — 25 avril, Mgr Pisani bénit les drapeaux de la garde nationale; — 17 mai, pacte fédératif de Brignolles où Vence a pour représentant M. l'avocat Guérin (Charles-Antoine); — 26 mai, petite émeute de Vence; — 9 juin, le marquis de Vence est à son château; on le prie d'enlever ses bancs de l'église; — 10 juin, Vence, chef-lieu de canton, demande à faire partie du district de Saint-Paul plutôt que de celui de Grasse; on rétablit le marché le lundi et le jeudi de chaque semaine; — 20 juin, 300 gardes nationaux de Vence au camp fédératif de Châteauneuf; — 25 juin, les trois députés de Vence à l'assemblée de Toulon; mort d'Antoine Suche, prévôt du chapitre; — 14 juillet, serment fédératif de Vence; le chanoine Rostan célèbre la messe; le portrait de M. Surian est apporté et placé le même jour à la commune; M. Guérin Théodore aîné nommé membre du directoire à Toulon; c'était le frère du futur président; — 22 août, l'évêché de Vence est supprimé.

1791. — Nouveau conseil municipal; Honoré Savornin, marchand, est nommé commandant de la garde nationale, M. Calvi ayant 80 ans; Antoine Savornin est maire; — 23 janvier, l'évêque quitte son palais; — 6 février, Mgr Pisani, d'abord nommé juge de paix à l'élection, est remplacé au troisième tour de scrutin par M. Boyon; — 8 mars, le Malvans est réuni à Vence; Mgr Pisani continue ses fonctions dans sa cathédrale et ouvre le saint temps du carême; — mai, service pour Mirabeau; — 28 juillet, troubles de Vence; — 2 août, Mgr Pisani émigre à Nice avec beaucoup d'ecclésiastiques; — 13 août, troubles de Vence; on fait venir un détachement du régiment des Ardennes, cantonné à Tourrettes; troubles entre Vence et Saint-Paul; soixante soldats sont envoyés de Grasse à Vence pour mettre l'ordre; — 14 septembre, deux bataillons du Var à Vence sous le commandement de M. Sanglier; — 23 septembre, Te Deum à l'église; — 30 octobre, proclamation de la Constitution; revue; feu de joie; — 20 novembre, le conseil prête serment; Jean Savornin est maire et Courmettes chirurgien, procureur de la commune; la place de la Poissonnerie est appelée place Mirabeau.

1792. — 24 février, oliviers gelés; — 14 avril, bénédiction des drapeaux du 2e bataillon du Var par l'évêque constitutionnel Mgr Rigouard; discours du commandant Sanglier; Masséna arrive d'Antibes à Vence au 2e bataillon du Var; — 18 juin, départ de quatre compagnies pour le Bar, et 23 juin, départ des cinq autres compagnies; arrive le 1er bataillon du 11e régiment d'infanterie à Vence, commandé par M. Péloux; — 14 juillet, serment fédératif au Grand-Jardin; messe au Grand-Jardin; fausses alarmes; compagnie du bataillon envoyée à Gattières, à quatre heures du matin; — 19 juillet, quatre compagnies partent pour Entrevaux, par ordre du général Anselme qui établit son quartier général à Grasse; — 25 juillet, la patrie est en danger, le conseil se déclare en surveillance permanente ; — 28 juillet, assassinat à Toulon, de M. Guérin et de neuf membres du Directoire ; — 19 août, les quatre dernières compagnies vont au Broc, à Carros et à Saint-Jeannet ; arrivée à Vence du 4ᵉ bataillon de Rhône-et-Loire (M. Vabre colonel) ; Vence réclame contre le plan du général Anselme et en écrit au général Charton ; — 30 août, ordre de porter la cocarde ; liste des émigrés de Vence ; biens confisqués ; Société des amis de la constitution à Vence ; — 28 août, M. Brunet, maréchal de camp, ayant le commandement général de l'armée du Var ; — 3 septembre, arrivée à Vence des commissaires de l'Assemblée nationale ; repas ; — 6 septembre, on supprime à Vence le maître de latin ; on commence à compter de l'an Iᵉʳ de l'Égalité et an IV de la Liberté ; — 24 septembre, Masséna est à Barcelonnette avec son 2ᵉ bataillon du Var ; — 28 septembre, l'armée franchit le Var ; fuite des émigrés de Nice ; terreur ; — 30 septembre, le bataillon de l'Hérault à Vence ; le général Anselme à Saint-Laurent ; — 2 octobre, départ du bataillon de l'Hérault pour Antibes ; — 12 octobre, départ du bataillon de Rhône-et-Loire, qui est remplacé à Vence par le 5ᵉ bataillon des Bouches-du-Rhône (16 octobre) ; — 28 octobre, serment sur le Grand-Jardin : « Liberté, Égalité ou la Mort. » Le citoyen Argot, lieutenant colonel du bataillon des Bouches-du-Rhône, prononce un discours ; — 8 novembre, le chanoine Mars (Jacques) conduit à Grasse ; — 16 novembre, le conseil retire les registres de l'état civil au clergé ; — 10 décembre, Antoine Bérenger est élu maire ; — 18 décembre, arrivée du bataillon de Lubéron après le départ de celui des Bouches-du-Rhône.

1793. — 3 janvier, départ du bataillon de Lubéron et arrivée du bataillon de Vaucluse ; — 11 janvier, 7ᵉ bataillon du Var allant à la Roque-Esteron, et 6ᵉ bataillon venant de la Roque à Antibes ; — 16 février, hôpital militaire formé à Vence ; passage du bataillon de Lubéron à Vence ; disette ; manque de blé ; — 5 avril, Masséna à Villefranche avec son 2ᵉ bataillon du Var ; — 10 juin, M. Emmanuel Maurel accepte la place de maire dans ces temps difficiles ; on se plaint de ce que le nommé V... trouble la tranquillité publique ; dénonciation ; — 27 juillet, Paul Barras et Fréron, conventionnels à Nice, écrivent de ne plus obéir aux ordres venant de Toulon ; — 10 août, serment civique ; messe ; — 28 août, M. Maurel donne sa démission pour soigner son vieux père ; on le conjure de rester à ses fonctions ; on va à Nice féliciter les conventionnels ; — 17 octobre, invasion du côté de Boyon ; Vence la première aux frontières ; tous prennent les armes ; les communes voisines suivent le mouvement et quatre mille hommes sont réunis à Besaudun ; — 18 et 19 octobre, l'ennemi est repoussé ; — 13 novembre, disette ; maximum des vivres ; descente des cloches pour les fonderies; arrestations à Vence; culte de la Raison; — 20 décembre, adresse à la Convention; envoi de l'argenterie de l'église à Grasse et des cloches à Antibes; on brûle les statues du Calvaire, etc.; fête civique; banquet républicain; autel de la patrie sur le Grand-Jardin.

1794. — 1er janvier, félicitation aux représentants du peuple à Toulon, pour la prise de cette ville; — 14 janvier, exécution à Grasse du chanoine Mars !!!; — 20 janvier, le 3e bataillon du 23e régiment arrive à Vence; — 10 mars, arbre de la liberté à la place Vieille; procession au chant des hymnes républicains; illuminations et réjouissances; discours; — 11 mars, départ du bataillon; — 21 mars, le conseil municipal, le comité de surveillance et la Société des sans-culottes demandent la délivrance des détenus vençois à Nice, à Draguignan et à Lorgues; — juillet, le typhus à Vence; Robespierre le jeune à Nice; — 1er novembre, le conseil félicite la Convention de ce qu'elle veut substituer le règne de la justice à la terreur; — 9 novembre, représentants du peuple à Saint-Paul; le conseil demande la réunion de Vence au district de Saint-Paul; on travaille au pont du Var.

1795. — 18 janvier, décret qui réunit Vence à Saint-Paul et sa commune au canton de Tourrettes; — 10 février, Pierre Blacas élu maire; — 14 mars, adresse à la Convention; — 20 juillet, les prêtres assermentés demandent à exercer leur culte; ils y sont autorisés le 16 novembre; église à l'Arrat (Sainte-Anne); — 27 décembre, les Barbets infestent le pays; garde mobile; battues générales.

1796. — 21 janvier, établissement d'une fête civique; on jure haine aux tyrans; — 29 mai, fête donnée aux blessés de l'hôpital de Vence; autel de la patrie; branche de laurier à chaque soldat; — 19 juin, hospices de Vence supprimés; établissement d'une école primaire; — 27 août, ravages des Barbets; déserteurs; — 9 novembre, les Barbets désolent les bords du Var.

1797. — 27 octobre, la guerre reprend; Masséna, oncle du général et commandant d'Antibes, met Vence en état de siège. — 5 et 6 novembre, émeute; meurtre d'Aubin; destitution du conseil; Vence en état de siége.

1798. — 22 avril, troubles entre Vence et Saint-Paul; — 3 juin, l'escadre anglaise menace les côtes; ordre du général Pelletier, commandant à Antibes.

1799. — 5 juin, le général Pascalis à Antibes; il ordonne à la colonne mobile de se rendre à Biot; — 6 octobre, le représentant Barrière nous annonce de Paris les victoires de Masséna; — 31 octobre, le Directoire du Var reproche à Vence de laisser éteindre le feu sacré de la République; établissement d'un collége dans l'ancien évêché, par le citoyen Cosseaux, officier blessé de l'armée d'Italie; — 27 novembre, le canton de Tourrettes est transféré à Vence où il siégeait provisoirement.

1800. — 3 février, mouvements de guerre ; — 20 mai, quartier général à Cagnes ; — 22 mai, quartier général à Vence ; Suchet loge dans la maison de M. Maurel, et Serrurier dans celle de M. Guérin ; — 27 mai, le quartier général était à Nice ; le commandant Domerges garde Vence ; — 6 juin, le général Devaux écrit de Nice que Vence ait à rechercher les déserteurs ; — juillet, les autels se relèvent partout ; — 21 septembre, 18e brigade de ligne à Vence.

1801. — 10 octobre, Mgr Pisani écrit à Vence qu'il donne la démission de son siége.

1803. — Vence est de l'archevêché d'Aix ; MM. Savornin et Archier, archiprêtres de Vence et de Grasse, réorganisent les églises par ordre de l'archevêque.

1804. — 1er décembre, grandes fêtes à Vence pour le sacre de l'Empereur ; l'archevêque d'Aix veut établir un petit séminaire à Vence.

1805. — 3 février, mission à Vence ; pensionnat de l'abbé Belon ; — 14 septembre, l'abbé Abou restaure le Calvaire.

1809. — 7 août, la population à Cagnes, pour voir Pie VII.

1810. — 15 novembre, M. Blacas ouvre le petit séminaire de Vence ; marché fixé au lundi.

1813. — 22 septembre, la commune vend ses moulins à huile.

1814. — 9 février, Pie VII à Cagnes ; — 12 février, foires et marché de Vence autorisés (signé aux Tuileries) ; — mars, passage considérable de troupes ; — 27 mai, gendarmerie établie à Vence ; les cent-jours ; avis du sous-préfet de Grasse.

1815. — 1er mars, débarquement de l'Empereur ; M. Bérenger, maire ; adjoint, M. Baussy ; troupes à Vence ; — 18 juin, quartier général à Saint-Paul ; — 26 septembre, chasseurs à cheval à Vence jusqu'au 22 octobre ; — 1er et 2e bataillons du 106e de ligne ; le colonel loge chez M. Bérenger ; — 5 novembre, quartier général à Grasse ; chasseurs piémontais à Vence avec le colonel.

1818. — M. Blanc succède à M. Savornin comme archiprêtre de Vence ; c'était un prêtre distingué et le premier maître du maréchal Reille.

1823. — On reconstruit la voûte de l'église de Vence.

1824. — Le marché de Vence prospère.

1825. — 27 avril, M. Blacas, curé de Vence, installé par l'abbé de Villeneuve-Esclapon.

1826. — 23 février, mort de Mgr Pisani, évêque de Namur ; — 14 mai, Mgr l'évêque de Fréjus vient célébrer à Vence le service funèbre ; chaque année, le service se fait le 23 février.

1827. — Janvier, mission à Vence ; M. Blacas, nommé grand vicaire de Fréjus, est remplacé par M. Chaiz.

1828, 1829, 1830. — Retraites et missions.

1828. — 7 mai, mort du président Guérin ✻.

1834. — Mort du marquis de Vence à Paris; Clément-Louis Hélion de Villeneuve était pair de France et maréchal de camp. Il laissa quatre filles, et une sœur mariée avec M. de Bassompierre. Il avait pour femme Aymarine-Juliette d'Harcourt.

1840. — 10 juillet, vente du Grand-Jardin à la commune de Vence, par les héritiers du marquis de Villeneuve. (L'acte est passé devant M. Trastour, notaire.) Les nobles personnages avaient donné leur procuration à M. Fanton de Vence.

1842. — 10 octobre, vente du château par la marquise de Vence.

1843. — Réponse imprimée des conseils de Vence et du Broc à la commune de Cagnes qui demande le canton.

1859. — Madame la marquise de Vence meurt à son château de Chalmaison (Seine-et-Marne). J'ai entendu dans la contrée où elle vivait célébrer sa piété et sa tendre bonté. Elle avait perdu une de ses filles, Antoinette-Charlotte-Gabrielle-Louise de Villeneuve-Vence. Ses trois autres filles avaient pour époux : Antoinette-Athénaïs-Clémentine-Chantal de Villeneuve, Napoléon-Joseph-Charles Legendre, comte de Luçay, maître des requêtes ; Chantal-Georgine-Charlotte-Pauline de Villeneuve, Napoléon-Charles, marquis d'Andigné de la Chasse ; Chantal-Gabrielle-Claire-Angélique de Villeneuve ; Louis-Marie-François, comte de Divonne.

Dans ce nom de Chantal on voit encore couler le dernier sang des Sévigné.

TABLE CHRONOLOGIQUE

DES ACTES LES PLUS IMPORTANTS DE CET OUVRAGE,

ET SOURCES D'OU ILS SONT TIRÉS.

1. Fondation de la chapelle Saint-Etienne à Saint-Paul (2 oct. 1009. Note de M® Henri Layet, notaire à la Colle).
2. Donation du comte de Vence à l'abbaye de la Dorade (1012). Autres donations à la même abbaye et fondation du prieuré du Canadel. (Archives de la paroisse de Vence. Vie de saint Véran par le chanoine Barcillon, 1632.)
3. Donation de Notre-Dame des Crottons à Saint-Victor de Marseille. (10 mai 1042. — Etude de M. J.-B. Trastour, notaire de Vence.)
4. Testament du comte de Vence par lequel il laisse à l'église de Vence tout ce qu'il possède sur son territoire. (Histoire de Bouche.)
5. Rachat de la juridiction de Vence par le comte de Provence en 1189. (Archives d'Aix. — Note trouvée à la commune de Vence.)
6. Donation de la seigneurie de Vence à Romée de Villeneuve par Raymond Bérenger, et Hommage, 7 fév. 1230. (Copie au registre de Charles de Guignes en 1703. — Etude de M® Trastour.)
7. Acquisition de Roquefort par Saint-Paul en 1241. (Archives de la commune de Saint-Paul.)
8. Donation de l'Olive et de Besaudun à l'évêque de Vence par le comte de Provence en 1245. (Archives de la commune. — Ancien registre de l'économe du chapitre.)
9. Acquisition de Gattières par l'évêque de Vence. (Registre de l'économe du chapitre à la commune.)
10. Testament de Romée de Villeneuve, le 15 déc. (Copie chez M® Trastour, notaire à Vence, et chez M. Victor Bérenger, fils de feu M. Bérenger, notaire.)
11. Lettres patentes du prince Robert d'Anjou, vicaire général de Charles II, 1ᵉʳ fév. 1300, par lesquelles il exempte des statuts de Fréjus Vence, Saint-Paul, le Broc, l'Olive et Gattières. (Archives de la commune de Vence.)
12. Acte de soumission à l'évêque de Vence par Pierre de Villeneuve, seigneur de Vence et fils de Romée le Grand. — Donation ou restitution du

quart de sa temporelle au susdit évêque, 13 et 19 nov. 1300. — Transcripts au registre de P. de Guignes en 1619 et 1704. (Etude de M⁰ Trastour.)

13. Acte de donation à l'évêque du quart de la juridiction temporelle par le chapitre, 21 déc. 1315. (Cahier copié par le greffier du chapitre avant 1789. — Acte extrait par Honoré Bonnet, chanoine, en 1510.)

14. Acquisition du droit du quart sur le vin et de calcature sur le blé de Gattières par l'évêque de Vence 1321. (Archives du chapitre, à la commune.)

15. Vence paye le denier royal pour ses remparts, 1333. (Archives de la commune.)

16. Délibération par laquelle Vence redemande ses syndics, 1333. (Archives de la commune.)

17. Statuts capitulaires, transaction pour les douze prébendes du chapitre, en 1336. (Même cahier qu'au n° 13.)

18. Arrêt du grand-sénéchal à Villeneuve-Loubet par lequel Gréolières est déclaré soumis au bailliage de Vence, 25 mai 1344. (Archives de la commune.)

19. Célèbre transaction pour les dîmes entre le chapitre et les syndics de Vence, à l'hôpital du Var, 6 déc. 1345. (Registre de P. de Guignes, 1619. — Etude de M⁰ Trastour, et cahier du n° 13.)

20. Priviléges ou lettres patentes de la reine Jeanne pour Saint-Paul, 13 mai 1346. (Archives de Saint-Paul.)

21. Acquisition de la haute juridiction par les seigneurs de Vence sur leurs fiefs, 9 juillet 1358 et 20 août 1363. (Archives de la commune et divers imprimés pour les procès de 1660 et de 1761.)

22. Lettres patentes de la reine Marie par lesquelles Vence est confirmée dans ses priviléges et libertés, 1387. (Archives de la commune.)

23. Commencement des registres des délibérations et du conseil de Vence, dans lesquels on trouve les premiers règlements de la commune, son administration, son bailliage seigneurial depuis l'acquisition de la juridiction mère par les coseigneurs, 1387. (Premiers registres des comptes.)

24. Lettres patentes de la reine Marie en faveur de Saint-Paul, 1391 et 1401. (Archives de Saint-Paul.)

25. Lettres patentes de la reine Marie en faveur du Broc, 1390, et 1402 23 déc. (Archives du Broc.)

26. Quittance du don gratuit que fait la commune de Vence à Louis II d'Anjou, 2 fév. 1403. (Archives de la commune de Vence.)

27. Testament de noble Louis de Blacas, coseigneur de Carros, 17 juillet 1407. (Etude de M⁰ Giraudi, notaire au Broc.)

28. Fondation de l'hôpital du Broc, 1411. (Archives du Broc et acte communiqué par M⁰ Giraudy, notaire et maire du Broc.)

29. Célèbre transaction entre le seigneur Bertrand de Grasse du Bar et la commune de Saint-Paul au sujet de certains droits que possède ce seigneur sur des maisons de Saint-Paul et des terres de Roquefort, 1419. (Archives de Saint-Paul.)

30. Convention entre les communes de Vence et de Saint-Paul pour les eaux du Malvans, 22 nov. 1433. (Etude de M⁰ Trastour. — Transcrit au registre du notaire de Guignes en 1600.)

31. Lettres patentes du bon roi René aux consuls de Vence pour le droit de porter le chaperon et la robe longue de soie rouge, 11 août 1439. (Archives de Vence.)

32. Lettres patentes du bon roi René par lesquelles il est défendu au viguier de Saint-Paul d'imposer le Broc sans en recevoir l'ordre de la Cour, 1429. (Archives du Broc.)

33. Lettres patentes de René pour la commune de Vence par lesquelles il est défendu aux officiers seigneuriaux de Vence d'exiger les tailles autrement que par le passé, 1439. (Archives de la commune.)

34. Lettres du roi René par lesquelles il est ordonné aux officiers de justice de veiller à ce que le chapitre ne moleste pas les habitants, 1440. (Archives d'Aix. — Note de la commune de Vence.)

35. Commencement des actes ou protocoles les plus anciens que possède M⁰ Trastour. (Notaire Jean Suche.)

36. Affaire de la commune de Vence avec son seigneur (14 juin 1441), au sujet de Saint-Laurent de la Bastide. (Archives de la commune.)

37. Les Tourretins réclament leurs libertés. (Registre du notaire Jean Suche, 26 avril 1443 et 30 avril 1450. — Etude de M⁰ Trastour.)

38. Lettres patentes du roi René pour l'érection de la place Neuve, 1450. (Archives de la commune.)

39. Lettres patentes du roi René par lesquelles Vence peut s'imposer sur les vivres, 13 sept. 1451. (Archives de la commune.)

40. Bulle apostolique touchant l'archidiaconat de Vence. (Même cahier du n° 13.)

41. Sentence arbitrale pour les Tourretins, 1455. (Registres du notaire Jean Suche et imprimé de 1774.)

42. Lettres patentes du roi René qui adjugent les clefs de la ville aux consuls de Vence plutôt qu'aux seigneurs, 1459. (Archives communales.)

43. Statuts capitulaires, 1479. (Même cahier qu'au n° 13.)

44. Lettres patentes qui confirment à Saint-Paul ses priviléges, 1481. (Archives de Saint-Paul.)

45. Cession de la coseigneurie de Carros à noble Urbain Giraud du Broc par noble Dominique de Ronquiglione, fils de Jean, 22 juin 1489. (Etude de M⁰ Giraudy au Broc.)

46. Permission aux habitants de Vence de bâtir une place sans trouble et sans bruit, hors la ville, 19 juin 1490. (Archives de la commune.)

47. Transaction du chapitre avec Cagnes pour les dîmes. (M° Bérenger Victor à Vence. Registres du greffe apostolique.)

48. Célèbre transaction entre l'évêque et Nicolas de Villeneuve-Vence, 14 mai 1497. (Registre du greffe apostolique.)

49. Testament de Nicolas de Villeneuve (1498). Archives de la commune. (Copie.)

50. Testament de Marguerite de Forbin-Janson (1ᵉʳ mars 1498). *Comme plus haut.*

51. Convention ou marché pour les belles stalles du chœur chez Honoré Curty, notaire, 15 janvier 1499. (Etude de M° Trastour.)

52. Célèbre transaction de 1501 entre les seigneurs de Vence et la commune. (Copie partielle à la commune. — La commune est aux archives de Marseille.)

53. Inventaire du mobilier, des reliques et joyaux de la sacristie de la cathédrale (1507). Notaire Honoré Curti. (Etude de M° Trastour.)

54. Sauvegarde royale aux consuls de Vence (Blois, 11 janvier 1511). Arch. de la commune.

55. Testament de Pierre de Villeneuve-Vence, 8 avril 1518, chez Honoré Curti. (Etude de M° Trastour.)

56. Lettres patentes du comte de Tende, qui accordent marché et foires à Vence, 9 août 1521. (Archives de la commune.)

57. Commencement des actes de baptême (1536).

58. Fortifications de Saint-Paul, 1535 et 1546. (Archives de la commune de Saint-Paul.)

59. Partage de Roquefort entre les habitants, 1537. (*Id.*)

60. Lettres patentes pour la fabrication du salpêtre à Vence (1547, 17 octobre, à Fontainebleau). (Archives de la commune.)

61. Edit royal à Fontainebleau, 4 novembre 1551, pour le dénombrement des paroisses du diocèse de Vence. (Registre du chapitre.)

62. Ordo divini officii, ou Règlement des chanoines et bénéficiers de l'église de Vence. (Registres du chapitre. — Michel Maliver, notaire. Etude de M° Trastour.)

63. Protestation de l'évêque et de la commune, sur la place de Peyra, contre le seigneur de Vence, 1557. (Registre du notaire Maliver)

64. Le chapitre vote le don royal, 1556. (*Id.*)

65. Testament d'Honoré de Malvans. (Archives de la commune.)

66. Lettres patentes pour la fabrication du salpêtre à Vence. (Saint-Germain, 15 oct. 1557.) Archives communales.

67. Lettres patentes pour marchés et foires de Vence. (Saint-Germain, 4 oct.) Archives communales.

68. Acquisition d'une partie du fief du Malvans par la commune de Vence (1561). Archives communales.

69. Lettres patentes qui maintiennent Vence dans ses libertés et priviléges (1560). Archives communales.

70. Transaction de l'évêque de Vence avec Besaudun. (Registres du greffe apostolique.) Etude de M° Trastour. 1566.

71. Testament du seigneur de Vence Claude l'Ancien, 7 août 1570. (Pierre Suche, notaire.) Etude de M° Trastour.

72. Lettres de sauvegarde du baron de Vence (1572-1575, 7 janvier et 18 juillet). (Archives de la commune.)

73. Lettres royales de la cour des comptes qui établissent à Vence viguier et juge royal, 1574. (Archives de la commune.) — Révocation de la justice royale, 20 juin 1575.

74. Sauvegarde pour les consuls de Vence (21 mai 1578). Archives communales.

75. Arrêt de la cour d'Aix contre les Guisards de Vence, 21 novembre 1577, et 17 décembre 1578. (Archives communales.)

76. Rétablissement du juge seigneurial (9 juillet 1579). Archives communales.

77. Lettre de l'évêque de Vence au seigneur de Vence pour l'engager à revenir à l'Eglise (1592). Archives de la paroisse.

78. Vente des moulins banaux à la commune, 28 novembre 1594. (Archives communales.)

79. Testament du baron de Vence, 1598, 16 octobre. (Chez de Guignes, notaire.) Etude de M° Trastour.

80. Récatolisation des frères et des sœurs du baron de Vence, 3 avril 1600. — Registres de P. de Guignes. (Etude de M° Trastour.)

81. Prise de possession de l'évêché de Vence par Pierre du Vair. (Registres de P. de Guignes.) 1602.

82. Lettres patentes de Henri IV pour Saint-Paul. (Priviléges confirmés.) 1602. Archives de Saint-Paul.

83. Lettres patentes pour foires et marchés de Vence. (Paris, juin 1608.) Archives communales.

84. 1610. Nouveau règlement communal de Vence. (4 décembre 1610.) Archives communales.

85. Arrêt de la cour royale qui rétablit l'évêque dans sa temporelle, et défend de l'aliéner, 29 octobre 1611. — Confirmé le 3 juin 1662. (Archives de la commune.)

86. Acte de vente d'un terrain pour le cimetière protestant de Vence, par Honoré Rancurel, notaire à Vence. (Etude de Mᵉ Trastour.) 1621.

87. Priviléges de Saint-Paul confirmés. 1622.

88. Lettres patentes qui autorisent les consuls de Vence à porter le chaperon, etc. Fontainebleau, septembre 1625. — Archives communales.

89. Bureau de police établi à Vence. — Transaction entre la commune et les seigneurs. (20 octobre 1628. — P. de Guignes.) Etude de Mᵉ Trastour.

90. Lettres patentes qui érigent Coursegoules en ville royale. (Paris, janvier 1632.) Archives de Coursegoules.

91. Récit de la translation des reliques de saint Lambert à Bauduen. Septembre 1634. (Archives de la paroisse.)

92. Marché pour les cloches de Saint-Paul. (P. de Guignes.) 1638. — (Etude de Mᵉ Trastour.)

93. Testament d'Octave de Villeneuve-Saint-Jeannet. 1637. (Notaire Raucurel.) Etude de Mᵉ Trastour.

94. Transaction avec les seigneurs et la commune pour les eaux d'arrosage. (19 juin 1639.) Archives communales.

95. Affaires de M. Godeau pour son évêché de Vence. (Registres du greffe apostolique de Guignes — chez M. Bérenger Victor.)

96. Edit du roi contre les protestants de Vence et d'Antibes, 1641. (Ouvrage des assemblées du clergé de France.)

97. Construction de l'église de la Colle et agrandissement (1622-1658). (Registres de la paroisse de Saint-Paul.)

98. Nouveau règlement communal, 8 septembre (1659). Archives de Saint-Paul.

99. Lettres de garde pour les consuls de Vence. — Vincennes, 9 octobre 1663, — et édit du roi. — Paris, 1664. (Archives de la commune.)

100. Testament de Fransson de Villeneuve-Torenc. (3 novembre 1653.) Mᵉ Esprit Layet, notaire à la Colle. (Etude de Mᵉ Henri Layet.) — Diverses fondations à Notre-Dame de Canadel, etc., par la famille de Torenc (1670). Même notaire que plus haut.

101. Fondation du chapitre de Saint-Paul. (Notaire de Guignes à Vence.) 1666, 1ᵉʳ juillet. — Lettres patentes du roi pour la collégiale de Saint-Paul. (Saint-Germain, janvier 1667.) Archives de Saint-Paul et du notaire de Vence.

102. Testament de Mgr Godeau, 2 avril 1670. (Archives de la paroisse de Vence.)

103. Ordonnance du roi pour que les chanoines de Vence aient à obéir à leur évêque. (Saint-Germain, 15 janvier 1672.) Notaire de Guignes.

104. Marché pour réparation des orgues. (Notaire de Guignes.) 18 octobre 1673.

105. Lettres d'amortissement pour les Malvans. (Avril, Versailles 1674.)

106. Visite de l'évêque aux églises de Saint-Paul et la Colle. Inventaire de tous les titres et du mobilier, 1679. (Archives de paroisse de Saint-Paul.)

107. Transaction pour les eaux du Malvans entre Vence et Saint-Paul. — Notaire de Guignes. 1680.

108. Lettres patentes pour l'érection du grand séminaire de Vence, fondé par Godeau (1681). Archives du chapitre. — Doctrinaires établis, 17 août 1669.

109. Erection à Saint-Paul de la belle chapelle Saint-Clément (1680). Archives de la paroisse.

110. Vence achète les offices de contrôleur, maire perpétuel, gouverneur, greffier de Vence. (Délibérations, 5, 6, 7 décembre 1691, — 2 octobre 1692, — 14 octobre 1693.)

111. Lettres patentes de Vence pour ses armoiries et son cachet. (Archives communales.) 2 octobre 1696. — Enregistrées 24 mars 1698.

112. Edit du roi à Fontainebleau, octobre 1699, pour les offices de police de Vence. — Remboursement, 13 janvier 1700. Archives communales.

113. Les seigneurs de Vence condamnés à payer la taille. — 1702. Archives communales.

114. Testament de Charles de Villeneuve, évêque de Glandevez. Chez Rancurel, notaire de Vence (2 août 1702).

115. Statuts de Mgr de Crillon (1703). Archives de la paroisse.

116. Edit royal par lequel Vence est exempté des tailles pour cette année (6 novembre 1708).

117. Liquidation des dettes de Vence, 1713. (Imprimé. — Archives communales.)

118. Etablissement des bureaux de bienfaisance à Vence et à Saint-Paul. (Imprimés. — Archives de la paroisse.)

119. Nouveau règlement municipal de Saint-Paul (1717). Archives de Saint-Paul.

120. Procès entre les seigneurs de Bar et la commune. (Imprimé chez M. Victor Bérenger. 1749. — 2 cahiers.)

121. Lettres patentes pour la fondation de l'hôpital général de Vence (1751, février, Versailles). Archives de l'hôpital.

122. Testament de Mgr Surian. — Notaire Ferron. — Archives de l'hôpital et étude de Mᵉ Trastour. 9 mai 1754.

123. Procès entre les seigneurs de Tourrettes et les Tourrétins. (Imprimé, 1756. — M. Victor Bérenger à Vence.)

124. Procès entre les seigneurs de Vence et la commune de Vence. (Imprimés de 1761, 1762.) Chez M. Victor Bérenger. — Affaires des Régales et de la Farandole et Archives de la commune et de la paroisse.

125. Fameuse délibération du 3 février 1763. (Biffée.) Voir le registre de la commune.

126. Etablissement des sœurs de Nevers à Vence, avec sœur Madeleine pour supérieure. (Convention. — Archives de l'hôpital, 1er juillet 1763.)

127. Changements aux cas réservés. — Nouveaux statuts des Pénitents blancs et noirs. (Archives de la paroisse.) 1764.

128. Long procès pour le Malvans entre la commune de Vence d'une part, et les seigneurs de Villeneuve-Saint-Césaire d'une autre. (Archives de la commune, où se trouve toute l'histoire du Malvans.)

129. Ordonnance royale qui nomme d'office le maire et les consuls de Vence. (Fontainebleau, 26 octobre 1768.)

130. Lettres patentes du roi pour la répartition des impôts par corps et non par capitation (1770). Archives de Vence.

131. Procès entre la Gaude et les seigneurs. (Deux imprimés, 1773.) Chez M. Victor Bérenger.

132. Procès entre les seigneurs de Vence et la commune pour le tribunal de police. (Imprimé de 1774.) Chez M. Victor Bérenger.

133. Transaction entre l'évêque de Vence et la commune pour le Malvans, 19 septembre 1775. (Archives communales.)

134. Notice de Mgr Surian, par M. Th. Guérin (imprimée en 1779).

135. Grande querelle entre les Tourrétins et les Vençois. Romérage de Notre-Dame interdit (1782). Imprimé chez M. V. Bérenger et à la commune.

136. Don du roi, sur sa cassette, pour la cathédrale de Vence (1785). Archives de la commune et de la paroisse.

137. Les manuscrits de Mgr de Surian. — Divers écrits de Mgr de Pisani de la Gaude. — Mandements, quelques anciens registres du chapitre, vie de saint Lambert en 1577; vies de saint Véran, par le chanoine Barcillon en 1632, et de saint Lambert, par le même, en 1654. — Autre vie de saint Véran, tirée de la chronique de Lérins au Louvre, et dont une copie a été donnée à la paroisse de Vence par feu Félix Panier. (Archives de la paroisse.)

138. Annuaires du Var. (Chez M. Victor Bérenger.)

FIN.

TABLE DES MATIÈRES.

	Pages
CHAPITRE PREMIER. — Depuis la fondation de Vence jusqu'aux Wisigoths.	
CHAP. II. — Depuis les Wisigoths jusqu'à l'expulsion des Maures.	1
CHAP. III. — Depuis l'expulsion des Sarrasins jusqu'à la reine Jeanne.	2
CHAP. IV. Depuis la reine Jeanne jusqu'au bon roi René.	5
CHAP. V. — Depuis le bon roi René jusqu'aux guerres de la rivalité.	7
CHAP. VI. — Depuis les guerres de la rivalité jusqu'au massacre de Vassy.	11
CHAP. VII. — La réforme à Vence.	13
CHAP. VIII. — Les illustres évêques de Vence Pierre du Vaire et Antoine Godeau.	17
CHAP. IX. — Depuis la mort de Mgr Godeau jusqu'à celle de Mgr Surian.	21
CHAP. X. — Dernières luttes de la commune jusqu'en 1789.	24
Table alphabétique des principaux noms ou pays célèbres de Vence et des environs.	27
Tableau chronologique des principaux événements de nos pays, depuis 1787 jusqu'à nos jours.	298
Table chronologique des actes les plus importants de cet ouvrage, et sources d'où ils sont tirés.	304

NOTA. — Je n'ai point donné la généalogie de la famille de Grasse du Bar, parce qu'on peut consulter sur cette illustre famille un imprimé du XVIII siècle, qui doit être dans toutes les bibliothèques. Les documents sur les familles seront l'objet d'une publication à part.

2° Les archives de l'évêché de Vence, qui se trouvaient avant 93 à Vence, sont aujourd'hui à la préfecture de Draguignan, où l'on peut les consulter, ainsi que ceux de Lérins et de l'évêché de Grasse.

www.ingramcontent.com/pod-product-compliance
Lightning Source LLC
Chambersburg PA
CBHW070623160426
43194CB00009B/1356